松嶋英機弁護士古稀記念論文集

時代をリードする再生論

伊藤　眞
門口正人
園尾隆司
山本和彦 編

商事法務

　　　　　　　は　し　が　き

1　ヘミングウェイ、サルトルそして太宰治

　アーネスト・ヘミングウェイ（1899年～1961年）、ジャン・ポール・サルトル（1905年～1980年）そして太宰治（1909年～1948年）、ほぼ同時代を生きた三人と松嶋英機先生とを結びつけるものは何か。青年時代、作家を志した先生が[1]、わが国を代表する事業再生実務家としての名声を確立された背景には、それぞれ強烈で、異なった個性をもった三人のいずれかの側面が先生の琴線に触れるところがあったに相違なく、それが実務家としての御活躍の素地となっているのではないか、これは私の想像にすぎない。それが的を射ているかどうかの検証は、小稿の末尾に記すこととする。

2　照國郵船からの出発

　永田文治氏（鹿児島銀行取締役会長）との対談[2]に現れているように、清水直先生の指導の下に事業再生の実務家として出発された松嶋先生が、独立した歩みを始められたのは、照国郵船の会社更生事件からであった。航空機による輸送が未だ確立していなかった昭和50年代初頭、奄美大島をはじめとする離島の生活と経済にとって、海運は、文字通り死命を制するほどの重要性を持っていたといってよい。先生が、金融機関や取引先などの関係者を説得し、同社の事業の継続のため、一時は事務所の経営を傾けるほどに献身された背後には、ひたむきに生き、働く人々への共感があったのではないだろうか。地元焼酎業界の嵐のような反対に立ち向かって事業の再生を果たした安楽酒造の会社整理事件も、そこに働く住民や地域経済振興へ想いがあってこそ、納得をかちえたように感じられる。その後に先生が関与された、マルコー、山一證券、そごうグループ、東日本フェリー、穴吹工務店など、いずれについても、同様のことが

1）玉井豊文「物語としての事業再生──東日本大震災後の再生論」本論文集346頁参照。
2）「松嶋弁護士と銀行会長、事業再生を語る」本論文集488頁参照。

看取できる。

3　法規範と実務

　破産、民事再生、会社更生のいずれの手続であっても、その範囲において差異はあれ、債権者などの利害関係人の権利行使を制約し、変更する契機を含んでいるところから、法規範に照らして正当と評価されるものでなければならず、管財人、監督委員、調査委員などの各種の手続機関に弁護士が選任され、また、申立代理人の職務を弁護士が引き受ける実質的な理由もそこにあろう。

　しかし、清算型と呼ばれる破産においても、相当規模以上の事件になれば、従来の経営組織や従業員を活用し、取引先などの理解をえつつ、管財業務を進めていかなければならないし、近時のように、事業譲渡の手法を用いて実質的な事業の再生を図る事案では、その必要性はますます増大する。まして、民事再生や会社更生のように、事業の再生そのものを目的とする手続においては、法規範の趣旨や目的を生かしながら、個々の規律を弾力的に運用し、合理的根拠を示して金融機関や取引先を説得し、その協力を求める作業が不可欠である。また、事業の継続や展開を可能にするために、新たな資金提供者を見出し、その条件を交渉することも、管財人などの職務に属する。

　こうした能力と手腕とを求められるために、弁護士としての経験のみでは事業再生の第一線に立つことは難しい。松嶋先生は、熊本県八代市の実業家の家庭に育たれ、天賦の資質を備えていらっしゃったと思われるし、清水直先生の薫陶によるところも大きかったとは想像するが、何よりも先生御自身の研鑽なくしては、これまでの巨大な足跡を説明できるものではない。

4　巍々たる人脈

　本書所収の諸論文の執筆者は、事業再生の実務について長く豊かな経験を持つ最高裁判事をはじめとして、その専門部たる東京地裁民事第8部および第20部の現・元部総括裁判官、手続の担い手である弁護士、公認会計士、税理士という専門家群、事業価値を再構築する上で不可欠な交渉相手である商社や金融機関などの担当者、裁判外の事業再生を担う人々、行政の立場から事業再生のあり方を監視する立場の方、そして再生の基盤となる理論の構築に携わる

研究者など、松嶋先生の40年を超える活動の中で厚誼を結ばれた方々を網羅している。加えて、実務運用のあるべき姿、その理論的検証にとどまらず、事業再生が市場経済の中でどのように位置づけられるべきか、公的支援は、いかなる条件の下に正当化されるか、教育や社会福祉などにかかわる非営利法人の事業の再生が、営利法人のそれと比較してどのような違いがあるのかなど、多様な視点からの論攷が展開されている。

5　制度の構築と運用

　実務といえば、現に存在する制度を具体的事案についてどのように運用するかを意味することが通常である。また、実務家の仕事の多くがこのような作業で占められていることも当然である。その意味で、自ら制度を作り、かつ、その運用にもあたる実務家は稀であるが、事業再生ADRを創設し、その運営の中心に座する松嶋先生がそれにあたることに疑問を呈する向きはないと思われる。本論文集の中でも、私的整理の評価を一変させた私的整理ガイドラインや事業再生ADRにかかる諸問題について、また同ADRと協働関係にある中小企業再生支援機構や東日本大震災事業者再生支援機構の関係者から、玉稿が寄せられているのも、先生の幅広い活動を反映したものである。

6　再びヘミングウェイ、サルトルそして太宰へ

　事業再生は、その実質をみれば、危機に陥った事業の立て直しであり、様々な法的手段は与えられているとはいうものの、成功の保障があるわけではない。「失敗したときのことを思い煩うな、命まで取られるわけではない」、松嶋先生の至言である。ここにヘミングウェイの剛毅の側面がある。また、強制では心は動かず、協力を確保するための最大の武器は説得である。なぜ人は時に逡巡し、時に決断するかについてのサルトルの洞察、向かい合う相手の気持の襞に共感できる太宰の優しさを兼ね備えた説得力が、松嶋先生をして事業再生の第一人者たらしめたと感じている。

　こうした先生の力量は、「前になく後を絶するもの」[3]というべきかも知れ

3）詩人・土井晩翠を評した吉田精一博士の言葉である。吉田精一『日本近代詩鑑賞〔明治

ない。しかし、ほぼ同世代の私としては、一方で、益々の御活躍を祈念するとともに、他方で、先生の教えをアリアドネの糸毬[4]として、多くの方々が、エネルギーや人口問題など、産業基盤そのものが大きな曲がり角にさしかかり、再活性化の課題に直面するわが国経済の再生のために尽力されることを願ってやまない。

発起人の一人として

早稲田大学大学院法務研究科客員教授　伊藤　眞

篇〕』（新潮文庫、1953年）63頁より。
4）「アリアドネは彼に一つの糸毬をあたえました。その糸毬さえあれば、迷宮の出口が分かるのでありました」ブルフィンチ作＝野上弥生子訳『ギリシャ・ローマ神話』（岩波文庫、1978年）206頁より。

松嶋英機弁護士古稀記念論文集『時代をリードする再生論』

目　次

① **金融行政の視点でみる事業再生**……………………　五味　廣文　1
　Ⅰ　はじめに・1
　Ⅱ　バブル生成期から崩壊期のリスク管理・2
　Ⅲ　政府の危機対応・5
　Ⅳ　デフレ進行による不良債権問題の深刻化と金融行政・8
　Ⅴ　不良債権問題の正常化・11
　Ⅵ　結　語・14

② **我が国の地域金融機関の今後の課題**
　　──地域再生の視点から………………………………　池田　憲人　16
　Ⅰ　要点・問題意識・16
　Ⅱ　クレジットポリシー・マニュアル・21
　Ⅲ　事業再生支援・31
　Ⅳ　地銀再生へ・36

③ **事業再生と市場経済**
　　──市場経済メカニズムにおける再生型「整理」手法の積極的役割
　……………………………冨山　和彦／新國　信一／金子　素久　38
　Ⅰ　はじめに・38
　Ⅱ　再生における公的機関の関与・40
　Ⅲ　具体的案件の検討・46
　Ⅳ　市場退出の適切な設計へ向けて・56
　Ⅴ　むすび・69

④ **融資取引における銀行取締役の善管注意義務**…　中原　利明　73
　Ⅰ　貸出4原則・74
　Ⅱ　経営判断の原則・75
　Ⅲ　拓銀事件の検討・79

5 事業再生・再建型手続をリードする若手弁護士への期待
──債権者の立場から ························· 花井　正志 91
- I　松嶋先生に教えていただいたこと・91
- II　再建型と清算型・94
- III　事業再生をリードする弁護士に対する期待役割・96
- IV　事業再生をリードする弁護士に必要な知見・99
- V　事業再生・会社再建を選択する基準の考え方・101
- VI　手続の選択と検討事項・102
- VII　取組体制・104

6 事業再生と雇用関係の調整
──事業再生法理と労働法理との調和を求めて ········· 伊藤　眞 105
- I　はじめに・105
- II　管財人等の使用者性・109
- III　管財人等についての不当労働行為の判断基準・112
- IV　労働条件の変更・119
- V　整理解雇の4要件または4要素の事業再生手続への適用・122

7 再生手続における担保権の処遇
──裁判実務の観点からみた立法への提言 ············ 園尾　隆司 129
- I　担保権の処遇に関する法改正における4つの論点・130
- II　第1の論点（再生計画による担保権の権利変更の要否）について・132
- III　第2の論点（動産・債権担保権の中止・消滅規律創設の要否）について・139
- IV　第3の論点（再生・破産両手続のツール統合の要否）について・142
- V　第4の論点（現行の仕組みの手直し）について・145

8 再生事件における適正な手続進行を確保するための工夫
·· 鹿子木　康 151
- I　はじめに・151
- II　東京地裁における再生手続運用上の留意点・152
- III　適正な手続進行を確保するための工夫・154
- IV　おわりに・177

9 再建型倒産手続における債権者の地位
……………………………………………………永井　和明／門口　正人 179
- I　はじめに・179
- II　現代の法的再建型倒産処理の状況・180
- III　再建型倒産手続における債権者の権利・180
- IV　債権者の権利行使の実態・182
- V　債権者委員会・更生債権者委員会等・183
- VI　手続的正義──情報開示・188
- VII　再建型倒産手続における債権者優位・195
- VIII　手続的正義──手続の迅速性及び安価性との関係・197
- IX　総　括・198

10 会社更生手続における法律家管財人の使命と役割
……………………………………………………………腰塚　和男 199
- I　はじめに──法律家管財人とは・199
- II　管財人の制度とその運用実務について・201
- III　法律家管財人の使命等について・204
- IV　法律家管財人の仕事と役割──具体例に即して・218
- V　おわりに・234

11 事業再生ADRから会社更生手続に移行した場合の諸問題
……………………………………………………………難波　孝一 235
- I　はじめに・235
- II　商取引債権の保護の在り方・237
- III　プレDIPファイナンスの取扱い・242
- IV　ファイナンス・リース債権の取扱い・246
- V　登記留保された担保権の取扱い・247
- VI　事業再生ADRで行われたことの会社更生手続での活用・251
- VII　最後に・254

12 事業再生ADRと法的倒産手続との連続性の確保について
……………………………………………………………山本　和彦 255
- I　はじめに・255
- II　事業再生ADRと法的手続の連続性確保の必要・257

Ⅲ　総論的検討——基本的考え方・259
　Ⅳ　各論的検討・262
　Ⅴ　おわりに・269

13　整理屋の時代と弁護士の倒産実務
　　——事業再生に活躍する弁護士の礎のために …………… 田原　睦夫 270
　Ⅰ　はじめに・270
　Ⅱ　整理屋の跋扈の時代・272
　Ⅲ　破産管財業務の正常化（整理屋の活動停止）・285
　Ⅳ　おわりに・292

14　中小企業における私的整理手続の現状と課題 … 藤原　敬三 299
　Ⅰ　はじめに・299
　Ⅱ　再生支援協議会スキーム創設の歴史・301
　Ⅲ　私的整理ガイドラインの特徴・304
　Ⅳ　再生支援協議会スキームの変容・311
　Ⅴ　中小企業版私的整理ガイドライン創設の必要性・312
　Ⅵ　中小企業版私的整理ガイドライン（私案）・313
　Ⅶ　最後に・317

15　中小企業の早期事業再生
　　——その夢のなか ………………………………………… 中井　康之 319
　Ⅰ　個人保証・319
　Ⅱ　経営者保証・321
　Ⅲ　情報開示・326
　Ⅳ　相談相手・328
　Ⅴ　経営責任・330

16　物語としての事業再生
　　——東日本大震災後の再生論 …………………………… 玉井　豊文 332
　Ⅰ　日本人の断面図・333
　Ⅱ　苦難と復活の物語——柳田國男「青ヶ島還往記」より・338

目　次

17　時代の変化に伴う再建計画の類型 …………… 柴原　多 347
- I　はじめに・347
- II　長期分割弁済型・第二会社方式による計画案・347
- III　早期弁済が求められる計画案の登場・353
- IV　変動型弁済計画案等の登場・358
- V　近時の大型事件の処理方法・362
- VI　おわりに・364

18　非営利法人再生論
　　──今後の議論の捨石として ………………… 濱田　芳貴 367
- I　非営利法人と事業再生の交点・367
- II　非営利法人の事業構造・370
- III　非営利法人にかかる事業再生の技法と限界・378

19　事業再生の変遷とこれからの立法的・実務的課題
　　──我が師匠　松嶋英機先生の古稀に捧ぐ ………… 南　賢一 396
- I　はじめに・396
- II　事業再生を取り巻く法と実務の変遷・397
- III　今日の日本経済を取り巻く環境と事業再生の方向性・404
- IV　今後の事業再生の立法的・実務的課題・407
- V　最後に・418

20　会社更生手続と株主配分
　　──上場会社の事例を中心として ………………… 横瀬　元治 420
- I　継続企業の前提に関する注記・421
- II　上場会社の会社更生手続と株主権に関する情報開示
　　（ディスクロージャー）・427
- III　最近の上場会社の会社更生手続と株主持分・439

21　事業再生と税制 ……………………………………… 中村　慈美 443
- I　法的整理等と貸倒損失・444
- II　貸倒引当金と法律上の貸倒れとの連携等・448
- III　子会社等の再建（私的整理）における支援措置・449
- IV　DES（デット・エクイティ・スワップ）の影響・451

Ⅴ　保証人問題への対応等・456
　Ⅵ　欠損金の繰戻し還付請求（急激な業績悪化への対応）・458
　Ⅶ　第二会社方式の選択と移転コスト・459
　Ⅷ　清算法人の株主における投資損失・462

22　純粋私的再建手続の準則の策定の必要性とその提言
――「私的整理ガイドライン」の再構築 …………………… 綾　　克己 464
　Ⅰ　はじめに・464
　Ⅱ　私的再建手続とは・465
　Ⅲ　倒産処理制度の基本的価値・467
　Ⅳ　「私的整理ガイドライン」の制定と私的再建手続の制度化の試み・469
　Ⅴ　その後の私的再建手続の制度化の試み・476
　Ⅵ　私的再建手続の制度化の試みとその評価・480
　Ⅶ　私的再建手続一般に適用される準則の必要性・481
　Ⅷ　「私的整理ガイドライン」の再構築についての提言・482
　Ⅸ　おわりに・487

〈対談〉松嶋弁護士と銀行会長、事業再生を語る
　………………………… 永田　文治／松嶋　英機／（聞き手）松澤　三男
　永田会長と松嶋弁護士の出会い――照国郵船の会社更生事件・488
　永田会長と鹿児島銀行・491
　奄美大島での経験・493
　本店での活躍・495
　倒産を手がけるということ・496
　松嶋先生の「原点」・499
　安楽酒造の会社整理事件・501
　法律のことだけでは事業再生はできない・504
　城山観光ホテルのこと・505
　これからの地域金融機関の役割――アグリクラスター構想・508
　おわりに・511

松嶋英機略歴・513

本書の執筆者（執筆順）

五味　廣文（株式会社プライスウォーターハウスクーパース総合研究所理事長）
池田　憲人（株式会社東日本大震災事業者再生支援機構代表取締役社長）
冨山　和彦（株式会社経営共創基盤（IGPI）パートナー／代表取締役CEO）
新國　信一（株式会社経営共創基盤（IGPI）マネジャー）
金子　素久（株式会社経営共創基盤（IGPI）アソシエイト）
中原　利明（株式会社三菱東京UFJ銀行コンプライアンス統括部法務室長）
花井　正志（双日株式会社常務執行役員兼CCO法務担当）
伊藤　眞（早稲田大学大学院法務研究科客員教授）
園尾　隆司（東京高等裁判所部総括判事）
鹿子木　康（東京地方裁判所民事第20部部総括判事）
永井　和明（弁護士）
門口　正人（弁護士）
腰塚　和男（弁護士）
難波　孝一（東京高等裁判所部総括判事）
山本　和彦（一橋大学大学院法学研究科教授）
田原　睦夫（最高裁判所判事）
藤原　敬三（中小企業再生支援全国本部統括プロジェクトマネージャー）
中井　康之（弁護士）
玉井　豊文（株式会社TGコンサルティング代表取締役社長）
柴原　多（弁護士）
濱田　芳貴（弁護士）
南　賢一（弁護士）
横瀬　元治（公認会計士）
中村　慈美（税理士）
綾　克己（弁護士）
永田　文治（株式会社鹿児島銀行取締役会長）

凡　例

1　法令名の略語（括弧の中で用いる場合）

会　社	会社法
会　更	会社更生法
会更規	会社更生規則
会　施	会社法施行規則
仮登記担保	仮登記担保契約に関する法律
企業担保	企業担保法
金　商	金融商品取引法
金商令	金融商品取引法施行令
刑	刑法
裁	裁判所法
借地借家	借地借家法
商	商法
商　施	商法施行法
商　登	商業登記法
商登規	商業登記規則
所　法	所得税法
所　令	所得税法施行令
人　訴	人事訴訟法
人訴規	人事訴訟規則
信　託	信託法
措　法	租税特別措置法
地　法	地方税法
仲　裁	仲裁法
動産・債権譲渡特例	動産及び債権の譲渡の対抗要件に関する民法の特例等に関する法律
破	破産法
破　規	破産規則
非　訟	非訟事件手続法
不　登	不動産登記法
不登則	不動産登記規則
不登令	不動産登記令
法　法	法人税法
法　令	法人税法施行令
民	民法
民　再	民事再生法
民再規	民事再生規則

民　執	民事執行法
民執規	民事執行規則
民　訴	民事訴訟法
民訴規	民事訴訟規則
民　保	民事保全法

2　判例引用の略語

大　判（決）	大審院判決（決定）
最（大）判（決）	最高裁判所（大法廷）判決（決定）
高　判（決）	高等裁判所判決（決定）
地　判（決）	地方裁判所判決（決定）
支　判（決）	支部判決（決定）
簡　判	簡易裁判所判決

3　判例集の略語

民　録	大審院民事判決録
民　集	大審院民事判例集・最高裁判所民事判例集
刑　集	最高裁判所刑事判例集
集　民	最高裁判所裁判集民事
高民集	高等裁判所民事判例集
下民集	下級裁判所民事裁判例集
労民集	労働関係民事裁判例集
家　月	家庭裁判月報
訟　月	訟務月報
判　時	判例時報
判　タ	判例タイムズ
金　法	金融法務事情
金　判	金融・商事判例
労　判	労働判例
労経速	労働経済判例速報

4　文献引用の略語

〈雑　誌〉

銀　法	銀行法務21
事業再生と債権管理	事業再生と債権管理
ジュリ	ジュリスト
重　判	重要判例解説（ジュリスト臨時増刊）
主判解	主要民事判例解説（判例タイムズ臨時増刊）
商　事	商事法務

凡　例

曹　時	法曹時報
判　評	判例評論（判例時報掲載の判例評釈）
法　協	法学協会雑誌
法　教	法学教室
法　時	法律時報
民　商	民商法雑誌
民　訴	民事訴訟雑誌
リマークス	私法判例リマークス（法律時報別冊）
NBL	NBL

〈書　籍〉

青山古稀	伊藤眞＝高橋宏志＝高田裕成＝山本弘＝松下淳一編『青山善充先生古稀祝賀論文集　民事手続法学の新たな地平』（有斐閣、2006年）
新しい特別清算	萩本修編・菅家忠行＝世森亮次『逐条解説新しい特別清算』（商事法務、2006年）
一問一答新会社更生法	深山卓也編著『一問一答新会社更生法』（商事法務、2003年）
一問一答新破産法	小川秀樹編著『一問一答新しい破産法』（商事法務、2004年）
一問一答民事再生法	深山卓也ほか『一問一答民事再生法』（商事法務研究会、2000年）
石川古稀(上)(下)	青山善充ほか編『石川明先生古稀祝賀　現代社会における民事手続法の展開(上)(下)』（商事法務、2002年）
伊藤・会社更生法	伊藤眞『会社更生法』（有斐閣、2012年）
伊藤・破産法民事再生法2版	伊藤眞『破産法・民事再生法〔第2版〕』（有斐閣、2009年）
伊藤・民事訴訟法4版	伊藤眞『民事訴訟法〔第4版〕』（有斐閣、2011年）
今中古稀	田邊光政編代『今中利昭先生古稀記念　最新倒産法・会社法をめぐる実務上の諸問題』（民事法研究会、2005年）
大阪再生物語	大阪地方裁判所・大阪弁護士会個人再生手続運用研究会編『事例解説個人再生――大阪再生物語』（新日本法規、2008年）
小河原	小河原寧『民事再生法 通常再生編』（商事法務、2009年）
会社更生の実務(上)(下)	西岡清一郎ほか編・東京地裁会社更生実務研究会著『会社更生の実務(上)(下)』（金融財政事情研究会、2005年）
監督委員	民事再生実務合同研究会編『民事再生手続と監督委員』（商事法務、2008年）
経理実務ハンドブック	日本公認会計士協会東京会編著『民事再生法経理実務ハンドブック』（商事法務、2003年）
更生計画の実務と理論	事業再生研究機構編『更生計画の実務と理論』（商事法務、2004年）
個人再生の実務Q＆A100問	全国倒産処理弁護士ネットワーク編『個人再生の実務Q&A100問――全倒ネットメーリングリストの質疑から』（金融財政事情研究会、2008年）

個人の破産・再生手続	日本弁護士連合会倒産法制等検討委員会編『個人の破産・再生手続──実務の到達点と課題』（金融財政事情研究会、2011年）
債権法改正と事業再生	山本和彦＝事業再生研究機構編『債権法改正と事業再生』（商事法務、2011年）
最新実務会社更生	東京地裁会社更生実務研究会編『最新実務会社更生』（金融財政事情研究会、2011年）
最新実務解説一問一答民事再生法	園尾隆司＝山本和彦＝中島肇＝池田靖編『最新実務解説一問一答民事再生法』（青林書院、2011年）
再生計画事例集	事業再生研究機構編『新版 再生計画事例集』（商事法務、2006年）
裁判外事業再生の実務	「裁判外事業再生」実務研究会編『裁判外事業再生の実務』（商事法務、2009年）
最判解民事篇	『最高裁判所判例解説〔民事篇〕』（法曹会）
時価マニュアル	事業再生研究機構財産評定委員会編『新しい会社更生手続の「時価」マニュアル』（商事法務、2003年）
事業再生ＡＤＲの実践	事業再生実務家協会事業再生ADR委員会編『事業再生ADRの実践』（商事法務、2009年）
事業再生の実践ⅠⅡⅢ	産業再生機構編著『事業再生の実践ⅠⅡⅢ』（商事法務、2006年）
実務解説一問一答民事再生法	三宅省三＝池田靖編『実務解説一問一答民事再生法』（青林書院、2000年）
私的整理ガイドラインの実務	田中亀雄ほか編『私的整理ガイドラインの実務』（金融財政事情研究会、2007年）
私的整理計画策定の実務	西村あさひ法律事務所・㈱フロンティア・マネジメント編『私的整理計画策定の実務』（商事法務、2011年）
私的整理の実務Q&A100問	全国倒産処理ネットワーク編『私的整理の実務Q&A100問』（金融財政事情研究会、2011年）
詳解民事再生法2版	福永有利監修・四宮章夫ほか編『詳解民事再生法〔第2版〕』（民事法研究会、2009年）
条解会社更生法（上）（中）（下）	兼子一監修・三ヶ月章ほか著『条解会社更生法（上）（中）（下）』（弘文堂、1973年（上・中）、1974年（下）、2001年第4次補訂）
条解破産法	伊藤眞＝岡正晶＝田原睦夫＝林道晴＝松下淳一＝森宏司『条解破産法』（弘文堂、2010年）
条解民事再生法2版	園尾隆司＝小林秀之編『条解民事再生法〔第2版〕』（弘文堂、2007年）
条解民事訴訟法2版	兼子一原著・松浦馨ほか著『条解民事訴訟法〔第2版〕』（弘文堂、2011年）
新会社更生法の基本構造と平成16年改正	伊藤眞＝松下淳一＝山本和彦編『新会社更生法の基本構造と平成16年改正（ジュリ増刊）』（有斐閣、2005年）
新会社更生法の理論と実務	山本克己＝山本和彦＝瀬戸英雄編『新会社更生法の理論と実務〔判タ1132号〕』（判例タイムズ社、2003）
新裁判実務大系⑽	園尾隆司＝中島肇編『新・裁判実務大系10 破産法』（青林書院、2000年）

新裁判実務大系(21)	門口正人ほか編『新・裁判実務大系21 会社更生法・民事再生法』（青林書院、2004年）
新裁判実務大系(28)	園尾隆司ほか編『新・裁判実務大系28 新版破産法』（青林書院、2007年）
新実務民事訴訟法講座(13)	鈴木忠一＝三ケ月章監修『新・裁判実務大系13 倒産手続』（日本評論社、1981年）
新注釈民事再生法（上）（下）2版	才口千晴＝伊藤眞監修・全国倒産処理弁護士ネットワーク編『新注釈民事再生法（上）（下）〔第2版〕』（金融財政事情研究会、2010年）
新堂古稀（上）（下）	青山善充ほか編『新堂幸司先生古稀祝賀 民事訴訟法理論の新たな構築（上）（下）』（有斐閣、2001年）
新堂5版	新堂幸司『民事訴訟法〔第5版〕』（弘文堂、2011年）
新倒産法制10年	伊藤眞ほか編『新倒産法制の10年を検証する』（金融財政事情研究会、2011年）
新破産法の基本構造と実務	伊藤眞＝松下淳一＝山本和彦編『新破産法の理論と実務〔ジュリ増刊〕』（有斐閣、2007年）
新破産法の理論と実務	山本克己＝山本和彦＝瀬戸英雄編『新破産法の理論と実務』（判例タイムズ社、2008年）
大コンメ	竹下守夫編集代表・上原敏夫ほか編『大コンメンタール破産法』（青林書院、2007年）
谷口古稀	徳田和幸ほか編『谷口安平先生古稀祝賀 現代民事司法の諸相』（成文堂、2005年）
注解会社更生法	宮脇幸彦ほか編『注解会社更生法』（青林書院、1986年）
通常再生の実務Q&A120問	全国倒産処理弁護士ネットワーク編『通常再生の実務Q&A120問——全倒ネットメーリングリストの質疑から』（金融財政事情研究会、2010年）
提言倒産法改正	倒産法改正研究会編『提言 倒産法改正』（金融財政事情研究会、2012年）
倒産の法システム(2)	伊藤眞＝高木新二郎編代『講座 倒産の法システム2 清算型倒産処理手続・個人再生手続』（日本評論社、2010年）
倒産の法システム(3)	伊藤眞＝高木新二郎編代『講座 倒産の法システム3 再建型倒産処理手続』（日本評論社、2010年）
倒産の法システム(4)	伊藤眞＝高木新二郎編代『講座倒産の法システム4 倒産手続における新たな問題・特殊倒産手続』（日本評論社、2010年）
倒産法改正展望	東京弁護士会倒産法部編『倒産法改正展望』（商事法務、2012年）
倒産法概説2版	山本和彦＝中西正＝笠井正俊＝沖野眞已＝水元宏典『倒産法概説〔第2版〕』（弘文堂、2010年）
倒産法制に関する改正検討課題	『倒産法制に関する改正検討課題〔別冊NBL46号〕』（商事法務、1998年）
倒産法の実務	東京弁護士会弁護士研修センター運営委員会編『倒産法の実務 破産手続から管財業務の破産手続を中心に』（ぎょうせい、2009年）
倒産法の実務(2)	東京弁護士会弁護士研修センター運営委員会編『倒産法の実務2 民事再生申立代理人の実務』（ぎょうせい、2011年）

特別清算手続の実務	才口千晴＝多比羅誠『特別清算手続の実務』（商事法務研究会、1988年）
特別清算の理論と裁判実務	山口和男編『特別清算の理論と裁判実務〔新会社法対応〕』（新日本法規、2008年）
取引先破綻における契約の諸問題	加々美博久編著『取引先破綻における契約の諸問題』（新日本法規、2006年）
破産管財の手引増補版	鹿子木康＝島岡大雄編・東京地裁破産実務研究会著『破産管財の手引〔増補版〕』（金融財政事情研究会、2012年）
破産法等の見直しに関する中間試案と解説	『破産法等の見直しに関する中間試案と解説〔別冊NBL74号〕』（商事法務、2002年）
破産・民事再生の実務（上）(中)(下)新版	西謙二＝中山孝雄編・東京地裁破産再生実務研究会著『破産・民事再生の実務 新版（上）(中)(下)』（金融財政事情研究会、2008年）
破産申立マニュアル	東京弁護士会倒産法部編『破産申立マニュアル』（商事法務、2009年）
花村	花村良一『民事再生要説』（商事法務、2000年）
百選4版	青山善充＝伊藤眞＝松下淳一編『倒産判例百選〔第4版〕』（有斐閣、2006年）
松下	松下淳一『民事再生法入門』（有斐閣、2009年）
松嶋編著	松嶋英機編著『民事再生法入門〔改訂第3版〕』（商事法務、2009年）
民事再生の実務	須藤英章編著『民事再生の実務』（新日本法規、2005年）
民事再生の実務と理論	事業再生研究機構編『民事再生の実務と理論』（商事法務、2010年）
民事再生の手引	鹿子木康編・東京地裁民事再生実務研究会著『裁判実務シリーズ4 民事再生の手引』（商事法務、2012年）
民事再生法逐条研究	伊藤眞ほか編『民事再生法逐条研究──解釈と運用〔ジュリ増刊〕』（有斐閣、2002年）
山本4版	山本和彦『倒産処理法入門〔第4版〕』（有斐閣、2012年）
論点解説新破産法（上）(下)	全国倒産処理弁護士ネットワーク編『論点解説新破産法（上）(下)』（金融財政事情研究会、2005年）

1 金融行政の視点でみる事業再生

株式会社プライスウォーターハウスクーパース総合研究所 理事長　**五味廣文**

I　はじめに

　行政による銀行監督の目的は、「信用の維持」、「預金者の保護」、「金融の円滑」であると銀行法第1条に規定されている。この三つの行政目的に優劣はないが、銀行が国民の大多数から預金を受け入れ、また決済機能を果たしているという経済インフラであることから、「信用の維持」と「預金者の保護」は、いかなる場面でも行政の基盤となる。この二つがあるから銀行業は免許制であると言ってもよい。
　であるから、「信用の維持」と「預金者の保護」にとって欠かせないもの、すなわち銀行経営の健全性、なかんずくその財務の健全性は当局の最大の関心事項となる。ほとんどの日本の銀行は貸付を資産運用の主体としていることから、銀行監督にあたっては、貸付資産の健全性の確認、裏返せば不良債権の存在、引当処理の適切性、さらには事業再生を含む不良債権の最終処理の妥当性、などの信用リスク管理態勢の確認が欠かせないプロセスとなる。
　私は、国家公務員として過ごした35年間のうち、1994年からの最後の13年間を金融行政に携わった。バブルの負の遺産と苦闘する日本経済を金融当局者として見てきた経験を、事業再生と金融行政のかかわりを視座に据えて、この機会につづらせていただこうと思う。

II バブル生成期から崩壊期のリスク管理

1 バブル期の銀行行動

　ドル高是正を目指した、G5による1985年の「プラザ合意」以降、わが国では円高不況対策として低金利政策が長期化した。市場に供給された豊富な流動性が低利で調達され、投機的資金として株式、不動産などに投下されていった。結果、資産価格は上昇を続け、実体経済の成長をはるかに超えて資産と負債が膨張、バブルが発生した。

　この時期、金融緩和の下で貸し付けを提供していった主役が銀行であった。そして、そのリスク管理に欠陥があった。銀行は、融資先の財務諸表やキャッシュフローを確認するなど、その債務返済能力を審査したうえで融資の可否、条件等を決定する。信用リスク管理の第一歩であり、銀行経営の基本中の基本である。

　担保や保証の有無も当然審査の要素となるが、それは信用補完のためであって、その存在自体が貸し倒れのリスクを減ずるわけではない。すなわち、担保や保証は、信用リスクが顕在化して融資が焦げ付いてしまった際の損害をそれによって極小化しようというものであって、それさえあれば貸し倒れのリスクに関係なく融資してよいというものではない。言うまでもないことである。

　しかしこの時期、その言うまでもない当たり前のことが当たり前には行われていなかった。担保となる株式や不動産の価格は上昇し続けており、こうした担保さえ取ってあれば、融資が焦げ付いても担保処分でおつりがくるほど回収できるという状態だった。そうした状況下、銀行の融資審査は厳密さを欠くようになり、株式、不動産といった担保を提供できる先には、不十分な審査で貸し付けが実行されていった。担保評価が上がると、それに応じて追加融資を提案するようなことも行われた。担保偏重による融資の急拡大である。金融自由化に伴う競争の激化という事情もあって、当座の利益追求がリスク管理より優先されたと言える。この融資の急拡大がバブルを助長し、また、バブル崩壊後の金融機関財務を直撃することになる。

この時期、事業再生の出番は多くなかった。債務者の倒産という事態になっても、多くの場合、担保処分によって銀行は融資の全額を回収できる。したがって、銀行という立場からは、事業再生のニーズは乏しい。不良債権という「岩」は、バブルという「満潮」の水面下にきれいに沈んでいたわけだ。しかし、満ちた潮はいずれ引く。

2　バブル崩壊と官民の対応

1989年5月、公定歩合は引き上げに転ずる。さらに翌90年3月、大蔵省（当時）は、不動産業向け融資の総量規制を導入した。市場では90年から株価が、そして91年からは地価が、それぞれ下落に転じる。いわゆるバブルの崩壊である。（当初、誰もがそう認識していたわけではなかったが。）担保価格の下落によって、貸し倒れの際に実現損が発生することとなる。潮が引き、岩が露出してきたのだ。

1992年、救済合併を仰ぐ相互銀行や信用金庫が現れる。翌93年には不良債権買取りのための共同債権買取機構の設立があり、94年には東京協和、安全の二信組の破綻、そして95年には戦後初の銀行破綻である兵庫銀行の破綻が発生する。同年、いわゆる住専問題が表面化するに及んで、ついに公的資金6850億円が金融システム維持のために投入される事態となった。

バブル期に急拡大した信用リスクの高い先に対する融資は、この時期、融資先の倒産という形でリスクが顕在化し、担保価値の下落と相まって銀行に損失を発生させた。また、融資の時点では十分な信用力を持っていた先も、バブル崩壊という急激な景気後退の下ではその持続性に問題が生じてくる。銀行は、本来であればこの間に徹底した信用リスク管理の見直しを行い、不良債権を処理し、毀損した自己資本を補っておくべきであった。また当局はそれを指導し、必要な破綻処理制度や資本増強策を用意しておくべきであった。が、それは行われなかった。

ここで銀行に求められていたのは、第一に、債務者の信用力がどの程度低下しているのか、そして、担保や保証による債権の保全状況も含めて、個々の債権の回収危険度がどの程度高まっているのかを正確に把握して、必要な引き当

てをすることだ。次に、その結果に基づき、融資から手を引いて損失を確定させるのか、あるいは融資を継続して債権回収の極大化に努めるのかを決定する。そして第三に、融資継続を選択するなら、回収極大化のために債務者にどのような経営改善や金融支援が必要かを見極め、関係者の合意形成を図ることになる。すなわち、事業再生計画の出番となる。最後に、以上の決断の結果、財務の健全性維持のための自己資本増強や資産圧縮が必要かどうかを判定し、実行する。

　実際はどうだったか。既述のように、当時これらの措置が適切に取られたとは言い難い。特に前段に述べた第三の措置に大きな問題があったように思われる。すなわち、合理的かつ実現可能な事業再生計画を策定しないまま、経営の悪化した融資先に対して融資継続を決断することがままあった、ということだ。株価や地価が反転すれば債務者の経営は持ち直す、それまで時間を稼ぐことで最悪の事態を避ける、というわけで、事業再建の具体的見通しのないまま、追加融資、貸出条件の緩和、「飛ばし」による見かけ上の不良債権処理などが行われた。不良債権処理の先送りである。

　しかし事はバブルの崩壊であって、一時的な相場の騰落とはわけが違う。金融と実体経済は負のスパイラルにはいっており、時間を稼いだつもりが逆に時間を失うこととなる。こうして銀行は追い詰められていく。

　当局も、この事態となっては、徹底した不良債権の処理が銀行破綻を呼び、危機対応のための諸制度が不備の状況でそれが金融危機に発展することを懸念せざるを得なくなる。だからといって、破綻処理法制、公的資本注入、預金全額保護等の危機対応の制度整備を先に進めようとすれば、そのこと自体が銀行の財務の健全性に対する市場の疑念を確信に変え、かえって金融危機の引き金を引くことにもなりかねない。結局できたことといえば、「奉加帳方式」の活用や、不健全な銀行同士の合併を預金保険機構が支援する「特定合併制度」の創設など、問題が表面化するごとに個別対応で破綻の連鎖を回避して事態の正常化を待つ、ということだった。もっと早く手を打っていればともかく、事ここに至っては、あれ以外にやりようもなかったであろう。

　しかし市場は待ってくれなかった。銀行の財務状況に対する市場の疑心暗鬼は当局の措置によっては払拭できず、住専問題を契機に金融システム不安が市

場を覆う。こうして銀行の資金繰りがひっ迫する中、名門金融機関を含む五つの金融機関が連続して破綻・廃業するという、1997年10月から11月の金融危機に至ることになる。

　この時期は、事業再生ビジネスの出番があったと言えよう。しかし残念なことに、銀行は不良債権問題に対する危機意識が希薄で処理の先送りを繰り返していたし、当局も抜本的な不良債権処理を促せるような環境になかった。また、当時は民事再生法、私的整理ガイドラインなどの多様な事業再生インフラもなく、事業再生ファンドのような担い手も不在で、事業再生の選択肢は多くなかった。

　結局、債務者の経営を健全化することで銀行のバランスシートを健全化し、それによって金融の安定と経済の発展を図るという、銀行経営と金融監督の王道はこの時期歩むことができず、事業再生の分野も、その本来の威力を発揮する機会は与えられなかった。

III　政府の危機対応

1　第一次公的資本増強

　1997年の金融危機に際し、まず当局は、銀行の連鎖破綻を防止するための緊急策をとる。すなわち、短期金融市場の機能保全のため、96年の預金保険法改正で導入された破綻金融機関の預金等全額保護、いわゆる「ペイオフ凍結」は、預金の全額保護にとどまらず、預金を含む銀行の負債全体の全額保護であることを明確化した。併せて日本銀行は、取付けなどによる破綻の連鎖を断ち切るため、徹底した流動性供給を行った。

　次に、銀行財務に対する市場の不安を取り除いて短期金融市場を正常化するため、1998年2月に成立した金融機能安定化緊急措置法に基づき、同年3月、大手21行に対して1兆8000億円の公的資本増強が実施された。しかし、各行の財務状況を徹底解明する時間がない中、事実上の一律増強となったうえ、その規模も市場からは不十分と評価された。したがって、この措置によっ

ては市場の不安は払拭できず、日本長期信用銀行が市場の集中攻撃を受ける事態となった。

2　集中検査・考査と第二次公的資本増強

　このため当局は、銀行の財務実態把握を徹底したうえで、それに基づいた資本安定化策をとるという手順が必要と判断、1998年7月、前月発足したばかりの金融監督庁と日本銀行とが協力して、主要19行に対する集中検査・考査を開始した。

　この集中検査・考査は、金融行政と事業再生が密接不可分のものとなる時代の幕開けを告げる出来事だった。説明しよう。98年4月、銀行監督に「早期是正措置制度」が導入された。これは、銀行の自己資本比率が健全性基準を下回ると、その程度に応じて健全性回復のための具体的措置を命令できるというもので、破綻の未然防止措置を適時に講ずる権限を当局に与えるものだ。

　この制度の導入により、集中検査以降、検査官は自己資本比率の確認が新たにその任務となった。そのためには資産・負債の計上の適切性、特に貸付債権等の資産に対する引当の適切性を判断しなければならない。その判断をするには、債務者の経営状況・財務状況を把握し、これに債権の保全状態を加味したうえで回収の危険度を特定して、必要な引当を算定しなければならない。

　ここでいう債務者の経営状況・財務状況は会計上「債務者区分」と呼ばれ、早期是正措置導入に合わせ、日本公認会計士協会の実務指針で導入された。債務者はその経営・財務の状況が良好な順に「正常先」「要注意先」「破綻懸念先」「実質破綻先」「破綻先」に区分され、これに債権保全状況を加味して回収危険度を特定したうえで、区分に応じた引当すなわち将来予想損失が算定されることになる。

　要するに「債務者区分」は引当計算の出発点であり、この判定いかんで銀行の死命が制せられることにもなりかねないものなのだ。そして、この債務者区分は、適切な事業再生の措置が取られれば、正常先に向かって上位遷移していき、引当負担は軽減される。これが、早期是正措置の導入によって「金融行政と事業再生が密接不可分のものとなる時代」が到来した、と述べた趣旨である。

こうして集中検査・考査が実施され、その結果に基づいて日本長期信用銀行、日本債券信用銀行の二銀行は、1998年10月に成立した金融再生法によって同年中に一時国有化、破綻処理された。また、その他の銀行には、金融再生法にやや遅れてやはり98年10月に成立した金融機能早期健全化法により、99年3月に7兆5000億円の公的資本増強が実施された。これにより、市場の不安はいったん解消される。

3　金融検査マニュアルと事業再生

　危機対応の最後に、再発防止策が講じられる。危機の原因が銀行のリスク管理の不備にあったことは明らかだったため、官民でリスク管理の着眼点を共有する作業が行われた。すなわち、この着眼点を整理した「金融検査マニュアル」の策定である。その内容は、特に以下の二点に重点が置かれた。すなわち、取締役会の役割を中心とした各リスクに共通の全社的リスク管理態勢、及び信用リスク管理態勢である。

　後者の信用リスク管理態勢の部分では、適切な自己査定と引当処理を確保するため、日本公認会計士協会とも協議のうえ、債務者区分の定義と引当計上の基準が明確化された。すなわち、不良債権として通常より厚い引当が必要となる債権の識別基準が設定されたわけで、銀行にとっては、不良債権の処理を「追貸し」や「飛ばし」のように債務者区分の上位遷移を伴わない手法で先送りすることは困難となった。結果として銀行は、不良債権の処理に当たっては、債務者の清算や債権流動化など融資打ち切りの形でこれをバランスシートから外して損失を確定するか、あるいはこれを事業再生プロセスに乗せて、正常債権化による債権回収を目指すか、いずれかの手法で回収の極大化を図らざるを得ないこととなる。

　したがって当局は、以後、銀行の自己査定の正確性を検証するにあたり、銀行や債務者自身のとった経営改善措置が、延命策としての効果しか認められないものなのか、あるいは債務者区分の持続的上位遷移を可能とする事業再生策なのかを評価しなければならない立場に置かれる。そしてこのことが、「金融検査マニュアル」という事実上の法規範性を色濃く持った行政指針に規定され

たわけである。こうして、「金融行政と事業再生が密接不可分である」ことが行政文書に明示されることとなった。マニュアルは1999年7月以降開始される検査から適用された。

Ⅳ デフレ進行による不良債権問題の深刻化と金融行政

1 「2年3年ルール」

1997年秋から99年春にかけて講じられた当局及び日本銀行の危機対応策により、わが国の金融システムはいったん安定を取り戻した。しかしこの時点でわが国の実体経済は、バブル崩壊期における不徹底な不良債権処理や経済構造改革の欠如、その後の金融危機、それにアジア通貨危機までが加わって、すでにデフレに陥っていた。

公的資本増強によって銀行経営に落ち着きが出たとはいうものの、デフレの進行する中、銀行は新たなリスクを取りにくい環境に置かれたばかりか、優良と思われていた融資先の財務にも問題が生じ始めていた。こうして銀行の融資姿勢は厳格化し、それが実体経済をさらに痛めつける、という「金融と実体経済の負の連鎖」が発生する。世に言う「貸し渋り問題」である。

こうして、デフレの進行とともに銀行の不良債権問題が再び深刻化する。銀行の開示する不良債権額が過少ではないかという疑いが内外の市場に広がり、金融危機の再燃が危ぶまれる状況となった。政府は2001年4月に予定されていた預金等全額保護の撤廃、いわゆる「ペイオフ解禁」を延期し、同月策定された政府・与党の緊急経済対策においては、不良債権問題の正常化が最優先の課題として掲げられる事態となった。

この緊急経済対策において、以後の不良債権処理に道筋をつける方針が決定された。「2年3年ルール」である。主要行の破綻懸念先以下の債権については、既存分は2年以内、新規発生分は3年以内に「オフバランス化につながる措置」を講ずるというもので、事業再生による正常債権化抜きにしては対応が難しい内容である。民間銀行の個別の不良債権処理に対し、閣議決定でその処理速

度を設定するというのも甚だ異例なことであり、当時の危機感が伝わってくる。

いずれにせよ、この決定で事業再生の活用は行政当局にとっても喫緊の課題となり、その後の私的整理ガイドラインの策定、整理回収機構（RCC）に対する事業再生機能の付与、産業再生機構の設立などの施策へとつながっていくことになる。これらの施策は2000年に施行された民事再生法と相まって、事業再生の手法と担い手を抜本的に拡大することとなり、以後の不良債権処理に大きく貢献する。

この「2年3年ルール」と、不良債権の新規発生のペースとを見比べていけば、不良債権問題正常化への見通しが立てられるはずであった。しかし、市場の動揺は収まらなかった。市場は、その「見通し」の根拠となる公表不良債権額そのものを疑っていた。すなわち、銀行も当局も不良債権の現状を正しく把握しておらず、想定される不良債権を処理するには銀行の資本が不足している、したがって、さらなる公的資本増強がなければ早晩第二の金融危機が発生するのではないか、という疑いである。

2000年に大手百貨店そごうが破綻、市場の不安が高まる中で、翌2001年、大手スーパーのマイカルが資金繰りに行き詰まり、結局9月に民事再生法の適用を申請、これによって市場の疑心暗鬼は頂点に達する。市場の疑念はすなわち、マイカルの社債は前年から流通利回りが著しく上昇していたにもかかわらず、債権者である銀行は、マイカルの経営危機を想定した適切な資産査定も引当も実施していなかった、その結果、銀行には多額の追加損失が発生した、他の大口債務者にもこうした「突然死」するようなものが隠されているに違いない、やはり銀行のバランスシートは見かけと違って相当痛んでいる、という疑いである。

2　特別検査と事業再生

こうした市場の疑心暗鬼に正面から向き合わず、痛みを伴う徹底した措置を避けて問題の先送りを図ると、取り返しのつかない結果を招く。このことは、90年代後半の金融危機の教訓として当局の身にしみていた。このため金融庁（2000年7月、金融監督庁の機能を拡充して発足）は、危機管理の常道にのっとり、

迅速な実態把握と徹底した問題点の洗い出しに着手する。マイカル破綻の一か月後、2001年10月に開始された、主要13行に対する特別検査である。

特別検査では、検査対象となる債務者をまず特定し、その債務者のメインバンクに対して、当該債務者の資産査定が適切に行われているかどうかを主眼に立入検査が実施された。対象債務者としては、大口債務者のうち株価など市場の評価が著しく低下している149先が選定された。与信額では12.9兆円であった。また、特別検査においては、通常検査のように直近に終了した決算期末における資産査定の適切性を事後検証するのではなく、進行中の事業年度において行われる資産査定の適切性を、銀行の作業と並行して言わばリアルタイムで検証することとされた。これは銀行の自主的な資産査定や融資管理に大きな影響を与えるものであり、一種の経営介入とも言える。特別検査が「劇薬」と評されたゆえんである。まことに、非常時における特異な検査であった。

特別検査がこのようにデザインされたのは、以下のような意図によるものであった。すなわち、マイカルのケースのようなデフレ進行下で特有な「企業の突然死」に対して、銀行がタイムリーに適切なリスク管理ができているかどうか、そしてそこに不備があった場合、それが銀行の財務に深刻な影響を与える規模のものであるのかどうか、を進行中の事業年度について検証し、それによって市場の疑念や不信に対して正面から回答を用意する、というものである。結果によっては再度の公的資本増強が議論にも上りかねず、当局にとっても、特別検査という選択肢は「劇薬」であったと言えよう。

特別検査の結果は2002年4月に公表された。検査対象債務者の約半数の71社、与信額で7.5兆円について、直近の2001年9月期の自己査定と比べて債務者区分が下位遷移し、不良債権処分損は1.9兆円増加した。なかでも下位遷移71社のうち34社、与信額3.7兆円は、破綻懸念先以下への遷移だった。

この結果に至るまでに、銀行と当局の間で、対象債務者の債務者区分判定を巡って激しい議論が展開された。そもそも市場の評価が急落している先が検査対象ということは、業況悪化によって不良債権化しやすい先が集中しているということになる。しかも大口先に限っているので、その債務者区分の不良債権への下位遷移は、巨額の引当増加など銀行財務上無視できない追加損失を発生させる。議論も白熱しようというものだ。

特に、市場の評価が急落しているような債務者は、何らかの形で業況改善のための措置を取っている、あるいはその予定があるという先が多い。要するに、広い意味で事業再生計画がある、ということになる。したがって多くの場合、議論はその事業再生計画を債務者の返済能力との関係でどう評価するか、という点に収斂する。また、債務者区分の下位遷移を避けるため、進行年度の銀行決算までに増資や金融支援を実施して事業再生を開始する、というようなケースも生じ、検査官は日々、事業再生計画の妥当性と実現性の検証に追われることとなった。

　こうした状況を受けて金融庁は、法務、会計などの分野で実際に事業再生業務に携わっている実務家にお願いして、事業再生計画の妥当性を判断するに際してのアドバイスを頂戴する仕組みも用意した。こうして、金融行政と事業再生は、名実ともに切っても切れない関係となった。その後、足利銀行の一時国有化や金融機能強化法の施行など、公的負担による銀行そのものの事業再生や機能強化を図る場面では、事業再生の実務家の意見をいただく場が、外部有識者による委員会といったようなより明確な形で設けられ、金融行政の実効性と透明性の確保に大きな役割を果たした。

Ⅴ　不良債権問題の正常化

1　急速な不良債権処理とその課題

　特別検査の結果も織り込んだ2002年3月期の銀行決算では、主要行全体での不良債権額は26兆8千億円、不良債権比率は8.4％となった。各行とも財務の健全性基準は達成していたものの、不良債権比率は異常な高率で、その点で市場の疑念は当たっていた。徹底した実態把握によって不良債権を洗い出し、市場の疑念や不信にこたえるという特別検査の役割は果たされたと言える。あとは、新規の不良債権発生もある中で、銀行はこの巨額の不良債権を処理できるかが焦点となる。当時、銀行の実質業務純益はかなりの高水準にあり、当局の判断は、再度の公的資本増強を行わなくても銀行の経営努力で対処可能、とい

うものだった。

　これを受けて各行は、特別検査中から手掛けていた不良債権の最終処理、いわゆる「オフバランス化につながる措置」を本格化するとともに、財務の健全性維持のため、自力増資の準備にかかった。一方金融庁は、特別検査の結果公表の同日、「5割8割ルール」を発表する。これは、主要行の破綻懸念先以下の債権（新規発生分）について、原則1年以内に5割、2年以内にその太宗（8割目処）を目標として「オフバランス化につながる措置」を講ずるというもので、2001年4月の「2年3年ルール」と合わせ技で、破綻懸念先以下債権の直接処理を加速するものであった。銀行にとっては、特別検査による不良債権洗い出しののち、息継ぐ間もなく債務者の事業再生を急がねばならない事態となった。

　当局にとっては、不良債権の徹底した洗い出しで現状の不良債権額を確定でき、その最終処理のペースが「2年3年ルール」と「5割8割ルール」で規定された結果、不良債権の新規発生額を一定の前提のもとに試算することで、今度こそ不良債権問題の正常化を見通せることとなるはずだった。

　が、ここで問題が明らかになる。急速な不良債権処理、それも利害関係者が多数に上る大口債務者処理というものの担い手が見当たらなかったのだ。RCCでは大型の再生案件は荷が重い。メインバンクは他行からの「メイン寄せ」にさらされて、関係者の合意形成を主導しにくいし、ノウハウも不足していた。国内には大型の事業再生を専門とするファンドやコンサルティングファームが育っていない。不良債権の洗い出しと銀行財務の健全性確認という、不良債権問題対策の上流部分では金融行政と事業再生の協調が実現したが、不良債権の最終処理と銀行財務の健全性確立という最下流域において、両者のバランスが崩れていたのである。これでは河がせき止められてしまう。

2　産業再生機構の設立と不良債権問題の正常化

　この時期、わが国は深刻なデフレに悩まされており、小泉純一郎内閣は2002年10月、総合デフレ対策として「改革加速のための総合対応策」を発表、その中で上記の問題の解決策を提示した。「産業再生機構」の設立であ

る。機構は、有用な経営資源を有しながら過大な債務を負っている事業者に対し、事業の再生を支援するため、債権買い取り、出融資、保証等を行うもので、株式会社産業再生機構法に基づき、2003年4月に設立された。

その特色は、預金保険機構を主要株主とする官民共同出資の株式会社形態の認可法人というところにある。すなわち、公的な裏付けを持つ存在であり、また、政府保証により資金調達を行う公的機関であって、社会的ニーズはあるが民間商業ベースでは供給が難しい、言わば「市場の失敗」が発生している分野を埋めていく存在である。事業再生で最も難しい関係者間の利害調整を行う上で、公的中立性は大きな威力を発揮する。

「改革加速のための総合対応策」発表の同日、金融庁は「金融再生プログラム」を発表する。この中で金融庁は、「平成16年度には、主要行の不良債権比率を現状の半分程度に低下させ、問題の正常化を図る」と宣言、当時の中央官庁では必ずしも一般的ではなかった、目標数値と達成時期を具体的に明示した施策を提示した。そして、その目標達成に不可欠な要素にもプログラムで言及した。すなわち、「企業と産業の再生のための新たな仕組み」として、「企業・産業の再生に取り組むため、新たな機構を創設し、同機構が再生可能と判断される企業の債権を金融機関から買い取り、産業の再編も視野に入れた企業の再生を進める必要がある。このため、政府が一体となって、速やかに所要の準備作業が進められるよう要請する」としている。野心的な不良債権問題正常化目標も、産業再生機構のような事業再生の担い手なしには、にっちもさっちも行かなかったわけである。

こうして、主要行は2002年度以降、破綻懸念先債権に関する「2年3年ルール」や「5割8割ルール」などに基づき、自力増資による資本増強も図りながら、急速な不良債権の最終処理を推進した。また、産業再生機構は、設立当初は銀行との意思疎通が円滑を欠き、案件の持ち込みが滞ったものの、その後の地道な案件処理と銀行界への説明によって機構への理解が進み、債権買い取り期限の2年間で、要管理先（要注意先のうち、三か月以上延滞または貸出条件を緩和している債務者）の債権を中心に41件の支援決定を行った。一方金融庁は、2002年度から主要銀行グループ別に検査部門を再編成し、各銀行グループに対し通年検査を実施する「実質常駐検査体制」を敷くことで、各行のリスク管

理態勢の検証と不良債権の迅速・的確な把握に努めることとなる。

　急速な不良債権の処理は、債務者やそのステークホルダーにとって想像を絶する痛みを伴うものであったが、関係者の努力の結果、主要行の不良債権比率は劇的に低下する。2002年3月期に8.4％を記録した主要行の不良債権比率は、その3年後、すなわち「金融再生プログラム」の目標達成期限である2005年3月期には、実に2.9％にまで低下する。主要行の不良債権比率8.4％をその半分程度に低下させるという目標は、それをはるかに下回る率で達成され、その2年後にはさらに1％台に低下して現在に至っている。

Ⅵ　結　語

1　産業再生機構の評価

　産業再生機構は2007年3月、支援決定済み41件の処理を終了し、法定の存続期限を1年余り残して解散、同年6月に清算結了に至る。官民の出資者には損失を与えることなく残余財産を分配したうえで、433億円が国庫に納付された。個々の事業再生の出来栄えには種々意見もあろうが、全体としてみれば、事業再生の専門会社として十分な成功を収めたと評価できる。

　また、産業再生機構は、民間商業ベースでは事業再生の担い手が量、質ともに不十分という状態で、金融と産業の一体的再生という政策的要請に基づいて、いわゆる半官半民の公的組織として設立されたという背景がある。そうした中、機構の活動期間中に銀行の不良債権処理は急速に進行し、M&Aや事業再生を専門とするファンドなどの民間プレーヤーが次々と現れ、活動を活発化していった。機構の解散後を担う民間のプレーヤーが育ってきていたわけだ。この面からみれば、機構はわが国における本格的事業再生プレーヤーの先駆けとして、民間主導の事業再生ビジネスの呼び水になるという、公的役割を果たしたと言えよう。

2　事業再生ビジネスへの期待

　内外経済に不確実性と停滞色が立ち込める昨今、事業再生分野の役割は重くなっている。特に、経済構造改革を20年間にわたって怠ってきたわが国経済の閉塞感には、目を覆わしめるものがある。日本の銀行は不良債権問題を克服し、健全な財務基盤も確立しており、わが国の金融システムは、リーマンショックにも欧州債務危機にもびくともしなかった。にもかかわらず、わが国の実体経済は20年間成長していない。その根本原因は、経済構造が時代遅れになっていることにあると思う。

　人口が増加し、経済は輸出によって右肩上がりに成長し、周辺に競争相手となる国もない、そんな時期に設計された産業構造や財政構造が、人口が減少し、成長力が低下し、周辺に多くの競争相手が出現した現在、通用するはずがない。にもかかわらず、改革による痛みを恐れ、非効率を非効率のまま温存し延命させるために、資源の無駄遣いをしてはいないか。

　ここで取り上げた、わが国の金融危機の時代における不良債権処理や事業再生が誤りだったとは毛頭思わない。それなくしては、日本の経済は崩壊していたであろう。が、問題を正常化させた後の状況はどうか。不良債権のくびきから逃れることで銀行は新たなリスクを取る体制を整え、事業者は経済環境の変化を冷静に読み取って、それに適応するための体質改善に挑戦するゆとりを得たのではなかったか。しかし、経済構造改革に民間が本気で取り組んでいる様子は見えない。政府もまた然り。先人の苦労は何のためだったのか。

　事業再生は、確かに個々の事業者の経営再建ではある。しかし、それが真に持続性のある経営改善となるかどうかは、その事業再生が産業全体の効率化、競争力強化に貢献するものであるかどうかにかかっているのではないか。言葉を変えれば、環境変化に適応できず苦境に陥った事業を再生するということは、環境に適応した体質を作るために自らを淘汰するプロセスである、ということではないか。それは時に耐え難い痛みを伴うが、企業や銀行をはじめとする関係者が事業再生に取り組むにあたっては、こうした視点を忘れてはなるまい。そのことが日本経済を持続的成長に導くのであり、それが企業や銀行自らの存続と成長につながるのであるから。

（ごみ・ひろふみ）

② 我が国の地域金融機関の今後の課題
―― 地域再生の視点から

株式会社 東日本大震災事業者再生支援機構 代表取締役社長　池田憲人

I　要点・問題意識[1]

1　要点

　本記念論文集は「時代をリードする再生論」をテーマとしている。
　筆者は地銀マンの体験で、「地域再生」には、事業活力のエンジン役たる「金融の適切円滑が欠かせない」と強調してきた。「地域再生」イコール「地銀再生」とほぼ同義語と定義し、地域の預金・貸金の仲介機能たる現状に的をあて、地域産業振興への今後の在り方を「地銀」への私見をもとに述べてみたい。

1）本稿で用いる略称は、次のとおりである。
　地　銀――コミュニティーバンク（地銀・第二地銀・信金・信組）を総称するが、主として地銀・第二地銀を意図した。
　リスクマネー――自己リスクでの貸出。
　CREB――株式会社東日本大震災事業者再生支援機構の略称。
　ETIC――株式会社企業再生支援機構の略称。
　RAROC――Risk Adjusted Return on Capital（リスク調整後の資本効果）
　RAROA――Risk Adjusted Return on Asset（リスク調整後の利益）

最初に、「地銀再生」の言葉の響きに誤解のないように、念のため注釈をつけておく。

　多くの地銀は、半世紀から一世紀にかけて積み重ねてきた預貸ビジネス文化のノウハウを取得し、エリアの信認を取り付け、金融業として成功してきている。頑強な経営基盤はおそらく、メガバンク・投資銀行・政府系政策機関をはるかに凌ぎ、経営資産の積み上げは「尊敬」に値している。「そのうえで」と捉えてみると、久しく停滞している地域産業や個別企業への1つひとつのビジネス対応・仕振り、あるいは事業後押しへの牽引・リード役の現状に、今後の変革を期待している声が多々ある。そこで、「地銀再生」の冠でややオーバーな表現をした。

　したがって、現下、地銀経営に、いささかでも、欠陥があるわけではない。

2　「地銀再生」への問題意識

　さて、昨今のアナリストたちの論評・金融庁の監督指導など仄聞すると、バブル崩壊から20年間、一貫して地銀はオーバーディポジット状態にありながら、中小企業貸出が伸びない。一方、各県の保証協会保証残高（マル保貸出）は増加し、「リスクマネーが出ていない」現象で、これに厳しい批判が広くある。あたかも、国債運用と同様の感覚でマル保貸出を捉えていて、「地銀の地銀たる存在」を示してないとの隠れた批判が広く定着しつつある（次頁の資料）。

　もちろん、地銀の反論もある。
① 　デフレ状況が続き、しかも、リーマンショックで景気が悪い。資金供与の素地ができていないし、健全経営を考えると、必要以上にリスクは取れない。
② 　それでも、不動産担保依存からの脱却にトライし、商品・債権など地域の産業の商流にマッチした集合物担保金融にも手掛けている。
③ 　また、各種ファンドを組成し、金融をしやすくするなどクレジットリスクを乗り越える工夫をしている。
④ 　顧客の事業が不調に陥るときには、各県に設置してある支援協議会の相

各業態とも直近の中小企業向け貸出の増分は、公的保証分に依存

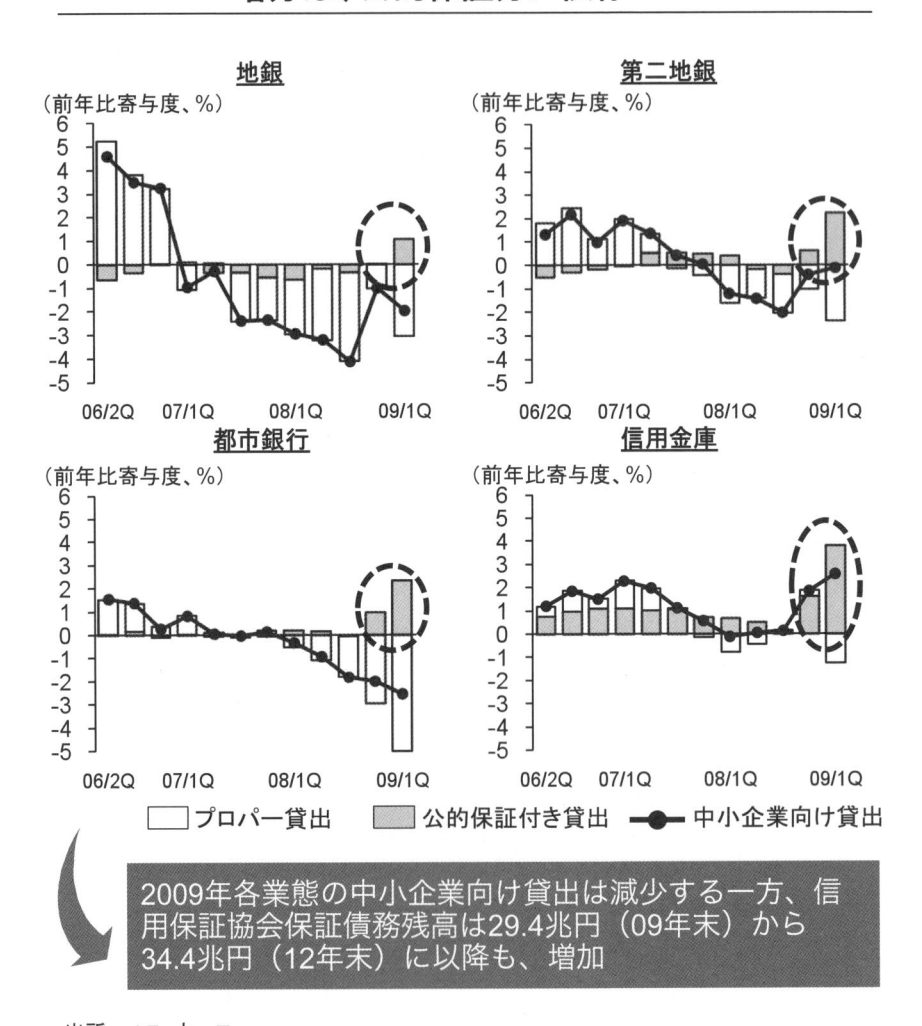

地銀
（前年比寄与度、%）

第二地銀
（前年比寄与度、%）

都市銀行
（前年比寄与度、%）

信用金庫
（前年比寄与度、%）

□ プロパー貸出　　■ 公的保証付き貸出　　―●― 中小企業向け貸出

2009年各業態の中小企業向け貸出は減少する一方、信用保証協会保証債務残高は29.4兆円（09年末）から34.4兆円（12年末）に以降も、増加

出所： A.T. カーニー

2 我が国の地域金融機関の今後の課題

14年前の特別保証制度の際は、制度終了後に破綻が急増

保証協会代位弁済件数、弁済率の推移

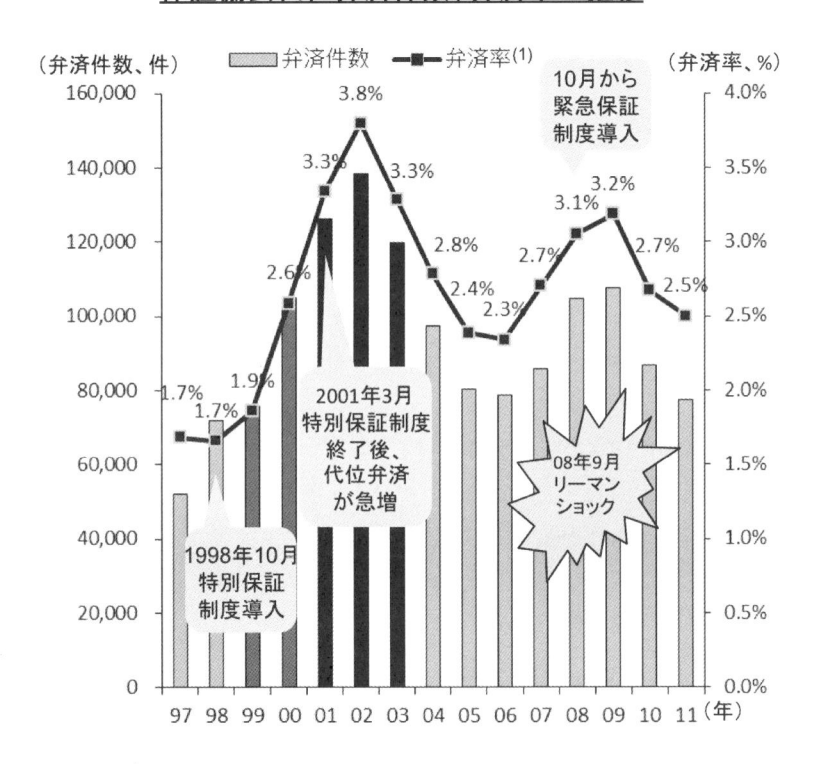

凡例: 弁済件数、弁済率(1)

弁済率の推移:
- 97年: 1.7%
- 98年: 1.7%
- 99年: 1.9%
- 00年: 2.6%
- 01年: 3.3%
- 02年: 3.8%
- 03年: 3.3%
- 04年: 2.8%
- 05年: 2.4%
- 06年: 2.3%
- 07年: 2.7%
- 08年: 3.1%
- 09年: 3.2%
- 10年: 2.7%
- 11年: 2.5%

注釈:
- 1998年10月 特別保証制度導入
- 2001年3月 特別保証制度終了後、代位弁済が急増
- 08年9月 リーマンショック
- 10月から緊急保証制度導入

19

談窓口を利用し返済の繰り延べなどアドバイス支援をしている。大きな過剰債務には、ETIC（企業再生支援機構）に協議し、大掛かりなDD（デューデリジェンス）で外部の診断を通して再生支援に協力している。
……等で、努力を強調されている。

3　他方、数々の中小企業経営者とのしばしばの交流で「地銀は歯がゆい」「公務員と同じ」との「つぶやき」が漏れる。もちろん、全部が全部ではないが、本音とも窺われる。良い意味では、一段の奮起を願っているといえるのかもしれない。

新興国の成長、高齢化時代への変化・うねりに、途上段階の地域事業者を横に置き、メガバンク・投資銀行業務の派手でビッグな金融ビジネスを追い続ける営業姿勢に地銀の本当の役割が飛んでいってしまった、との指摘かもしれない。

その知人等のつぶやきは、「足元にいる顧客へのコーディネート力、執念・資質が、営業店からとうに失せている」との批判と理解している。

そこで、勝手に顧客の意向を忖度してみると、
① 機械的、平面的、拙速的でないビジネス感度を軽視している。
② 営業現場を本部内部で後押しする姿勢が少ない。勇ましい勢い声だけ。
③ 潜在的な成長力を掘り出すための「揺るがない方針」が不透明で、頼りにできるとの体感につながらない。

単に「地域のために」の言葉遊びでない経営行動こそが必要というところだ。
もちろん、支店長にヘソを曲げられては顧客自身の糧道が断たれる恐怖心が本能的にあり、陰口での不満のレベルにしかなり得ないが、サイレントマジョリティーの意見として、重く受け止める必要があると思う。

これを、さらに、金融に対する不満を翻訳すると、地銀は諸々リスクマネーを供給する努力（担保がなければ貸さないという伝統的姿勢から脱却してくれという主張）、顧客の商売をもっと理解してくれ、そして、プラスになる「コーディ

ネート」こそが「切実な願い」になっている。

　地銀経営陣は、実際「リスクマネーがじりじり減少していること」に気が付いているが、残念ながら、試行錯誤でも、未だ、新たなエンジン始動の方法を探り当てずにいて、迷走状態、ズバリ「手詰まり」と断じてよい。
　底力ある地銀だからこそ、現在、従来の伝統的「預貸ビジネス文化」の次に踏み出せる絶好の機会と捉えビジネスチャンスが鼻の先にあるという感度をもって、「地銀再生」に手を付けてもらいたい。そう、積年の問題意識を駆り立てている。

II　クレジットポリシー・マニュアル

　それでは、貸出の憲法にもあたるクレジットポリシーおよびそれに関わる地銀の現状について、まず、案内してみたい。

1　銀行経営は「理念・方針」をもって、存在意義・存立基盤・経営姿勢を表す。各銀行の歴史感から表現は異なるが、概して、地銀はコミュニティーバンクを主張して、地域の預金者・借入者に対するメッセージを、ステークホルダーに流している。
　この経営ポリシーを受けて、次に貸出のビジョン、すなわち、クレジットポリシーとマニュアル（「融資・審査の規範」以降2つを総称する場合は「規範」という）を備置している。
　内部役職員達に向けての手引書にすぎないが、倫理観・融資審査姿勢・審査チェックポイントをやや具体的にガイドラインの姿で記載している。中にはポリシーを公表し、正々堂々フェアーな運営を強調している地銀もある。
　そのクレジットポリシーの大項目を列記すると、次の通である。
　① 心構え・融資の基本
　② 対象者・期間・返済・金利等の考え方
　③ 担保取得の考え方

④　決裁権限
⑤　ポートフォリオ管理
⑥　途中与信管理

　また、本部（クレジット審査セクション）と営業店（営業推進セクション）の役割分担の責任と権限を定め、情実・恣意性・不見識などの排除をねらって、Wチェックシステムになっている。

2　地銀は、この「規範」にもろもろの事例集を加え、職員への啓蒙・審査技術の習得等研修を一定間隔で行っている。かといって、「規範」の内容が、硬直的・絶対的かと問われれば、事務マニュアルなどの手続書と違い、あくまでも携わる者のガイド役にある。

　したがって、権限の範囲であれば、かなりの部分で担当者の心象・裁量が生きる仕組みには、なっている。大きな、異例な、融資事故が生じる都度、反省・教訓を分析し、チェックポイントのマイナーチェンジを繰り返してきた。

　そこで、これまでの「景気の変遷」から、どのように審査振りが変化したのかを、眺めてみる。
　近時、大きくは5つの節目があった。
①　1973年（オイルショック）
②　1990年（不動産バブル）
③　1998年（アジア通貨危機）
④　2002年（ITバブル崩壊）
⑤　2009年（リーマンショック）

　オイルショック以前は、現在の新興国と同じに国内の資金需要が旺盛で、原資の預金が追い付かず、実質上中小企業の審査体系は目立たなかった。
　当時の審査は資金配分そのもので、財務的に良質な安心・安定企業、取引条件を呑んでもらえる顧客が優先され、いわんや中小企業は劣後していた。仮に貸出をする場合でも、県市の制度融資の消化などの別の観点で、保証協会保証付き融資が定番となっていた。
　もっとも、このころの中小企業への資金供給を積極的に支えたのは信金・信

組の協同組合組織で、一概にマル保金融を責められるものではないことを付言する。

　オイルショック後は資金需要、とりわけ、大企業は資本市場への直接調達に向かい、地銀は本格的に、中小企業の資金需要掘り起しを余儀なくされ、資産運用ターゲットの転換をせざるを得なくなった。そのため、マニュアル・審査手引きの充実・教育研修の強化など、中小企業向け資金供給態勢を固め始めている。併せて、ベンチャー企業への資金供給にも意識し、銀行系のキャピタルファンド会社の設立がブームになり、また、住宅ローンの本格開始も見られた。海外・証券業務への展開もこの時期に始まったのである。
　総じて、地銀は各地での「総合金融機関」を標榜するに至り、とりわけ、中小企業融資の取込みは、喫緊の経営戦略にあった。

　しかし、実践経験（推進例・倒産例等実例の数）が久しく乏しく、形式や字づら表現はともかく、審査ポイントは大企業の財務分析の延長戦レベルで捉えるしか方法がなく、現場感覚、実践感覚、中小規模の実業実態からは遠く離れるもので、そこに貸出増強の弱みが存在していた。

　参考までに、当時の筆者の研修体験を記載すると、
　昭和2年の金融恐慌の教訓を出発点にして、それを紐解く銀行経営・融資審査のお手本として、『銀行業務改善隻語』（一の瀬象吉編、近代セールス社、1967年）」が教材の一つだった（なお、同書はその後、新装版が1999年に発刊されている）。
　審査マンの心構えを始めとして、経営の健全性は「預金の安定確保と健全性高い貸出」原点として、肌感覚に浸透させられたと記憶している。
　その時の体感は、その後も根っこに定着している。その隻語の一節を紹介する。

　「元来、銀行は地味なる商売なるを以て、努めて虚飾を避け、体裁に囚われず、主として内容の充実と基礎の鞏固とを図り、一歩一歩を撓まず、急がず進むを要す。決して己を削りて虚飾をなすのに陥る勿れ。砂上の楼閣は風雨に堪

えうる筈なし。徒にメートルを上ぐる競争は、禍根なり。」

　少なくも、隻語の示す意図が資産運用の哲学で、迷えば、この原点に戻れ、とした訓練を受け続けていた。したがって、体系的実践的に未熟であったことを踏まえて、中小企業融資マニュアルは隻語を道標として、具現化・実務化してきた経過が多くの地銀にある。
　地銀OBの方々にはご記憶あろうと思う。

　中小企業貸出の諸々実践例・体験例が極端に少ないと述べた。あるいは、適切な言い回しでないかもしれないが、地域で預金を集め地域で貸出をする地銀の本来の姿と主張しても、実際は審査対象の主軸ではなかった。それでも、当時、中小企業貸出融資に携わった方々がおられ、その頭の隅にはわずかだがノウハウが残っているはずだが、文章で体系だって伝わっていない。
　では、どうしたかというと、徒弟制度と同じような口伝でしかなく、結局は、事業のあるいは経営者の資質・人脈・商流・動態的、将来的な無形の資産を見る目、そうした情報の引出し力、判定能力など真の「事業素質」見極めのノウハウが「明文化し蓄積されてない」とした方が、正確かもしれない。
　とりわけ財務分析手法を活用し、粉飾の発見、未然に債権不良化を防止、ぎりぎりまで債権回収し自行のロスを最小限化することが、審査マンの誇りであった。
　しばし、そういう成功事象が起きれば、この世界の英雄と崇められていた。したがって、営業店も本部も、一意専心でまず疑うことから財務諸表を見る習慣があったことも、当時の審査マン風景だ。

　諸々の汎用性・標準化・均一化の観点から、事業素質を数値化するには、形式のみならず暗黙知の実績が必要であり、これが困難であった。そのため、解りやすい「事業者の保有資産」評価に関心が集まる。断面的な資産内容の見方、会計BSの把握等、静的定量的な方法、すなわち、「企業素質」判定に偏り、いわば不況抵抗力が中軸に置かれた。新入行員でさえわかる分析手法である。

とはいっても、こうした土壌造りには即効性がなく、今日の収益を生まない。経営陣は目先の業績を追わなければ任務をまっとうできない。

折しも、不動産ブームの資金需要が生じた。わかりやすいBS・PLの不動産業は一見問題ない優良先と位置付けられ、「質草」次第での貸出が中小企業審査に定着していったことは衆知にある。

また、中小企業の範疇の不動産業は他の業種企業よりリターンが多く、右肩上がりの不動産も担保評価十分として、そこに貸出が集中し、中小企業融資残高は労せず増加し、いわゆる、不動産バブルに至った経過にある。つまり、金融恐慌時代の教訓を出発点として、改めて、「事業素質」を見る目を養おうとした矢先に、想定外の不動産価格の高騰が起き、地銀の懐事情ともマッチした検討不十分でも営業推進に入り込んだと感じている。

そして、バブル崩壊だが、具体的な後始末はすでに各所で流布されているので、ここでは省略する。

地銀はそれぞれに反省と教訓を噛み砕いて、貸出の取掛り、仕振り、途中与信管理などを「マニュアル」に追加し、再発防止の研修を常態化した。さらに、業種ポートフォリオ管理、貸出集中リスク管理、など経営管理としての適正化、裁量判断を圧縮する施策貸出の健全性、回収の追及を厳格にする基本軸、いわば、資産健全化に戻る戦略方針としていった。

そうした伝統的な審査規範の対立軸にベンチャーキャピタルがある。中小企業を発掘し、ハンズオンし、育成していくファンドは、エクイティー、CB・WBなどの商品も揃え、今後の中小企業の展望を見据えた点で大いに歓迎されたところであるが、運営において使い勝手がいま一つで、普及に限界があった。

第1は、いわゆる当該会社が手離れをする、いわゆる卒業が、IPO（株式公開）にあるがため、会社公開へのチャレンジ精神ある企業が対象で、諸事情でそこまで求めてない会社が多く水面下にあった。たとえば、事業承継のニーズは直ちに該当しない

第2は、ファンド側もエクイティの評価方法が煩雑であった（某証券会社の非公開株の業種別株価指標を参考にするしか、策がなかった。）。

第3は、銀行系のキャピタルファンドは、その90％以上が親元出資であり、1～3％の管理手数料が親元からのミルク補給で、ファンド運用のチャレンジ性が薄かった。
　第4は、投資判断者は、健全性審査を植え付けられている親元銀行からの出向者ゆえに、なかなか投資対象案件を拾い上げ難い組織であった。
　第5は、ファンド取引条件には、安定株主対策として、一定期間保有する約束が慣行化していた。公開しても、ファンド側は自由に市場で売れず、中にはずーと持ち続けた。株式持ち合いの我が国での商慣習がなせる結果であった。
　第6は、担当者、いわゆるプレーヤーは親元と同じ体系の評価で、インセンティブがない。等のネックがあった。

　インキュベート段階から、投資対象を発掘する努力はなされたが、そうこうしているうちに、当時IPOの花形だったIT関連がバブル化し、そして、崩壊することで、ファンド対象が増えず、社内モチベーションが低下し、いつの間にか、尻つぼみになってきてしまっている。「健全性を担保しながら審査判断する文化」と「ベンチャービジネスレベルの中小企業の金融手法」の間がないまま、ITバブル崩壊・アジア通貨危機・リーマンショックまで、通り越し、リスクマネーへの警戒感、身構える姿勢を堅持したまま今日まで至っている。

　それでも、この間、注目することは、財務データの統計的定量化分析の試みが開始されたことであろう。
　保証協会、地銀協会員銀行で、顧客データを集積し始め、ヒストリカルデータで分解分析し、最終的には中小企業の貸出債権の流動化を図ろうとする狙いのものだった。積極的にリスクマネー供給の心理的不安感、警戒感を押し払う路を開こうと検討開発されてきているが、現オーバーディポジット状態の環境に陥り、未だ、実績はない模様で、リスク管理や自己査定の参考指標に使われている限りと窺っている（住宅ローンの流動化は一部なされたようだが、これも需要が少なく、現在は聞こえない）
　以上から、地銀の健全性審査チェック状態を端的に表現すると、「クレジットポリシー、マニュアル、営業現場の意識・行動は、均一・統一化されて、資

産健全性の思想が徹底している。」いまだ、「貸すも親切、貸さぬも親切」のフレーズが時として聞けるくらい、伝統的預貸ビジネス文化が広く浸透しているといえよう。

　ところが、そうした銀行経営の裏返しが出てきた。
　「地域の産業へのリスクマネー供給」に関し、健全性を追求するあまり、不十分な状況になり、そこに地銀側と地域企業側との間に考え方のギャップが生じ、冒頭述べたサイレントマジョリティーの不満と表れ長く続いている。
　地銀は「自分の軒先を綺麗にしただけ」との揶揄は少なからず当たっていて、その意味からリスクマネー供給をテーマとする「地銀再生」の課題が横たわっている。

3　それでは、単に前述したクレジットポリシーの項目からその趣旨ガイドを拾い上げてみる。もちろん、各行の理念・方針で味付けは異なるが、広く一般のものを提示してみる。
　①　健全な倫理観・道徳観での判断をしなさい。
　②　法令遵守・社会常識に照らして考えなさい。
　③　地域の繁栄につながる審査をしなさい。
　④　公共性・安全性・収益性・成長性・流動性を見極めることが大事です。
　⑤　リスクとリターンのバランスを考慮して与信を決定しなさい。
　⑥　一時的な成果を求めてはいけない。
　⑦　過度な与信集中を避けていくこと。
　⑧　途中与信の管理を怠ってはいけない。

　次に述べるやや具体的なチェック事項があり、総論と各論を合わせた全体構成となっている。ガイドラインだが、各地銀とも、大きく違うところはなかろう。
　①　事業内容・業界動向を理解する。
　②　資金使途の背景を探り、事業者の経営方針を確認する。
　③　資金と商流等を確認する。

④　返済条件と償還能力との整合性・返済財源があるかを検証する。
⑤　リスクとリターンが取れているか確認する。
⑥　万一に備え担保を徴求する。適切な保全を追求する。
⑦　過大なシェアーでないか、ヒストリカルにおいて、異常でないかを検証する。
⑧　決裁権限に違背してないか？
⑨　断る場合の慎重な対応を行う。

　それぞれの事例をケーススタディー化し、担当の仕振りの是非・諫めを都度研鑽し、貸出資産の品質維持向上に努めている。地銀の資産健全化理念方針は完璧である。規範の筋書通りで運用できれば、FSA検査でもさほどの指摘もなく、不良債権発生も相当部分防止でき健全な銀行を維持できる。「俺の銀行は不良債権比率が少ない」と強調する頭取方が目に浮かぶようだ。
　確かに、規範には「地域顧客の事業を見る目」の手順がきれいに投げかけ文章で落とし込まれていて、反論の余地ないものだが、なぜか、奇麗な姿勢になりすぎてないか、もやもやするところがある。

　1つひとつのチェック事項をガイドに沿って、中小規模企業に求めること自体、そもそも無理筋でないか？　銀行は金貸しの成り合いと割り切って良いのか？　という現場感覚。そして、「事業をみての審査」を命題としながら、全体を寄せ集めると、やはり健全性優先につながる「合成の誤謬」のような「ちぐはぐ」を感じる。つまり……、
①　財務的な良好先で、十分な説明ができる先、お行儀が良い先が実質上貸出の対象に当てはまり、そうした銀行側からみた優等生にのみ金融を奨励している様相。
②　中小企業の大部分は自社のデータを精緻に整理されている訳でなく、求める資料を提出しさらにそれを説明できないのは常識ではないか？　期待するのは無理筋。
③　常日頃からの経営チェックをする余裕がある経営者は少ないし、税務、資金繰りが優先している。それを貸し手は理想的な会計原則に拘っている。

④　総じて、この限りでは、未だ「貸してやる」思想が底流にあるみたいだ。

とりわけ、気になることは、短期金融での返済財源についてだ。

たとえば、資本的な意味合いで商慣行的に手形借入れの書換を繰返しているケース。

都度エビデンスを揃える煩わしさ、心理的忙し感を如何に除くか信頼関係の問題につきるが、課題として残るだろう。

また、長期金融での償還能力も、中小企業に将来を測ること自体、絵に描いた餅でないか？　過去の収益力からその延長で償還能力を算出する方策では、厳密に突き詰めると、優等生だった企業しか、貸出対象にはまらない。

だから、迅速で安易な担保取得に目が移ってしまうのは当たり前。

もちろん、他金融機関との優先弁済権の取り合いは推進・債権管理の双方から必要性はあるものの、「事業の素質・その将来性へのリスクテイク」をほとんど省略、それを、はるかに上回る担保優先体質が定着し「貸出条件のメルクマールの王座」に未だある。

さらに保全というと、保証協会保証がある。

多少の事務管理リスク・事務コストはあるものの、保証付き融資は債権ベースで促えるとリスクフリー（国債と同等リスク）である。デフォルト率・回収率を加算する必要がないはずだが、回収リスクと関係なく金利が定められ、また、小口融資は手間がかかるという理屈で、本来の市場原理から乖離した状況にあり、地銀には美味しい商品になっている。

平成18年に、責任共有制度が導入され、制度融資を除き、万一代位弁済の場合は、20％のロス負担をする仕組みに変更されたが、金利の信用貸出部分との段差に関しては、特段に定めがないので、裏返せば、「金利が高く取れる」だから、リスクマネーを供与するとしたインセンティブが沸かない。ここは何らかの改善が必要になろう。企業の収益性を押しこめている。

もとより、これら「規範」には、建前論も含まれているので、全部が全部そのまま硬直的な与信運用をしている訳ではない。顧客の存念に直ちに反射作用

がでないにしても、中小企業金融への思い入れある営業店や担当部署の担当者は、弾力的柔軟な案件処理でリスク与信の供与をしていると思う。つまり、担当者の才覚次第で中小企業へのリスクマネーが供給されていて、こうした人的情熱に依存している面は否めない。

さはさりながら、組織として、審査の拠り所は「規範」にあるので、「地域産業へのリスクマネーニーズと地銀姿勢とのギャップ」はこの辺にあるのだろう。

4 もう1つ見逃せない点として、これらの規範と資本の関係は、投資家と業務執行部間での一貫性があるかどうかだ。

20年ほどまえからRAROC（証券マーケットではROE指標で概括）を管理会計に取り入れてきている。資本を効果的に活用する方策で、「どのようにリスクテイクし、リターンを高めるか」の戦略である。前提には、RAROAでの収益評価が何らかの行内モニタリングにおいて、定着・浸透している必要はあるが。

リスクが高ければ高いほど収益が高まる、相応の金利設定ルールとその定着浸透が前提条件になる（破綻懸念以下は、違うテーブルである〜ゴムが伸び切ったところは回収率がベンチマークになる。）。ゆえに、引当後の収益構造を改善するには「リスク資産比率を高める」、とした論理である。

大概の地銀は、ALM（アセット＆ライアビリティー、マネージメント）関連で、議論がなされている、と承知している。ALMは毎日の資金の出入りを確認する中で、アセットとライアビリティーのバランスをモニタリングし、資金運営施策を指令指示する銀行経営の重要な位置づけにある。

委員会設置会社は、（資本）投資家の派遣する取締役会と業務担当の執行部隊が役割分担をしているが、地銀は監査役設置会社が大部分であるため、取締役会が（資本）投資家と業務執行を兼務して分担が解りにくい。そこで、いま、投資家は収益を次年度以降かさ上げする戦略を打ち出すとする。例えば、低収益貸出を高収益貸出にシフトする、あるいは、高収益貸出を増加させる方針を決めた。

そうすると、「リスクの高い、要注意債権を増やす」つまり、リスクマネー

を供給する作業になる。もちろん、デフォルト率計算のもと収益を予測するうえでだが。これが、中期計画の骨子になるのが本来のあり方になる。

逆に、景気の先が読めないとなるとリスクを減らす操作になる。そして、方針に基づき業務執行部隊はそのためのガイドライン、仕振り姿勢、組織改編など新たな業務執行施策を打つことになる。

ところが、掛け声だけの資本計画に帰着してしまうのが現状だ。収益を高める方針を打ち出しても、次のような中途半端な状況がたまさか窺われる。

① 諸も、クレジットポリシー・チェックポイントに対し、マイナーチェンジするか、それとも例外のポリシーをアドホックで策定するか？
② 営業店や本部の組織を再編するか、プロジェクトにするか？
③ 審査過程で、目をつぶるところ、一切譲れないところなどのチェックポイントの変更をするか？
④ 既存先担当との領分・エリアの仕訳、当該専属の営業店・担当者の業績評価方法の修正と既存の顧客担当との業務分担整合性はどうする？

両者の役割が曖昧になっているのが実情ではないか。クレジットポートフォリオが健全性保持一辺倒で浸透している中で、低グレーディング先に与信を起こせと言っても、不可能で、地域のリスクマネー供給の壁にもつながっている。だが、申し述べてきたとおり、改めて理念を変えることでなく、まだまだ、手を入れてトライする点の存在を指摘しておきたい。

Ⅲ 事業再生支援

さて、リスクマネーの供与という点で、ここへきて3月11日の被災事業者支援に、一考できる興味ある法律ができた。

2012年2月に、株式会社東日本大震災事業者再生支援機構が政府の100％出資で設立された。「CREB」と略称している会社で、被災事業者の復興に、金

融面での公的支援をするノンバンクであり、平成24年3月に開業し、被災各地の事業者と積極的に接触をし、被災事業者ニーズに応えるとしている。なお、筆者や松嶋大兄が取締役として参画している会社である。

　事業者の態様は大きく分けて次の4つである。
　①　被災を受けたが、3月11日以前の債務（旧債）も新しく出発する事業復興資金も、自力あるいは取引金融機関の支援で賄える先
　②　復興資金は補助金や県の高度化資金などで賄えるが、旧債の資金繰りやバランスシート改善のため、その負担を軽減してほしい先
　③　旧債の負担軽減と復興資金との調達に仲介を求める先
　④　この際だから、廃業する先

　CREBの対象は、②、③で、しかし、どの程度の事業者が接触してくるかは現時点で判らない。さまざまな角度から事業シナリオとその支援を固める作業が淡々と進められている。
　ところで、困ったことに、ここでの「再生支援」の言葉が従前から同じ言葉と同義語と理解している方が多い。「各県にある支援協議会」「企業再生支援機構」の「ETIC」で使用する定義、あるいは、一般に広まっている「再生支援」とCREBのとは些か目的・意味合いが異なる。
　CREBでは被災事業者限定の大義名分があるにしても、後述のとおり、新しい発想での思想・取組み方で、いろいろなケースで応用できるのではないか。「地銀再生」の方法面からも参考として、一端を紹介しておく。

　従来の再生支援は、「有用な経営資源を有し、回収可能性ある事業」を対象とした再生支援と定義している。その意図するところは、過去の負の遺産を取り剥ぎ、できるだけ早い確実な再生を目指すもので、具体的な事例として、
　①　取締役・株主の経営責任を追及し
　②　再生への資産の現在価値・清算バランス価値を評価し、それをもって、不要な債務を剥ぎ取る。
　③　その負の資産を取り除くための債権者間での一致した合意を取り付け

る。(不調に終われば法的整理に移行)
④ 次に、新しいガバナンスを組成し、経営運営を指導し
⑤ 必要な資本を注入する。
⑥ そして、有用な資源から収益を生み出す経営監視をする。
⑦ 計画を満たしたら注入した株式等を売却し、あるいはリファイナンスで譲渡し再生支援を完了する。一連のプロセスである。

したがって、従来型は、過去の経営実績を重くみて、その不具合原因を除去した状態を計画の下敷きにする。そのレベルにまで、たどり着く価値があるか、そして何よりも、再生支援の経済合理性があるかを見極めて、スタートラインに立たせるかが判断のポイントになる。

対象企業は、事前に振り分けられ、限定的、結局、先数は少なくなる。

他方、CREBは被災事業者をできるだけ多く後押しするエンジェル機能にあり、被災で重荷となっている旧債や復興資金調達への調整を業務の主眼をおき、事業への再チャレンジを促すことを想定している。

だが、単に被災復興の大義名分の精神論だけでは、地銀は復興再生支援に乗り出さない。あるいは乗り出す必要がない。

それゆえに、法で定められた金融の武器(出資・保証・助言)を呼び水に使い、地銀・事業者双方の復興への本気度をより高める作業が求められている。

以下のプロセスがCREB活動の中心になっている。
① 借入金を時価で肩代わりする。(買取り債権)これで、貸手の地銀は3月11日以前の債権(旧債)がなくなり、身軽なBSになる。一方で、事業者は、CREBの旧債の買取りで、資金繰りが計画的に楽になり、キャッシュフロー(CF)の安定性が確保される。
② 最長15年の計画で過剰債務が解消できないと計算されるなら、CREBは買取り債権のうちの一部または全部を放棄し、事業者のBS補強をする。さらにはエクイティー投下し厚めの資本勘定にする。
③ 計画金利を現行水準より下回るものとし、PL支援を実施する。
④ 必要ならば、保証をもって信用補完を実施する。もちろん、地銀の貸出に保証を付ける場合は、そうでないプロパー貸出は各行の基準金利を想定

し、金利市場に平仄を合わせることで、リスクマネー供給のインセンティブを与える。

対象事業者は、大規模から小規模まで限りなく多い。これまでに例のない再生支援作業である。

中小企業経営者に将来のビジョンを数字で表すこと自体、実際性・正確性に欠ける。このことは誰しもが暗黙のうちに承知していることゆえ、そこでは、事業者の「事業感」、「チャレンジ精神」、「ビジネスモラル」が支援の絶対要件になる。債権を放り投げたくて顧客との縁を切るサービサー機能と地銀担当者は錯覚している面があるが、CREBは再生を大前提としているもので、サービサーではない。

それゆえに、復興支援の覚悟を約して貰い、モラルハザード防止を強く念頭においている。

また、事業者の現在価値算出において、両者の考え方の差異は明確になっている。「旧債を買い取る」機能がある6県の復興機構との違いで示してみる。

なお、官民ファンドの復興機構(以降「F」と称する)は、マニュアルを支援協議会・ETICの従来型再生理念を踏襲しているので、比較しやすいので、ここで比較例示した。

① Fは過去3年間の営業利益の平均と、計画する3〜7年の営業利益のDCF方式(ディスカウントキャッシュフロー法)で算出したNPV(ネットプレゼントバリュー)年平均を求め、旧債にその落差比率を乗じて時価買い取り率とする。

NPVに対し、下回る実績が出た場合は、差額をファンドの出資割合でロスシェアーする。したがって、過去赤字の場合は算出不能の対象外になる。

② 一方、CREBは、事業そのものを新しいプロジェクトとして捉え、毎期の収益計画をDCF法(ディスカウントキャッシュフロー法)により(最長15年の期間で)合算して現在価値とする。

もちろん、割引率次第で現在価値・時価は異なるが、リスクフリー金利(国

債等）に被災地中小企業の信用スプレッドあるいはデフォルト・回収率を加えるものである。また、将来、実績との乖離が生じた場合は、債権者とロスシェアー条項を締結するケースも想定しているが、よほどにシナリオ策定での意見相違がない場合は、CREBでその負担を吸収する。

　整理すると、「再生支援」には2つの定義があり区別する必要がある。
　1つは、過剰債務に陥った中から業績回復の可能性が高い先、しかも3～5年の短期間で成し遂げられると判断できる再生支援。
　従前の事業資質そのものに成果を託し、こうした枠組み編成ができる先が対象になる。そのため、予選の通過ハードルは、いろいろな理由で高い。
　反面、そのノミネートすら到達できない事業者は端からドロップアウトされる。
　もう1つは、過剰債務に陥った先を可能な限り拾い上げ、超長期エンジェルとなって支援する再生。新しい超長期投資の概念で、CREBの実施する再生方法に他ならない。事業者の今後のチャレンジ精神と手腕に成功を託すもので、事業素質そのものにのみ依存するわけではない。
　このモデルは、我が国の大多数の小規模事業者の再生底上げ支援が主眼であり、投資銀行のような拙速回収を求めていないところに特徴がある。

　CREB業務の仕組みは、「投資ファンドの再生支援」と「ベンチャーファンドの立上げ支援」の隙間を埋めるもので、（買取ファンド機能のレバレッジ付き）「中小企業応援支援」の位置づけにあたろう。もちろん、被災事業者限定のものだからこそ、政府の財源が使えるが、新しい手法であろう。今後、CREBでの収支オペレーションで長期間でも「投資の合理性」が示されれば、地銀への何らかのリスクマネー供給へのヒントになりうる。
　まずは、より多くの実例の集積で、標準化・汎用化を図り、その中での経済合理性を探る必要があると感じる。

Ⅳ 地銀再生へ

　さて、諸処、地域金融機関方々への失礼な物言いであったが、筆者の自戒を込めていて、お許し願いたい。
　地銀がリスクマネーを供給できる態勢、金融機能の広がりへのヒントに一歩でも二歩でも繋がればとの想いからである。
　これまでの記述から、いくつかを私的な意見として記述させて頂き終わりにしたい。

　第1は、貸出資産健全性の命題。リージョナル・リテールバンクが健全経営を標榜し、クレジットポリシーに理念を浸透させることは、古今、動かせない。1999年のグラススティーガル法解禁以来、商業銀行でも投資銀行的業務に手を出すか否か議論のあるところだ。一概に可否を断じえないが、地銀の地銀たる役割を考えれば、やはり、投資ではない資産の健全性を意識した経営は捨て去れない。
　第2は、そうした健全経営の中でも、ビジネスリスクマネー供給へ向けての改善点はある。
　まず、審査の手引き・マニュアルの現代版への修正は不可欠と感じている。
　手引書は多分長い間モデルチェンジをしていないと思われるので、あらためてリスクマネー供給の視点にたち、中小企業の事業素質、計画を重視するガイドラインを定める。建前論と現実論が交差し極めて解りにくいマニュアルになっている現在のものを、明確に分けた姿勢提示に修正することが望ましい。
　第3に、とりわけその中で、「償還財源」「償還能力」には、そもそもの計算方法に再考の余地が残る。ビジネスモデルが固まらない中小企業向けと過去優等生型中小企業との捉え方の区分けが必要と思う。
　エクイティー型の商品を投入する機会、そのガイドラインを決めるのがとりわけ大事だ。商品設計（コベナンツ）で、一定の見直し時期を定める手法や停止条件付でビジネスのモラルハザードへのガードを組み合わせることは有効。DDS型・DES型ともに貸手側では償還・あるいは償却が存在するが、このこ

とが、中小企業の馬力を高める後押しにもつながるだろう。

　償還能力においても、長期償還の概念、極端に15年・20年期限を商品標準化し、先が読めないなかで、5年程度の見直し条項が現実的だろう。金利は5年ごとの変動見直しでもよい。要は、入口で排除しない、当該ビジネスモデルへの深い関与でクレジットリスクを把握する。そして、その将来リスクに対し、テイクできるかどうかの論点にもっていけるリードマニュアルが必要である。

　第4は、RAROCでの資本アロケーションとその方針に基づく施策戦術決めにある。疑似委員会設置会社型の資産運営ガバナンスを創設するのも1つの案。経営は、一定の資産額をそうしたリスクテイクに配分し、そのための具体的戦術プロセスをガイドラインに挿入する、また、定時のモニタリングの習慣化で、行内に高度な金融テクニックが醸成されるはずだ。

　第5に、RAROAの浸透である。主に、保全の優劣（回収率）での金利体系を整理する。簡単な話、マル保と不動産担保と信用貸出と設定金利にかい離を設ける。それだけで、リスクマネー供与のインセンティブが上がる。これが定着することで、前述のRAROCが効果を発揮する。

　第6では、ロス発生時の評価方法に工夫が必要。「叱られるならやらない方がまし」との前線担当者の意識をチャレンジブルに変化させなければいけない。一定の確率論を用い、マイナス評価をしない評価方法が重要だ。

　これらの1つでもなじむ施策からスタートするだけで、営業店の地域へのリスクマネー供給の大きな力になると思う。

　我が国の経済沈滞は「金融機関がリスクマネーを供給しないから」と指弾されないためにも、整然と体系立てて、取引先のリスクメカニズムを掌握し、チャレンジブルな金融を目指してもらいたい。

（いけだ・のりと）

3 事業再生と市場経済
―― 市場経済メカニズムにおける
　　再生型「整理」手法の積極的役割

株式会社経営共創基盤（IGPI）パートナー／代表取締役CEO　**冨山和彦**
同マネジャー　**新國信一**
同アソシエイト　**金子素久**

I　はじめに

　グローバル競争が激化し、日本経済の構造的な行き詰まりが長期化する中、我が国でも規模の大中小を問わず、企業の破綻や淘汰・再編が日常茶飯事化している。その中で、企業再生や事業再生が市場経済において果たす役割は重要度を増してきたが、同時に、そこに国が深く関与することの是非をめぐる議論も続いている。最近では東京電力について原子力損害賠償支援機構を通じた実質国有化が行われたほか、日本航空が企業再生支援機構の支援を受け、会社更生法の適用申請から2年8か月で再上場を果たしたことも注目を集めた。また2012年2月に会社更生法の適用申請を出したエルピーダメモリは、そもそも2009年に産業活力の再生及び産業活動の革新に関する特別措置法（改正産活法）による公的資金を受けていた事例であるし、少し遡ると、筆者が最高執行責任者（COO）を務めた産業再生機構が扱った全41案件やりそな銀行の事例がある。海外においてもリーマン・ショック後の米ゼネラル・モーターズ（GM）の一時国有化や、欧州危機をきっかけとした金融機関の国有化が話題となった。
　2013年春現在、外にはギリシャに端を発した欧州経済危機、内には震災復興や金融円滑化法の期限切れ問題などが存在し、企業を取り巻く経営環境は厳しさを増している。それに伴って民間のリスクマネーは収縮し、企業再生に必

要なファイナンスの担い手は減少しているのが現状である。官製ファンドである企業再生支援機構や産業革新機構がリスクマネー供給者として存在感を増しているのは、こうした状況を背景とするものである。

　このように今後も市場経済が危機や機能不全に陥る可能性はあり、国が企業再生や事業再生に関与するかどうかが問われる事態が来ることは考えうる。そもそも再生型の法的整理において、国家機関である裁判所が強制力を持って関与することも、広い意味での国による企業再生・事業再生への関与であり、再生型整理手法の充実は、公権力による企業再生・事業再生への関与を常態化しているとも捉えうる。

　他方、市場経済システムにおいて個別の企業や事業が淘汰・再編されていく現象は、すぐれて競争市場の自然な新陳代謝機能であり、そこに国が関与・介入することは、そのメカニズムを阻害するリスクもはらんでいることも忘れてはならない。

　そこで、今あらためて国が企業再生・事業再生に関与するにあたって留意すべき点について、過去の事例検証を行うことは重要である。また、この検証作業は、より根本的な議論として、健全な市場経済の発展にとって企業再生・事業再生とその法的インフラであるさまざまな法制度がいかなる役割を果たしているのかに関する、より広範な法経済学的な考察へと発展すべき射程を内包している。

　本稿において筆者は、かつて株式会社産業再生機構において、国のマクロ経済政策の脈絡で超ミクロの個別企業の淘汰・再生に直接介入するという、前例のない政策パッケージの現場責任者を自ら担ったことをはじめとした豊富な実務経験と、法律学と経済学の両方にわたる学問的なバックグラウンドに立脚し、具体的な事案の検証を踏まえつつ、市場経済メカニズムにおいて、再生型の「整理手法」全般が果たしうる積極的な役割について論じるものである。

II 再生における公的機関の関与

1 国の企業再生・事業再生への関与が許容される要件

　企業の淘汰は市場経済の基本機能の一つである。国または国の機関が企業や事業の再生に関与・介入することは、生産性の低い企業の退出を通じた市場の資源配分機能を歪めるリスクがある。また、競争によるイノベーションの促進機能を阻害する危険性もある。さらに、安易な救済が行われるようになれば、民間企業間にモラルハザードが引き起こされ、市場の規律が緩むことにもつながる。したがって、企業再生・事業再生は本来的に民間が行うべきであり、特に国が特定の企業に公的資金を投入するなどの方法で、企業や事業の淘汰再編過程に積極的に介入するにあたっては、一定の要件を満たす必要がある。

　まず、深刻な市場の失敗や巨大災害など、市場経済自体が機能不全を起こしている状況で、その機能を代替・修復するために国が企業再生・事業再生に関与するケースを考える。典型例としては、金融危機から経済全体のシステミックリスクが顕在化し、リスクマネーの収縮が起きている場合である。こうした状況下では、平時では十分に活用可能性のある経営資源や雇用がいたずらに毀損するリスクが高まり、かえって非効率な均衡が起きる蓋然性が高い。その結果として無秩序な企業破綻が連鎖し、システミックリスクが現実のものとなるおそれもある。そのような事態を回避し、肝心の市場機能そのものを守るためには、国が公的資金を投入して企業再生・事業再生に関与することの許容度は高い。たとえば、金融危機リスクを抱えていた2000年代前半の日本において、りそな銀行の実質国有化や、産業再生機構による巨額の公的資金を投入しての企業再生・事業再生の促進は、機能不全に陥っていた日本の金融システムを早期正常化し、市場の失敗を補完・修復する脈絡で許容される事案だ。リーマン・ショック直後のゼネラル・モーターズの米国政府による救済も、同様の理由で国による介入が許容される事案といえる。

　次いで、ライフラインなどの重要な公共機能を担う企業や事業が無秩序な経営破綻に陥ったときに、著しい公共的な不都合が生じることも国による介入の

許容度を高めうる。たとえば、日本航空や東京電力の再生案件では、高い公共性が国の関与を正当化できる要因の一つとなっている。ただ、公共機能を守ること自体は、法的整理、私的整理の両面で破綻型再生法制が整った今日においては、制度の適切な運用と民間のファイナンスで実現できる場合が少なくない。したがって、公共性の要請を根拠に国が企業再生に関わるにしても、その必要性と方法の妥当性については慎重な検討が必要である。

　最後に、産業政策上、顕著に重要な産業に関わる企業の経営危機に際し、技術散逸や国際競争力低下が懸念されるケースを考える。たとえば、2009年に改正産活法による公的資金を受け入れたものの、2012年2月に会社更生法の適用申請を行ったエルピーダメモリはこの類型に該当する可能性がある。これも広義の公共的要請と考えることは可能ではあるが、ライフラインのケースと比べ、その産業や企業が本当に重要か否かを、誰がどんな基準で判断するのか線引きが困難である。加えて、産業界での激しい競争のダイナミズムやイノベーションを阻害しないかも慎重に検討されるべきであり、公的資金注入の正当化へのハードルは、前二つの要件に比べてさらに高いと考えられる。

2　公的機関が関与する際の留意点

(1)　競争歪曲リスクへの配慮とその是正方法

　国の関与を是認できる状況においても民業圧迫や競争市場が歪むリスクに留意し、極力そのリスクを回避する努力は必要不可欠だ。

　まず支援前においては、その事案が民間資本で対処できないのかを検討する必要がある。産業再生機構における初期の大型案件である三井鉱山やカネボウでは、機構自らが出資して主導権を握り再生を主導した。しかし金融情勢の改善で民間のリスクマネーの動きが活発化した後半期には、ダイエー、ミサワホーム、大京に対して、機構は民間から出資者が現れなかった場合のバックストップまたは補完的出資者となるにとどめ、債務調整後、直ちに民間からエクイティー・スポンサーを募る方法をとった。

　また、支援を決定した場合であっても、あくまで公平な競争を通じた市場経済の新陳代謝機能は尊重されなければならない。公的機関による企業の救済が

行われると、競合事業者が競争上の不利を被ることになるため、競争の公平性が歪められ、市場の機能が阻害される危険性をはらむからだ。

対処方法には二つの事例がある。EU競争法のガイドラインのように、公的支援を受けた企業に対して、設備投資の抑制などの競争制限を課す考え方がひとつだ。最近、日本航空の再上場をめぐって問題となった航空業界の場合ならば、便数や運賃、飛行機の購入や路線枠配分等で一定の制約を課すことになる。独禁法などの他の公正競争政策と同じ次元で解決する、「競争政策的な是正方法」ということができる。もうひとつは、国または公的機関が保有する「経営支配権」を開かれた入札にかけ、公的支援を受けていない競争相手に対しても、応札による淘汰や再編の機会を与える方法だ。実際、産業再生機構では、出資分の株式売却に当たり、原則一定量以上の株式をまとめて公正な入札にかけ、経営支配権の一部または全部を獲得しうる応札機会を競争相手にも与えた。こちらは、言わば「市場経済的な是正方法」である。

このように、国の関与そのものは慎重かつ抑制的であるべきだが、主な出資者として関わるとなったら、市場プレイヤーとして徹底的に当該企業の再生に関わるべきである。関係者は全員、事業の経営そのものに全身全霊でコミットし、自らをリスクにさらす必要がある。また、再生という非常時経営の基本はガバナンスの集中に裏付けされた経営者の強力なリーダーシップである。国が出資する以上、付加価値の最大化に資する経営者を選び、必要ならば手も足も口も出して経営者の背中を押していく必要がある。そして経営改革の遂行にあたっては、一切の逡巡なく一気呵成に進め、経営改革を完遂したうえで株式を民間に早期売却する必要がある。そもそも市場機能の代替・修復を主目的とする以上、遠慮は無用だ。リスクを恐れ、中途半端な関与でガバナンスを拡散することは、再生に必要なリストラや経営改革を遅らせ、かえって公的資金の毀損リスクを大きくする。さらに、株式の売却にあたっては、国民資産の売却にあたるため、売却プロセスの透明性を確保したうえで、回収の最大化を図ることが重要になる。それによって公的資金の最終的リスク負担者である納税者への説明責任を果たすことが可能になる。

(2) 法的整理との関係性への正しい理解

次に、国の関与と法的整理の関係性について考える。

マスメディアをはじめとして、国が関与するにあたっては法的整理による処理を行うことで、「透明性」と「公平性」を担保すべきという議論が一部に見られる。しかし、企業再生・事業再生を迅速化・円滑化し、再生過程における事業毀損リスクを最小化するためには、むしろ私的整理と法的整理、双方のメリットを活かしつつ、両者のギャップを最小化することが必要であり、両手法の相対化傾向は、国際的な流れでもある。我が国においても、この10年間「私的整理に関するガイドライン」を初めとして、産業再生機構法に基づく私的整理、さらには事業再生ADRと、従来の私的整理と法的整理の中間に位置する、透明性の高い「制度化された私的整理」手続が整備されてきた。同時に法的整理の側からも、民事再生法の制定や会社更生法の改正などで、より柔軟な運用を可能とする歩み寄りがなされてきた。

こうした流れの中で、国の支援にあたって法的整理による処理を不可欠とする論調は私的整理と法的整理の連続化、相対化の否定につながるものであり、時代逆行も甚だしい。そもそも法的整理を併用することが、国が関与する「公的」再生の「透明性」「公平性」を高めるという議論自体、たとえば上記の「制度化された私的整理」手続と比べた場合、何故、より透明で、より公平といえるのか、具体的な根拠に乏しい、まったくのイメージ論にすぎない。実際、裁判所の強い権能によって多数決原理で押し切れる側面のある法的整理と比べ、損失を負担する債権者全員の同意が必要な私的整理の方が、交渉の力関係上、債務者側はより多くの情報開示を行わざるをえない(債権者から見れば透明性がより高くなる)場合が多いという指摘もある。

現に日本航空の事案では、会社更生手続の中で行われた第三者割当増資の透明性が政治問題となった(この問題は次章の事例検証の中であらためて詳しくふれる)。また、エルピーダメモリにおけるDIP型会社更生手続に関しては、債務者側からの情報開示が不十分であり、手続全体に透明性が欠けるという厳しい批判が多くの利害関係者からなされていることが、新聞等[1]で報道されている。

---

1) 2012年9月17日付日本経済新聞朝刊 法務「会社更生 不満募る債権者」等

加えて、競争政策の観点からは、法的整理手続を経て強制的に債務を削減され、大きな税務上のメリットを享受している企業が、さらにまた政府保証による低い資本コストで調達した資金的基盤の上で企業活動を行うことは、公平性の観点からも問題が生じ得る。むしろ、国による再生プロセスへの関与と法的整理の併用については、競争歪曲を深化させるリスクがある手法として、その必要性について厳しく吟味されるべきである。

　もとより会社更生法や民事再生法などの再生型法的整理全般について、「国家機関の一つである裁判所が強制力をもって非効率なゾンビ企業の延命に手を貸すもので、市場経済全体の新陳代謝を阻害するリスク」がある点は、古くから指摘されてきた問題でもある。米国のいわゆるチャプターイレブン（連邦破産法11章に基づく再生手続）についても、同様の批判が彼の地においても根強く存在する[2]。

　少なくとも法的整理を申し立てることで、競争を貫徹し、非効率な事業体を市場から退出させたことにならないことは、次章で詳しく述べる日本航空の再生事案からも明らかである。建設業の世界では、民事再生法で数十年という超長期弁済の再生計画の認可を受けた会社が、債務と従業員を減らして身軽になったことを武器に安値受注に走り、業界全体の過当競争に拍車をかけている問題が指摘されている。

　このように法的整理には、国の機関の一つである裁判所の権能によって、本来、競争に敗れて市場から消えるべきプレイヤーが、より身軽になって競争に舞い戻ってくる側面があることは事実として認めざるをえない。

　したがって、何らかのリスク遮断機能が必要、あるいは債務整理上または100％減資上、多数決や裁判所の強制力による整理手続が不可避（全員同意が絶対に不可能）などの止むを得ない事情がある場合を除き、国による資金的支援と法的整理の併用、いわば二重の国家的支援には慎重であるべきである。これを法的整理の側から見れば、国または公的機関が公的資金を投入して法的整理のエクイティー・スポンサーになるには、前Ⅱ1節で述べた要件が満たされ、

2）White (1994) では、本来、連邦破産法第7章（清算型倒産処理手続）によって処理されるべき非効率的な企業が、連邦破産法第11章によって市場に留まることで、資産の有効活用がなされず市場が停滞する可能性が指摘されている。

かつ民間からのスポンサーが現実的に存在しえないことが条件となるべきである。

(3) 雇用維持それ自体は個別事案の主たる正当化事由にはならない

破綻企業の再生プロセスでは何らかのリストラクチャリングが必要になるケースが多い。不採算部門の撤退等のリストラクチャリングを行う過程では雇用が失われるケースが多いため、国が再生プロセスに関与することで、雇用を守るべきという議論になることがある。もちろん、およそ再生過程一般において、従業員の生活や人生に対しては、できるだけの配慮がなされるべきである。しかし、企業再生における国の関与はあくまで市場経済機能の補完にとどめられるべきであり、国が雇用の維持を主目的として個別企業の再生に関与することはその基本原則から逸脱している。このような関与を行うことは、結果として生産性の低い企業の延命につながり、市場の新陳代謝機能を阻害し、長期的には国民経済、ひいては我が国の雇用全体にとってもマイナスの影響を及ぼしかねない。関与にあたって立脚すべきは、あくまでも市場経済機能の活性化の視点、すなわち経済政策の視点である。

もとより失業対策や再雇用支援などの社会政策は必要不可欠な政策領域だが、それは本質的に弱者をどのように救済するかという政策原理で行われる。他方、経済政策とは、強い経済、強い企業を作り、よって国民所得と雇用を高める政策領域である。それは強きもの、素質のあるものを助けるべきものであり、そこに中途半端に弱きものを助ける社会政策的要素が入り込むと、結局、虻蜂取らずの単なる税金の無駄遣いに終わってしまう。そういう意味では、後で詳しく検証する日本航空の事案は、整理解雇も断行して迅速な過剰人員の削減を完遂した点で高く評価できる。以上のように、国が再生プロセスに関与するにあたって留意すべき点は多い。そのため国は、政策や制度の立案及び運用の両面で、自身の関与する領域及び時間軸を自己定義し、本来的な政策目的の達成のため、厳しい規律をもって真摯に対処していくことが非常に重要になる。

3　究極的に国の機関に求められる役割は何か

　今まで論じたように、国の企業再生・事業再生への規律なき関与は本来市場が持つ機能を歪めかねないため、国の関与は必要最低限かつ一時的なものに抑制することが必要となる。その意味で、裁判所も含めた国の機関に期待される究極的な経済的役割は、減資や債務調整による企業及びその中に存在する事業の価格調整とリスク遮断機能である（この機能の恒常的な必要性は4章で詳しく述べる）。特に法的整理においては、破たん後、そのままの形では債務が重すぎたり、簿外リスク懸念が大きく買収不能であったりする場合に、裁判所の強力な権能により価格調整を行い、リスクを遮断すれば、他の市場プレイヤーによるM&Aが可能になる。これにより破綻企業の経営資源は再配分、再活用ができるようになる。ちなみに価格調整だけならば法的整理でなくても、透明性の高い「制度化された私的整理」手続で可能であるし、現在は事業譲渡や会社分割制度などをうまく使えば相当程度のリスク遮断が可能であり、M&Aによる有用な事業資産の再活用が可能になる。

　したがって、緊急時を除いた平時においては、国の関与は、裁判所における法的整理手続や「制度化された私的整理」手続を通じた入口段階の価格調整及びリスク遮断にとどめるべきである。その後の事業そのものの経営的な再生や淘汰・再編プロセスについては、今まで検討した各要件を充足している等、特段の理由がない限り、国が出資を行って関与することは回避し、民間のファイナンスや経営スポンサーに委ねることが望ましい。国が出資によってその後の経営に関与する場合には、裁判所の関与の有無にかかわらず、なぜ、そのような踏み込んだ支援を行う必要があるのかを、最終的なリスク負担者たる納税者に対してきちんと説明することが求められる。

III　具体的案件の検討

　IIにて論じた企業再生における公的機関の役割を具体的に検討する目的で、エルピーダメモリと改正産活法、日本航空と企業再生支援機構、東京電力と原

子力損害賠償支援機構といった具体的な三案件について、公的機関の関与の正当性を議論したい。

1　エルピーダメモリと改正産活法

まず、一つ目の検討として、2009年6月に改正産活法の適用を受けて、同スキームで公的資金が注入される一号案件となった半導体大手のエルピーダメモリの案件[3]を取り上げる。

本案件は、2008年9月に端を発するいわゆるリーマン・ショックの影響を受けた急速なグローバルな景気後退の影響を受けざるを得なかったエルピーダメモリが、「研究開発投資資金と設備投資資金を確保するため」[4]に、2009年4月に改正された改正産活法による「事業再構築計画」の認定を受けて日本政策投資銀行に対する第三者割当増資を実施したものであるが、公的資金を投入するにあたっての正当化のロジックは何であろうか。

当時の議論としては、産業政策上、重要な産業に関わる主要企業の経営危機に際して、国際競争力低下や技術散逸への懸念からの公共的要請があるため正当化される、という議論が主流であったように認識している。しかしながら、後に論じる航空交通や電力のようなライフラインに関わるケースと比べると、どの産業や企業が経済にとって本当に重要かの線引きはきわめて難しい問題である。加えて、そもそも激しい競争のダイナミズムによってこそイノベーションが常に起きていることを鑑みると、今後の成長分野ならまだしも、再生にまで至った段階で個別企業の経営に公的機関が深く関与して特定産業を振興することは容易ではなく、むしろ、ただ市場の新陳代謝機能を歪めることでイノベーションを阻害するリスクさえある。

そのため、産業政策的な正当性を見出すことは困難であり、それでもエル

---

[3] 当原稿を書いている時点では、2012年2月に会社更生法の適用を申請されて、更生計画案が議論されている段階であり、当該申請については議論しない。
[4] エルピーダメモリ株式会社の事業再構築計画のポイントより抜粋した。
http://www.meti.go.jp/press/20090630002/20090630002.html

ピーダメモリへの公的資金注入が正当化されるとすれば、リーマン・ショック後の需要後退とリスクマネーの激しい収縮局面で、資本市場の機能を補完するために必要だったという文脈においてではないだろうか。しかしながら、そのような文脈でも、数多の企業がリーマン・ショックの影響を受け、そのうちの幾ばくかは市場から退出したこと、その後、エルピーダメモリが会社更生法を申し立てて破綻したことを考えると、改正産活法にてエルピーダメモリのみが公的資金を受けたことについての妥当性については、今後の公的資金論の礎としても、中立的な観点からの冷静なレビューがなされるべきだと考える。

2　日本航空と企業再生支援機構

次いで、2010年1月に、企業再生支援機構をスポンサーとして事前調整型で会社更生法に申請し、2012年9月に東京証券取引所第一部に再上場を果たした日本航空の再生案件を取り上げる。

当該案件の場合、エルピーダメモリの事例で論じたような、資本市場の機能不全の問題はあまり大きいとはいえず、本質的には競合たる全日本空輸との経営力の差が破綻の主因である。同じような不況下に置かれていて国内外の航空ビジネスを展開する全日本空輸が、破綻もしておらず公的資金も受け入れていない事実が、その大きな証拠としてあげられる。この点、日米比較でよく引き合いに出される米国GMの再生事案と、日本航空とでは、国の関与をめぐる状況は大きく異なるのだ。GMのケースは明らかにシステミックリスクへの対応の一つとして国による支援が行われた事案である。実際、GMだけでなく、当時、北米で活動するほとんどすべての自動車メーカーが、（母国の政府からの支援も含めて）何らかの公的支援を受けている。

このように、システミックリスクとは関係なかった本件だが、日本の空の公共交通機能の大半を担う主要2社の一方である日本航空が無秩序に破綻し、万が一にも全面運航停止するという事態になると、国民経済に与える影響は甚大なものになる危険性はあった。そのため、日本航空の支援には一定程度の公共性からの要請があったといえよう。本件は危機が顕在化した時点で、資金枯渇による全面無期限運航停止まで3ヵ月程の時間しか残されておらず、それまで

に5千億円以上の流動性確保と、リストラ資金として3千億円以上のエクイティー性のリスクマネー確保の目途を立てる必要があり、緊急性という観点ではきわめて迅速な対応が求められる状況であった。

つまり、事実上の困窮原因が経営の失敗であり、本来的には市場の自浄作用によって処理されるべき事例ではあるかもしれないが、前述の公共性と緊急性の両面を考慮することで、日本航空への企業再生支援機構による3,500億円の出資を中心とする公的資金投入を一定程度は正当化することができる。

さらに、本案件は、出資後のガバナンスならびにリーダーシップのあり方として、一般的な企業再生事案としては、きわめて望ましいものであった。会社更生法への申請後の企業再生支援機構による当初は管財人として、出資後は100％株主としてのガバナンスの集中に加え、稲盛和夫前会長のすぐれたリーダーシップにより政治的な雑音を遮断して、なすべきリストラと経営改革を迅速に断行したことは極めて大事な要素である。Ⅱでも論じた通り、企業再生支援機構は主な出資者となった以上、公的機関とはいえ市場プレイヤーとして一気呵成に改革を実現して、国民負担が生じないよう、なるべく速やかに民間に株式を売却するべきである。したがって、その顕著な成功事例として本案件は位置づけられるべきものであろう。

ただし、公的資金を使い、国有資産を管理する立場における、もう一つの公共性たる「透明性」及びそれを担保する公的機関たる企業再生支援機構自身の当時のガバナンスについては課題を残した。会社更生法への申請時には、会社更生法を併用することで裁判所が関与し透明性が担保されるといった議論が企業再生支援機構の一部にあり、当時のプレスリリース[5]でも同機構の最高幹部によるその旨のコメントが発せられている。しかし前にも指摘したように、会社更生手続中に裁判所の許可で行われた企業再生支援機構への第三者割当増資

---

5)「対象事業者（日本航空等、筆者注）らは、短期間で巨額の運転資金が必要となった昨今の厳しい経営状況の中で、対象事業者らの事業再生のため今後新たに必要となるファイナンスについて、一層の透明性・公正性を確保する必要性があるものと判断し、機構の支援を受けるため、機構の支援と会社更生手続を併用する事前調整型再生スキームを利用することとしました。」とある。
http://www.etic-j.co.jp/pdf/100119newsrelease.pdf

の透明性について、その再上場プロセスにおいて国会では政治問題となってしまった。割当先の選定基準と名称、株価算定の方法などについて、法人管財人たる企業再生支援機構は、裁判所の許可と守秘義務を盾に説明を拒み続けてきたからである。しかし、ここで求められているのはあくまで公的資金の最終リスク負担者である納税者目線での透明性の問題である。この点について、公開法廷によらず裁判所の職権手続で進められる会社更生手続に乗せたからといって、必ずしも透明性を担保したと認められないことは明白だ。そもそもここで出資者にとって、国民に対する説明責任という公益的要請を超えるような、守秘による重大な利益があったとは考えにくい。むしろそれを秘密にすることで不要な勘繰りをされ、レピュテーションが傷つく不利益の方が大きい（実際、そういう事態を招来している）。当然、民間出資者に対するこの守秘義務解除の要請か、それができないならば、増資を中止する道義的、社会的な責任を、公的機関かつ法人管財人たる企業再生支援機構の当時の首脳陣は負っていたと考えるべきである。

　また、Ⅱで指摘した競争歪曲に対する疑義についても、再上場による国の関与の終了、いわゆるエグジットまで数か月となり、その問題を国会等で指摘されるまで、何ら対策を講じてこなかった点も問題といわざるをえない。航空産業の市場構造は典型的な寡占であり、その中でも日本航空は最大のシェアを有していた企業である。日本航空の経営危機が、通常の破綻型再生を通り越して、いきなりパンナムやスイス航空のような破産清算に直結しかねないほど資金繰りに窮していた惨状に鑑みると、国が巨額の公的資金投入を行ったことが、それを行わない場合と比べ、競争状況に大きく違う結果をもたらしたことは間違いない。

　支援開始後間もなく、企業再生支援機構は日本航空の再上場による資金回収、すなわち日本航空自身は自主独立経営路線で行く方針を決定している以上、産業再生機構方式の経営支配権売却（まとまった量の株式の一括売却）による市場経済的な歪曲是正策は取れない。だとすれば、日本航空の再建が軌道に乗り、再上場による公的資金回収についてはおおむね確実になってきたもっと早い段階で、競争歪曲問題について、日本航空の監督官庁の国交省や競争政策の主管組織である公正取引委員会と調整を行い、競争政策的な是正の要否と是正

が必要な場合にどのようなルールで行うかについて検討しておくべきであった。

　実際、かなり早い段階から、日本航空の競争相手だけでなく、筆者を含めた複数の識者が、この競争歪曲の疑義は指摘していたところ、「法的整理という『落とし前』をつけたのだから競争原理は貫徹された、だからこの問題は考慮不要」と考えていたとすれば、当時の企業再生支援機構の首脳陣はあまりに不見識である。むしろそれとはまったく逆で、法的整理という、日本航空を劇的に身軽にできる手法を選んだことで、競争歪曲問題は深刻化するのだ。その意味で、前にも述べたように、公的資金投入と法的整理の併用については慎重であるべきで、本件においても真に併用が不可避であった事情について、あえてこの手法を選択した責任者による説明責任が果たされる必要があるだろう。そこで「透明性の確保」などという言い訳は、まったく問題外であることはいうまでもない。

　結局、本件における公的資金に関わる透明性の問題と競争歪曲の問題も、国の立場（≒公共政策上の一般的責任を負う立場）で公的資金を投入して再生に関与する主体（本件では企業再生支援機構）自身が、裁判所の権威に頼らず、手続の節目節目において、自ら真摯に対処すべき問題であった。これは今後、公的資金による企業再生の際への重要な示唆である。

　なお、日本航空の再生に関して、この際、「国として産業競争力を高めるために、日本航空を会社更生に入れ国際線から撤退させ、国際線を全日本空輸に一本化しろ」、あるいは逆に「国として、競争政策上、大手二社体制を維持すべきだ」というような議論があったが、こうした議論はいずれも我が国の自由化された航空産業の政策体系、さらには競争政策に対する無理解ないし誤解からくるものと思われる。すでに述べたように、国による個別企業の破綻局面への介入、とりわけ公的資金による介入支援が許されるのは、それが基本的に自由な競争による市場の淘汰・再編機能を補完するからである。したがって、二社がいいとか、一社がいいとかは、それ自体は国が再生に関与する場合の政策的な目標にはなりえない。また、会社更生法にも、その第1条に「窮境にある株式会社について、更生計画の策定及びその遂行に関する手続を定めること等により、債権者、株主その他の利害関係人の利害を適切に調整し、もって当該株式会社の事業の維持更生を図る」とあるように、これまた競争政策を主眼と

しているわけではなく、あくまでも個別企業に関わる債権者に対する弁済の極大化と公平性の確保のために存在している法律である。

いずれにせよ、仮に市場のレッセ・エフェール（自由放任）に任せた結果、淘汰が起きて私的独占状態、競争制限的状態が生まれかねない場合に、我が国の競争政策に関わる法体系上、それをどう評価し、いかなる対処をすべきかに関する競争政策を担うのは、もっぱら公正取引委員会の役割である。その手前で監督官庁や企業再生支援機構が勝手に考えるべきことではない。航空産業も自由化した以上、基本的にはこの枠組みの中に入ってしまっている。本件で仮に日本航空に国が手を差し伸べず、破産清算となった場合、結果的に全日本空輸による独占状態が生じる危険性があるかもしれない。あるいは競争歪曲を回避するために産業再生機構方式の経営支配権売却（まとまった量の株式の一括売却）オークションを行い、それを全日本空輸が競り落とした場合も同様の問題が生じる。その場合、いかなる是正措置を講ずるかは、公正取引委員会が、通常の合併・買収と同じく、独禁法に照らして、準司法機関として粛々と決めていけばよい。競争のあり方を規定するのは、本来、監督官庁でも、機構でも、裁判所でもなく、市場の自然な淘汰作用と公取の独禁法運用によるべきものなのだ。

3　東京電力と原子力損害賠償支援機構

具体的案件の検討の最後として、東日本大震災によって福島第一原子力発電所の事故を起こし、再建計画を必要とした東京電力に関する再生案件について議論したい。当案件は、1年以上の検討を経て2012年7月31日に、原子力損害賠償支援機構が、総合特別事業計画に基づき、東京電力が発行した株式（払込金額総額1兆円）を引き受けたところで一旦の決着を見せているが、当該案件には、通常の案件と異なった、二つの大きな問題があったと考える。

一つの問題は、東京電力が、通常では想定し難いほどの広範囲かつ長期間にわたる損害賠償問題を起こしている点である。この範囲が広く長期にわたる、したがって現時点では損害賠償責任債務の範囲も確定でないという点が、会社更生法のような既存の整理手法が想定している状況とは大きく異なっている。

すなわち、既存の整理手法においては、基本的に債務が確定できていて、一旦時間軸の中に不連続を作って、債務調整を行うものであるが、本案件については債務そのものが不確定であり、一定以上の時間が経過しないことには債務がどの程度の水準に収束するかが確定しない。そのため、仮に現時点で不連続を作る方法では、必ずしも関係者にとって正確かつ公平な精算ができないという問題を抱えていた。

　もう一つの問題は、東日本大震災を受けていわゆるエネルギー政策の抜本的な見直しが進む中で、その変化の担い手としての民間電力会社の役割がクローズアップされた結果、当該案件が政策的な視座を内包せざるをえなくなったことである。日本の場合、少なくとも形式上は100％民間企業が電力供給を担っているが、エネルギー政策を鑑みたときの政策的な課題と私企業としての運営の接合面が、大きく方向転換を図る中できしみを起こしており、そのある種矢面に立つ形で東京電力の案件というものがスポットライトを浴び続けたため、単純な企業再生論からは一線を画した、ある意味では複雑怪奇な案件となってしまった。

　このような問題を抱えている案件に対する制度的な準備として、原子力損害賠償法と会社更生法などの既存の倒産法制によるスキームだけでは不十分であった。原子力損害賠償法では、いわゆる天変地異に相当する巨大な事故と天変地異に該当しない小さな事故しかないことが事実上の想定になっているが、少なくとも今のところの政府の立ち位置としては「巨大な事故ではあるが天変地異ではない」という想定外の事象での処理となってしまっており、「政府が必要な措置を講ずる」という曖昧な条文に則って考える必要が生じた。そのうえ、原子力損害賠償法が、民法の特別法として、賠償集中原則を取っているため、共同不法行為の可能性が排除されてしまい、東京電力が一括・一義的にすべての責任を負うか、すべて免責されるかという、ゼロかイチかの極端な対応しか取れない状況であった。また、会社更生法で法的整理に持ち込んだとしても、一つには肝心の損害賠償債務が後で述べるように一般債権として大幅カットまたは失権することになる可能性がある。さらには債権の毀損や100％減資に対抗するために、債権者や株主が前述の天変地異条項の適用を求める訴訟が起き、のちに勝訴した時に後から東京電力が免責されるという可能性もあり、

そうなると部分的にでも支払っていた損害賠償金を被害者から取り戻して株主に返すという不条理な事態が生じうる。

さらに、電気事業法第37条にて電力社債が一般担保権付社債になっていることの意味合いも本案件においては大きかったといえよう。すなわち、社債保有者が優先債権者となるため、仮に会社更生法に入ったとしても優先債権者として保護され、被害を受けている損害賠償請求権者の債権はおそらく一般債権として劣後し、カット率は高くならざるをえない。加えて、会社更生手続などでは、届け出期間中に債権届出をしないと、東京電力との関係では権利が失権してしまう。そうなると将来、事後的に放射能被曝による障害を発症した人などは、損害賠償法理では救えなくなってしまう。

このような条件下で仮に会社更生法の整理手続に入ったとしても、更生計画を作るところで大規模な反発と訴訟を招いて計画が成立しないおそれがあり、さらに、その債権確定手続で将来的な損害賠償の可能性も断ち切られる事態に直面した膨大な数にのぼる被害者に絶望的な怨嗟が生まれ、状況がさらに泥沼化する危険性がある。一部メディアで議論されていたような会社更生法適用の議論は、現実的にナンセンスな議論であった。一部には、会社更生法に入っても損害賠償債権は裁判所の裁量で守れる可能性があるという弁護士もいたが、これだけ社会的に重大な問題で、やってみないと分からない、法の原則を大きく逸脱する可能性のある法的リスクをとることは、公共政策としては選択すべきではない。

また、仮にうまく会社更生法で再生が進んだとして、会社更生はあくまでも債権者間の公平を図りながら、東京電力という企業の価値を再び高めることを目的としている。日本航空の事案で最後に述べたように産業政策や競争政策は、本来、会社更生法の範囲外の議論となる以上、安定的な収益を維持するには、従来の地域独占、発送配電一体型モデルを前提とした再建計画になる可能性は高い。これは、はたして今後のエネルギー政策及び電力市場の競争政策を鑑みたときに、妥当であるかどうかも、議論が分かれるところではないだろうか。

そうした中で、原発事故を抱え、通常の民間からの資金調達手段を奪われ、かつ大幅な赤字を続ける東京電力は、日々、資金ショートに追い込まれてい

く。首都圏を含む関東のライフラインたる電力供給を事実上ほぼ一手に担う東京電力が資金ショートで無秩序に破綻するのを坐して待つというような選択肢はありえず、このような状況に対応する緊急避難的なスキームとして、損害賠償のおおよその全貌が見えるまでの、ある意味としては時間稼ぎの、重要な役割を担うために、原子力損害賠償支援機構という公的機関は設立された[6]。

筆者は、この処理スキームは当面におけるぎりぎりの案としては、合理性があったと評価している。いわゆる意思決定科学の世界には、先送り理論(Procrastination Theory)[7]という原則がある。ある不可逆的な意思決定を行うに際し、決定までの時間をかけることで、当該意思決定の精度を高める上で重要な情報が集まり、かつその時間をかけるために必要な限界コストよりも意思決定の質を高めるベネフィットの方が大きい場合、意思決定は先送りすべきという原則である。本件では、損害賠償規模や廃炉費用などのきわめて重大な不確定要素が残っており、現時点では先送り型の緊急避難的スキームの採用を是認しうるケースである。

その意味で、何年か経過した将来、仮に数兆円[8]という範囲で損害賠償が収まるならば東京電力の負担で何とかこれを弁済することは不可能ではないかもしれないが、仮に十兆円を超えるような損害額になった場合は、政府と東京電力で何らかの政治的決断の元に債務を切り分ける最終処理案というものが、改めて議論されるべきであろう。そのような損害賠償額の見通しに加えて、二つ

---

6) 経済産業省「原子力損害賠償支援機構法の概要」に当法の趣旨は、①被害者への迅速かつ適切な損害賠償のための万全の措置、②東京電力福島原子力発電所の状態の安定化・事故処理に関係する事業者等への悪影響の回避、③電力の安定供給、とあり、賠償支援のみならず電力の安定供給までを射程に入れていることが明記されている。
http://www.meti.go.jp/earthquake/nuclear/taiou_honbu/pdf/songaibaisho_111003_01.pdf
7) Ferrari and Dovidio(2000)では、「先送り」をする人とは、体系的・戦略的であり、選択しないオプションではなく選択するオプションについてのみ詳細な情報収集をすることが指摘されている。
8) 2012年9月末までに8回の特別事業計画に基づく資金援助が行われているが、原子力損害賠償支援機構のニュースリリースに基づく合計額はおよそ1兆3,200億円である。
http://www.ndf.go.jp/gyomu/tokuji_index.html

目の問題として挙げていた、エネルギー政策上の電力会社のあり方と事実上の電力会社による地域独占が認められている競争環境に関する議論について一定の決着がついているというのも最終処理スキームを決める上での必要な条件であり、そのような条件を成立させるための期間として、実際に原子力損害賠償支援機構法の附則に一定期間後の見直しが盛り込まれているものであろう。

　東京電力の再建問題は、このような複雑かつ現在進行形の案件であるが、現時点で公的資金法人型の国の関与の正当化について評価するのであれば、制度面での整備不足という前提条件に加え、現状、地域独占型の電力供給主体という公共性が極めて高い事業の運営主体であり、公的資金注入による再生が不可欠であったことのみならず、将来的な電力市場における地域独占から競争促進への政策オプションを残すという観点でも、公的機関が関わることについて正当化は十分に可能だと思われる。今後、原子力損害賠償支援機構が、政治的思惑や揺れる政治情勢に右往左往することなく、市場プレイヤー的な行動を貫徹して東京電力の改革を徹底できるかどうかもきわめて重要な要件であり、引き続き、マジョリティ株主としてガバナンスを強化し改革を担っていく原子力損害賠償支援機構の役員並びに職員（東京電力に転籍された方々も含めて）の揺るぎないリーダーシップを期待するものである。

Ⅳ　市場退出の適切な設計へ向けて

1　市場退出の経済学こそ最も先端的な経済学

　この論文では、市場経済が持つ新陳代謝機能の重要性を繰り返し述べてきた。非効率な企業や事業体が市場から退出することは、経済全体の生産性を高めることにつながる。また、シュンペーターが喝破した通り、ダイナミックな競争と淘汰の過程でこそ、創造的破壊を通じてイノベーションは生まれる。生産性の向上とイノベーション、まさに市場経済の長期的な発展力は、この新陳代謝機能にかかっているといっても過言ではない。

　ところが、この章で述べるように、退出の経済学というのが曲者である。教

室の中で経済学者が考えるように、「競争原理がちゃんと働けば非効率な競争者は当然のように退出する」とはなかなか行かないのが、市場経済の現実でもあるのだ。こう書くと、すぐに「そんなバカなことは、不合理なプレイヤーや政府部門の余計な介入のせいで起きるのだ、ひたすらレッセ・エフェールに任せれば問題はどんどん解決するはずだ！」という、お気楽な市場原理主義みたいなことをいう論者が登場する。

　しかるにもっと微視的に、淘汰される間際にある企業体、あるいはその中に存在する事業群や事業資産を観察すると、じつはそこには様々な非効率な均衡、あるいは情報の非対称性が生む「市場の失敗」の要因が埋め込まれていることに気がつく。前者の典型はいわゆるナッシュ均衡[9]的な状態で、産業再生機構という政策パッケージには、じつはこの非効率均衡状態のパリティーを突き破る使命を負っていた側面もある。また、市場メカニズムは多くの問題を、価格メカニズムを通じた市場取引で解決しようとするが、不振企業に関わる資産価値評価には大きな情報の非対称性が生じやすく、なおかつそれを解消するには多額のデューディリコストがかかり、それを誰かが先に負担する覚悟をしないと取引そのものが成立しないという、アーカロフのレモン市場理論（Lemon Market Theory）が提起した「情報コストの経済学」の問題（詳細は後述）にぶちあたる。

　とにかくこうしたさまざまな事情があって、放っておいたら、困窮企業はなかなか退出しないまま、非効率な生産活動は温存され、過当競争はイノベーションの芽を摘み、多くの事業資源（ヒト、モノ、ノウハウ）は、ゾンビ企業に閉じ込められたまま劣化を続けることになる。そして現代の最先端の経済理論が明らかにしている通り、こうした市場の失敗の多くは、むしろ個々のプレイヤーが合理的に行動した結果の合成の誤謬であり、市場原理主義系の人々がいう、「不合理で愚かな連中」や「政府の余計な干渉」の責めに帰すことができる事例ばかりではない。

---

[9] 他のプレイヤーの戦略を所与とした場合、どのプレイヤーも自分の戦略を変更することによってより高い利得を得られず、戦略を変更する誘因を持たない組み合わせの状態を指す。この状態は必ずしもパレート効率的でなく、それ故全体最適の観点からは劣っている。

もとより、破綻ギリギリまで追いつめられた窮境企業においては、破産清算に向かうにせよ、債務や株主持ち分について何らかの整理をした上で再生に向かうにせよ、そのために多数の非同質的な利害関係者が関わる合意形成を行わねばならない。利害関係は複雑に錯綜し、しかも意思決定の主題は「不利益の再分配」である。これがそう簡単にまとまるはずはない。法的整理手続が基本的に資本多数決原理で行われる仕組みを持っているのはこうした事情に起因する。

　いずれにせよ企業の退出局面、再生・再編局面は、レッセ・エフェール（自由放任≒個々人が自らの利己的動機付けで行動する）だけでは物事が前に進まないことだらけなのだ。資本主義の成熟度は、その国の倒産制度の発達度合いで測ることができるといわれるが、まさにこうした問題に、さまざまな形で人々は気付いていたからこそ、現代の資本主義経済は、再生型破綻処理、再生型整理手法を、いろいろな形で高度化させてきたのである。

　産業再生機構や企業再生支援機構のように、「制度化された私的整理」機能を有し、かつ公的資金を出融資できるファンド機能も併せ持ったきわめて特異な再生型整理手法が、時限的な制度であれ編み出され、活用されてきたのも、もともと企業の退出・再生・再編に関わる経済現象が、「市場の失敗」が起きやすいデリケートなものであることに根本原因があるのだ。

　Ⅳでは、以上のような問題意識から、市場経済システムをより有効に機能させ、企業の新陳代謝、淘汰・再編をよりスムーズに進めて行くための制度的インフラ、市場の失敗をできるだけ未然に回避する経済的エコ・システムの一つとして、再生型整理手法一般の効能とそれをより有効に機能させるための課題を整理していきたい。

2　マクロな最適解とミクロな最適解の相克

　会社とは各種ステークホルダーの関係性から成立している疑似的な人格であり、直接・間接の資本市場、人材市場、製品・顧客市場といった主要な3つのステークホルダーと有機的、動的に接している。そのような企業が市場から退出するような状況に置かれると、そのリスクに直面した各種ステークホルダーは、退出のマクロ的な合理性・妥当性を理解しつつも、個別な利害関係におけ

るミクロな最適解から、結果として全体が絡み合って退出を抑制する構造を生み出しがちである。すなわち、ある企業が市場退出するかどうかの瀬戸際にいるとして、整理手法を通じて債務調整を行った方が当該企業の事業が回復する可能性があることが合理的予見性をもって理解されたとしても、各ステークホルダーは必ずしも整理手法に対して肯定的な行動をとるわけではなく、むしろ退出を止めるないし消極的に先送る動きをしかねないということである。

　まず、国内直接金融市場が落ち込む中での資金の主な出し手たる金融機関に関しては、預金者に対して元本保証責任を負っている金融機関（主に銀行）によるガバナンス自体が、事業の企業価値を高めることよりも、どうしても貸付額に対する担保保全の確実性に重点を置くものであり、結果として最近の事例を見ても、再生計画を立案する際に長期的志向を持つ困窮会社の経営陣と、自分たちの債権の保全を図る金融機関の経営陣の間に大きな溝が生じる場合があることは否定できない。また、慣行的にメガバンク・地方銀行・信金などの多数の取引金融機関を持つ企業が多いが、得てして金融機関間での追加引当の余地の差異があるため、私的整理を敢行する際でも多数の金融機関の中で一番体力のない銀行が耐えられる範囲の債権放棄までに止められ、過剰債務状態の解消が限定的になるため、再編やM&Aの機会は訪れない。

　さらに、金融機関内の個々人のインセンティブを考えても、経営陣にとっては追加引当を行う財務的体力と株主への説明合理性との相談の中で、場合によっては先送りを選択せざるをえなく、また現場担当者にとっては数年のローテーションで担当が変わる中で自分の担当時にわざわざ整理のトリガーを引いて社内の覚えを悪くしたくないと考えてしまうものである。

　もちろん経営者にとっては、整理手法の選択（すなわち債権者の何らかの権利の減免を依頼する事態）にまで至ったことに対する責任追及は経営陣の辞任圧力（最悪の場合は諸々の訴訟リスクも含む）という、彼らにとってけっして愉快ではない展開を招く蓋然性が高いことも、逆向きのインセンティブとして働くことはいうまでもない。

　次いで、株主からすれば、整理手法とりわけ法的整理にかけることで株が減資を経てほぼ無価値ないし紙屑となる可能性が高いため、整理に積極的に動くインセンティブを持たない。さらに株主がオーナー経営者で加えて個人保証を

会社借入に付けているような場合では、収入のみならず家財などの生活基盤から根こそぎ奪われてしまう恐怖から、何としても退出しないという強いインセンティブを持つようになる。

その他のステークホルダーとしては取引先や従業員が挙げられるが、主要仕入先においては、特に法的整理については通常担保保全されていない商取引債権がどれだけ保証されるか不明であるのを嫌うのが通常である。また、従業員や労働組合にとっては、自分たち同僚の給与と職場が削減され、場合によってはそれらがなくなるような選択肢を取るインセンティブを基本的に持たずむしろ積極的に反対するものであり、当該企業の経営者にとっても、特に日本的な労使一体型の企業運営でありサラリーマンから上がった経営者であるような場合には、そのような厳しい事態に直面することを心情的に避けてしまう可能性が高い。

このように主なステークホルダーを挙げただけでもわかるように、自らのインセンティブ構造に縛られる彼ら彼女らにとっては、傍らからは客観的かつ長期的には非合理的に見える状態でも、退出しない方が少なくとも短期的には合理的なのである。このようなナッシュ均衡的な環境が形成される中で、金融機関取引と商取引が継続されることで当該企業のキャッシュフローは回り、損益・バランスシートが傷んでいてもいわゆる「ゾンビ企業」のような状態で粘り続け、大規模な効率化のチャンスを得るには、事業資産の劣化が進んだ後の資金ショートによるデフォルト（返済不履行や手形不渡り）を待つしかないというのが、各ステークホルダーの現実的なインセンティブに従ったところの結果である。

ちなみに最近の状況でいえば、リーマン・ショック直後の2008年冬からの金融円滑化法案による中小企業保護政策により、そのような状態がより経済状態が厳しい地方経済を中心に補強されてしまっている可能性がある[10]。市場の

---

10) Hoshi and Kashyap（2012）では、中小企業金融円滑化法の複数回の延長による中小企業への債権評価条件の継続的緩和が、結果的にゾンビ企業を再び増やしてしまっている可能性が指摘されている。
　http://www.nira.or.jp/pdf/1202english_report.pdf

失敗は、それに対する誤った政策対応による政府の失敗と輻輳して、さらに深刻な市場の機能不全を招来する場合があるが、この政策はそういうリスクを抱えている。

　もちろん、この状況を放置しておくことは決して望ましくない。廃業率と創業率に正の相関がある[11]だけでなく、「ゾンビ企業」が多い業界ほど業界再編が進まず生産性の伸びが抑制され、さらに「ゾンビ企業」が多い業界にて競争を行う個別企業においても投資と雇用が伸び悩む[12]ものであるから、政策的に経済の活性化を進めイノベーションを促進するためには市場退出のメカニズムを適切に設計することが不可欠である。前述のようなインセンティブの齟齬に気をつけつつ、社会的損失を最小化しながら経済の活性化を実現していくために、基本的にはいかに全体最適となる方向に個々の現実的なインセンティブの方向性を合わせていくかが一義的には不可欠である。筆者のこれまでの経験を通じていえることは、とりわけ金融機関とオーナー経営者におけるインセンティブ構造が特に大きなウェイトを占めていると考えられるため、これらのステークホルダーに対して、安易な先送りではなく困窮時に思い切って優先的に退出を促進するような政策的な両面パッケージを準備していくことが、とりわけ金融円滑化法の期限を2013年3月末に控えた現状においては、喫緊の課題と認識している。この論点のさらなる深掘は今回論文のテーマからは離れるためこれ以上の議論は避けるが、この分野のインセンティブデザインについては、観念論ではない法学・経済学のさらなる研究の進展も期待する。

3　「負の価値」の価格調整としての再生型整理手法

　市場退出のフェーズにおいて整理手法の対象となる企業は、企業価値が債務

---

[11] 中小企業庁『2008年版 中小企業白書』において、都道府県別開業率と廃業率は決定係数0.8037の高い相関（1％水準で統計的有意）を示しており、廃業率が1％ポイント増えると、開業率が約1.8％ポイント増えている。
　http://www.chusho.meti.go.jp/pamflet/hakusyo/h20/h20/index.html
[12] Caballero, Hoshi, and Kashyap (2006) は、ゾンビ企業の増加が日本経済に与える影響は業界レベル・個別企業レベルに分けて詳述している。

を下回っている債務超過の状態であるのが一般的である。そこで、市場経済システムにおける再生型整理手法の本質的な役割とは、突き詰めてしまえば、このような値段が付かない「負の価値」となってしまった企業の債務調整を行い、さらに事業の取捨選択をすることで企業価値を高め、再び「正の価値」が付くようにして市場に戻す可能性を高めることだという言い方もできる。つまり、市場経済においては、基本的に「正の価値」の財を取引するものであり、「負の価値」の財の取引においては市場における資源配分機能がうまく機能しない。経済的動物としては、買い手は負の価値に対価を払わない以上、通常、債務超過のままでは取引が成立しないからだ。取引が成立するには、債務調整を行って、ゼロ以上の価格にしなければ、当該企業の売買取引は成立しない（一部の事業の譲渡についても、この状態では詐害行為取消しや否認権行使対象となるリスクがあり、取引は難しい）と考えられるゆえに、市場調整機能を補完する形での整理手法の存在する意義があるといえる。

　加えて、「ゾンビ企業」側（債権者や株主を含む売り手サイド）が、一定の債務調整を行い、買い手を募集したとしても、現実にすんなり買い手が現れるかというとその可能性は必ずしも高くない。すなわち、当該困窮企業の資産に対する銀行の担保設定状況のみならず、事業資産の質的な劣化については対外的には不透明であるため情報の非対称性が大きくなり、前述のレモン市場理論が当てはまる。この場合においては、企業価値の売り手（銀行や既存株主）が買い手（スポンサー候補）の無知に付け込んで実態は悪質な財（ここでは劣化した企業価値）を良質であるかのように見せかけて販売するリスクを買い手が敏感に感じ、そのため買い手が財の購入をためらって結果的に市場にはレモン（がらくたとか中古車の意味）ばかりが出回るようになり、結果として社会全体の効用を低下させる逆選択（adverse selection）を起こしてしまう。また、根幹の問題である情報の非対称を克服するためには一定以上のデューディジェンス費用と時間を要するため、一定未満の規模のビジネスや特定のイベント時（昨今の信用危機など）においては、買い手の目途が付かないまま時間とともに企業価値が低下し、均衡価格が見出されず市場が成立しない「市場の失敗」が起こるのである。

　そこで何らかのシグナリングとして、裁判所あるいは第三者機関が間に入っ

て、価格査定を行う必要性が出てくるのであり、いわゆる法的整理や「制度化された私的整理」の重要性はここにある。そのような価格査定機能なしに、純粋に市場経済的な解決、すなわち売買の当事者だけで価格メカニズムを通じた取引行為による解決を目指しても、時間ばかりが経過し、主要顧客・取引先の離反や、競合企業の活動活性化、主要な人材の社外流出、といった形でそれらの企業価値の毀損は進み、余りに時間がたった後ではもはや再生の目途が立たず、破産ないしは清算となってしまう事例が往々にして生じる。そのような事態を避け、前述のような「市場の失敗」を補完し、早期の再生型整理手法の適用による債務調整によって買い手が価格を付けられる状態まで持っていくような価格調整を行い、さらに事業のリストラクチャリングにおいて価値がない部分を市場から退出させつつ、価値がある部分については市場メカニズムの中に戻して、再び経済活動の中で付加価値を生むようにすることが、整理手法の経済社会的な意義だといえよう。言い換えれば法人としての企業体をそのまま再生することそれ自体には、あまり経済社会的な意義はなく、むしろ淘汰、退出すべき非効率な「ゾンビ企業」体を温存するという意味では、有害とさえいいうるのである。

このように再生型整理手法の経済的役割は市場による事業資源配分の調整機能を補完することにあり、他方、その濫用は当然に市場経済事態を歪めてしまう可能性があることも考慮すると、何らかの公権力的作用を伴う強力な再生型整理手法（公的資金の出融資能力を持っている産業再生機構や企業再生支援機構のようなスキームだけでなく、より広く法的整理及び「制度化された私的整理」まで含む）は、極力市場が許容する範囲でのみ活用されるべきであるという結論に達する。具体的には、企業の全体またはその一部を構成する事業に対し、実質的にそれを買収しようというスポンサー企業の付かないような整理は望ましくない（言い換えれば、整理手続のどこかの時点で、民間スポンサーへの経営支配権譲渡の手続を組み込んでおくべき）のである。裏返していえば、スポンサー出資者が付く、より望ましくは業界再編を伴う再生についてのみ、整理手法はその価格調整機能を通じて、市場経済システムにおける積極的な役割を担いうるのだ。前述した公的資金を政府部門が投入するようなスキームはもちろん、その手前の法的整理や「制度化された私的整理」においても、管財人などの担い手は、再生型整理手

続に関わるこのような自己抑制のディシプリンを働かせることが、「政府の失敗」を避けるためには望ましい姿勢だといえる。

その意味で、民事再生法や会社更生法の運用においても、経営支配権が移動しない自主再建型の更生計画や再生計画（再上場を前提にした日本航空の更生計画案はこれに該当する）の認可に対しては、裁判所は慎重であらねばならない。より短期間で、民間の財務的and/or事業的なスポンサー企業の出資を受けて手続を完了させるべきであり、逆にそういうスポンサーがつく見込みがないケースは、原則として破産清算手続に移行すべきである。なぜならば、そこでスポンサーが現れないということは、当該企業の中に、他の民間企業、民間資本が、再利用したくなるような価値ある有機的結合物としての事業資産を見いだせないことを意味しているからだ。そうならば、個別資産としてばら売り清算した方が、経済社会全体の効率を高めることに資する。

なお、こういうことを書くと、雇用等の社会問題を持ち出す論者が出てきて、「そういう場合でも、長期弁済で自主再建型の計画を認めて雇用を守るべきだ」という論陣をはるが、現在の整理に関わる各種立法政策は「社会政策」を目的としていない。もちろん整理手続においても、労働法上、労働者の正当な権利は守らなければならない。しかし再生型整理手続で本質的に守るべきは、会社の側にとっても、労働者の側にとっても、持続的に経済的な価値を生み出せる雇用関係である。およそ買い手がどこからも現れない、ということはよほどの低賃金労働でなければ、事業体を維持できないことを意味するに等しい。そのようなところに、何十年弁済という気の遠くなるような再生計画で、労働者を閉じ込めることは、再生型整理手続の使命ではないのだ。**Ⅱ3**にも書いたが、分配に関する社会的公正の観点からの雇用救済的な施策は、正々堂々と社会政策体系の中で展開されるべきである。

4　再生型整理手法の積極的役割と公平性の担保

(1)　再生型整理手法の市場経済的役割とそれを機能させる条件

以上の議論を踏まえ、再生型整理手法の積極的役割についてあらためて論を整理しておく。今後の不透明な日本及び世界経済下において、効率的な経済運

営により国民経済の成長を実現するために、再生型整理手法は引き続き一定の役割を担う必要があることはすでに述べたが、そのような環境下で事業毀損リスクを最小化しつつ必要な事業再生を継続的に実現していくためには、二分法的な単純論に与しない私的整理と法的整理の連続的・相対的な運用が求められる。

再生型整理手法はノー・サイズ・フィッツ・オールであり、万能薬となるような解決手段は企業再生の局面においては存在しないという現実的な実務家の立ち位置から考えると、個々の再生企業における困窮原因と企業価値のキードライバーたる競争優位の源泉のあり方といった個別事情を鑑みた上で再び市場経済のメカニズムの中で事業を復活させるためには、どこまでの債務調整やリスク遮断、あるいは情報のシグナリングを行うことで正の価格付けによる取引行為可能となるか、という個別具体的な問いに対峙する必要が生じる。

そのようなミクロな価格調整の問題に対峙して効果的な再生型整理手法の運用を実現するためには、法的整理か、私的整理かといった単純な二分法に囚われるべきではない。私的整理ガイドライン・事業再生ADRなどの「制度化された私的整理」、民事再生・会社更生などの法的整理、そして時限的に発動されることのある政府系の各種機構スキームといったさまざまな再生型整理手法のメリット・デメリット、作用・副作用をよく理解した上での柔軟な使い分けや場合によっては併用をも可能とするべきである。そのような柔軟な制度運用が、再生型整理手法の本質的使命は企業や事業の淘汰・再編・再生に関わる市場機能を補完するための価格調整機能であるという自己規律に基づいて行われることこそが、再生型整理手法が、経済社会の中で積極的かつ現実的な役割を果たすための圧倒的に重要な条件である。

(2) 二つの公平性と「債権者平等原則」の動態的進化

次に、整理手法一般を議論する上で避けられない公平性の担保の議論においては、混同されがちな、**競争政策的な観点**(競争相手との関係での公平性)と**手続的な観点**(整理手続における直接の利害関係者間の公平性)の二つの公平性について議論する。

通常、整理手法における公平性とは後者の問題として認識されている。しか

し、(1)で述べた再生型整理手法の積極的役割とその機能条件に鑑みるとき、じつは前者の競争政策的な観点における公平性の議論は、非常に重要な意味を持ってくる。すなわち、前者の競争上の公平性については、裁判所を含めた公的機関が関わることで何らかの歪曲が起こりうるものという認識のもとで、運用関係者において、競争上の公平性と社会的効用のバランスについても最大限留意される必要があるのだ。

これに比べ、後者の手続の公平性については、少なくとも法的整理や「制度化された私的整理」においては、通常、十分な手続的な保障がされている。したがって、これらの手続が制度の本来趣旨にしたがって適正運用されていれば、自ずと公平性は担保されるはずである。

ただ、ここでも注意すべきは、競争市場において未来に向けた再生を目指すという、動態的、市場的な価値観が整理プロセスに加わった瞬間から、直接の利害関係者との間でも何を「公平」というかについても、当然、変化が生まれざるをえない。その象徴的な問題が債権者平等原則との関係での一般商事債権保護の問題である。

当該企業が有する事業の価値を将来に向けて最大化するという経済目的との関係では、多くの場合、取引先との関係性はきわめて重要である。その観点からは、劣後的な立場の一般商事債権を特別に保護することは合理性をもつが、それは伝統的な債権者間の優先劣後関係原則からは、債権者平等原則に反することになる。より生々しく舞台設定を行うと、たとえば、当該事業を継続的に営む意思のあるスポンサー、すなわち買い手が整理手続に入って来ると、むしろ一般商事債権にこそ高い値段をつけて買い取りたい（≒取引先に全額弁済したい）はずである。動態的な市場経済的な原理が入り込むことで、買い手目線の「市場価値」と、法的な優先劣後秩序との間に軋轢が生まれるのである。

この問題は、整理手法が、より原始的な、もっぱら破産清算型で運営されていた時代であれば生じない。しかし、未来志向の動態的、市場的な役割（これがまさに本稿で繰り返し述べている積極的役割）を整理手法が担うようになったことで、二つの原理原則は緊張を起こさざるをえなくなったのだ。

こうした緊張は、倒産企業の価値評価において、すでに起きている。かつて清算バランスを重視していた時代から、現在は継続企業に対する市場的評価、

動態的評価を前提としたDCF的アプローチ（EBITDAマルチプルやNPV）が主流に変化してきた。その過程でも、伝統的な静態的担保評価と、事業価値の一部としての動態的な担保評価には、一時期（筆者が産業再生機構のCOOを務めていた頃がそのピーク）、かなりの軋轢が生じていたのである。

いずれにせよ、再生型という動態的な整理手法を関係者が選択した場合、債権者平等原則の軸足も動態的な方向へ進化する必要がある。法的整理の条文規定や裁判所の運用において、最近はこの点で非常に柔軟な運用（産業再生機構におけるマツヤデンキの民事再生事案や企業再生支援機構における日本航空の会社更生事案はその代表例）が行われていることは高く評価すべきである。ただ、金融機関の立場からすれば、柔軟過ぎる運用は、今度は貸し手の立場からの債権の保全状態に対する予測可能性を失わせ、金融市場の活力を阻害するリスクもある。トータルとして市場経済を活性化する上で、運用基準に関する透明性、予測可能性を高めることも、政策担当者や裁判所の側で検討されてもいいだろう。

(3) 派生するいくつかの論点

我が国では、マスコミを中心に、裁判所が関与する法的整理は、制度化された私的整理や機構スキームより、公平性も透明性も格段に高いと評価されているように見受けられる。しかし、既述の通り、私的整理の方が交渉の力関係上、より多くの情報が全債権者、全株主に開示されざるをえない傾向が生まれるのは事実であるし、筆者は、経験上、手続が適正運用されている限り、公平性、透明性の点で、これらの制度化された仕組みの間に顕著な優劣は見いだせない。むしろ運用実務に関わる人々の個人の能力や意識の差の方が、はるかに影響が大きいと思う。よくいわれる政治的介入やマスコミ世論の影響も、結局は制度を運用する人間次第というのが、筆者が認識している明確な経験事実である。

加えて、法的整理においては、手続上の公平性は制度的に担保されているものの、裁判所の権能で身軽になった企業が市場に舞い戻ること自体、市場競争における新陳代謝機能を阻害し、競争上の公平性に疑義を生ぜしめる問題、すなわち競争政策上の公平性の問題については、裁判所の法的な責任範囲には入っていない。したがって法律論としては、競争条件に影響を与えてしまうこ

とについて、裁判所には何ら責められるべきところはない。しかし、市場経済の健全な機能に資するという、再生型法的整理手法の根本的な立法趣旨に鑑みた時、前節で述べたように、民間スポンサーへの即時譲渡型の運用を基本とすることが望ましいし、そのためには、個々の裁判官、あるいは管財人が、こうした経済社会全体の利益という公益的な視点を持って実務運用にあたることが重要となる。

　じつは、法的整理の運用者も、産業再生機構と同じく、競争歪曲リスクに関する市場経済的な是正手法（経営支配権を競争入札にかけて民間スポンサーに売却する手法）を、100％減資後の出資者募集という形で有している。この方法は手続的に債権者弁済の最大化にも資する方法であり、法的整理の法理的な要請とも矛盾しないので、競争の公平化という経済社会全体の利益と、利害関係当事者間における手続上の公平性とは、調和的な解決を見出しうるのである。

　ちなみに再生型整理手法においては、民事再生や会社更生のような法的整理だけでなく、事業再生ADRや産活法などを活用した「制度化された私的整理」においても大幅な税制優遇措置を受けられる。こうした優遇措置は、市場からの退出局面において、再生型整理手続の選択がすんなり進まない「市場の失敗」が起きることに鑑み、それを脱する一つのインセンティブとして、あえて市場プレイヤーの行動にバイアスをかけることを狙いとしている。ただ、Ⅲで議論した日本航空の事例で批判があったように、再生型整理手法による税制優遇により得られた長期にわたるキャッシュフローの増分は、競争条件を歪める可能性があるのも事実である。市場経済システム全体の機能状況に照らして、このようなバイアスのかかった税制がどの程度必要かについても、常に検証し、必要があれば修正を加えるべきものと考える。

　少なくとも制度運用に際しては、よほどの特殊事情や緊急時を除いて、裁判所の強力な債務調整機能が関わり、かつ公的機関がスポンサーとなったうえに、さらには税制優遇措置も受けられる、といった何重もの公的支援については、今後、慎重に考える必要がある。特に寡占市場における主要プレイヤーの一つに対してのみ、かかる支援を行うことについては、よほど慎重な検討と是正措置（Ⅱ2で述べた「競争政策的な是正方法」または「市場経済的な是正方法」）の準備が必要となろう。

なお、競争上の公平性は、本来、公正な市場における優勝劣敗と、それを担保する公正取引委員会による競争政策運営によって保障されるべきであることも再記しておく。

　競争歪曲の恐れの大きい再生事案に、公共政策として国が深く関与せざるをえない場合で、しかも前述の「市場経済的な是正方法」を選択せず、日本航空のように自主再建型、再上場型の再生を選択する場合、「競争政策的な是正方法」を検討せざるをえなくなる可能性が生まれる。この点、今後の政策マター、制度設計マターになるが、筆者の見解は、この問題は国が個別企業の破綻・再生に深くテコ入れする場合には、省庁横断的にどの産業でも一般的に生じうること、競争政策という高度に専門的な領域の問題であること、さらにはこの是正は法経済学的な知見に基づき純理的な観点から行われるべきこと（政治的な恣意性は排除されるべきこと）から、やはり公正取引委員会の管轄にいれることを前提に制度設計を行うべきと考える。

V　むすび

　本論考においては、事業再生が市場経済の中で果たす役割について、非常に幅広い論点をカバーしてきた。しかし、基本メッセージはただ一つ、再生型の整理手法、特に何らかの制度化された、したがって税法上の効果も含めた公権力作用を伴う再生型整理手法は、健全な市場経済の新陳代謝機能を促進することにこそ本義があり、個別の企業体を存続延命させることにも、美しき再生物語を演出することにも、社会経済的な意義はないということである。

　企業間、事業間競争の結果生じる退出局面、あるいは企業や事業のライフサイクルの静脈サイド（図1参照）は、きわめてデリケートで市場メカニズムが機能不全を起こしやすい。こうした部分において、整理手法群が有効に機能してこそ、競争による低生産性部門の淘汰・再編が起き、さらには切磋琢磨によるイノベーションが促進される。こうして競争市場が機能することで、我が国の経済は健全な発展を遂げ、生産性（≒所得）の向上と雇用の増加が持続的に実現化可能となるのだ。

図1

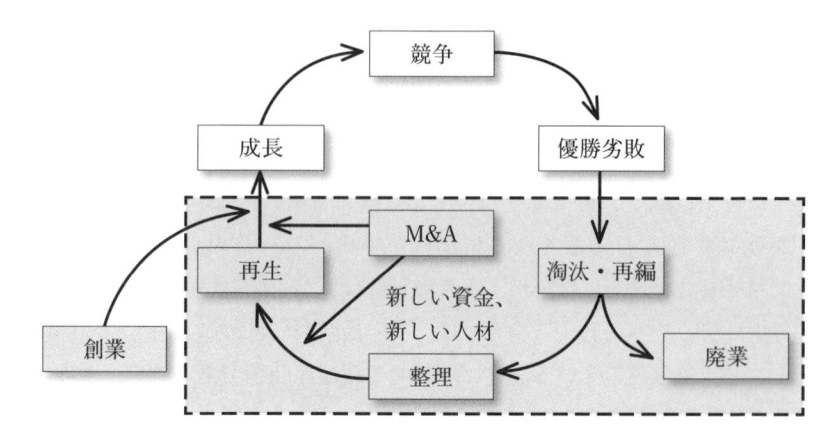

competition 図: 競争 → 優勝劣敗 → 淘汰・再編 → 廃業／整理／再生 ← M&A（新しい資金、新しい人材）、成長 ← 再生／整理、創業 → 成長 → 競争

　しかるに、中小企業政策に代表される企業支援政策の多くは、およそ企業倒産を「悪」と決めつけ、それを回避し、企業を延命することに主眼を置くものが多かった。本論考でも繰り返し強調してきたが、もともと企業の退出に関わる市場メカニズムは、非常にデリケートで機能不全に陥りやすい。そこに企業倒産を最小化する政策手段が適用されれば、ますます市場の新陳代謝機能は阻害される。その結果、多くの「ゾンビ企業」が延命し、過当競争構造が固定化し、生産性は低下する。国内における過当競争構造が、グローバルに展開する日本企業の競争力を毀損することはもちろん、国内における過剰な供給圧力は、デフレを加速する要因にもなるのだ。

　そういう意味で、今後、政府における対企業支援政策の軸足を、単なる企業の延命支援ではなく、健全な新陳代謝を促し、より強い企業、より素質のある企業が競争の果実を公正に手に入れ、さらには世界に羽ばたくことを支援する方向に転換すべきである。他方、事業再生に関わる政策領域においても、再生型整理手法に関わる諸制度のさらなる改善・改良と、筆者自身も含めた運用関係者の一層の研鑽とレベルアップにつとめていかねばならないことも当然である。

　そして最後に、筆者自身の強い思いとして、学術的にもこの領域において法律学と経済学の学際分野としてのより深い掘り下げが行われること（この点、

我が国における事業再生に関わる法経済学の学問的な立ち遅れは、その研究対象が国内において非常に豊富であることに鑑みて、異常なほど深刻である）をあらためて期待して、本論考を終わりとしたい。

参考文献・論文

Michelle J. White "Corporate Bankruptcy as a Filtering Device: Chapter 11 Reorganizations and Out-of-Court Debt Restructurings"（Journal of Law, Economics, & Organization, 1994）

Joseph R. Ferrari and John F. Dovidio "Examining Behavioral Processes in Indecision: Decisional Procrastination and Decision-Making Style"（Journal of Research in Personality, 2000）

Ricardo J. Caballero, Takeo Hoshi, and Anil K. Kashyap "ZOMBI LENDING AND DEPRESSED RESTRUCTURING OF JAPAN"（2006, NBER）

株式会社産業再生機構編著『産業再生機構 事業再生の実践(1)(2)(3)』（商事法務、2006年）

冨山和彦＝佐藤節也「ナッシュ均衡時代の淘汰・再生メカニズム」産業再生機構における実践的経験に基づく考察、神戸大学大学院法学研究科『市場化社会の法動態学』（研究センター、2007年）

中小企業庁『2008年版 中小企業白書』

冨山和彦『カイシャ維新 変革期の資本主義の教科書』（朝日新聞出版、2010年）

季刊事業再生と債権管理2010年4月5日号（128号）（金融財政事情研究会、2010年）

伊藤元重＝冨山和彦「NIRA対談シリーズ No.64 電力市場の再設計を急げ」（総合研究開発機構、2011年）

武井一浩『企業法制改革論 日本経済活性化に向けた提言』（中央経済社、2011年）

ザ・ローヤーズ2011年5月号特集「すべてのステークホルダーにとって最善の企業再生スキームを模索する」（アイ・エル・エス出版、2011年）

広田真一『株主主権を超えて ステークホルダー型企業の理論と実証』（東京経済新報社、2012年）

Takeo Hoshi and Anil K Kashyap "Policy Options for Japan's Revival"（2012, NIRA）

2012年3月22日 日本経済新聞朝刊 経済教室「国主導の企業再生（上）」

2012年3月23日 日本経済新聞朝刊 経済教室「国主導の企業再生（下）」

2012年6月10日 日本経済新聞朝刊「企業再生 国の関与どこまで」

2012年7月10日 読売新聞朝刊 論点「日本航空の公的再生」

2012年9月17日 日本経済新聞朝刊 法務「会社更生 不満募る債権者」

2012年9月29日号 週刊ダイヤモンド「視界不良の企業再生」

　　　　　　　（とやま・かずひこ　にっくに・しんいち　かねこ・もとひさ）

4 融資取引における銀行取締役の善管注意義務

三菱東京UFJ銀行コンプライアンス統括部法務室長 　中原利明

　銀行法は、銀行の固有業務として、①預金または定期積金等の受入れ、②資金の貸付けまたは手形の割引、③為替取引を規定している（銀行法10条1項）。銀行は、小口資金を預金として受け入れ、それを大口化して自己の責任で借り手の信用調査を行い、企業その他の資金需要者に貸し付けることを固有の業務とする。すなわち銀行は、①国民の貯蓄手段の提供機能としての預金の受入れと、②資金の供給ないし資金の運用機能（資金媒介機能）としての資金の貸付け機能を有する。資金媒介機能は、銀行が社会に点在する遊休現金通貨を預金として吸収して、資金を必要とする企業や個人に供給することである[1]。このほか銀行には、③信用創造機能と④資金決済機能が認められる。信用創造機能は、銀行が預金通貨を創り出すことである[2]。

---

[1] 銀行の貸付金の調達コストは貸付金プラス預金利息であり、100万円の貸付を行うには100万円以上のコストを必要とする。つまり貸付利息の減免は収益の機会を失うだけにとどまらず損失が発生する。さらに、企業に対する債権を減免する場合、例えば売掛債権には原価と利益が含まれているので、利益部分を免除しても債権者の損失の発生はないが、銀行の貸付債権には利益部分がないので、減免金額がそのまま銀行の損失となる。

[2] 銀行預金は一斉に引き出されることはないので、預金の一定割合を支払準備額として用意しておけばよく、銀行預金と支払準備額との差額を貸出にあてることができる。この貸付金はまた当該銀行または他の銀行の預金となり、その銀行も同様に貸出を行い、これが順次繰り返されることになる。この結果、銀行システム全体として見れば、当初の預金は

このような機能を有している銀行が破たんすれば、その社会的影響は甚大であり、銀行には健全性の確保が強く求められており、貸付（資金の運用）を行うに際しても不良債権とならないように慎重な判断が求められている。

I　貸出4原則

　銀行の融資判断にあたっては、①成長性の原則、②安全性の原則、③公共性の原則、④収益性の原則、の4つの原則の観点から審査が行われる。新入行員は、初めて融資業務を担当するに際して、貸出4原則を徹底的に教育されるとともに、融資金額の大小にかかわらず融資事案の審査はこの4原則をベースに検討される。「成長性の原則」は、成長豊な借入人に融資することにより、銀行自身も大きな成長を期するとこを意味する。「安全性の原則」は、貸付金が期日に確実に回収されるべきことを意味する。そのためには、借入人の信用、資産、回収期日における支払い能力の他、安全性を補強するために引当面の検討や融資実行後の借入人の業況の把握が求められる。「公共性の原則」は、借入人が社会的に意義のある事業を営んでいること、融資金が社会的に有用な用途に利用されるといういうことである。したがって、預金者の最大公約数いわば社会的目線からみて反社会的な事業や用途への融資、あるいは投機的目的につながるような融資は抑制しなければならない。「収益性の原則」は、適正な利益を確保しなければならないということである。適正な利益を確保して内部留保を充実させ、経営の健全性をより高めることが求められている。もっとも、個別融資の判断に際しては貸出4原則のウエイトに差異が生じることはあるが、いずれかを全く無視するような融資は許されない。これは、健全な取引先に対する新規融資に限らない。再建支援先への新規融資もこの4原則による判断が行われるが、むしろ信用性に懸念があることからより慎重な判断が求められる[3]。

銀行貸出を通じて数倍の信用を創造することになる。
3）債務超過先の既存の貸付債権はすでに減価していることから、当該貸付債権をDESを利

II 経営判断の原則

　会社の業務執行にあたっては、多くの不確定要素や選択肢があり、取締役はその中から会社の利益になると考えられるものを合理的に判断し、選択して業務を執行する。そして、取締役が会社の利益となると判断して行った行為がすべて結果的に成功するとは限らず、会社に損害が生じる場合もあるし、また会社の利益になると判断して行った行為がそもそも会社の利益となるといえるのか評価が分かれる場面もある。さらに、取締役の選択をすべての株主が妥当と考えるとは限らない。会社の業務執行は、多くの不確定要素と見込みに基づいて行われ、その前提で株主は取締役を選任し、業務執行を委任しているのであるから、取締役の判断に不満があれば、株主総会で解任または再任しなければよい。そして、取締役の判断が違法となる程度までにおかしい場合に法的責任が問われることになる。その基準としていわれているのが「経営判断の原則」である[4]。

1　内　容

　経営判断の原則は、実際に行われた取締役の経営判断そのものを対象とし、それが法令・定款に違反しないものであることは当然として、

　① 判断の前提となった事実の認識について不注意な誤りがなかったか

　用して劣後させたり、最終的には債務免除することは比較的応じやすいが、ニューマネーを注入する場合は、回収の確実性を十分に検討する必要がある。

[4] 最決平成21・11・9刑集63巻9号1117頁は、「銀行の取締役が負うべき注意義務については、一般の株式会社取締役と同様に、受任者の善管注意義務（民法644条）及び忠実義務（平成17年法律第87号による改正前の商法254条の3、会社法355条）を基本としつつも、いわゆる経営判断の原則が適用される余地がある」と述べ、「いわゆる経営判断の原則」という言葉を用いて、銀行の取締役の注意義務の判断に適用されることを認めた。なお、田原裁判官が詳細な補足意見を述べられており、実務上参考となる。

②　その事実に基づく意思決定の過程が通常の企業人として著しく不合理でなかったか
③　その判断が選択肢として考えられる合理的なものであったか
④　社内の所定の手続を経ているか
⑤　取締役の個人的利害に関係していないか

をテストするものである。

　テストの結果、前提となった事実の認識に不注意な誤りがあった場合、または意思決定の過程が著しく不合理であった場合、あるいは判断が著しく不合理であったと認められる場合には、取締役の経営判断は許容される裁量範囲を逸脱した違法行為（善管注意義務違反・忠実義務違反）となる。そうでない場合は、裁判所は取締役の行為に関与せず、会社自治の原則に委ねられる。

　米国におけるBusiness Judgment Ruleは一定の要件のもとに裁判所の審査を原則として排除する法理として機能しているが、わが国における経営判断原則は、裁判所が取締役の任務懈怠の有無を判断する法理として機能している。たとえば代表的な下級審裁判例[5]は、「実際に行われた取締役の経営判断そのものを対象として、その前提の事実の認識について不注意な誤りがなかったかどうか、また、その事実に基づく意思決定の過程が通常の企業人として著しく不合理なものでなかったかどうかという観点から審査を行うべきであり、その結果、前提となった事実認識に不注意な誤りがあり、又は意思決定の過程が著しく不合理であったと認められる場合には、取締役の経営判断は許容される裁量の範囲を逸脱したものとなり、取締役の善管注意義務違反又は忠実義務に違反するものとなると解するのが相当である」と述べている。また、別の下級審裁判例[6]も、「当該判断をするためになされた情報収集・分析、検討が当時の状況に照らして合理性を欠くものであったか否か、これらを前提とする判断の推論過程及び内容が明らかに不合理なものであったか否かが問われなければならない」と述べている。

　銀行では融資判断について稟議制度が採用されており、稟議制度の下では、

5）東京地判平成5・9・16判時1496号25頁。
6）東京地判平成14・10・31判時1810号110頁。

営業部店及び本部の審査部門などがそれぞれの立場から重畳的に情報収集・分析、検討を加え、それを前提として権限規定に従い、支店長、本部の担当部長、担当役員、経営会議や取締役会等の合議体により決裁される[7]。この場合、取締役ないし合議体を構成する取締役は、特段の事情のない限り、各部署の行った情報収集・分析、検討に依拠して自らの判断を行うことが許される[8]。特段の事情の有無は、当該取締役の知識・経験・担当職務、案件とのかかわり等を前提に、当該状況におかれた取締役がこれらに依拠して意思決定を行うことに当然躊躇を覚えるような不足・不備があったかどうかにより判断すべきである[9]。ただし、銀行に適切な稟議制度が確立して機能していることが前提であり、取締役は稟議制度を構築し、適正に運営されていることを監視する責任がある。

このように銀行の取締役は、融資判断に際して、客観的かつ正確な資料に基づいて正しい事実関係を認識し、その事実関係を前提として貸出4原則に基づいて、合理的な判断をすることが求められている。そして、事実の調査が不十分等により事実関係の認識が不注意で間違っていた場合や、事実関係の認識が正しくても判断が著しく不合理である場合には、取締役に忠実義務違反、善管注意義務違反が認定されることになる。

2　貸出4原則と経営判断の原則

前掲最決平成21・11・9は、拓銀の代表取締役が、実質倒産状態にあった企業グループの各社に対し、赤字補てん資金等を実質無担保で追加融資したという事案について、(i)銀行の融資判断に際していわゆる経営判断原則が適用され

---

[7] 上層部から部下に個別案件の検討指示は許容されるが、上層部での決定を部下に命じるいわゆるトップダウンによる融資は稟議制度に反する。また、融資制度の確立や融資マニュアルの整備が行われ、制度として機能していることが前提となる。
[8] 江頭憲治郎『株式会社法〔第4版〕』(有斐閣、2011年) 438頁。他の取締役・使用人等からの情報等については、とくに疑うべき事情がない限り、それを信頼すれば善管注意義務違反とならないのが原則であると述べている。
[9] 前掲注6) 東京地判平成14・10・31。

る余地があること、(ii)融資業務に際して要求される銀行の取締役の善管注意義務の程度は一般の株式会社の場合に比べて高い水準のものであり、経営判断原則が適用される余地は限定的であると述べている[10]。同決定は引き続いて「銀行の取締役は、融資業務の実施に当たっては、元利金の回収不能という事態が生じないよう、債権保全のため、融資先の経営状況、資産状態等を調査し、その安全性を確認して貸付を決定し、原則として確実な担保を徴求する等、相当の措置をとるべき義務を有する。例外的に、実質倒産状態にある企業に対する支援策として無担保又は不十分な担保で追加融資をして再建又は整理を目指すこと等があり得るにしても、これが適法とされるためには客観性を持った再建・整理計画とこれを確実に実行する銀行本体の強い経営体質を必要とするなど、その融資判断が合理性のあるものでなければならず、手続的には銀行内部での明確な計画の策定とその正式な承認を欠かせない」と述べている。最高裁の本決定が述べる融資の判断基準は、貸出4原則に基づいて慎重な検討を行えば充足するものと考える。すなわち貸出4原則は、経営判断原則のテストの過程において、「その事実に基づく意思決定の過程が通常の企業人として著しく不合理でなかったか」、「その判断が選択肢として考えられる合理的なもので

---

10) 銀行は、金融取引の専門家であり、かつ預金者の資金を預かり運用するのであるから、銀行の取締役が一般の事業会社の取締役に比して高い善管注意義務を負担するのは当然である。最高裁決定は「銀行業が広く預金者から資金を集め、これを原資として企業等に融資することを本質とする免許事業であること、銀行の取締役は金融取引の専門家であり、その知識経験を活用して融資業務を行うことが期待されていること、万一銀行経営が破たんし、あるいは危機にひんした場合には預金者及び融資先を始めとして社会一般に広範かつ深刻な混乱を生じさせること等を考慮すれば、融資業務に際して要求される銀行の取締役の注意義務の程度は一般の株式会社取締役の場合に比べ高い水準のものであると解され、所論がいう経営判断の原則が適用される余地はそれだけ限定的なものにとどまるといわざるを得ない」と述べている。なお、従来の下級審裁判例には、銀行の取締役は一般の企業経営者に比して高い注意義務を負担するとするもの（札幌地判平成14・9・3判時1801号119頁、前掲東京地判平成14・10・31）と、一般の事業会社の取締役よりも高いとはいえない（札幌地判平成15・9・16判時1842号130頁）とするものがあった。学説の詳細については、岩原紳作「特別背任罪における取締役としての任務懈怠」ジュリ1422号（2011年）136頁参照。

あったか」を検討する基準として機能する。したがって、取引先の実態や資金使途など融資判断の基礎となる事実の収集について不注意な誤りがなく、行内の審査手続に従い、貸出4原則により審査を行えば、取締役として忠実義務や善管注意義務違反の責任を問われることはないと考えられる。

III 拓銀事件の検討

　融資に関する銀行の取締役の忠実義務、善管注意義務の有無について初めての最高裁判決といわれている拓銀事件は、銀行が再建支援する際に直面する多くの内容について題材を提供するとともに最高裁の重要な判断が示されている。

1　栄木不動産事件

(1)　事案の概略

　拓銀（以下、「A銀行」という）は、栄木不動産（以下、「B会社」という）の依頼により、同社振り出しの小切手について過振り処理を行い、過振り金額は48億4,000万円に達していた。B会社の代表取締役Cは、同社の所有する12件の不動産（以下「本件不動産」という）を担保提供すると申し出たものの、担保提供の条件として同社に対して20億円の追加融資を求めた。A銀行の会議においてY（A銀行の代表取締役）が、B会社から本件不動産の担保提供を受けて、同社に対して過振り相当の48億4,000万円の手形貸付を行うこと、併せて20億円の追加融資を行うことを説明した。その際、本件不動産の担保価値について、D不動産鑑定士による評価額が約155億円、B会社自身による評価額が200億円であること、先順位担保権100億円を控除しても55～100億円残ることが説明されたが、担保評価に関する資料の作成は間に合わず、口頭の説明のみにとどまった。また、20億円の具体的な使途や返済の見通し等について詳細な説明や資料の提供はなかった。当時、B会社は、過振りにより得た48億4,000万円を株の仕手戦等に費消していて、過振りが継続されるか別途融資を受ける以外にはこれを返済する見通しがなかった上、資金繰りが悪化して近日中に不渡を出す

ことが危ぶまれる状況にあった。結局のところ、48億4,000万円は回収されず、追加融資20億円については担保権の実行等により一部回収されたが、12億6,816万円が未回収となった。

(2) 原審の判断

1審[11]は、Yの善管注意義務違反を認めたが、原審[12]は、D鑑定士による本件不動産の評価内容は正確性に欠けるが、時間的制約があったこと等からすれば、評価方法が杜撰であったということはできず、Yが、D鑑定士による評価結果を基礎として本件不動産に追加融資額20億円を上回る担保余力があったと判断したことが、取締役としての忠実義務、善管注意義務に違反するとは言えないとしてYの責任を否定した。

(3) 最高裁の判断[13]

本件不動産の担保評価に関する判断資料としては、D不動産鑑定士による評価額が約155億円であり、B会社自身による評価額が200億円であるとの口頭報告があったにすぎないこと。しかも、B会社による評価額は、地上げ途上の物件も含めてすべてを更地として評価し、およそ実態とかけ離れているものであり、B会社自身による評価額についてもその根拠ないし裏付けとなる事実が表示された形跡がないにもかかわらず、Yは他に客観的な資料等を一切検討せず、安易に本件不動産が追加融資の担保として確実な担保余力を有すると判断している。時間的制約があったとしても、Yの判断は、著しく不合理なものと言わざるを得ないとして、Yの忠実義務、善管注意義務違反を否定した原判決を破棄して、Yの忠実義務、善管注意義務違反を認定した。

---

11) 札幌地判平成14・7・25判タ1131号232頁。
12) 札幌高判平成17・3・25Lexis Nexis登載。
13) 最判平成20・1・28判時1997号143頁。

2 カブトデコム事件

(1) 事案の概略

(i) 第1融資

　店頭登録されていたカブトデコム（以下、「E会社」という）は、東証2部への上場およびプロジェクト資金の調達を目的として発行価格1株当たり1万5,500円で350万株、総額542億5,000万円の第三者割当増資を行うことを計画し、A銀行に対し、このうち109万5,000株、162億7,250万円を引き受ける予定のE会社の関連会社12社に対し資金を融資するように要請した。A銀行は、投融資会議を開催し、E会社の株価が2万500円と高値であること、今後の金融環境の変化の中で不動産事業の冷え込みも予想されるが、同社は札幌市内中心部の土地を多く有しており保有土地の値下がりは考えられないこと、主力銀行としての拓銀の指導力を保持すれば業績悪化を回避できること、代表者であるFは若手経営者のリーダー的存在であり、道内の若手経営者に対するA銀行のビジネスチャンスが拡大することなどを理由として上記引受代金および2年間の利息相当額として195億7,000万円の融資が決定された。返済は、弁済期である3年後に引受株式の売却代金で返済される予定であり、債権の保全としては、引受株式に担保を設定するほか、Fが個人保証をすることとされていたが、Fの資産の大半はE会社の株式であった。A銀行は、第1融資の融資先に対し、前記の新株発行後に行われた無償増資による株式を売却して返済に充てるよう要請したが、Fから、大量の株式を売りに出せば株価が下落するおそれがあるとの懸念が表明され、上記株式の売却は実施されなかった。E会社の株価は大きく下降し始め、その後は株式だけでは保全不足の状態になった。大量のE社株を売却することは更に株価の暴落を招きかねないため、実際上、担保権の実行による債権回収は困難となり、第1融資に係る貸付金195億7,000万円のうち192億1,798万円が未回収のままとなった。

(ii) 第2融資

　A銀行は、E会社に対してプロジェクト資金160億円を融資することが決定され、その後も380億円を追加融資し、融資残高は合計540億円となった。担保として、E会社の所有する不動産に根抵当権の設定を受けたが、その時価にA

銀行の評価基準による一定の掛け目を乗じた担保価格から先順位の被担保債権額を控除した価格（以下「実効担保価格」という。）は、合計164億1,200万円であった。本件融資は、一部が返済されたものの、540億円のうち308億9,450万円が回収困難となった。

(iii) 第3融資

A銀行の経営会議で、E会社はもはや存続不可能と判断されたが、一方で、A銀行はE会社が進めているリゾートホテル事業に深く関与しておりこれを完成させる責任があること、E会社による合計約389億円の手形決済が予定されており、A銀行は道内のリーディングバンクとして企業の連鎖倒産を避ける必要があること、E会社グループに総額368億円を貸し出しているG信用組合が破たんするおそれがあり、その場合はA銀行に支援要請が来ると考えられることなどの指摘があった。経営会議において、リゾートホテル事業に係るホテルが開業する予定日までE会社の延命に最低限必要な資金を融資しながら、その間に、(ア)E会社の保有物件をA銀行の関連会社に購入させ、売却代金をA銀行に対する返済に充てさせること、(イ)未登記の担保権について正式に担保設定登記を行い、担保に入っていない物件に追加担保の設定を受けるとともに、海外部門の物件を売却して債権回収に充てること、(ウ)リゾートホテルなど自立して収益可能な企業を分離独立させることなどが提案され、了承された。上記基本方針に基づき、A銀行は、E会社に合計409億円を融資した。本件については、リゾートホテル会員権の在庫や海外物件の売却代金から回収されることが予定され、新たに不動産や株式に担保が設定されたが、その実効担保価格は約110億円であった。また、未登記の担保権について登記手続が行われたが、その実効担保価格は合計約53億円であった。その後、A銀行は取締役会でE社に対する支援を打ち切ることを決定した。

(2) **原審の判断**

第1審[14]は、第1融資ないし第3融資につき、Yの忠実義務違反、善管注意義務違反を認めてYに対し損害賠償を命じた。しかし原審[15]は、第2融資について

---

14) 札幌地判平成14・12・25Lexis Nexis登載。

は第1審判決の判断を支持したものの、第1融資については、昭和60年代当時においては、A銀行の企業育成路線が不当であったと断じることはできないこと、企業の収益性に重点を置き、当該企業の増資引受先に引受資金を融資した上、引受株式に担保を設定させて保全を図るなどの融資方法も第1融資当時の金融取引の実状として承認されていたと認められること、A銀行の融資判断については、投融資会議で提示された資料等に照らし相当性を認めることができる、としてYの銀行取締役としての忠実義務、善管注意義務違反を否定した。

また、第3融資については、A銀行の取引先企業等を巻き込む関連倒産を防止し、北海道内の金融秩序を維持して経済的混乱を回避するとともに、A銀行の対外的信用を維持するという目的の下に、それに要するE会社の延命に最低限必要な資金を融資する目的であり、それまでの経緯に照らせばこのような選択も必ずしも不合理とはいえない。また、A銀行にとっても、リゾートホテル関連融資の担保対象物件の価値が約417億円増加することが見込まれることなどのメリットもあったことに照らせば、その相当性を認めることができる。関連企業の倒産防止やリゾートホテル事業を継続してA銀行の信用を維持することによる利害得失は、第3融資の額を基準として単純にその回収額の多寡によって評価できるものではなく、Yが第3融資を行った場合にこれを確実に回収できるかということを最重視するような審議、調査を行わなかったことをもって直ちに不当ということはできない、としてYの銀行取締役としての忠実義務、善管注意義務違反を否定した。

(3) 最高裁の判断[16]
(i) 第1融資

第1融資に係る債権の回収は専らE社の業績及び株価に依存するものであり、融資先はいずれもE会社の関連企業であり、いったんE会社の業績が悪化した場合には、E会社の株価すなわち担保価値の下落と融資先の業績悪化とが同時に生じ、たちまち債権の回収が困難となるおそれがあるから、上記のよう

---

15) 札幌高判平成17・3・25判タ1261号258頁。
16) 最判平成20・1・28判時1997号148頁。

に、銀行が融資先の関連企業の業績及び株価のみに依存する形で195億7,000万円もの巨額の融資を行うことは、そのリスクの高さにかんがみ、特に慎重な検討を要するものというべきである。しかも、新株発行後のE会社の発行済株式総数に占める担保株式の割合等に照らし、融資先が弁済期に担保株式を一斉に売却すれば、それによって株価が暴落するおそれがあることは容易に推測できたはずであるが、その危険性及びそれを回避する方策等について検討された形跡はない。E会社は、第1融資を決定する以前の昭和60年調査及び昭和63年調査において、その財務内容が極めて不透明であるとか、借入金が過大で財務内容は良好とはいえないなどの報告がされていたもので、このような調査結果に照らせば、A銀行が当時採用していた企業育成路線の対象としてE会社を選択した判断自体に疑問があるといわざるを得ないし、E会社を企業育成路線の対象とした場合でも、個別のプロジェクトごとに融資の可否を検討するなどその支援方法を選択する余地は十分にあったものと考えられ、あえて第1融資のようなリスクの高い融資を行ってE会社を支援するとの判断に合理性があったとはいい難い。そうすると、第1融資を行うことを決定したYらの判断は、第1融資が当時A銀行が採用していた企業育成路線の一環として行われたものであったことを考慮しても、当時の状況下において、銀行の取締役に一般的に期待される水準に照らし、著しく不合理なものといわざるをえない。

(ii) 第3融資

第3融資は大幅な債務超過となって破たんに瀕したE会社に対し、もはや同社の存続は不可能であるとの認識を前提に、リゾートマンション事業が完成する予定の平成5年6月まで同社を延命させることを目的として行われたものである。第3融資に際し、E会社の所有する不動産等に新たに担保が設定されたが、その実効担保価格は第3融資の額である409億円に到底見合うものではなく、第3融資はその大部分につき当初から回収の見込みがなかったことは明らかである。また、第3融資を行うとの方針を決定した時点では、リゾートホテル事業自体の採算性について大きな疑問があり、中長期的にも、リゾートホテル事業を独立して継続させることにより第3融資に見合う額の債権の回収が期待できたということはできない。第3融資は、E会社を再建、存続させるためのものではなく、もはや同社は存続不可能との前提でその破たんの時期を数か

月遅らせるためのものにすぎなかったというのであるから、第3融資を実行してE会社を数か月間延命させたとしても、それにより関連企業の連鎖倒産を回避できたとも、H組合の破たん及びA銀行に対するその支援要請を回避することができたとも考え難い。したがって、関連企業の連鎖倒産のおそれや組合の破たんによりA銀行にその支援要請が来るおそれがあったことをもって、第3融資を行うとの判断に合理性があるということはできないとして、(i)から(iii)のいずれの融資についても、Yの忠実義務、善管注意義務違反を認定した。

3　検　討

(1)　栄木不動産事件

　48億4000万円の過振りを許容していたこと自体が、通常の銀行取引からすれば異常事態である。それを同額の手形貸付に振り替えているが、債権管理の確実性を求めて手形貸付で管理することにした取締役の判断はやむをえないとしても、回収可能性をどのように判断したのであろうか。20億円の追加融資の可否について最高裁判決は、新たな貸出リスクを生じさせるものであるから原則として許容すべきではなかったと指摘し、それにもかかわらず追加融資の判断に合理性が求められるとすれば確実に回収できる担保を設定する場合に限られるとしている。これは、限界的には担保に依存する融資も許容されることを認めたものであり、この判断は実務としても異論はないものと思われる。次に、担保評価について原審は、当時の事情を勘案して取締役が追加融資額20億円を上回る担保余力を見込んだことをもって判断を誤ったとは言えないとしたが、最高裁は、客観的な資料等を一切検討せず、安易に本件不動産が追加融資の担保として確実な担保余力を有すると判断しており、時間的制約があったとしても、Yの判断は著しく不合理なものであるとした。20億円という大きな金額の融資であり、しかもB会社の業況から回収手段が担保に頼るしかない状況であれば、取締役に求められるのは担保評価を確実に行い、担保処分による回収の確実性を判断することであるからYの善管注意義務違反責任は免れないと思われる。この事案では、事実の認識が不十分であり経営判断原則の前提を欠く。さらに安全性の原則からも是認することはできない。

(2) カブトデコム事件
(i) 第1融資

　一般に、銀行が、特定の取引先の財務内容、事業内容及び経営者の資質等の情報を十分把握した上で、成長の可能性があると合理的に判断される企業に対し、不動産等の確実な物的担保がなくとも積極的に融資を行ってその経営を金融面から支援することは、必ずしも一律に不合理な判断として否定されるべきものではない。この場合も銀行内部で取引先の情報を収集するのが一般的であるが、取引先の業種、業況、貸出金額等から銀行での情報収集では不十分と思われるときは、信頼できる外部コンサルタント等を利用して、取引先の企業内容・財務内容・事業計画の妥当性・業界動向等を多面的に徹底的に調査して、客観的な裏付調査を行い、貸付金の回収可能性に問題ないことを確認する必要がある。ところが、認定された事実関係を見る限り、A銀行は外部コンサルティング等を利用してE社を調査した形跡はない。しかも本判決では、第1融資を決定する以前の昭和60年調査及び昭和63年調査において、その財務内容が極めて不透明であるとか、借入金が過大で財務内容は良好とはいえないなどの報告がされており、より慎重にE社を調査することが必要であったように思われる。徹底した企業調査を行わず第1融資を決定したのであれば、Yに事実の認識について不注意な誤りがあったと評価され、経営判断原則の前提を欠いている。また、事業をE社に依存している関連会社に、引受予定のE社の新株を担保として、その引受代金を融資し、弁済期に当該株式を売却した代金で融資金の弁済を受けることを予定する融資は、E社の業績が悪化により直ちに不良債権化することは明らかであり新株の担保も全く信用補完とならず、また大量の株式を売却すれば株価が暴落することは常識ともいえ、安全性の原則に反する融資と言わざるをえない[17]。

---

17) 親会社の業績に依存している子会社への貸付に親会社の株式を担保提供受けても名目上の担保でしかなく、本件のような貸付は実質的に無担保貸付というべきである。もっとも、E社の事業計画の実現の確実性が高いと認められる場合には、将来的に株価の上昇が期待され、かつ東証2部上場企業であり株式処分が容易であることから担保としての適格

(ii) 第3融資

　企業の存続は不可能であるとの認識を前提に延命資金を新規に融資するのであれば、原則として融資額に見合う確実な担保権の確保を前提に、短期的には損失計上しても中長期的には銀行にとって利益となる融資を行うことは合理的判断として許容されると考えられる。要するに、銀行が有する債権の回収可能性を極大化することにつながるための新規融資なのかどうかが検討されなければならない。この場合の検討内容について下級審裁判例[18]は、次のような一般的基準を示している。「銀行の取締役は、金融・経済情勢、融資先の財務・経営状況、融資先と銀行との間の関係の濃淡、他の取引債権者の状況等を踏まえた上で、支援をしない場合に見込まれる損失、すなわち、融資先の破綻により回収不能が見込まれる既存の貸付金や出資金、さらには他の取引債権者との間で銀行が負担を求められる可能性のある損失などの直接的損失（破綻処理コスト）のみならず、融資先を支援せずに破綻させたことにより銀行が被るおそれのある社会的批判や信用失墜、銀行の系列会社の取引や銀行の資金調達コストに与える悪影響、さらには既存の取引先の離反や将来の取引機会の喪失などの二次的・間接的な損失をも的確に把握し、これらを最小化する方策を検討する必要がある。他方で、支援を行う場合の想定として、融資先の再建計画の実現可能性、再建のために必要となる総資金量、支援先及び他の債権者等との間の分担の可否及び負担の方法を検討の上、支援によって負担することが相当と考えられる必要最小限度の救済コスト及び支援先に対して残存する貸付金等についての回収不能リスクを把握しなければならない。そして、以上のような観点から、支援をしない場合と支援を行う場合に見込まれる損失を幅広く情報収集・分析、検討した上で、後者が前者よりも小さい場合、すなわち支援により負担する損失を上回るメリットが得られる場合にのみ、支援を行うことが許されるものというべきである。さらに、銀行業務が公共性を有し、その経営に健全性と安全性が求められていることからすると、支援により銀行が負担する損

性は肯定される。
18) 東京地判平16・3・25 判時1851号21頁。本事案は、経営危機状況にある融資先に対する銀行の支援のあり方が問われた事案である。

失が余りにも大きく、支援を行うこと自体が銀行の経営の安定性を揺るがす場合には、支援を行うことが許されず、また支援の方法も銀行業務の公共性に照らし社会的相当性を備えたものでなければならない」。もっとも、これらの損失を検討する前提として、客観的な資料に基づき正確に事実を認識することが必要なことはいうまでもない。第3融資の判断の際も、A銀行は、外部コンサルタント等を利用して、リゾートホテル事業の事業計画の妥当性・見通し等を調査した形跡は見られない。A銀行の取締役に事実の認識について不注意な誤りがあったと評価されても仕方がないと思われる。また、第3融資は、A銀行の取引先企業等を巻き込む関連倒産を防止し、北海道内の金融秩序を維持して経済的混乱を回避するとともに、A銀行の対外的信用を維持するという目的であったとされ、原審はこのような目的の融資は必ずしも不合理とはいえないと述べている。いわゆる企業城下町といわれる地域では、下請会社が広く裾野まで広がっており、中核企業が破たんすれば、その影響は下請会社を直撃することは必至であり、その結果として連鎖倒産すれば地域経済に与える打撃は計り知れない。また、地域金融機関の破たんにより、その取引先の資金調達に困難を来たすことも想像できる。

　この点について、銀行による金融支援については、支援する銀行自身の利益が問題とされるべきであり、金融秩序の維持等、公益的な理由を、銀行の財務の健全性維持に反する融資等を正当化するものとしては慎重であるべきであり、もし金融秩序の維持等が、金融システム全体の安定性をいうのであれば、本来は金融庁や日本銀行の役割であり、個々の銀行にとっては、自らの健全性の維持（信用の維持）こそが銀行法1条が掲げる公共性の第一の内容であるとの見解もある[19]。確かに、金融秩序の維持という抽象的な基準を用いて融資を正当化することは許されないし、取締役の自己保身の口実に使われやすいとも思われる。しかしながら、銀行が地域経済や日本経済の発展の一翼を担っていることも事実であり、そのために日々活動している。そして企業城下町といわれる地域では、銀行は多くの下請会社と取引をしており、金融支援や経営コンサ

[19) 岩原紳作「銀行融資における取締役の注意義務（下）」商事1742号（2005年）12頁。同・前掲10) 論文136頁。

ルタントにより一時的に破たんを防ぐことはできたとしても、下請会社の本業支援には限界がある。したがって銀行の経営の安全性に問題がないのであれば、地域経済の安定維持を融資判断の要素の一つとして考えることは許容されるのではないだろうか[20]。その結果として、下請企業に対する債権が毀損することを防ぐことにもなる。

拓銀の栄木不動産およびカブトデコムに対する融資判断は、経営判断原則の前提となる事実の認識が不十分であった。時間的制約があるにしても巨額の融資をするにしては杜撰と批判されても仕方がないように思われるし、また案件処理を先送りしてきた感が否めない。再生支援において事実の認識が難しいことは、どの銀行でも直面している問題のように思われる。銀行は融資審査に関してはプロとして多くのノウハウや知見を有しているが、取引先の実態を正確かつ確実に把握することは容易ではない。事案によっては、外部コンサルタント等を利用して実態把握をすることが求められよう。

取引先企業の破たんは、当該会社の役員や従業員だけでなく、その家族の生活にも多大なる影響を与えるとともに、貸出債権の不良化により銀行にも損失が発生することになる。銀行も破たん懸念がある取引先に対して経営コンサルタントや、再生の見込みのある取引先に対しては再生支援を積極的に行っている。そのためには、銀行が取引先の現状を正しく認識して、破たん原因の究明や再生計画を検証することが重要である[21]。これは取引先の協力が不可欠であり、広汎な事実の開示が受けられなければ経営判断原則も機能しえない。再生支援のための情報提供めぐって無意味な駆引きが行われることもあるが[22]、銀行は法的な守秘義務を負担しており取引先から提供を受けた情報は厳守している。企業再生は時間との勝負であることを理解してもらうとともに、銀行も可

---

20) 前掲注18) の東京地裁判決は、銀行の二次的・間接的損害損失も検討すべきであると述べており、下請会社への影響を考慮することは許容されるものと思われる。

21) 銀行が再生支援する場合は、取引先の実態の把握と、破たん原因の究明と除去、再生計画の妥当性、実現可能性の検証が中心となるが、時には、経営者責任や株主責任を問うことも必要となる。

22) 銀行が再生支援検討のための資料提出を要請したところ、取引先から先に貸出を約束してくれれば資料提供に応じるという駆引きもあるようである。

能な範囲でできる限りの協力を惜しまない。

（なかはら・としあき）

　意見にわたる部分は執筆者の個人的見解であり、執筆者の所属する組織の見解を示すものではない。

5 事業再生・再建型手続をリードする若手弁護士への期待
――債権者の立場から

双日株式会社常務執行役員兼CCO法務担当　花井正志

I 松嶋先生に教えていただいたこと

1 松嶋先生と私

　松嶋先生が、古稀を迎えられるとお聞きし、改めて先生との来し方を振り返ってみると個人も含め双日グループとして、種々多岐にわたってお世話になってきており、お付き合いは旧日商岩井時代を含めると30年以上にもなってしまっている。現在も薫陶を受けるばかりでお返しができず極端な片務状況が今も続いているのは、忸怩たる思いではあるものの、人としての器の大きさ、志の高さそして実務家としての俯瞰力と軸がぶれない柔軟さ等を踏まえると、もはやこれはやむを得ないのではないかと諦めている。
　この間に、薫陶を受けてきたことや倒産再生案件の処理を通じて債権者・債務者それぞれの立場における実務の実際における所作ばかりでなく、ご講演や研究会、合宿研修、各種セミナーその後の懇親会を通じて日頃より何やかやと指導かつ助言をいただき、ご面倒をかけつつも逆にユーモアを交えながらの説示や示唆で会社として大きな難局を乗り越えられたのも一度や二度ではない。受けた薫陶は、当社法務関係者だけではなく、関係する営業部門の職員はもちろん、取締役や執行役員を含め極めて広範囲にわたっており、さらに当社の部

長・副部長クラスの管理職で将来の経営者の卵を対象にした社長主催の経営塾の講師としても通算3年にわたってご指導賜り若手管理職の人材育成についても多大な貢献を頂くことになった。

2　債権者の立場から見た弁護士像

お返しというと、おこがましい限りで事実お返しはできないものの、この機会に何かできないものか熟考した結果、できるとすれば、今までにご教授頂いたことが、関係する当事者の立場の違いはあっても、事業再生や再建型手続案件に関わるにあたって、世代を超えて普遍的な考え方や軸を示唆されているものが多いこともあり、これらを少しでも記録として残すことによって、企業法務部門の若手やこれから弁護士になろうとする人、さらに現在事業再生案件等に取り組んでいる若手の弁護士の方にとっても、少なからず参考になるのではないかと思い、年と共に薄れてきた過去の記憶をたどる作業をすることにした。

特に、事業再生や再建型手続案件と取り組んでいる若手の弁護士の方にとっては、事業再生というのは、再建型手続を利用するかどうかという形式はともあれ、当然のことながらあらゆる法律上の手続は手続、考え方は考え方としてこれを順守しつつも、一方で会社や事業を再生・再建することを主たる目的とした時間軸を意識した動的な経済環境の中で多元連立方程式を解くような事業経営を行っていくことになるわけで、まずは再生・再建することが一義となる。この観点からすると、手仕舞いを目的として粛々と手続きを進める破産や清算とは、本質的に大きく異なると言っても過言でない。弁護士は、手続のみならず法的な組立てや法理論の専門家ではあるものの、ある意味でこの専門領域とはきわめて対極にある、強いて言えば専門外となる「事業経営」を付託され、これを担っていかなければならない側面において再生事件に関与される弁護士に期待されるものはきわめて大きい。

債権者として再建型手続に関与すると、申立代理人あるいは監督委員・管財人といった機関としての立場の違いはあるものの、関与する弁護士の方の力量（これは単なる法律知識だけでなく会社法や関連する知識、経験の積み重ね、広い人脈、決断力や行動力を含む人間力、環境変化や時間軸のとらえ方、経済感覚や数字に明るく、語学

力を含めたグローバルな取引センス等をまとめた総合力といえよう）によって個別事案の進捗に大きな違いが出てくることが分かる。

　松嶋先生の最近の論文に次の一節があり、事業再生・会社再建についての軸となる考え方が示されており正鵠を得たと思うところ、これは正しく「事業経営」そのものについての基本的な考え方に通じることは、事業会社に身を置くものとしては理解できるものの、法律の専門家である弁護士の方に対しても同様に期待されるものであるという点が、訴訟案件含め弁護士が扱う他の案件とまったく異なるところであり、かつそれが容易ならざるものとしていると思われる。

　　「本書を書くに際して私の基本的な考え方や、どのような立場から考えるのかを明らかにしておきたい。筆者は、事業再生、会社再建それが私的整理であれ、法的整理であれ法的部分と経済・経営的部分の組み合わせであると考えている。そして私的整理では法的部分が小さく経済・経営的部分が大きいといえ、一方、法的整理ではその逆である。しかし、いずれも事業再生・会社再建を第1の目的としているに変わりはない。……（中略）……政治、経済、社会、文化等は時代とともに変化する。よって、法律の解釈・運用も時代の変化に遅れず、法的安定という大枠を確保しつつ、柔軟に対応してゆくべきと考えている。経済的部分についていえば時代の変化に順応していかなければ自然淘汰されるだけであるから柔軟に対応せざるを得ないのである。筆者の行為や考え方に拡大解釈的な例が見られるのも、このような考え方に基づいているからに他ならない。」
　　　　　　　　──松嶋英機「事業再生ADRから法的整理への移行に伴う諸問題」
　　　　　　　　　（東京弁護士会倒産法部編『倒産法改正展望』（商事法務、2012年）83頁）

　松嶋先生から種々薫陶を受けた中から、主に前述した当社の経営塾において究極の事業経営として位置付けられた「事業再生・会社再建」の講座における講義内容を中心に、関係当事者の現場対応指針とその基本的な考え方および事業再生・会社再建を主導する専門家、関与する弁護士の役割や期待される資質等を中心に項目を整理したものについて、筆者の理解しているところを以下の

とおりまとめてみた。

II 再建型と清算型

　日本の倒産法制が全面改正され、民事再生法、会社更生法、特定調停法、破産法、特別清算すべて一新された。私的手続の枠組みとしては、私的整理手続に関するガイドラインや産業活力再生特別措置法に加え、再建手法として、DES、DDS、事業譲渡、会社分割、株式移転、業務提携等の利用も可能となっている。さらに、法的手続との組み合わせ、たとえば営業譲渡と民事再生そして特別清算を手続の進捗に合わせ段階的に利用するなど再生・再建の対象となる個別事業や法人の実態、特殊性、財務内容等により多様な選択肢の中から組合せを含めて検討することが可能になっている。手法や手続が複雑になっても基本は、再建型か清算型のどちらかであり、この違いを会社経営の基本要素といわれる「人・金・物」に分けて違いの意味合いを認識しておくことが重要である。

1　「人」について

　「人」について見ると、再建型は、基本的に経営陣も従業員も残っているが、この数を適正水準まで減らなくてはならない。役員の辞任と人員整理や場合によっては組合交渉も必要になる。特に経営陣はあらゆるステークホルダーに対して信用を失墜しており、信用されていない経営陣が再建を進めるにあたりこの信用補完（信用買いや資金調達）をどうするかが課題になる。これに対し清算型は、経営陣は当然退任し、従業員は清算手続要員を除き解雇されることになる。信用補完の問題は生じない。

2　事業について

　「事業」については、再建型は当然全部あるいは一部は継続しているが、清

算型では基本的に中止あるいは段階的に中止することになる。「設備や在庫等の資産」については、再建型では再建に向けて不要不稼働なものは売却処分し、それ以外は処分しないで残しておくが、清算型では早期に売却処分して換価し配当する。「資金の使途」については、再建型は第一に賃金等の労働債務に充て、次に仕入れ代金債務や事業継続に必要な債務の支払いをし、その余の資金で債権者への弁済に充てることになるので、事業性がない、つまりその余の資金が生まれない状況では再建はできない。一方、清算型は残務整理等手続に必要な費用の支払義務はあるものの、基本的には債権者への弁済が最優先となる。「再生・再建と法律問題のとらえ方」についての考え方はきわめて重要で、再建型手続である民事再生や会社更生は、事業であれ会社であれ再生・再建することが目的であるわけで、立法の趣旨を踏まえ法律の規定を利用し適用することで会社を再建すること、つまり経営していくことが主たる目的である。法律の規定通り対応すれば経営ができるほど、事業経営はそんなに簡単ではない。法的な手続である以上法律の規定を踏まえて進めることは当然ではあるものの、何でもかんでも法律ありきではなく、また規定そのものも字面からだけではなく、違法とはならない範囲の中で、目的や立法趣旨を踏まえた解釈や運用を常に考えて経営ということを主軸において対処することが重要だと考える。反対に破産や特別清算のような清算型の場合は、法律の規定に厳格忠実に従って、処理を粛々と進め配当をしていくということであり、経営的な側面は基本的に出てこないという点で大きく異なる。弁護士は、当然のことながら法律の専門家ではあるものの、再建型手続で求められる会社の経営や組織運営については、弁護士にとって過去積み上げてきた法的な知見とはまったく違った異質な分野であり、期待されるものも異なる。法律の専門家であるがゆえにまったくの異分野となる事業経営を担う再建型手続を主導することになるわけで、この点で一部の例外を除き弁護士にとっても事業再生・会社再建というのは簡単なことではない。再建型手続を経験すると難しいということがよく分かるが、この難しさに気が付かず、途中でうまくいかず破綻してもそれはやむを得ないことであり、何も失敗したわけではないと関与した弁護士も思っており、また周囲の関係者も弁護士の方が関与してもできなかったのはしょうがないと思っているということもあり得る。ただ、事業再生や会社再建についての

経験豊かなベテランの弁護士の方に対応願えば再建できたということもないわけではないと思われる。

3 再建型と清算型の難易度比較

「再建型手続と清算型手続の難易度比較」については、すでに説明したように清算型手続に比べて再建型手続は、比較にならないほどに難しいといえる。また、清算型であれ再建型であれ、一般的に法的な枠組みのない任意整理や私的整理といわれているものの方が、難易度が高く、法的な手続がしっかりと規定されている会社更生、民事再生、破産等は相対的に難易度が低いといえるが、これは手続の進め方そのものや利害関係の調整そして債権者に対する対抗方法等が、法律の規定としてしっかりと整備されているからに他ならない。任意整理や私的整理が難しいのは、こういったことすべてについて、弁護士なり経営者が、多数の関係当事者と交渉し個別に協力を取り付けなければならないという面がきわめて強いので難しい。

III 事業再生をリードする弁護士に対する期待役割

1 多様な法的事象に備えるための人脈形成の重要性

再建型手続では当然であるが、清算型手続を含め、短期間に集中して発生するあらゆる法律問題を時間軸・スピードを意識して処理できることが第一。法律問題は、倒産手続のみならず労働問題、盗難や窃盗等の刑事事件問題、会社法関連、証券取引法関連、税法関連、役員個人問題、不動産や建設工事関連、知的財産関連、独禁法関連、手形小切手等々いろいろな問題が発生するが、事実関係を的確に把握し、処理内容の妥当性やそれが手続きや他の取引に与える影響、裁判所との調整の有無、資金繰り上の問題等々を勘案してどんどん処理し必要な指示・解説・指導をしていかなければならない。検討を要するからといって20日も30日も先延ばししていては、関係する取引や手続処理も相応に

遅延する可能性が高く、再建はおぼつかない。また、弁護士といってもオールマイティではないので、必要に応じて、公認会計士、司法書士、土地家屋調査士、不動産鑑定士、弁理士、一級建築士、信用調査会社、金融機関、マスコミ、学者、医師等々の専門家・会社に個別に依頼し、会社内の担当者も入れてチームとして対応することも適宜検討する。さらに、必要な事態になってからこういう専門家を探していては間に合わないので、普段日頃からこのような広範囲な人脈を構築し、メンテナンスできていることもきわめて重要である。

　この人脈作りが重要であるということについては誰も異論はないと思われる。これをどうやって構築し、どう維持していくかについて、正しいか正しくないかは別として筆者自身が思うところは、次のとおりである。人脈作りを個別にお願いしても「はいそうですか」とはなり難いので、まずは、関連するいろいろな分野で活躍している専門家や経験者を含めたベテランが集まる場を共有する努力をすべきである。たとえば、株式会社商事法務やきんざい等が主催するいろいろなセミナーや研修会に参加したり、同様に一定のテーマを追いかけている同業あるいは各種業界の研究会や勉強会に参加要請してみることもいいし、事業再生を軸にするのであれば、松嶋先生が主催している事業再生実務家教会の活動に参加するのも一方だと思う。どういうものがあるのか、関係・関連するものといっても自分としての軸はどこにおくか、どうしたいかということも一定の絞り込みをする上で大事なことである。また、研究会や勉強会等に参加するにあたっての姿勢についても、まずは諸先輩やベテランの方のお話を聞くという導入部分での受身はやむを得ないものの、適宜、特定のテーマや方向感を選択して分科会を発足させこれを主催する、あるいは特定の課題についての研究成果を発表し、また論文を専門誌に寄稿する、加えてパネルディスカッション等のパネリストを担う、時にはさらに若手の研修指導もするなど、いろいろな活動に能動的かつ主体的にかかわっていこうとする姿勢がきわめて重要である。忙しい日常業務をこなしながら、これに加えてやることになるので大変ではあるし、主体的に関与すると大恥もしばしばであるが、自身のことも皆に知ってもらえるし、実はそれ以上に教えられることが非常に多いことがよくわかる。また一方、一緒にやっている皆が、生身の人間であり、当たり前であるが、昼になれば皆腹が減るわけでそれなら一緒に昼食をとる、夜であれ

ば一杯飲みながら経験や年の壁を越えああでもないこうでもないと盛り上がり、合宿でもすれば同じ釜の飯を食いさらに飲むことになるわけで、嫌われない限り相互に親近感や信頼関係が親密に構築されていくのではないかと思う。結局のところこういうことの愚直な繰り返しが人の輪を広げ、人間を豊かにしていくのではなかろうか。一般的に年が上がるにつれて、仕事や業務の管掌範囲が広がりかつ重層的になっていく傾向があると思われるが、いかんせん一人でできる範囲はきわめて限定的であり、このような環境下でそれも電話一本で「一を聞いて十やってくれる」それぞれの専門分野のブレーンが複数いればどれだけ心強いか想像に難くないであろう。それも一定の年齢になってからの付き合いより若い時から互いにバカをやりながらの関係の方が、気心が知れており、後年共に社会的な地位が上がっても「おい、おまえ」と言える関係は、実に貴重である。そういう意味では、蓄財も否定しないが、若い時から、むしろ若い時は特に、仕事は当然であるが、酒でも遊びでも本でも旅行でも勉強でも一見無駄なように見えることも含め、自分に対する投資はどんどんすべきである。最近の筆者のように酒席そのものが目的化してしまっては、将来はない。

次に取引継続に必要な取引条件の交渉について、これは純粋に取引上の問題なので会社の幹部や経営者に任せるといっても、信用を失墜した経営者の言うことを信用する取引先はなく、既存の債務の支払いもできてない中、新たに商品を掛けで買うなどということはなかなかできないわけであり、一方これができなければ事業経営ができなくなり、結果として再建が頓挫することになる。そこでこの失墜した信用を補完するために冷静に実態を把握している弁護士が、直接取引先と交渉し説得にあたることで商品出荷をさせ、あるいは受注につなげていくということが必要になる。信用補完する機能が他にないために必要に迫られて弁護士がその機能を担うというのが実態とはいえ、保証するとはいわないまでも信用してもらう上での責任論と会社経営の継続とのバランスのとり方は難しい問題である。

2 事業再生に携わる弁護士の熱意

さらに、会社が信用を失墜した対象は、外部の取引先のみならず一部の経営

陣、幹部社員や従業員等の内部にも及んでいるため、これら内部の人間に対して再建方針であり皆で一致団結すれば必ず再建できること、自信を持って取り組むことが重要であること含め、ベクトルを一つに合わせて力を奮い立たせることは、破たんの原因を作った経営者にはできないわけで、これも意識して弁護士が客観的な立場で合理的な資料を提示して、なるほどと思わせるよう、役職員に対する説明をやらざるを得ない。次に裁判所における手続関係一切について、これは当然のことではあるが弁護士がやる。裁判所における手続であるからといって管轄裁判所に通いつめ書類や報告書を提出し裁判官と打合せするということも重要ではあるが、特に再建型手続では、会社に行って事業継続の話を幹部とし、また労働問題を交渉含め労組としたり、メーカーであれば工場に行って生産現場の確認をしたり、建設工事や不動産販売関連であれば、工事現場や物件の所在地を確認したり、許認可事業であれば監督官庁との折衝もあり、加えて当たり前ではあるが多数の取引先への説明や取引継続交渉等々やらなければならないことは山ほどあり、弁護士であるから裁判所だけに行っていればそれで十分ということはない。

　何をどこまでやらなければいけないのか、考え方やその範囲は人によって異なるが、普通の経営者が経営者として通常やることに加え、法的な問題の処理解決や裁判所における手続も一緒にやるくらいの覚悟がなければ事業再生や会社再建はできない。

Ⅳ　事業再生をリードする弁護士に必要な知見

1　国内法の知識と経験

　まずは、再建型・清算型含め日本の倒産法制全体についての知識が必要なのは当然ながら知識そのものは本を読めば分かる。ただ本を読んで得た知識のみで処理ができるわけではなく、その知識を生きたものにするためには倒産手続についての経験を十二分に積まなければならず、この点がきわめて重要である。また倒産手続に関する知識だけでなく倒産手続に関連してくる民法、担保

関連や執行法の知識と経験も同様に必要である。さらに手続の前後で粉飾決算の有無とその対応や取締役の責任問題、役員の個人保証と税務問題、営業譲渡や会社分割、DESやDDS等の関係処理に加え、再建型手続の場合は、事業継続が一義となることも踏まえ、会社経営に関わる法律全般、たとえば会社法、証券取引法、税法、労働法、独占禁止法等の知識と経験が必要である。

　前述したが、弁護士と言ってもオールマイティではないので、公認会計士、司法書士、土地家屋調査士、不動産鑑定士、弁理士、一級建築士、信用調査会社、金融機関、マスコミ、学者、医師等々の専門家・会社との人脈や人間関係はきわめて重要であり、有事になってからでは間に合わないので、普段日頃からこのような広範囲な人脈を構築し、友達付き合いできる関係ができればきわめて有用である。知識・経験に加えて重要度が高いのが、数字に強いことや経済や会計・簿記に明るくビジネス感覚が鋭いことがあげられる。損益計算書や貸借対照表、弁済計画表、資金繰り表、事業計画書、税務申告書、各種の伝票等々を俯瞰して特色、課題や問題点、書類や帳票全体の合理性や妥当性あるいは粉飾の可能性、財務内容等から推察されるその会社の概要を大きくつかむことができるかどうか、そういう資質は、事業再生、会社再建に取り組む場合は必須であり、数字そのものにそもそも拒絶感がある人は向かない。また損益のとらえ方も、通常の場合と法的な手続に入った場合とでは、認識の仕方と対応方法が異なることを認識しておく必要がある。たとえば、建設工事業者（ゼネコン）の再建手続きでは、複数ある工事現場の内どの現場を続行しどこを中止するかということを急いで決めなければならない。通常であれば、資金繰りのため前払い金欲しさに5億円で安値受注したがコストは5億3,000万円かかるとすれば、損益上赤字受注でありこんな工事現場はすぐにでもやめなければならない、との結論になるが、法的な手続きに入った場合は工事の続行あるいは中止は施主ではなくゼネコンが判断できる（未履行双務契約の履行・解除の選択権）ため、その時点における資金ポジションつまりあといくら払っていくら回収できるかという現実的な考え方を踏まえ判断する。たとえ契約上の損益（一般的な損益）が赤字であってもその時点の資金ポジションがプラス（今後の払いよりもらいが大きい）であれば、工事続行ということになる。建設工事事案としては現実的でないが、極端な例として工事代金を全額あるいは全額に近い額を前

払されている場合などは、黒字受注でも理屈としては中止となる。このようにゼネコンの場合工事現場が何百か所もあると個別の判断に時間がかかるため、事前（申立て前）に各現場での受注額がいくらか、施主からいくら払われて下請けにいくら払っているか、完成までにあといくらかかるのか、施主の財務内容は盤石か等についての工事進捗資料を準備し、予め中止か続行か要検討か色分けしておくのも申立て代理人弁護士の重要な仕事である。このような実態、考え方や実務を知らない弁護士が申立てをすると、申立て後に判断資料を作らなければならず、それでなくとも混乱している現場が、さらに混乱することになる。

2　グローバルな知見

また、ビジネスがグローバルに展開していることもあり、場合によっては、手続を国内だけではなく海外の関係国を含めた対応が要求されて、いわゆる国際倒産手続対応を強いられるケースも少なくない。外国法の知識や手続、海外の法律事務所との協働、異文化理解や多様性の容認など、語学力はコミュニケーションの道具として当然のことながら、それ以上にグローバルな環境に対応できる胆力・人間力というべきものが強く求められる。健康で健全な精神を持ち、強い意志と決断力をもって難局と対峙することを厭わず物事を実現させていこうとする強い覚悟も当然ながら必要である。

Ⅴ　事業再生・会社再建を選択する基準の考え方

私的整理であっても、法的枠組みを使う手法であっても、事業再生・会社再建をするとして、手続を前に進めるにあたっての判断基準は、倒産原因（破綻あるいは恒常的な赤字に至った原因）は何であるか、倒産原因が分かったらそれを除去することができるか、その倒産原因を除去したうえで会社は利益を出すことができるか所謂事業性があるかどうか、の3点である。確かにその通りではあるが、実際に具体的に検討するとなると容易ではない。倒産の原因について

は、その業界全体の不況が原因なのか、その会社自身の個別特殊事由が原因なのか、あるいは両方なのか、また業界全体の不況といっても構造的でないものもあるので、よく分析し検討する。会社の個別特殊事由、たとえば放漫経営であるとか、過大な設備投資であるとか、異業種展開の失敗であるとか、取引先倒産による資金ひっ迫で連鎖したこと等が原因で破綻した場合は、原因がはっきりしておりその原因を排除すれば事業性はあるということになるので、一般的に再建はさほど困難ではない。放漫経営で公私混同も甚だしく会社の金を遊興費にどんどん使いもう滅茶苦茶であり、これが原因で倒産したということであれば、この放漫経営者を除去すればいいわけで、再建はしやすい。次に、倒産原因が除去できたとしても債権者に対する多額の債務を弁済できるほどの利益が出るような事業性があるかどうか、少々の利益が出ても中期的なスパンで債務弁済ができなければ再生・再建はできないこと、また利益が出るということは課税の問題も含めて会計制度や税務対策を踏まえた事業性の検証をしなければならない。業態にもよるが、売上が上がるかそれとも維持なのか、原価や生産コストは下がるか、人件費は妥当か、人員整理は必要か、販管費に無駄はないか、営業外費用、金利や割引料はどうか、等々これらも弁護士にとっては専門外ではあるものの、こういう経営の知識や経験がないと会社の幹部と議論もできず、したがって事業性の検証もできないし、ひいてはどういう手続を利用した方がいいのかという手続きの選択にも影響することになる。会社が持ってくる事業計画案というものは、基本的に再建できる、あるいはしたい、もっと言うと破綻は絶対避けたいという気持ちや思いが大きく入っているので、計画そのものがかなり甘くなっているのが通例だと言ってよく、こちらから痛いところをどんどん会社幹部に質問しバッサバッサと切っていく必要があり、そのためにも経営全般についての総合的な知識は必要なのである。こういう知識がないとそもそも質問することもできない。

Ⅵ 手続の選択と検討事項

既述のとおり、倒産法制の大改正により、和議と会社整理がなくなって民事

再生法ができ、続いて新会社更生法、新破産法が、成立した。またこの改正作業と前後して私的整理ガイドライン、事業再生ADR、産業再生機構、企業再生支援機構、中小企業再生支援協議会など事業再生のための新たな仕組みが構築され事業価値を維持しつつ迅速な再生を可能とする私的整理が、事業再生の分野で重要な役割を果たすようになってきている。しかし、途中から法的整理に移行した場合、私的整理中に行われた行為がどのように扱われるのかという点が明確でないこともあり、私的整理活用の支障になっているという指摘もなされている。一方、法的整理の分野でも、DIP型会社更生の導入や商取引債権の保護など新しい動きが出てきており、事業再生全体として、私的整理と法的整理、DIP型と管理型といった従来からの枠組みを超え、またDESやDDS、営業譲渡や株式移転、会社分割などの再生手法も加わって、営業譲渡と特別清算の組合せや民事再生と営業譲渡の組合せなどの事例も多数あり、いわば総動員で事業再生を実現していく流れとなってきている。このような中、どういう手続を選択するかあるいはどういう手法を利用しどういう手続を組み合わせるかということが非常に重要になってくる。手続や手法を選択するにあたっての検討すべき事項、意識しなければならない観点はおおむね次のとおりである。

① 旧経営者の全部あるいは一部を排除するのか残すかでDIP型とするか管理型にするかという観点、負債総額・従業員数・国際倒産への広がりという観点
② 人員整理の必要性と規模・期間および組合数・組合対応の有無・退職金総額とその支払原資という観点
③ 工場や支店営業所の統廃合の必要性という観点、資産規模と担保付資産営業設備の占める割合という観点
④ 担保付債権者への元本金利減免の可能性と取締役の善管注意義務という観点
⑤ 法的手続申立てと資格・免許等許認可事業の場合における資格免許の有効性という観点
⑥ 申立て後一定期間の資金の確保、以降の資金繰り対応と取引継続（信用供与）についての債権者の協力という観点

⑦　連鎖倒産の可能性と連鎖倒産させられない、自社の再建に必要な取引先の有無とその対策という観点
⑧　旧経営陣の個人保証や物上保証の有無という観点
……

　このような観点と各手続や手法の特徴特色をよく理解したうえで前述した事業計画を含めて慎重に検討する必要がある。

Ⅶ　取組体制

　手続を進めるにあたっての取組体制について、一人でできることには限界があるので、負債総額や会社の規模にもよるが、ある程度の大きさの会社の場合は、同時に多種多様な業務をこなさなくてはならず、複数の弁護士によるチームを結成しそれぞれ役割を決めて対応することが重要である。申立書作成、裁判所との折衝交渉、資金繰りや再建案、申立前後における会社内部（従業員）対策、外部全般（債権者・マスコミ）への対策など、チームでの対応が不可欠であるとともに、膨大な書類を急いで秘密裏に作成する必要があるので、事務方の体制も相応に整備することも念頭においておかなければならない。いずれにしても事業再生・会社再建は実際にやってみて経験しないとわからないことが多く、経験することで勉強し、知識が生きたものになるので、若い方は経験豊かなベテランの先輩についていろいろな事案の経験を積み重ねることが肝要である。

（はない・まさゆき）

6 事業再生と雇用関係の調整
―― 事業再生法理と労働法理の調和を求めて

早稲田大学大学院法務研究科客員教授　伊藤　眞

I　はじめに

　事業とは、資産や資金を基礎とする事業組織の活動を意味する。そこでいう事業組織の活動は、構成員である経営者および労働者が有機的一体として継続的に労務を提供し、また受けることを通じて行われるものであり、その意味で労働は、事業活動の核心部分を形成するといってよい。そして、何らかの原因によって事業に蹉跌を来たし、従前の事業組織の姿を維持することが困難になったときには、それを解体するか、または組織の再編を通じて事業の再生を目指すかの岐路に立たされる。その最終的な判断の責任を負うのは経営者であり、その経営権を引き継ぐ再生債務者、再生手続の管財人または更生手続の管財人(以下、「管財人等」と総称する)であるが[1]、判断の基礎となる事業または事

---

1) 保全管理命令（民再79条1項、会更30条1項）が発令された場合の保全管理人（民再79条2項、会更30条2項）についても、ほぼ同様に考えられる。
　なお、以下では破産手続を検討の対象外とするが、破産の場合でも事業価値が毀損する前に事業譲渡がなされる事例もあり、そのようなときには、以下本文に述べるところが妥当する。破産手続における事業譲渡の意義を説く論文として、多比羅誠「事業再生手段としての破産手続の活用」新裁判実務大系(28) 32頁、宮川勝之＝永野剛志「破産手続における営業譲渡」倒産の法システム(2)101頁がある。また、近時、破産手続開始申立代理人、

業部門を担っているのは、労働者に他ならない。したがって、事業のすべてを廃止し、資産と負債とを清算する破産手続の場合を別にしても、従来の経営主体の下での事業再生、事業譲渡や会社分割の手法による新たな経営主体の下での事業再生のいずれの場合であっても、事業の再編にともなう雇用の調整や労働条件の変更は不可避である。しかし、そのことは、管財人等という事業再生手続の遂行主体と労働者およびその利益を代表する労働組合との間に新たな緊張関係を作り出すことを意味する。

1　事業再生と労働者の利益保護

再生債務者が業務遂行権および財産管理処分権を保持して手続遂行の任に当たるのが原則となっている民事再生（以下、「再生手続」という）においてはもちろん、会社更生（以下、「更生手続」という）においても、近時増加しつつある、いわゆるDIP型会社更生に端的にみられるように、昨日すなわち手続開始前までは経営者であった者が、今日すなわち手続開始時からは全利害関係人の利益を代表する管財人として立ち現れ、労働者や労働組合に対して労働条件の変更を求めるわけであり、労働者の側からみれば、それまでは労働法によって保護されていた関係に管財人等が踏み込み、労働契約の内容の変更を迫るとき、特に経営の危機について自らの責任がないと認識する労働者が反発を覚えるのは無理からぬところである。

2　事業組織再編の必要性

逆に管財人等の側からみれば、経営が危機に陥ったことの原因として、多くの事例では、不採算事業部門を抱えていること、給与等の労働条件が適正水準を上回っているために市場における競争力を欠く結果となっていることなどの

破産管財人予定者および事業譲受予定者代理人が事前に裁判所と協議し、破産手続開始申立てと同日に裁判所が破産手続開始決定をなした上で破産管財人の申請にもとづいて事業譲渡許可決定を行って、翌日に事業譲渡がなされた実務例があると仄聞する。

問題に直面し、新たに資金の供給をえて事業を継続するにせよ、あるいは事業譲渡や会社分割などの形で事業部門を第三者に移転し、その対価を債権者などに配分するにせよ、不採算部門を廃止し、人員の整理を行い、また労働条件の変更を行うなどの措置を執ることが必要になる[2]。そのための方策としては、労働者の希望退職を促し、交渉によって就業規則や労働協約の変更を実現するなどが考えられるが[3]、合意に至らない場合には、法的な権能としての解雇権の行使や就業規則の改定などを検討せざるをえない。ただし、事業価値の維持のためには、労働者や労働組合の協力を求める必要性があり、また、不合理な労働条件の切り下げは、労働者の離反を招くおそれもあるところから、管財人等としては、こうした点に配慮しつつ、事業組織の再編と事業価値の維持を目指さなければならない[4]。

2） 松嶋英機「会社更生手続と事業再構築制約論」金法1902号（2010年）51頁は、「事業の再構築なくしては会社更生法の目的は達成されないのであって、善管注意義務を負う管財人（同法80条）らは全力を尽くして事業の再構築に邁進することになる。」と説く。また、事業再生の過程では、会社分割などの手法を活用して、採算事業と不採算事業とを分離する必要が生じる。事業再生迅速化研究会第4PT「（主として会社更生手続における）事業の分離と事業再生の迅速化」NBL924号（2010年）54頁参照。
3） 後藤元「企業の再建過程における従業員・退職者の地位・権利の変更」宍戸善一編著『「企業法」改革の論理』（日本経済新聞出版社、2011年）150頁によれば、労働協約の変更に関する日米の規律には、相当の差異があるが、「日本法の規律の下でも、再建に必要な労働協約の修正は労働組合との交渉によって実現されており、再建の交渉に大きな不都合は生じていないという可能性」も示唆する。
4）「再建型倒産手続は、「労働者の協力」を引き出すための有力な手段である労働者保護が必然的に後退せざるを得ないのに、なお「労働者の協力」が不可欠であるという、一種のジレンマ」に直面するという（池田悠「再建型倒産手続における労働法規範の適用(1)」法協128巻3号（2011年）567頁。

なお、この種の問題を総合的に扱ったものとして、「倒産と労働」実務研究会編『概説 倒産と労働』（商事法務、2012年）103頁以下がある。

3　事業再生法理と労働法理の調和を求めて

　このような状況の中で、事業再生法理と労働法理との交錯に起因する問題が生じる。その例としては、利害関係人に対する管財人等の職責からみた団体交渉義務の内容と限界、争議権の確立などについての資金提供者の意向を労働組合に伝達することが不当労働行為とされる可能性、就業規則の変更に関する法理（最判平成9・2・28民集51巻2号705頁、労働契約法10条）を管財人等に適用する場合の合理性の判断はいかにあるべきか、いわゆる整理解雇の4条件または4要素と呼ばれる法理が管財人による解雇権の行使にも妥当するのか、事業譲渡における労働契約や労働協約の承継可能性などが考えられる。

　事業再生を目的とする裁判上の手続としては、再生手続および更生手続があり、その中では、いわゆる自力再建、すなわち外部の第三者から融資または出資を受け、従来の経営組織の下で事業を継続する手法（以下、事業組織存続型と呼ぶ）[5] 以外に、合併、会社分割または事業譲渡などの方式によって、事業の全部または一部を第三者に移管し、新たな経営組織の下で事業を継続する手法もある（以下、事業組織変更型と呼ぶ）。事業再生法理と労働法理の交錯の場面としては、大別すると、いずれの手法をとるかにかかわらず問題になるものとして、管財人等の団体交渉義務、不当労働行為の成否、就業規則の改定権、整理解雇の要件などがあり、事業組織変更型に固有の問題として、労働契約や労働協約の承継可能性がある。本論文では、管財人等の使用者性という基本的視点を踏まえつつ（**Ⅱ**）、前者に属する、管財人等についての不当労働行為の判断基準（**Ⅲ**）、管財人による労働条件の変更（**Ⅳ**）および管財人による整理解雇（**Ⅴ**）の3つの問題を取り上げることとする。

---

[5] 近時の例では、日本航空（JAL）の会社更生手続（山本弘ほか「事業再生をめぐる法律問題」ジュリ1401号（2010年）4頁、新谷勝「日本航空の企業再生計画と法的検討」ビジネス法務10巻9号（2010年）88頁参照）、林原の会社更生手続（森倫洋「林原グループの再建の全体像」金法1952号（2012年）6頁参照）などがある。

4　事業再生と雇用関係の調整に関する基本的視点

　雇用関係についての労働法理には、種々の実体法および手続法上の規律が含まれる。使用者たる事業主（以下では、株式会社を想定する）について再生手続または更生手続が開始された場合に、これらの規律がなお妥当するかどうかについては、倒産法理に特別の規律が置かれている場合にのみその適用が制限または排除されるというのが基本的視点であるが、明文の規定が存在しないときであっても、事業再生法理の趣旨などに照らして、労働法理の適用が制限され、また変容されることがないかどうかを検討する必要がある。

II　管財人等の使用者性

　個別労働関係と集団的労働関係を通じて、使用者概念は、それらの基礎となるものであり、個別労働関係においては、使用者とは、「その使用する労働者に対して賃金を支払う者をいう」（労働契約法2条2項）。また、労働基準法10条では、「事業主又は事業の経営担当者その他その事業の労働者に関する事項について、事業主のために行為をするすべての者をいう」とされており、集団的労働関係における使用者概念もこれらを基礎としているといってよい[6]。そして、再生手続や更生手続が開始された後において管財人等が財産管理処分権および業務遂行権を掌握すること（民再38条1項・66条、会更72条1項）を前提とすれば、管財人等や管財人代理（民再71条1項、会更70条1項）が労働法律関係上の使用者に該当することは疑いがなく、これを否定すべき理由は見いだしがたい[7]。そこで次の問題は、使用者に対して適用される各種の規律が管財人等に対する関係で何らかの修正や変容を迫られるかどうかである。個別の問題について

---

6) 菅野和夫『労働法〔第10版〕』（弘文堂、2012年）753頁、荒木尚志『労働法』（有斐閣、2009年）570頁など参照。

7) 中島弘雅「企業倒産に伴う労働法上の問題点」慶応法学研究83巻1号（2010年）216頁など参照。

は、以下に述べることとするが、まず、使用者としての管財人等に認められる特質について考察する。

使用者、具体的には、株式会社の業務執行機関である取締役（会社348条1項）や代表取締役等（同363条1項）は、会社に対して善管注意義務（会社330条、民644条）および忠実義務（会社355条）を負い、その職務の遂行については、法令等の遵守は当然として、取締役会の監督を受けるが（会社366条2項2号）、それを超えて外部の第三者の監督に服することはないし、また債権者等の利害関係人の利益の保全や実現に直接の責任を負うわけではない[8]。これと比較して管財人等は、利害関係人に対する善管注意義務を負い、この利害関係人には、再生手続や更生手続によって実現される継続事業価値の分配を受けるべき債権者、担保権者、株主などが含まれる[9]。すなわち、管財人等は、危機に瀕して

---

8) 会社法429条および430条によって、職務遂行について悪意または重過失のあった役員等が第三者に対して損害賠償義務を負うことがある。しかし、これも役員等の会社に対する善管注意義務や忠実義務を媒介にしたものであり、役員等が直接に第三者の利益保全や実現に対する責任を負うことを根拠とするものではない。

最大判昭和44・11・26民集23巻11号2150頁は、この点について、「商法は、株式会社の取締役の第三者に対する責任に関する規定として266条ノ3を置き、同条1項前段において、取締役がその職務を行なうについて悪意または重大な過失があつたときは、その取締役は第三者に対してもまた連帯して損害賠償の責に任ずる旨を定めている。もともと、会社と取締役とは委任の関係に立ち、取締役は、会社に対して受任者として善良な管理者の注意義務を負い（商法254条3項、民法644条）、また、忠実義務を負う（商法254条ノ2）ものとされているのであるから、取締役は、自己の任務を遂行するに当たり、会社との関係で右義務を遵守しなければならないことはいうまでもないことであるが、第三者との間ではかような関係にあるのではなく、取締役は、右義務に違反して第三者に損害を被らせたとしても、当然に損害賠償の義務を負うものではない。」と判示する。

9) 伊藤眞＝伊藤尚＝佐長功＝岡伸浩「破産管財人の善管注意義務—『利害関係人』概念のパラダイム・シフト」金法1930号（2011年）68頁では、破産手続内の利害関係人として、破産管財人がその利益実現に責任を負う、破産債権者、財団債権および破産者をあげる。再生手続や更生手続における利害関係人概念についても同様の考え方を当てはめるとすれば、再生債権者、更生債権者等、共益債権者、会社および株主を利害関係人とすることになろう。そして労働者は、労働債権の主体という意味での再生債権者または更生債権者等として利害関係人に含まれるし、その利益を代表する労働組合もこれに準じる地位を認め

いる会社の事業価値を保全、増殖し、再生計画案や更生計画案についての決議という形でその分配についての利害関係人の意思を問い、それが可決されれば、裁判所の認可を経て、分配を実行する責任を負っている。また、管財人等は、その職務遂行について監督委員や裁判所などの第三者の監督に服し（民再54条2項・57条1項・78条、会更68条1項など参照）、任務懈怠を理由とする解任、あるいは業務遂行権や管理処分権の剥奪などの可能性がある（民再57条2項・78条・64条1項、会更68条2項）。

　会社の機関である取締役等と再生手続または更生手続の機関である管財人等との間のこのような差異は、使用者としての管財人等の地位について次のような影響を与える。すなわち、管財人等は、使用者として個別労働関係および集団的労働関係における労働法理に服するが、その業務遂行権および財産管理処分権は、継続事業価値を維持し、増殖した上で、それを利害関係人に分配するという手続目的のために行使される以上、それに関する事業再生法理の規律、たとえば清算価値保障原則、平等原則、あるいは公正・衡平原則[10]などを逸脱することは許されず、団体交渉などにおける管財人等の行動に関しても、こうした規律が適用される[11]。同様のことは、本論文において取り上げる他の問

　　るべきであろう。
10) 清算価値保障原則は、更生手続では解釈上の原則であるが、再生手続においては明文の規定をもって定められており（民再174条2項4号）、再生計画または更生計画によって利害関係人に分配される価値が、会社財産の清算価値を超えなければならないことを意味する（山本和彦「『清算価値保障原則』について」青山古稀919頁参照）。平等原則は、平等原則、再生手続と更生手続とで共通しており（民再155条1項本文、会更168条1項柱書本文）、同一の種類の権利を再生計画または更生計画において平等に取り扱わなければならないことを意味する。さらに、公正・衡平原則は、更生手続に特有のものであり、異なった種類の権利の取扱いについて合理的な内容の差異を設けなければならないことを意味する。伊藤・会社更生法554頁参照。
11) 団体交渉の対象となる事項は、通常の労使関係と比較すると、再生手続や更生手続上で管財人等に裁量権が認められる事項に限られる。すなわち、法律上管財人等に裁量権が与えられていない事項、たとえば優先的更生債権たる給料債権等の地位の変更などについての問題は、交渉事項とならない。これに対して、事業を現在の会社の組織の下に維持するか、合併、会社分割あるいは事業譲渡などの方法によって第三者の組織の下に移転するか

題、すなわち管財人等についての不当労働行為の判断基準、整理解雇の法理の適用および事業譲渡に際しての管財人の情報提供義務にも妥当する。

III 管財人等についての不当労働行為の判断基準

　管財人等の活動は、会社の事業の維持更生にとって中核となるものであるが、その職務遂行にとって不可欠なことは、次の4点に集約できよう。第1は、事業活動を円滑に行うために労働者およびその利益を代表する労働組合との信頼関係を保持することである。第2は、会社の事業の収益源となる顧客や仕入れ先などとの商取引関係を維持または形成することである[12]。第3は、商取引や雇用を維持するために必要な事業資金を確保することである[13]。第4は、再生計画または更生計画の成立および遂行に向けての合意形成を図るために、利害関係人に対して適時かつ適切に必要な情報を開示することである。

　この中で、第1および第4についていえば、事業活動の担い手である労働者およびその利益を代表する労働組合との間の信頼関係が脆弱なものであっては、商取引関係の維持もありえず、また、融資や出資の形で会社のために事業資金を提供しようとする者の確保も期待できない。この意味で、労働者および労働組合との信頼関係の確立と維持とは、管財人の活動の基礎となるべきものであり[14]、また、そのためには、再生手続や更生手続の進行や見通しに関する

　　などについては、管財人に合理的範囲での裁量権が認められているのであるから、団体交渉の対象事項に含まれる。伊藤・会社更生法308頁参照。
12)　更生手続に関して近時説かれる商取引債権の保護も、このような目的を実現するためである。上田裕康＝杉本純子「再建型倒産手続における商取引債権の優先的取扱い」銀法711号（2010年）42頁、菅野博之「東京地方裁判所における会社更生事件の運用の実情と今後の展望」法の支配159号（2010年）29頁、伊藤眞「新倒産法制10年の成果と課題――商取引債権保護の光と陰」新倒産法制10年、事業再生迅速化研究会第1PT「会社更生手続における手続の迅速化と債権者の関与」NBL985号（2012年）10頁など参照。
13)　澤野正明ほか「スポンサー選定と更生計画案をめぐる諸問題」NBL956号（2011年）93頁など参照。

情報を労働者および労働組合に対して適時かつ適切に開示する必要がある。管財人等が資金提供者、いわゆるスポンサーの組合活動に対する意向を伝達または説明することを不当労働行為としての支配介入として評価すべきかどうかという問題も、このような視点から考えなければならない。

1 管財人等の使用者性と労働組合に対する情報提供義務について

不当労働行為禁止規定（労組7条柱書）における使用者の意義については、「労働契約関係ないしはそれに近似ないし隣接した関係を基盤として成立する団体的労使関係の一方当事者を意味する」[15]などと説かれ、争議権の確立などに関する使用者の言動を支配介入とすべきかどうかの判断枠組として、従来の下級審裁判例や学説は、使用者の表現の自由（憲21条1項）との関係を問題としてきた。すなわち、使用者の言動については、それをなすべきかどうかについての特別の規律が存在しないところから、表現の自由に属するものとし、ただ、それが一定の限度を超えたときに労働組合の活動や運営に対する支配介入と評価すべきであるという考え方である[16]。

---

14) 森恵一「債権者の手続関与のあり方」倒産の法システム(3)360頁は、「使用人の協力を得ることができるかどうかによりその会社の営業譲渡が可能かどうか、ひいては会社の再建が可能かどうかが決せられるといえる」と説く。また、具体的問題と解決すべき事項の内容に関しては、「倒産と労働」実務研究会編・前掲注4) 書110頁以下参照。さらに、信頼関係構築の基礎となる情報開示については、粟田口太郎「債権者に対する情報開示」金法1957号（2012年）13頁参照。

15) 菅野・前掲注6) 書753頁参照。

16) 東京地判昭和51・5・21労経速1134号7頁〔プリマハム事件〕では、まず一般論として、使用者の言論の自由であっても、労働者の団結権を侵害してはならないとの制約を受けるとし、「組合に対する使用者の言動が不当労働行為に該当するかどうかは、言論の内容、発表の手段、方法、発表の時期、発表者の地位、身分、言論発表の与える影響などを総合して判断し、当該言論が組合員に対し威嚇的効果を与え、組合の組織、運営に影響を及ぼすような場合は支配介入になるというべきである」と判示する。

また、札幌地判昭和56・5・8労判372号58頁〔北日本倉庫港運事件〕も、「そもそも使用者側の発言が支配介入行為に該当するか否かは、右発言の内容、程度のみではなく、その

これに対して、事業再生手続、たとえば更生手続においては、更生手続の開始段階に始まり（会更22条1項），事業譲渡の許可（同46条3項3号）、関係人集会（同85条3項・115条3項、会更規25条3項），更生計画案（会更188条・199条5項・7項）、破産管財人による更生手続開始の申立てについての許可（会更246条3項）、再生管財人による更生手続開始の申立ついての許可（会更248条3項）に至る事項について，労働組合等がそれぞれについて裁判所に対して意見を述べる機会を与え，またそのための通知をすることを規定している。特に、更生手続の根本規範となるべき更生計画案に関しては、提出された更生計画案について，裁判所が労働組合等（会更46条3項3号）の意見を聴かなければならないとされている。（会更188条前段）。更生計画案について修正があった場合においても，同様である（同条後段）。再生手続における再生計画案についても、基本的には同様の規律（民再168条）が設けられている。
　労働組合等の意見の聴取義務が設けられたのは，事業の維持更生にとって労働者や労働組合の協力が不可欠であること、再生計画案や更生計画案の内容や遂行可能性について労働組合等が適切な情報を提供することが期待されることなどによるものであり，労働組合等が再生計画案や更生計画案について意見を

　発言のなされた時期、場所、機会、動機、目的、相手、組合員に対する影響力等発言時のみならず、その前後の諸情況を総合的に考慮したうえ判断されなければならないものである。そしてこれを表現の自由との関係で考えると、もとより使用者側にも表現の自由があり労使関係が対立状況にあるときでも、自らの意思によって集まった労働組合の組合員に会社の苦境その他を説明し、会社の実情を訴えてストライキの不当性を説き、協力を要請すること自体は、使用者に法律上許された表現の自由の範囲内に属するものといわなければばらないけれども、それがなされる日時、場所、対象等の前示の諸情況に照らし、表現の内容、程度が団結に影響を与えるおそれのある組合員に対する強制的、威嚇的効果を有したり組合員を非常に萎縮させる如きものと認められる場合には団結権等に対する不当な干渉として排除されるべきである。」と判示する。
　学説においても、このような判断枠組が定着していると思われる。菅野・前掲注（6）書777頁、東京大学労働法研究会『注釈労働組合法（上）』（有斐閣、1980年）459頁、厚生労働省労政担当参事官室編『労働組合法 労働関係調整法〔5訂新版〕』（労務行政、2006年）449頁、道幸哲也『不当労働行為の成立要件』（信山社、2007年）147頁、西谷敏『労働法』（日本評論社、2008年）496頁、荒木・前掲注（6）書584頁など参照。

述べた場合には、その修正（民再167条本文、会更186条本文）などに反映される可能性がある。

　このように事業再生手続においては、労働組合が会社の事業の維持更生にとって重要な役割を果たすことが期待されているが、労働組合としては、管財人等から適時かつ適切に手続の進行にかかる情報の提供を受けなければ、有意義な意見を述べることはできない。その意味で、管財人等の労働組合に対する情報提供は、労働組合が事業再生手続においてその期待される役割を果たす前提となるといってよく、管財人等の情報提供義務とは、それに対応する管財人等の手続上の義務を意味し、利害関係人である労働組合に対する善管注意義務（民再78条・60条1項、会更80条1項）の発現ともみられる。

　そして、管財人等がその情報提供義務の履行として、事業再生手続の現状や将来にかかる各種の情報を労働組合に提供したときには、その内容が労働組合の手続への参加にかかわる事項だけではなく、争議権の確立など、会社の事業の維持更生と密接不可分の関係にある、労働組合自身の行動にかかわる意思形成に影響を与える可能性もある。ここでいう影響とは、後に述べるように、労働組合の自主的意思形成の参考資料となるべき内容を含むという意味であり、その態様が自主的意思形成に不当に介入するおそれを生じさせるものでない限り、再生計画または更生計画の成立および遂行にかかわる管財人等の情報提供義務の履行とみなされるべきものである。

2　意向の伝達または説明と支配介入

　上記のことを前提として、労働組合の争議権確立をめぐって、管財人等が労働組合に対して、資金提供予定者（スポンサー）の意向およびそれが会社の事業の維持更生に与える影響を伝達または説明すること（以下、意向の伝達または説明と呼ぶ。）は、不当労働行為としての支配介入（労組7条3号）に該当するかを検討する。

　① 伝達または説明の対象である資金提供予定者の意向が会社の事業の維持更生にとって重要性および合理性を認められるものであること

　先に述べたように、管財等人による利害関係人に対する情報提供は、利害関

係人自身の行動や再生計画案や更生計画案に対する意思決定の資料となるべきものであり、そのことは、情報提供の相手方が労働組合である場合にも妥当する。したがって、たとえ争議権の確立など労働組合の運営に関する資金提供予定者の意向であっても、事業再生手続の成否にかかわるものでない場合には、会社の事業の維持更生にとっての重要性を認められず、あえて管財人がそれを労働組合に伝達することは、手続の利害関係人としての労働者や労働組合の自主的な意思形成の基礎となるべき情報の提供とは認められず、むしろ労働組合の運営に対する支配介入と評価されよう。

また、再生手続や更生手続の成否にかかわる重要性が認められるにしても、資金提供予定者の意向に合理性が認められないような場合、たとえば、資金提供予定者が労働組合の存在や活動に対して嫌悪感を示したり、それを敵視し、労働組合を解散したり、会社の事業への影響と無関係に、いかなる状況においても争議権の行使をしないことを誓約しなければ出融資を実行しないなどの意向を表明しているときに、管財人等がそれを労働組合に伝達するのは、その出融資予定が手続の成否にとっていかに重要性があるとしても、労働組合の運営に対する支配介入とみなされる可能性がある。資金提供予定者のこのような意向の表明は、憲法上保障された労働者の団結権（憲28条）を否定するものであり、管財人等としては、資金提供予定者に対してそのような考え方を改めるように説得し、それが奏功しない場合には、その者に出融資を求めることを断念し、他に資金提供予定者を求めるべきであろう。

しかし、会社の業種や市場における顧客獲得競争などの状況を考えれば、ある時点における労働組合による争議権の確立の事実が公になることが、会社の収益に大きな影響を及ぼす可能性があり、資金提供予定者がそれをおそれて、当該時点または当該時期において争議権が確立される場合には、出融資を見直さざるをえないとの意向を表明したときに、管財人等の立場からしても、そのような可能性が客観的に認められると判断し、それを労働組合の自主的意思形成のための資料として伝達または説明することは、管財人等の情報提供義務に属するものであり、労働組合に対する支配介入とされるべきものではない。

特に、資金提供予定者の意向が労働者や労働組合に誤って伝えられているような状況においては、それを正し、労働組合としての意思形成の基礎を正確な

ものにするという意味で、管財人等が資金提供予定者の意向の伝達または説明をすることの必要性が高まろう。

このように、管財人等の労働組合に対する資金提供予定者の意向の伝達または説明は、それがいかなる内容のものであっても支配介入とならないと考えるべきではなく、それが再生手続や更生手続の成否に関する重要性を認められ、かつ、労働者の団結権を不当に侵害するものではないという意味での合理性を有する場合に限って、支配介入との評価を受けるべきものではないというべきである。

もちろん、管財人等としては、意向の伝達または説明にあたって、その正確性を期す必要があるが、上記のように、情報内容の重要性と合理性については、管財人等自身の判断を経ている以上、正確性は、本質的部分において当該情報の内容を正確に再現していることで足りると考えられる。

② 意向の伝達または説明の態様が労働組合の意思形成に対する不当な介入のおそれを生じさせるものでないこと

支配介入の意義については、「使用者の行為が、労働組合を懐柔ないし弱体化し、又は、労働組合の自主的運営・活動を妨害し、若しくは、労働組合の自主的決定に干渉しようとする行為と評価することができることが必要であり、かつ、それをもって足りるというべきである」[17]とされるが、意向の伝達または説明の対象となる情報に上記の意味での重要性および合理性が認められれば、労働組合の運営に関する組合自身の自主的な意思形成に介入したり、あるいは容喙したりするものとはいえず、支配介入とはみなされないといってよい。しかし、そのような内容の情報の伝達または説明であっても、その態様が適切でない場合には、なお支配介入とみなされる可能性がある。

具体的な態様について検討すると、再生手続や更生手続中の会社の労働者は、その事業の将来や自らの職場の確保に不安を抱いているのが通常であり、そのような状態にあるときに、管財人等が通常の労使交渉の手続を践むことなく、労働者に対して直接に争議権確立等に対する資金提供予定者の意向の伝達や説明を行ったりすれば、労働者の間に動揺を巻き起こし、そのことが労働組

---

17) 東京地判平成9・7・23労判721号16頁。

合としての自主的な意思形成を歪めたりするおそれを生じさせる。したがって、資金提供予定者の意向として重要と認められる情報であり、その内容に合理性が認められるために、それを伝達する必要があると管財人等が判断するときには、従来から労使間で確立されている慣行に従って労働組合を正当に代表する者などに対して伝達を行うべきである[18]。

また、管財人等による意向の伝達または説明は、手続の先行きを左右するに足る重要な情報を労働組合に伝達し、自主的な意思形成の参考資料を提供するためのものであり、したがって、管財人等としては意向の伝達または説明について適切な時期を選択しなければならない。たとえば、労働組合が争議権の確立についてなんらの検討をしていない時期において管財人等が意向の伝達または説明をすることは、単に無意味であるだけではなく、資金提供予定者の組合活動に対する嫌悪の念として受け止められる可能性があり、このような過早の情報伝達は、支配介入と評価される可能性があろう。これに対して、労働組合が争議権を確立する旨の意思形成を行った後に管財人等が意向の伝達または説明を行うことは、それが労働組合に対して慎重な再考の機会を与えるための情報提供にとどまる限りは、必ずしも不適切な態様によるものとして支配介入と評価すべきではない。

このようにいうと、争議権の確立について労働組合内部での意思が形成され、または確定する時期に管財人等が意向の伝達または説明を行うべきこととなり、それは、労働組合の意思形成に影響を与えうるという意味で、まさに支配介入に該当するのではないかとの疑問も生じよう。しかし、遂行可能性のある再生計画や更生計画を立案できなければ、会社は、再生計画または更生計画不認可決定や再生手続または更生手続廃止決定を経て、破産に至る蓋然性が高い（民再250条1項、会更252条1項本文参照）。その意味で、資金提供予定者の意向は、会社における労働者の地位そのものの存廃にかかわっているといってよ

[18) 使用者に関するものであるが、「使用者が、ストライキを回避するよう労働組合に対して要望する程度のことは不当労働行為とはならない」としつつ、「個々の組合員に対しストライキ不参加を要求するような場合は、労働組合に対する介入行為となることが多いであろう」（厚生労働省労政担当参事官室編・前掲注16）書456頁）との考え方がある。

く、労働組合の意思形成に影響を与えうるのは当然といってよい。問題は、その意向の伝達または説明の態様であり、労働組合の自主的な意思形成のための合理的資料を提供することを通じての影響であれば、これを支配介入とすべきではないのに対して、自主的な意思形成を抑止または誤導するような形での影響であれば、支配介入といわれてもやむを得ない。これまで述べたように、資金提供予定者の意向について、管財人等がその重要性および合理性とを認め、労働組合の運営に不当に介入しないような態様で、それを伝達または説明する場合には、争議権確立などの判断に影響を与えたとしても、それは労働組合の自主的な意思形成の材料を提供したにとどまり、支配介入と評価すべきものとは考えられない。

Ⅳ 労働条件の変更

　使用者と労働者との間の労働条件を決定するのは、労働契約であるが、判例法理および労働契約法10条の規定によって、一定の要件を満たすことを前提として、使用者の定める就業規則が労働契約の内容となることが認められている。そして、事業再生の手法として、どのような方式をとるにせよ、危機の状態にある事業を再生するためには、ほとんどの場合、何らかの形で労働条件を労働者に不利に変更する必要があり、そのためには、管財人等が就業規則の改定を図る場面が生じる。

1　就業規則の変更

　労働契約法10条は、就業規則の変更によって労働契約の内容である労働条件変更の効力が生じるためには、変更後の就業規則の労働者への周知という手続的要件の他に、「就業規則の変更が、<u>労働者の受ける不利益の程度、労働条件の変更の必要性</u>、変更後の就業規則の内容の相当性、労働組合等との交渉の状況その他の就業規則の変更に係る事情に照らして合理的なものである」（下線は伊藤による）ことという実体的要件を設けている。ここに規定されている諸

要素のうち、就業規則変更の合理性を基礎づける変更後の就業規則の内容の相当性や労働組合等との交渉の状況については、事業再生手続の中で行われるか否かを問わず、独立に判断できるものであるのに対して、労働者の受ける不利益の程度や労働条件変更の必要性は、就業規則の変更が事業再生手続の中で管財人等によって行われることを踏まえて判断しなければならない。

たとえば、管財人等が事業価値の毀損を防ぐために、いわゆる計画外の事業譲渡を行う場面を想定する（民再42条1項・43条1項、会更46条2項参照）[19]。管財人等は、事業譲渡について裁判所の許可を受けなければならないが、その一部として、またはそれに付随する許可事項（民再41条1項10号、会更72条2項10号）として、就業規則の変更について裁判所の許可を受けることが考えられる。事業譲渡の許可にあたって裁判所は、労働組合等の意見を聴取することが義務づけられているから（民再42条3項、会更46条3項3号）、就業規則の変更がその一部としてなされる場合は、それについても労働組合等の意見が聴取されることになるし、事業譲渡に付随するものとして就業規則変更の許可をする場合にも、事柄の性質を考慮すれば、労働組合等の意見を聴取すべきであろう。

そして、労働組合等の意見聴取を経て裁判所が事業譲渡にともなう就業規則の変更を許可する際には、労働契約法10条にいう労働者の受ける不利益の程度や労働条件変更の必要性の要件を、管財人等と事業の譲受人との交渉を踏まえて、会社の事業価値の維持再生の上で労働条件変更の必要性が認められ、また、変更によって労働者の受ける不利益が合理的範囲内のものにとどまるかどうかを判断することになる[20]。その結果、裁判所が就業規則の変更を許可したときには、その判断は、後に就業規則の変更の効力が事業譲受人に承継された労働者と事業譲受人との間の訴訟手続において争われる場合にも、法的な拘束力は認められないとしても、特段の事情が認められない限り尊重されるべきである。事業譲受人の側からみると、就業規則の変更にもとづいて労働条件が改

---

19) 具体的手続については、伊藤・破産法民事再生法2版619頁、同・会社更生法519頁参照。
20) 土田道夫＝真嶋高博「倒産労働法の意義と課題」季刊労働法222号（2008年）163頁参照。仙台地判平成2・10・15労民集41巻5号846頁、東京地判平成16・3・9労判875号33頁などの下級審裁判例も、このような考え方によっているものと思われる。

められたことを前提として譲受の判断をしているにもかかわらず、後の訴訟においてそれが覆されることは、予測可能性を著しく害し、ひいては、事業再生の手法としての事業譲渡自体を機能不全に陥らせる危険があり、上記のように解することは、その危険を減少させることに役立つと考えられる。実質的にみても、裁判所が、許可の手続において労働組合等の意見を聴取していれば、不当な判断がなされるおそれはほとんど存在しないと思われる。

　さらに、このような考え方は、事業譲渡の場合だけではなく、合併や会社分割の前提としての就業規則の変更にも当てはまる。計画による場合と計画外で行われる場合と考えられるが[21]、いずれにおいても、これらの行為と一体のものとして管財人等による就業規則の変更がなされるときには、それが裁判所の許可をえている限り、上記と同様に取り扱うことができる。また、事業を会社の経営組織の下に維持したまま、いわゆる自力再建を内容とする更生計画を定め、その前提として就業規則の変更について裁判所の許可をえたときにも、同様の取扱いを認めるべきであろう。

2　変更解約告知

　労働法上、労働条件の変更の申込みとそれが受け入れられない場合における解雇、すなわち労働契約の解約を変更解約告知と呼ぶ[22]。再生手続または更生手続中の会社が事業再生のために労働条件を変更しようとするときに、1にお

---

21) 更生手続においては、合併などは、更生計画の定めに従ってなされるのが原則であるが（会更45条1項7号）、会社分割については、事業譲渡と実質的に同一のものとみなし、法46条の類推適用として、裁判所の許可によって可能であるとする見解も有力になっている。伊藤・会社更生法518頁参照。また、再生手続においては、再生計画によって会社分割などを行うことを予定していない反面、民事再生法41条1項10号による裁判所の許可に基づいて会社分割を行うことができるとの考え方が有力であり、また実務上でも定着している。新注釈民事再生法（上）2版235頁〔三森仁〕参照。

22) 菅野・前掲注(6)書574頁。もっとも、変更解約告知には、これ以外にも新労働条件での再雇用の申込みと既存の労働契約の解約を組み合わせたものなど、さまざまな形態があるという。

いて述べた就業規則の変更による以外に、この方法によることも考えられる。そして、変更解約告知の効力が認められるためには、労働条件変更の必要性および相当性と、これを解雇という手段によって行うことの双方を要件とすべきであるといわれる[23]。こうした要件が満たされているかどうかは、終局的には、解雇の効力を争う訴訟において判断されることとなるが、手続の中では、変更解約告知を裁判所の許可事項とすることを通じて、その要件の充足について第1次的な判断を仰ぎ、後に紛争が生じたときにも、受訴裁判所としては、特段の事情が認められない限り、再生手続または更生手続の裁判所の判断を尊重すべきであろう。

V 整理解雇の4要件または4要素の事業再生手続への適用

　整理解雇とは、企業が経営上必要とされる人員削減のために行う解雇であり、その効力が認められるための要件または考慮要素の1つとして、解雇の意思表示の時点において人員削減の必要性が満たされなければならないといわれ、その必要性判断の基準としては、人員削減措置の実施が不況、斜陽化、経営不振などによる企業経営上の十分な必要性に基づいていること、ないしは

---

[23] 菅野・前掲注6) 書576頁。また、川口美貴「解雇規制と経営上の理由による解雇」野田進ほか編『解雇と退職の法務』(商事法務、2012年) 237頁では、実体的要件として解雇の必要性と不利益緩和義務の履行をあげ、手続的要件として説明・協議・解雇理由の通知をあげる。

[24] 菅野・前掲注6) 書566・567頁、高橋賢司『解雇の研究』(法律文化社、2011年) 200頁参照。東洋酸素事件控訴審判決(東京高判昭54・10・29労民集30巻5号1002頁)は、「企業側及び労働者側の具体的実情を総合して解雇に至るのもやむをえない客観的、合理的理由が存するか否か」を基準とし、さらにこれを具体化して、「第一に、右事業部門を閉鎖することが企業の合理的運営上やむをえない必要に基づくものと認められる場合であること」を説くが、事業再生手続における管財人等による解雇の場合には、事業部門の閉鎖などの必要性が再生計画や更生計画の内容として明らかにされ、かつ、計画案に対する利害関係人の議決によって是認され、加えて、裁判所によってその適切性が確認されているところに特徴がある。

「企業の合理的な運営上やむをえない措置」と認められることであると説かれる[24]。判例上確立されている解雇権濫用の法理や労働契約法16条の規定に照らすと、この要件と判断基準とは、整理解雇に藉口して経営者によって不必要または不合理な基準にもとづく解雇がなされることを防ぎ、労働者の地位を保護しようとするものであると理解される。

　事業再生手続において管財人等がなす解雇についても、このような整理解雇の4要件または4要素が適用されるというのが従来の多数の見解であるが[25]、解雇の判断と意思表示を行う主体とその判断の正当性については、以下のような差異が認められ[26]る。

---

25) 毛塚勝利「倒産をめぐる労働問題と倒産労働法の課題」日本労働研究雑誌511号（2003年）9頁、池田・前掲注4) 論文613頁、水元宏典「更生手続開始と労働契約」判タ1132号（2003年）108頁、戸谷義治「会社倒産と解雇」季刊労働法224号（2009年）90頁など参照。破産手続においても、事業を継続する場合（破78条2項3号。詳細は、条解破産法591頁参照）には、やはり4要件（4要素）との関係が問題となる（中島・前掲注7) 論文223頁）。

　これに対して、土田＝真嶋・前掲注20) 論文159頁は、4条件が妥当することを前提としながら、解雇の必要性に関して、民事再生手続においては、特に不当な場合でない限りは、これを肯定すべきであるとしているので、本論文の立場に近い。

　なお、更生会社であった日本航空の管財人が行った運航乗務員および客室乗務員の整理解雇の効力を認めた東京地判平成24・3・29および同年東京地判平成24・3・30は、いずれも整理解雇の4要素を総合考慮してその効力判断するという枠組を採用している。判決文は、「倒産と労働」実務研究会編・前掲注4) 書205頁以下によっている。

　そして、両判決についての評釈である池田悠「会社更生手続における整理解雇の有効性」（「倒産と労働」実務研究会編・前掲4) 書199頁）は、「整理解雇法理は、労使間の二者関係における利害調整のための判断枠組みとして設計され、多数の利害関係人が関与する再建型倒産手続において、清算回避の利益を受ける労働者が被るべき応分の負担の範囲を画するための判断枠組みとして設計されているものではない」としつつ、再建型倒産手続に解雇権濫用法理が妥当するとすれば、その一類型である整理解雇法理も当然に適用されるとする。

26) 門伝明子「JAL整理解雇判決（東京地裁平成24・3・29運航乗務員、同24・3・30客室乗務員）——再建型倒産手続における整理解雇法理の適用関係および人員削減の必要性を中心に」NBL976号（2012年）7頁も、上記の判決は、会社更生手続にも整理解雇法理が適用されるとしつつ、「判決全体を通してみると、更生手続の中で外部専門家、裁判所、

1 管財人等による整理解雇判断の特質と整理解雇法理における解雇の必要性要件

　整理解雇がなされる通常の場面を想定すると、事業が危機に陥っているか、その事業をどのような形で再生させるか、そのために人員削減が必要かなどの判断がすべて経営者によってなされているために、整理解雇という形で労働者の意思に反して人員削減がなされたときに、裁判所が事後的に必要性の判断をする形で解雇の効力を決する以外にない。

　これと比較すると、事業再生手続において管財人等によってなされる解雇は、2つの面で経営者の行うそれと区別される。第1は、主体面である。管財人等は、会社の代表機関ではなく、すべての利害関係人の利害関係を公正かつ衡平に調和させ、事業再生手続の目的を実現することを職務とする手続機関であり[27]、人員削減もその職務遂行の一環としてなされる。そして、更生手続の管財人をみれば、役員等責任査定決定を受けるおそれのあると認められる者を

　　管財人の関与のもと事業再建計画が策定され、本件解雇がその計画を実行するために必要であることが判断の根底をなしていることが読み取れる」と指摘する。
[27] 最判平成15・6・12民集57巻6号640頁が「金融整理管財人は、あくまでも被管理金融機関を代表し、業務の執行並びに財産の管理及び処分を行うのであり（金融再生法11条1項）、被管理金融機関がその財産等に対する管理処分権を失い、金融整理管財人が被管理金融機関に代わりこれを取得するものではない。この点において、金融整理管財人は、会社更生手続等における管財人等とは、法的地位を異にするものである。」と説くのも、管財人の地位についての本文のような理解を前提としているものと思われる。また、更生手続における管財人の具体的職務の内容とその遂行に関する指針については、最新実務会社更生124頁以下参照。

　　なお、更生手続と比較すると、管財人が任命されない場合の再生手続において再生債務者が行う整理解雇については、解雇の必要性についてより立ち入った裁判所の判断が必要な事案もあろうが（東京地判平成15・12・22労判870号28頁、高橋・前掲注24）書208頁参照）、再生債務者も、その基本的性質は再生手続の機関であり（伊藤・破産法民事再生法2版610頁）、また監督委員の同意をえて整理解雇を実行しているような場合（民再54条2項。新注釈民事再生法（上）2版325頁〔石井教文〕参照）には、管財人による整理解雇と同様に考えてよい。

除いて（会更67条3項参照）、その資格等に関する特別の制限はないが、管財事務を適切に遂行できるものでなければならない（会更規20条1項参照）[28]。現在の実務では、法律知識が必要であるとの理由から、経験年数などを基準として、弁護士の中から選任され、あわせて更生会社の規模などに応じて事業経営について専門的知見を有する者を管財人に選任することがある。もっとも、一般的資格要件は満たしていても、当該事件と利害関係をもつ者は、公平な職務遂行について疑念をもたれやすいので、選任すべきではない[29]。また、管財人は、裁判所の監督を受けてその職務を遂行し（会更68条1項）、不適切な職務遂行がなされれば、解任の可能性もある（同条2項）。

他方、再生債務者については、特段の資格制限は存在しないが、監督委員による監督もあり（民再54条1項・2項）、また、必要な場合には管理命令によって、その業務遂行権や財産管理処分権が剥奪される可能性もある（民再64条1項・66条）。

したがって、管財人等が自らの経営権を保持するために、労働組合や一部の労働者を敵視し、人員削減の必要に藉口して解雇を行うことは、ほとんど考えられないといってよい。

第2は、判断の根拠である。不採算事業部門の整理再編などにともなって人員削減の必要が発生し、その手段として解雇を行おうとする際に、経営者による通常の整理解雇の場合と異なって、事業規模をどのように再編縮小し、また特定の事業部門を廃止すべきかどうかなどは、事業再生手続開始の前後から会社と利害関係人、あるいは融資や出資を求められる資金提供者との間で協議がなされ、手続開始後は、管財人等がそれを引き継いで、事業の収益性や人員配

---

[28] 実際には、①経営者としての資質・能力があること、②危機管理能力があること、③指導力・交渉力に富むこと、④公正・公平であること、⑤実績に基づく信用があることなどが判断要素とされている（会社更生の実務（上）304頁〔押見文哉〕）。また、近時のDIP型管財人については、伊藤・会社更生法107頁参照。
[29] 調査委員とは異なって、利害関係のないことは規則上の要件とされていないが（会更規32条1項参照）、東京地裁においては、申立人が推薦する者や利害関係のある者を法律家管財人に選任することは一切行っていないといわれる（会社更生の実務（上）305頁〔押見文哉〕）。

置の効率性などの視点から人員の整理と削減の方針を定めることになる。特に、いわゆるプレパッケージ型事業再生[30]、すなわち、手続開始申立前から会社と主たる利害関係人との間で事業再生についての交渉が行われ、スポンサーを含めた事業再生計画案の実質が固まっており、手続開始申立てと同時に申立代理人から事実上計画案作成の方針について明確な意見が提示され、以後の手続においても、管財人等がそれを尊重しながら計画案を作成する事案においては、事業再生の基本方針と人員削減の内容とが早期に検討され、利害関係人や裁判所の検証を経てその内容が確定されるから、人員削減の必要性に関する判断根拠も、多角的視点から十分に検討されているといってよい。

このような過程を経て行われる管財人等による人員削減策としての希望退職募集およびそれと一体をなす解雇は、先に述べた経営者によるそれと比較すると、解雇の意思表示の時点においてその必要性がすでに十分に検討され、客観的正当性が確保されているといえる。その意味では、管財人等による解雇の効力、特に解雇の必要性を裁判所が検証するにあたっては、上記のような意味での事前の検証が十分になされている以上、計画策定後から解雇までの期間における事情の変更などによって事業内容や事業組織に変化が生じ、計画策定時に存在した解雇の必要性が解雇の意思表示までの間に消滅したかどうかの判断が中心とされるべきである。

2 管財人等の計画遂行義務と事業計画変更の判断枠組

再生計画や更生計画において一定内容と規模の人員削減が定められた場合に、それを遂行するのは、管財人等の職務であるが（民再186条1項、会更209条）、まず、ここでいう計画が何を指すかを検討する必要がある。というの

---

[30] プレパッケージ型事業再生については、松嶋英機ほか「事業再生におけるスポンサー選定等をめぐる諸問題（上）（下）」銀法21・619号4頁、620号10頁（2003年）、四宮章夫「会社更生とスポンサー」倒産の法システム(3)257頁、菅野博之「東京地方裁判所における会社更生事件の運用の実情と今後の展望」法の支配159号（2010年）32頁、澤野正明ほか「スポンサー選定と更生計画案をめぐる諸問題」NBL956号（2011年）90頁、新注釈民事再生法（上）2版228頁〔三森仁〕、伊藤・会社更生法604頁など参照。

は、通常の再生計画や更生計画においては、再生債権者や更生債権者等および株主の権利変更、あるいは再生債権者や更生債権者等に対する弁済の内容や時期に関する記載が中心となり、事業計画の具体的内容、その一部である事業部門の整理・再編・統合や人員削減などの具体的内容は、再生計画や更生計画そのものには記載されないことが多いからである[31]。しかし、関係人集会などにおいて可決され、裁判所による認可の対象となった再生計画や更生計画だけではなく、それと一体をなすものとして利害関係人に対して開示され、関係人集会などにおける意思表示の基礎となり、また、裁判所の認可または不認可の決定に際して判断資料となる事業計画等は、実質的意義での再生計画や更生計画の一部をなすものと捉え、管財人等は、その内容に沿った遂行義務を負うものと解すべきである[32]。

　以上の考察を前提とすると、実質的意義での再生計画や更生計画において明らかにされた人員削減計画を管財人等が見直し、整理解雇を行わないこととするための条件としては、以下の３点が考えられる。第１は、会社が提供する商品や役務に対する社会的需要、あるいは当該市場における競争事業者との関係などについて計画認可後に著しい事情の変更が生じ、実質的意義での再生計画や更生計画において明らかにされた会社の事業部門の再編や縮小そのものを見直すこととなり、それが再生計画や更生計画の変更（民再187条１項、会更233条１項）によるか、管財人等の合理的裁量によるかという方法の差異は別として、廃止予定の事業部門の復活や縮小予定の事業部門の現状維持や拡大の方針に転換することである。

　第２は、第１の条件が満たされると管財人等が判断する場合であっても、再生債権者や更生債権者等をはじめとする利害関係人の負担の下に、また、出資

---

31) 再生計画について新版再生計画事例集、更生計画について更生計画の実務と理論参照。伊藤・会社更生法547頁では、形式的意義の更生計画と実質的意義の更生計画とを区別する。
32) 最新実務会社更生284頁では、更生計画の遂行の意義として、「更生会社がその事業を再構築して、健全な経営を取り戻すことができるよう経営を行っていく必要がある」と説明される。

者や融資者という新規資金提供者の協力にもとづいて手続が開始し、裁判所によって計画が認可されているという再生手続や更生手続の特質を考えれば、方針の転換について、利害関係人の了解がえられ、また、管財人等に対する監督権を行使する監督委員や裁判所がそれを是認することである。

第3は、第1および第2の条件が満たされていることを踏まえ、削減予定人員を会社の従業員として維持することが、方針転換後の事業活動にとって不可欠と判断されることである。特に、専門性の高い職種に属する従業員の場合には、汎用性のある単純労働を内容とする従業員と比較すると、単に事業部門の削減が見直されるというだけではなく、そのような従業員の労働を必要とする事業部門が復活または維持されることとなり、そのために雇用の存続が不可欠と判断される必要がある。

したがって、管財人等が実質的意義での再生計画または更生計画にしたがって整理解雇の意思表示をした場合には、以上の3条件のすべてが満たされる場合に限って事後的に整理解雇の必要性が消滅したものとして取り扱い、それ以外の場合には、整理解雇の効力を維持すべきである[33]。

長年月にわたって御指導いただいている松嶋英機先生の古稀を御祝いするには、余りにも貧しい内容であるが、感謝の気持ちのみを御受け取り賜れば幸いである。

(いとう・まこと)

---

33) 東京地判平成24・3・30（「倒産と労働」実務研究会編・前掲注4) 書300頁) は、この点に関連し、「本件会社更生手続の下で策定された本件更生計画及びその基礎となる本件新事業再生計画において、将来に亘っての航空事業の持続と安定を図りつつ被告を再建するためには、事業規模の縮小が急務であり、その合理性も認められる一方、近い将来の事業規模の拡大方向での見直しの可能性が認められない以上、縮小された事業規模から算出される必要稼働数を超える人員の削減の必要性が合理的なものとして認められるのは、これまで繰り返し判示してきたところである。そして、このような判断枠組みの下では、仮に、本件解雇時に原告ら主張の上記の諸事情が予測されたとしても、本件解雇の必要性そのものが減殺されるものではないことは、明らかである」と判示する。

7 再生手続における担保権の処遇
―― 裁判実務の観点からみた立法への提言

東京高等裁判所部総括判事　**園尾隆司**

はじめに

　新倒産法制定の第1号となった民事再生法（平成11年法律第225号）の施行から12年余りが経過し、現行会社更生法（平成14年法律第154号）の施行から数えても10年余りが経過し、一連の倒産手続法改正の締めくくりとなった特別清算手続全面改正（平成16年制定の会社法第9章第2節）から数えても10年近くが経過しようとしている。この間、再生手続は活発に利用され、利用の実績を踏まえた法改正の検討課題も数多く出されつつある。中でも最大の改正検討課題は、再生手続における担保権の取扱いである。

　再生手続申立てに堪能な弁護士からは、再生手続においても担保権にさらに制約をかけることが必要であるという意見が述べられ、金融債権者その他の担保権者の立場からは、再生手続における担保権制約の範囲の拡張には慎重を期する必要があるとの意見が述べられ、両者の意見の相違は、今後、法改正の議論が進展するに伴って、より大きくなってくるものと予想される。倒産手続に携わる多くの実務家は、法改正により担保権者にも債務者の再生にいっそう協力することを求めたいという感想を持っている。一方、担保権者は、適正な努力を怠った債務者も少なくない中で、その救済のためにいっそうの譲歩を迫る法改正の検討姿勢に警戒感を募らせる。そのどこに調和点あるいは着地点があるのかを探ることは、倒産法改正に向けての最大の課題である。

そこで、倒産法改正の早期実現に的を絞り、申立人と担保権者のいずれにも偏しないことを基本とする裁判実務の観点から、これまで一貫して企業の再生・再建をリードされて古稀を迎えられる松嶋英機先生のご指導にいくばくかでもお応えすべく、当面する再生の立法課題について私見を述べさせていただくこととしたい。

I　担保権の処遇に関する法改正における4つの論点

1　第1の論点——再生計画による担保権の変更の要否

　再建型法的倒産処理手続の改正検討課題の中で最も基本的な論点は、更生手続は担保権の権利変更を伴う手続であるのに対し、再生手続は担保権者を別除権として扱い、担保権を原則として手続外に置いていることの是非である。我が国が現行倒産手続の制度設計をする際に一つの範としたアメリカ連邦倒産法は、1979年に現行法が制定される前のいわゆるチャンドラー法において、管財人を選任して更生計画により担保権の権利変更をすることができる会社更生手続（X章、Corporate Reorganization）と、担保権を権利変更の対象としない整理手続（XI章、Arrangement）とを設けていたが、1979年制定の連邦倒産法により、両手続を統合した再建手続（11章、Reorganization）を創設し、管財人を選任せず、債務者自身の管理（DIP、Debtor in Possession）を原則とし、かつ、手続の対象となったすべての債務者について、再建計画により担保権の権利変更を許す制度設計とした。このようなアメリカ連邦倒産法に倣って、我が国においても更生手続と再生手続を統合するのか、あるいは、従来どおり、更生計画により担保権の変更をすることができる更生手続と、再生計画による担保権の変更を許さない再生手続の2本立てを維持するのかが第1の論点である。

2　第2の論点——動産・債権担保権の中止・消滅規律創設の要否

　再生手続における担保権の処遇に関する第2の論点は、再生手続に動産・債

権の担保権を対象とした実行中止命令及び消滅請求の規定を設けることの是非である。民事再生法が定める担保権の実行中止命令及び消滅請求の規律は、動産・債権の担保権に対しては使い勝手が悪い。これは、民事再生法が不動産担保権について規定したにとどまり、動産・債権の担保権については規定の対象外として、解釈に委ねる立法姿勢をとったためである。

　しかし、民事再生法以下一連の倒産法制を整備した後である平成17年に、平成10年制定の「債権譲渡特例法」を抜本的に改正した新しい「動産・債権譲渡特例法」が制定された。これは不動産担保融資一辺倒の融資慣行の変革策として策定されたものであり、その政策の当然の成り行きとして、動産譲渡担保及び債権譲渡担保の利用の促進が図られることとなり、動産・債権担保の取引上の重要度が飛躍的に高まってきた。このように、動産・債権担保に関する法整備によりその利用が急速に進展してきたが、民事再生法は、これに対処するための規定を有していない。この点をどうするかが第2の論点である。

3　第3の論点——再生・破産両手続のツール統合の要否

　平成11年から平成16年までの間の一連の法改正により倒産法制が整備され、その結果、法的倒産手続の利用が促進されたが、その中で、再生手続と破産手続の境界が明瞭でなくなる現象が生じてきた。両手続において事業譲渡手法が一般的手法として定着したことにより、再生手続と破産手続において、目的を同じくする手続運用が可能となってきたためである。

　ところで、民事再生法と破産法には、担保権消滅請求に関し、異なったツールが用意されている。再生手続は再生を目的とし、破産手続は清算を目的とし、両者の目的はまったく異なるという前提で条文が作られたためである。しかし、事業譲渡の手法が急速に一般化したことにより、事業譲渡の手法を用いた再生手続が数多くみられるようになる一方、事業を継続して事業体を一体として処分し、代金を配当する破産手続も数多くみられるようになってきた。この限度で両手続は似通ったものとなり、その結果、手続遂行のツールが異なることが不便であり、不合理であると感じられるようになってきている。このような不都合を解消するため、両手続における担保権実行中止命令と担保権消滅

請求のツールを統一すべきではないかというのが第3の論点である。

4　第4の論点——現行の仕組みの手直し

倒産事件の行政的手続を裁判所に代わって統括するアメリカの連邦管財官制度のように大きく手続を変更する立法が行われた場合、当分の間試行して、手直しや微調整を要するかどうかを検討するのが欧米諸国の一般的手法である。そのために、地域を限ったパイロットプログラムとしての立法をしたり、期間を限った試行的立法を行ったりすることが一般的に行われているが、我が国では、そのような手法がとられることはない。我が国において従来の手続を大きく変更する新しい手続を実施した場合、手直しや微調整を必要とする箇所は、実務家が実務の中に見出し、議論し、改善を加えていくことになる。そのため、実務の運用で手直しをしきれなかった問題を整理しておき、法改正の機会がある場合には、適時に立法上の手当を求めることが重要となる。次の改正の機会がいつになるかが予測できないので、表れた機会を逃がさないことが大事である。現在見えている手直しを要する箇所を掲げると、担保権消滅請求についての事業継続不可欠要件の検討、担保権の一括消滅請求の規定の必要性、訴訟を前提とせず決定手続で完結する担保権消滅請求制度の創設などである。

以下、これら4つの論点について詳述する。

II　第1の論点（再生計画による担保権の権利変更の要否）について

1　問題の所在

再生手続における担保権者の地位に関し、第1に論じられるべきは、再生手続と更生手続を統合し、再生手続においても更生手続と同様に、再生計画により担保権の権利変更ができるようにすることの是非である。これは統一倒産法典整備の要否・可否として論じることもできよう。

従来、我が国の和議の手続は債権者の信頼を得ていなかったことから、和議

法の改正法である民事再生法において担保権を権利変更の対象とすることは、およそ債権者の理解を得られるところではなかった。そのため、平成12年に施行された民事再生法は、担保権を別除権と位置づけて再生手続外に置くとともに、担保権について、厳格な要件による実行中止命令と消滅請求の手続を新設するにとどめた。これは、民事再生法の前身である旧和議法に基づく手続がきわめて低い評価であったことによるやむを得ない選択だったといえる。

その裏返しとして、論理的には、再生手続が債権者の信頼を得ることとなった暁には、再生計画により担保権に権利変更を加える選択肢もあり得ることになる。加えて、更生手続においてもDIP型手続が法文化され（会社更生法67条3項）、実務の運用も図られるようになったことから、再生手続と更生手続を統合し、一律に担保権を計画による変更の対象としてよいのではないかという議論が生じることとなった。特に倒産手続に堪能な弁護士にとっては、申立てが容易な再生手続で申立てをし、担保権を強力に制約する更生手続の内容で手続を進めていくことは魅力的である[1]。しかも、アメリカでは、大企業から零細企業や個人まで幅広く利用することができる再建手続（11章手続）において、担保権に権利変更を加えることが可能であるため、我が国でも民事再生法の改正を議論をする場合には、この論点について議論することが必須である。

2　再生手続と更生手続の本質的相違点

平成12年以来民事再生法を運用し、平成14年以来新会社更生法を運用してきて、再生手続と更生手続に基本理念の相違があることが明瞭になってきた。それは、再生手続は、DIPによる手続遂行を基本とするものであり、手続法、実体法を遵守する限り、債務者の自由なチャレンジを許すのに対し、更生手続においては、当該会社を再建するだけの理由があるかどうかを裁判所が審査し、社会的有用性が高く再建を図るべき会社又は倒産による社会的混乱を避ける必要がある会社だけが手続遂行を許されるという厳然たる事実である。

1）野上昌樹・北野知広「担保権・優先債権を拘束するDIP型再建手続に関する試論」倒産法改正研究会『提言倒産法改正』（金融財政事情研究会、2012年）50頁。

一般債権者に加えて担保権者の権利変更まで行って手続を遂行する以上、更生手続が自らの生き残り願望を達成するためのみに使われることに裁判所は消極的であり、一般に、更生手続を開始するのは、当該事業の再建が社会的にみて有意義であるか、あるいは、倒産によって生じる社会的混乱を避ける必要がある場合でなければならないと考えられている。いかにDIP型更生手続が喧伝されようとも、会社更生事件が激増しないことの根底には、このような認識があり、また、そのことは社会的にも承認されているものといえよう。更生手続を選択する以上、社会的有用性の審査ないし社会的混乱回避の必要性の審査を免れないのである。担保権者の権利変更まで行い、必要な場合には管財人等として最高の経営者を裁判所が用意してまで手続を遂行する以上、自らが生き残りたいという願望を達成するためにのみ更生手続が使われることに対しては、消極的なのが裁判手続の一般的運用である。自らの経営努力により生き抜いている経済人の目から見ても、担保付債務を含めた債務全体を強制的に切り捨てるという方法で法律に守られた私企業が、平等の立場で自由競争経済に参入してくるということは、相応の理由がない限り受け入れがたいであろうし、それが社会の一般的な受け止め方であろう。

　これに対して再生手続は、申立債務者による自由なチャレンジを許す手続であり、その守備範囲が広く、ラブホテルやパチンコ屋の経営会社の再生申立ても稀ではない。再生手続は、個人や零細企業にも広く申立適格を認めるものである。そうすると、再生手続開始決定により担保権実行を停止する手続構造とした場合、不動産競売を迫られている個人や零細企業の中には、再生可能性をさて措いて、競売を免れたい一心で再生申立てをする者まで出て、手続の濫用が問題になる。民事再生法施行直後に、不動産競売手続停止仮処分の保証金より再生申立ての予納金が安いという理由で再生申立てをしてきた会社があった。家族の生活の場でもある土地建物が担保権者に差し押さえられたというのである。その事件については、再生手続は担保権を別除権としていることを申立代理人に説明して申立てを取り下げてもらったが、再生手続開始決定により一律に担保権の実行が禁止されるとなると、勢い、濫用を指摘される申立てが増加する。その結果、裁判所の受付相談や受理手続における審査が厳格になり、申立会社が絞り込まれていく可能性が高い。再生手続は、幅広い業種の会

社や個人にまで広く開かれているがゆえに、再生手続の開始決定に担保権実行禁止の効果を付与する法制には慎重な検討を要する。

　再生手続と更生手続を統合しようとする論者の基本認識は、倒産直前の企業は担保で絡め取られており、有用な事業の再生のためには、担保権を合理的に制限する必要があるということである。その事実認識が誤っているわけではないが、そこからの脱却は、担保取引制度の改革や倒産手続の早期申立ての環境整備などの総合的な施策の中で達成されるべきものであり、これを倒産手続の改正のみによって達成しようとすれば、申立て企業の選別の問題が生じ、せっかく開いた再生手続の門戸が閉じられかねないという弊害が生じる。

3　管理命令型再生事件における対象事件の絞り込み

　再生手続において管財人を選任する場合にも、対象事件の選別の問題が表れる。すなわち、再生手続において管財人を選任する場合には、それが破産手続に移行させるための前駆手続であるような場合を除き、上述した更生手続と同様の利益衡量がされるのが一般的である。裁判所が第1級の運営者を管財人に選任して私企業を再生させるという選択をするためには、当該企業を再生させることが社会的にみて有意義であるか、あるいは、再生させないことによって生じる社会的混乱を避ける必要があることを要するのである。医療法人や学校法人の再生が管財人を選任する典型例である。

　民事再生法の文言上は、管財人選任要件として、「再生債務者の財産の管理又は処分が失当であるとき」は、管理命令を発することができると規定されている（民再64条1項）。しかし、財産の管理や処分が失当であれば、一般的には再生手続を廃止することが検討されるのであり、管財人を選任してまで再生させようとする場合は例外といってよい。先に例を上げたラブホテルやパチンコ屋の経営会社が再生申立てをしてくる場合は、財産の管理又は処分が失当であるのが一般的であるが、このような会社については、財産の管理又は処分が失当であるからといって、管理命令を発してまで債務者を再生させることはない。財産の管理又は処分が失当で、自力再生が困難であれば、手続を廃止して破産してもらうのが一般的取扱いである。その場合に、当該事業が譲渡可能な

有用な事業である場合には、廃止決定後、保全管理人又は破産管財人が事業譲渡をすれば足りる。

なお、医療法人や学校法人については会社更生法が適用されないので、その再生のため、民事再生法中に担保権の権利変更ができる条項を入れる必要があるのではないかという議論がある。しかし、行政庁の強い監督下にある特殊な法人である医療法人や学校法人について、民事再生法上の管理命令の発令では足りず、担保権の権利行使をより強く規制する必要があるというのであれば、金融機関等の更生手続の特例等に関する法律（平成8年法律第95号）や農水産業協同組合の再生手続の特例等に関する法律（平成12年5月31日法律第95号）と同様に、特別法による特別手続の創設をもって対処すべきものであろう。

4 再生計画により担保権者の権利変更をする場合の二つの弊害

再生手続を「再生債務者のチャレンジを許す」という理念で幅広く運営するのが適当と考える場合には、担保権を再生計画による権利変更の対象とすることは適当でない。その理由の一つは、すでにみたとおり、再生計画により担保権の権利変更をすることを認める場合には、当該企業を再生させることが社会的にみて有意義であるか、あるいは、再生させないことによって生じる社会的混乱を避ける必要があるかどうかという観点から再生企業の絞込みが行われることである。これが再生計画により担保権を変更するとした場合の最大の弊害であるが、弊害はこれにとどまらない。

社会的有用性又は混乱回避必要性の審査をパスした事業体のみに手続の利用を許す場合には、結果として、再生事件に関与する弁護士も大幅に絞り込まれる。これによって、倒産手続に関与する弁護士の範囲が狭くなり、再生手続は縮小再生産の方向をたどる。強力な手段の採用には代償が伴うのである。

5 日米の相違点

このような見解に対する反論として、アメリカでは、自己申立ての再建手続（11章手続）においては、自動停止（オートマティックステイ）及び自動再建手続開

始(オートマティックコmemンスメント)をすることになっており、担保権を制約しながら、再建手続の門戸は広く零細企業や個人にも開かれているではないか、という意見が出されるであろう。しかしここで留意すべきは、アメリカは、建国以来、適正手続維持のための監視を国民に大幅に委ねる国であるということである。アメリカでは、例えば、独占禁止政策も、独占禁止訴訟という民間監視に大きく委ねており、認定された損害額の3倍の賠償を認める制定法を有しており、原告に強力な武器を与えて訴訟の提起による民間監視の達成を図っている。損害の立証の場面でも、抽選で選ばれた専業主婦が素人専門証人(layman expert)として意見を述べ、それが鑑定意見として証拠となるという、我が国では考えられない手法がとられている。死刑の執行もコミュニティー内の民間人が監視する。倒産手続においても、公正さの担保を債権者による監視に求め、債権者委員会が活発に活動し、記録も誰でも自由に閲覧謄写ができるものとする一方、裁判所の定めたルールや誓約に違反する行為があれば、服役を含む厳重な裁判所侮辱の制裁や重い偽証罪の処罰を受ける。手続違反であっても、十年を超える服役となることもまれではない。ここまで徹底することによって民間監視、すなわち、主権者による直接監視の実効性を保障している。

これに対して我が国には、伝統的に民間監視の仕組みが手薄である一方、裁判所の命令違反に対する裁判所侮辱の制裁はなく、手続違反の形式犯に対する罪は軽く、処罰は寛大である。我が国では、3倍賠償制度は公序良俗に反すると認識されている。民間監視の利益よりも、訴訟の濫用により企業活動や平穏な国民生活が阻害される弊害が大きいととらえられているものといえる。また、国民の側にも、行為の結果に対して厳罰を科して秩序を維持するよりも事前規制による穏やかな秩序維持を期待している向きがある。

倒産手続においても、主権者監視による適正さ担保への期待度は低く、不都合な事態が発生すると、監督態勢はどうなっているという「世論」が起こるのであり、司法の側も事後的責任追及の前に、できる限り問題が生じない運用をしようと努力する。このことは、次のような東京高裁決定にも表れている。「一部の法律実務家がゴルフ会員のプレー権自体を倒産債権でないなどと不合理な考え方を前提にして再生手続を行ったり、債権者の平等を無視し、より多数の継続会員債権者を優遇し、(このような方法で)債権者集会における多数の

賛成を得るための誘導工作が不当に行われている疑いが強く、(その原因は)監督委員や再生裁判所が、再生計画案に対する債権者の賛成が多数であることを重視したり、債権者平等の原則ないし債権者間の実質的衡平を十分にチェックしていないためであると推測される。」(東京高決平成16・7・23金法1727号84頁)。これが我が国の平均的かつ率直な意見であり、監督委員や裁判所が十分にチェックしなければ手続の適正は保てないと認識されている。民間監視や民間仕訳は、「パフォーマンス」としては行われるが、それで国の事務の根幹の適正さが保てると考える国民は少ないであろう。アメリカが採用している自由な手続進行と主権者監視ルールの全体像を直視することなく、特定部分のみつまみ食いをするのは適当でない。手続の設計をする場合には、まず自らの国の実情をよく見る必要がある。

6　立法の方向性

すでにみたとおり、我が国においては、仮に再生計画により担保権の権利変更が可能な制度を採用すれば、開始決定により自動的に担保権の行使が全面禁止となることから、濫用防止のため、再生手続は、厳格な開始前審査により開始事件が絞り込まれ、開始された後は、債務者の管理能力に疑いがあれば、直ちに信頼性に定評のある弁護士が管財人に選任され、その結果、再生手続の門戸は大幅に狭まることになろう。多くの企業のチャレンジを許す方向で開かれた再生手続の門戸を再び閉じるべきではないと考えるならば、我が国においては、再生計画によって担保権の権利変更をすることがない手続を維持すべきであり、担保権への制約は、「濫用の防止」を基本理念として組み立てていく必要がある[2]。

民事再生法上の担保権の規制は企業の再生の観点からみて不十分であるとの指摘はあるものの、民事再生法の立法政策は、倒産手続を遂行する立場からも、倒産手続の申立てを受ける債権者の側からも、概ね肯定的にとらえられ、

---

[2]　商事留置権者の担保権消滅請求対象物買受申出が権利濫用と認定された事例として、東京高決平成24・5・24金法1948号107頁がある。

民事再生法は再建型倒産手続法の基本法であるとの認識が定着してきている。これは民事再生法の適正な運用に努めた関係者の努力の結果であるが、再生手続において担保権を権利変更の対象としなかったことも、債権者の側に安心感を与え、倒産処理弁護士の側から見ても、手続を簡素なものにして進行の迅速化を図る大きな要因となっているものといえる。再生手続においては、担保権について別除権構成を維持するのが適当であろう。

III　第2の論点（動産・債権担保権の中止・消滅規律創設の要否）について

1　民事再生法立案当時の認識

　民事再生法における担保権実行中止命令及び担保権消滅請求の規定は、不動産担保権に関するものであり、動産・債権担保権を念頭に置いたものではない。このことは、担保権実行中止命令に関する31条の次のような文言からも見て取れる。

　「裁判所は、……競売申立人に不当な損害を及ぼすおそれがないものと認めるときは、」（1項）。「裁判所は、……競売申立人の意見を聴かなければならない。」（2項）。「競売申立人に限り、即時抗告をすることができる。」（4項）。

　民事再生法が不動産担保を念頭に置いて、担保権実行中止命令及び担保権消滅請求に関する規定を設けたのは、その当時の動産・債権担保法の反映であった。すなわち、動産担保権については、法定されている約定担保としては動産質権があるのみであり（法定担保として動産留置権と動産先取特権があるものの、法定担保権が営業取引の担保として利用されることはない）、動産担保取引としては、非典型担保といわれる動産譲渡担保、動産所有権留保及び動産リース契約が利用されていたものの、登録可能な自動車等以外は、占有改定が対抗要件であり、公示性に不安があるために、正常取引における一般的な利用は困難な状況にあった。債権担保についても、類似の利用状況にあった。

2 動産・債権担保に関する立法の進展

　民事再生法制定を皮切りとする倒産法制整備の後である平成17年、動産担保を解釈に委ねる民事再生法の立法の不十分さを浮き立たせる法改正が行われた。平成10年制定の「債権譲渡特例法」（債権譲渡の対抗要件に関する民法の特例等に関する法律）を抜本的に改正した新しい「動産・債権譲渡特例法」（動産及び債権の譲渡の対抗要件に関する法律）の制定がそれである。これは不動産担保融資に頼りすぎるとする融資慣行の変革策として策定されてきたものであり、その政策の当然の成り行きとして、動産譲渡担保及び債権譲渡担保の利用の促進が図られることとなり、動産債権担保融資（Asset Based Lending）は重要な融資形態となり始めており、動産及び債権の担保の取引上の重要度が高まりつつある。

　民事再生法制定当初の債権譲渡特例法は、債権譲渡のみを規定の対象とし、かつ、その登記は商業登記簿中にされることとされていたため、信用不安の風評等を恐れた債務者がその利用をためらった。これに対して、平成17年制定の動産・債権譲渡特例法は、この登記を商業登記簿とは別に作成される指定登記所の動産譲渡登記ファイル及び債権譲渡登記ファイル中にすることとして、利用をためらう心理的負担を取り除くとともに、登記の対象を債権譲渡から動産・債権譲渡に広げた。また、動産譲渡登記における動産の範囲について、政令等により「構成部分の変動する集合動産についても、その種類、所在、場所及び量的範囲を指定するなど何らかの方法で目的物が特定される場合には、1個の集合物として譲渡担保の目的となり得る」と定めて、集合動産・債権の譲渡担保についても、登記により対抗要件が具備される途を開き、さらに、債務者不特定の将来債権譲渡の登記も可能とした。

　動産・債権の譲渡に関する対抗要件登記の法制化により、動産・債権譲渡担保が非典型契約として事実上利用されていた状況とは異なり、その運用が急速に進展することとなった[3]。しかし、民事再生法は動産・債権担保に関する規

---

3) 粟田口太郎「倒産手続におけるABL担保権実行の現状と課題——再生手続における集合動産譲渡担保権の取扱いを中心に」金法1927号（2011年）90頁、池田真朗「『生かす担保論』後の展開と課題」NBL975号（2012年）32頁、中村廉平「ABL法制に対する実務ニー

定を有しないため、再生手続の処理の観点から立法措置を必要とするとの声が高まっている。

動産・債権譲渡特例法に加え、平成16年施行の民事執行法改正（担保・執行法改正）により、動産競売開始許可の裁判の制度も創設され（民執190条2項）、従来強制的実行方法が認められていないとされていた動産売買先取特権について、強制的な実行が可能となった（平成15年法第134号）。動産売買先取特権の実行方法がこの立法によってどう変化するかについては、別稿に譲る[4]が、これも民事再生法施行後の動産担保権実行手続の整備の一つである。

3 判例の進展

動産・債権担保法の進展に加えて、判例の進展も、民事再生法の立法姿勢の不十分さを浮き立たせることとなった。非典型担保である所有権留保やリース契約について、民事再生法施行後の判例により、所有権として構成するのではなく、担保権として構成し、かつ、再生手続開始決定時に対抗要件を具備しないときは、再生債務者に対抗することができないことが明らかにされた[5]。

4 立法の方向性

動産・債権担保法の整備の状況を踏まえると、民事再生法においても、動産・債権担保権に関し、その実行中止命令の在り方や担保権消滅請求について、明文で取り上げて規定を設けるべきものである。その場合には、現行法が不動産担保に関する規律であることを認識しつつ、まずは不動産担保についてどんな問題が生じているかを整理する必要がある。不動産担保権については、若干の手直し以外に大きな検討課題が生じていないこと（後記 **V** 1～9掲記の問

ズと法制整備の方向性」NBL975号（2012年）42頁等参照。
4）園尾隆司「動産売買先取特権と動産競売開始許可の裁判(上)(下)」判タ1323号（2010年）5頁、1324号（2010年）5頁）。
5）最判平成22・6・4民集64巻4号1107頁。

題点参照）からすると、不動産担保権と動産・債権担保権に関する規律を同一のものとせず、不動産担保権については従来の規律を維持し、動産・債権担保権について特則を設ける方向を基本とすべきである。迅速な法改正の実現のためには、法改正の対象を必要な範囲に絞り込む必要があるからである。

具体的には、次のような法改正の検討が必要となっている。

① 担保権実行中止命令については、動産・債権担保に関し、裁判所が必要と認めるときは、必要的審尋の規定を適用しないことができる旨の除外規定を設ける。その場合の濫用防止のための微調整として、担保権実行中止命令に対し、担保権者が必要に応じて随時、適切な保護の申立てをすることができるとの趣旨を明らかにするため、中止命令の変更・取消しの規定（民再31条3項）につき担保権者に変更・取消しの申立権を認め、必要に応じ、変更の内容につき中止によって生じる損害に対し担保の提供を命ずることができる旨の例示をする等の改正を加える。

② 動産・債権担保における担保権消滅請求については、より迅速に事業の継続に利用できる手続構造とする。特に、担保権消滅許可決定を送達し、これに対する即時抗告を許した上で、その確定後に価額決定請求を認めるという二重構造について、動産・債権担保の消滅請求における例外を認め、価額評価の対立が少ない動産・債権については、担保権消滅の可否と価額決定を1本の手続とし、1度の即時抗告で確定する迅速な担保権消滅請求手続を動産・債権担保の特則として認める。

③ 上記の改正はいずれも動産・債権担保の特則であり、不動産担保については、基本的に従来の手続構造を維持する。

Ⅳ 第3の論点（再生・破産両手続のツール統合の要否）について

1 民事再生法立案当時の実情

民事再生法を立案した当時は、再生は事業の継続を目的とし、破産は事業の解体と清算を目的とする手続であると峻別した上で法律の立案がされた。これ

は当時としては無理のないことであった。

 すなわち、旧和議法の解釈においては、事業譲渡は、企業が自己の事業継続を放棄することであるから和議手続では事業譲渡は許されないという素朴な考えが根強く残っていた[6]。民事再生法立案当時の東京地裁民事20部においては、和議手続において事業譲渡をすることも認められるという見解をとっていたものの、その運用は自ずから謙抑的で、過去に遡っても、わずかに、語学学校について事業譲渡による清算的和議が認められた先例があるにすぎなかった。このような実務の状況の中で立案された民事再生法においては、事業譲渡について明文をもって認めるのが精いっぱいであり、再生の手法として、これほどに事業譲渡の手法が一般化することは、立法当時には予想できなかった。

2　再生と破産の境界のあいまい化の発生

 民事再生法に事業譲渡を許容する規定を明文で設けることとなった結果、民事再生法施行以来、事業を譲渡してその代金を再生債権者への計画弁済に充てるという手法が再生手続の中で一般的手法として定着するに至った。多額の不良債権の処理が金融機関の喫緊の課題であったその当時、事業譲渡により再生債権の一括弁済が図られ、不良債権処理が一気にできるために、金融債権者が弁済率は低くても再生手続に協力するという事情も、事業譲渡の手法を後押しした。一方、事業譲渡の手法に習熟した倒産手続に堪能な弁護士が、破産手続においても、事業と雇用の維持のために積極的に事業譲渡の方法を用いるようになってきた[7]。破産手続で事業譲渡をする場合には、再生手続のように債権者の同意の取り付けることが不要で、裁判所の許可により行動することが可能なことから、破産管財人が事業譲渡に傾注することが可能であるという手続的

---

6) 菅野孝久『和議事件の申立・審理・裁判』（有斐閣、1991年）20頁は、清算的和議は和議法の予定するところではないと断言し、それは破産回避目的の和議申立てであり、棄却事由となり得ると述べている。東西倒産実務研究会『和議』（商事法務、1998年）257頁以下でも、裁判所は事業譲渡を含む清算型和議に消極的であることが紹介されている。

7) 多比羅誠「事業再生手続としての破産手続の活用」新裁判実務大系（28）32頁、宮川勝之・永野剛志「破産手続における営業譲渡」倒産の法システム(2)101頁。

利点も手伝って、破産手続における事業譲渡の手法も定着するに至った。これらの事情が相俟って、再生手続と破産手続の境界のあいまい化が生じた。

3 立法の方向性

このようにして、事業譲渡を媒介として、再生手続の側と破産手続の側で互いに類似した運用がなされるようになってくると、担保権消滅請求において、再生手続と破産手続において別箇のツールを設けたことの合理性が疑わしくなる。加えて、再生手続において担保権の実行を抑制する独自の規定を設けると、別除権者に議決権を与えない再生手続において、別除権につき破産手続より不利な可能性がある立法をすることになり、清算価値保障原則に抵触するのではないかという問題も生じる。

以上の二つの観点から、再生手続と破産手続の担保権消滅請求のツールを統一する必要が生じてくる。具体的には次の点が検討事項となる。

破産手続においては、財産を売却処分するための担保権消滅請求の手続が設けられているのに、再生手続においてはそのような手続が設けられていない。再生手続に関する高裁判例の中には、売却処分することも「事業継続のため欠くことができない」場合に当たるとするものがある（名古屋高決平成16・8・10判時1884号49頁）が、これに対しては批判的な説が多い。たしかに、解釈論としては無理があるが、再生手続と破産手続の境界があいまいとなっている現在、立法論としては、再生手続においても、破産法に規定する売却処分型担保権消滅請求（破186条）を認めて差し支えない。

一方、破産手続においては、事業継続のための担保権消滅請求の規定がない（わずかに商事留置権消滅請求について規定されているのみである）が、破産手続においても、事業譲渡により清算する手法が定着している以上、事業継続に有用な財産についての民事再生法類似の担保権消滅請求を認めるべきものであろう。

そのための両手続共通の要件としては、事業継続型担保権消滅請求の場合には「当該財産が事業の継続に必要であるとき」とし、売却処分型担保権消滅請求の場合には「当該財産の回復が債務者財産の価値の維持又は増加に資するとき」とすることが、一つの提案として考えられる（破192条1項参照）。民事再生

法148条の担保権消滅請求について規定された「事業の継続に欠くことができない」との要件は、再建型であることを強調する規定であるが、破産手続にも適合する事業継続型担保権消滅請求の要件としては狭すぎるであろう。

そうすると、再生手続においても破産手続においても、民事再生法148条以下の事業継続型の担保権消滅請求の手続と、破産法186条以下の売却処分型の担保権消滅請求の双方を認めることとなり、両手続において、事業継続型の場合は「当該財産が事業の継続に必要であるとき」、売却処分型の場合は「当該財産の回復が債務者財産の価値の維持又は増加に資するとき」においては、担保権の消滅請求をすることができることとなる（後記Ⅴ1参照）。

破産手続と再生手続に共通した担保権消滅請求の規定を設ける場合、破産手続にも担保権実行中止命令の規定を設けるべきである。事業継続のための担保権消滅請求において、担保権の実行を一時中止しなければならない場合があることは、破産手続においても再生手続と異ならないからである（後記Ⅴ2参照）。また、いずれの場合にも、担保権の一括消滅の定めが必要である（後記Ⅴ3参照）。さらに、民事再生法148条以下の事業継続型担保権消滅請求においては、不動産を対象とする場合は、担保権消滅の許可と価額決定とに分けて、二度にわたって争わせる方法を維持するのが適当であるが、動産を対象とする場合には、価額の争いは本質的な争いではないので、担保権消滅請求と価額決定を一時に行い、これを即時抗告で争わせるのが相当である（前記Ⅲ4②参照）。

Ⅴ 第4の論点（現行の仕組みの手直し）について

再生手続における担保権実行中止命令や担保権消滅請求は、民事再生法によって創設されたものであり、その後の運用により使い勝手が悪い点が見つかっても何ら不思議はなく、むしろ自然である（前記Ⅰ4参照）。これらについての微調整は、法改正の機会に行うことになる。したがって、法改正の機会が生じれば、これを逃がさないことが大事であるが、次の改正の機会がいつになるかが見通せない実情にある。そのため、法改正の機会が生じた場合には、いつでも立法上の手当を求められるよう、平素から、実務の運用において手直し

のため法改正を要すると思われる点を整理しておくことが重要となる。差し当たって、次のような点が手直しの事項として考えられる。

1　事業継続不可欠要件の緩和の検討

担保権の対象財産が事業の継続に不可欠であるとの要件（民再148条1項）を緩和してはどうかという問題である[8]。前記Ⅳ3記載のとおり、再生手続と破産手続の共通の要件として、事業継続型担保権消滅請求については「当該財産が事業の継続に必要であるとき」、売却処分型担保権消滅請求については「当該財産の回復が債務者財産の価値の維持又は増加に資するとき」と定める場合には、これによって要件緩和の目的も自動的に達成されることとなる。

2　破産手続における担保権実行中止命令の必要性

破産手続においても担保権実行中止命令を発令することができることとすべきである[9]が、この点についても、前記Ⅳ3記載のとおり、担保権消滅請求に関する規定について再生手続と破産手続との間で統一を図るという方法により、自動的に解決を図ることができる。

3　担保権の一括消滅請求の規定の必要性

土地と建物に違った当事者が担保権を有しており、その担保権を一括して消滅させる必要がある場合に、現行法では十分な対処の規定がない。土地に抵当権が設定され、建物については商事留置権その他の土地担保権者とは別の権利者の担保権が存在する場合において、土地の担保権者は価格に納得し、争いなく確定したが、建物の担保権者が価格を争い、裁判所の決定においては、建物

---

[8] 倒産法改正展望468頁〔三枝知央〕。
[9] 倒産法改正展望234頁〔永島正春〕、伊藤・破産法・民事再生法2版107頁注124、新破産法の基本構造と実務74頁〔松下淳一〕。

利用権の評価が異なり、土地と建物の価格の配分が債務者の提示と違って建物部分が多額となった場合、債務者としては、土地担保権者との間で再調整する手段がなく、不当な結果を生む。複数の物件に異なった担保権が設定されており、物件の相互の利用の実情からこれらを一括して消滅させるのが相当と裁判所が認めたときは（民執61条・民執規113条参照）、複数の物件についての担保権消滅請求を一括して行うことができるとの定めを設けるのが相当である。

　上記の事態は事業継続型担保権消滅請求についていえることであるが、破産法192条に規定する売却処分型担保権消滅請求においては、その必要性はさらに高い。土地と建物を一括して売却する計画に基づいてスポンサーを募り、それぞれに対して価格を提示して担保権消滅請求をしたところ、土地の担保権者はその価格による担保権消滅請求に同意したが、建物所有者はその価格で買受けの申出をし、一括して売却することが不能となり、スポンサーが購入を辞退するということが起こり得る[10]。その場合、破産者は買受申出により建物所有権を失うため、土地については、これを低額で手放すほかなくなり、破産債権者にとって著しく不利益な事態が生じる。複数の物件を一括売却することにより売却価額の増加が見込まれる場合には、これらについての担保権の一括消滅請求を認めるのが相当である[11]。

4　訴訟を前提としない手続への変更

　破産法192条には、商事留置権の消滅請求の規定があるが、使い勝手が悪く、使用の実績がほとんどない。それは、この手続により商事留置権を消滅させても、留置権者が価額について納得しない場合には、破産管財人は、物件引渡請求訴訟を提起し、その勝訴判決を得なければ物件の引渡しを受けることができない手続構造であるためである。訴訟を経て引渡しが実現される場合には、訴え提起準備から第1審判決までに最低でも4か月程度はかかり、控訴さ

---

10) 東京高決平成24・5・24金法1948号107頁参照。
11) 新破産法の基本構造と実務74頁〔松下淳一〕は、複数の財産を組み合わせて高く売る場合や事業譲渡の場合の一括処理の必要性を指摘している。

れれば、控訴期間、控訴理由書提出期間及び記録送付期間を考えると、判決までに最低4か月程度を要し、上告されれば、上告理由提出期間が上告状の提起通知送達から50日であることから、どんなに早くとも判決までにさらに4か月以上を要する。したがって、上告審まで争われる場合には、その主張に理由がないとしても、訴え提起から確定までに最低でも1年を要することになる。担保権者に引渡しを拒む正当事由がない場合でもこれだけの期間を要するのであるから、訴訟を経なければ目的物の引渡しを得られない仕組みとすると、担保権消滅請求は機能不全となる。したがって、破産法192条の商事留置権の消滅請求においても、引渡しまでを決定手続に組み込む制度設計が必要である。

5　引渡命令制度の創設

訴訟に長期間を要することを考えると、事業継続型及び売却処分型のいずれの担保権消滅請求においても、担保権消滅請求に係る決定が確定したときは、引渡訴訟を経ることなく、決定手続により引渡しが実現できる引渡命令の手続を創設することが望ましい（民執83条参照）。現行法は不動産抵当権を念頭に置いているため、引渡命令の規定を有しない。決定手続で引渡しを命じ、即時抗告を認めた上、確定後に執行する手続構造とすれば、迅速な引渡しに資する。

6　代金の分割納付制度の要否

担保権消滅請求が確定した場合において、債務者の資金繰りのため一括して代金を納付するのに困難が伴うときは、一定期間の分割払により代金を納付することができるようにするとの提案がある[12]。この提案は、代金が完済されてから引渡しや登記抹消をするものとすれば、代金に利息を付するかどうかを除き、不都合はないようにみえる。現行法でも、代金の納付時期を制限する法律上の規定はなく、納付期限を確定時から1か月以内の日と定める民事再生規則81条1項の規定があるのみである。

---

12) 倒産法改正展望473頁〔三枝知央〕。

しかし、分割納付を明文において認めると、それを期待して、資金的手当てがないのに担保権消滅請求の申立てをする債務者が生じ、再生手続の遅滞を招くおそれがある。再生手続は、いったん遅滞し始めると、弛緩した手続となるおそれがあり、現状では、法律により代金の分割納付を認めるのは問題である。この問題を法改正の課題として検討する場合には、再生計画案の提出の限度期間を法定して、再生手続の遅滞を許容しないことも同時に定めるなどの必要があり、そのような総合的な検討のないまま、使い勝手の点のみから分割納付を認めるのは相当ではない。この問題は、民事再生規則81条の改正の問題として、1か月以内納付の規定を、弊害なく若干緩めることができるどうかの検討に止めるのが相当と思われる。

アメリカ連邦倒産法は、2005年（平成17年）、従来再建計画案の提出の延長に限度が設けられていなかった点に改正を加え、1121条(d)項(2)号(A)において、債務者の計画案提出は、延長されたとしても、18か月が限度である旨を規定した。債務者が延長を繰り返し、手続が遅延しているとの批判を考慮したものである[13]。我が国の再生手続においても、遅延の傾向が出ることに警戒を怠るべきではない。

7　仮納付による登記抹消等の要否

再生裁判所による担保権消滅のための価格決定があった時点で、仮にこれに対して即時抗告があっても、代金を納付して登記の抹消や物件の引渡しができるようにしてはどうかという提案もあり得る。登記の抹消については、判決手続において仮執行の宣言があったとしても、その対象外であることから、代金の仮納付により登記の抹消をするのは適当でない。これに対して、物の引渡請求については、裁判所が相当と認めるときは、仮納付により仮の引渡しを命じる制度設計はあり得るが、これは、担保権消滅請求が確定した場合に、引渡命令を得ることができること（前記5参照）により代替し得るものともいえる。今

[13) 堀内秀晃＝森倫洋＝宮崎信太郎＝柳田一宏『アメリカ事業再生の実務』（金融財政事情研究会、2011年）188頁。

後必要性の有無について検討を要する課題である。

8 担保権消滅請求への競売による対抗と担保収益執行の除外

　破産法186条に規定する不動産売却のための担保権消滅請求において、競売申立てによる対抗（破187条）を認める場合には、担保収益執行の申立てによる対抗を除外すべきである[14]。このことは、解釈上当然のことであるが、明文の規定から読みにくいので、条文上明確にすべきである。平成15年法律134号により民事執行法が改正され、担保収益執行の手続が創設されたが、その施行が平成16年4月1日となり、その時点では破産法の全面改正法案が国会に提出され、すでに審議中であった（同年5月25日成立）ため、民事執行法の内容を破産法に反映させることができず、このような問題が生じたものである。

9 再生手続終結決定の時期

　再生手続を認可決定確定後3年で機械的に終結する仕組みは、担保権消滅請求手続等が継続する場合には不適当なのではないかという問題がある。しかし、この規定をあまりに緩やかなものに改めると、再生手続の迅速進行の心構えが緩むおそれがある。担保権消滅請求に関していえば、手続を迅速化するのが先決であり（前記Ⅲ4②、Ⅴ5参照）、終結時期まで緩やかなものとして手続の迅速進行の規律を弛緩させるのは、現状では得策とはいえない。迅速進行の規律は、いったん緩むと回復させるのが困難である。仮に終結決定に関する例外規定を設けるとすれば、監督委員に対する否認権限付与について、特別の事情があるときは、再生裁判所の裁量で、事件終結後も否認訴訟終了まで否認権限の行使を許容することができるよう規定を改めることは考えられるが、終結時期を一般的に延長し得るものとすることには慎重を期する必要がある。

（そのお・たかし）

14）倒産法改正展望476頁〔三枝知央〕。

8 再生事件における適正な
手続進行を確保するための工夫

東京地方裁判所民事第20部部総括判事　**鹿子木　康**

I　はじめに

　民事再生法は、平成12年4月1日に施行されてから、平成24年4月で満12年を迎えた。この間、東京地裁破産再生部では、再生手続に携わる関係者の理解と協力を得ながら、標準スケジュールに沿って手続を進行させ、手続の簡素化、迅速化を図るとともに、原則として全件について監督委員を選任し、その監督を通じて公正適正な運用を確保することにより、債権者の信頼を得るよう努めてきた。この結果、再生手続は、当初の対象と目されていた中小企業ばかりでなく、上場会社や大企業の再建にも利用されるようになり、東京地裁破産再生部に申し立てられた再生手続の事件数も法施行以来3,000件を超え、再生型倒産手続の基本手続として定着するに至っている。

　他方、再生手続について、再生債務者の公平誠実義務に反する濫用的な運用が一部に見られるとの指摘もされている。民事再生手続が、今後とも、債権者の信頼を得ながら、適正かつ迅速な再建型倒産手続として広く利用されていくためには、DIP型の手続としての基本的な枠組みは維持しつつ、不断の見直しを行い、事業再生の実効性を高める柔軟な運用を工夫するとともに、手続の公正さと透明性の確保に努めていく必要があるといえる。

Ⅱ 東京地裁における再生手続運用上の留意点

　東京地裁破産再生部において、再生手続の運用に当たり留意している点として、次の３つを指摘することができる。

1　事業再生の実効性を高めるための柔軟な運用

　再生手続は、再生債務者の自主再建の意欲を尊重することを基本とするDIP型の手続であり、事業を熟知した再生債務者自らが主体となって事業の再生に向けた取組みを行うことにより、迅速な手続の進行を図ることとしている。
　また、民事再生法は、再生手続による事業再生を実効性あるものとするために、保全処分、少額弁済手続、担保権消滅手続などの手続を定めている。これらの規定は、再生債務者の利益と再生手続に関わる関係者の利益との調整を図ったものであり、個々の規定の制度趣旨が尊重されなければならないことはいうまでもないが、同法が保護しようとする関係者の利益が確保される範囲では、事業再生の実効性を高めるため、規定の柔軟な解釈に基づく運用を行うことも、同法が定める目的、すなわち「当該債務者とその債権者との間の民事上の権利関係を適切に調整し、もって当該債務者の事業又は経済生活の再生を図る」（民再１条）という目的に沿うものといえよう。
　東京地裁破産再生部における柔軟な運用を示す最近の例としては、弁済禁止の保全処分における対象外債権の柔軟な運用（民事再生の手引49頁）、少額債権弁済の許可（民再85条５項後段）の柔軟な運用（同書187頁）、集合債権譲渡担保についての担保権実行手続の中止命令（民再31条）の発令（同書88頁）、担保権消滅許可の申立て（民再148条）における「事業継続のための不可欠性」要件の柔軟な解釈（同書247頁）、非典型担保である集合動産譲渡担保についての担保権消滅許可の発令（同書246頁）、登記嘱託情報交付手続の利用（民執法82条２項の類推）（同書264頁）などを指摘することができる。

2 適正な手続運用の確保

　再生手続は、再生債務者に事業の遂行や財産の管理処分権を保持させたまま再生を図ることを原則とする自主的な再建手続である（民再38条1項）。民事再生法は、再生債務者の遵守すべき詳細な手続規定を設けることに代えて、再生債務者に対し、再生債権者に適切に情報を開示し、財産状況等を含め説明義務を果たすなど、公平誠実に手続を追行する義務を定めており（同条2項）、再生債務者が、自ら手続の円滑な進行に努め、手続の公正さや透明性を確保しつつ、再生債権者の理解と納得を得るように努めることが基本である。

　他方、現実には、再生債務者側の力量不足やそれまでの債務者の再生債権者に対する対応の不十分さ等によって、再生債務者の誠実性に対する再生債権者側の不安感が強い場合もある。そのため、東京地裁破産再生部では、再生債務者申立事件については、全件、監督委員を選任し、監督委員による監督権限の行使によって再生手続の公正性と透明性を確保することとしている。監督委員の活動は、債権認否、財産評定及び再生計画立案のチェックから、財産の適正な管理、認可決定後の履行監督、さらには否認権の行使まで手続の全般に及び、再生手続の公正適正な手続進行を確保し、再生手続に対する債権者の信頼を得る上でまさに中核的な役割を担っていただいている。

　さらに、再生手続において、再生債権者は再生計画案について決議を行うという最終的な決定権限を有しているのであるが（民再172条の3）、それに加えて、再生計画案の提出（民再163条2項）、認可決定に対する即時抗告（民再175条1項）、管理命令発令の申立て（民再64条1項）、債権者委員会承認の申立て（民再117条1項）、債権者集会の開催請求（民再114条）などの権限を有している。最近の再生手続の実務の特徴として、再生債権者による権限行使が活発化していることを指摘することができ、再生債務者としては、再生債権者への適切な情報開示に努め、その理解を得ながら手続を進めていくことが、ますます重要となっている。

3　予測可能性を高める方策

　再生手続には、再生債務者、再生債権者、従業員、取引先、スポンサー等多数の関係者が関わっており、再生手続の利用しやすさを向上させるためには、手続運営についての予測可能性を高めることが重要と考えられる。

　東京地裁破産再生部では、再生手続開始の申立てから1週間で開始決定を行い、3か月で再生計画案が提出され、5か月で債権者集会を開催して再生計画認可決定を行うことを、再生手続の標準的なスケジュールとして広く公表しているところ、再生手続に関わる関係者に対して、手続進行についての予測可能性を与える上で、このスケジュールの公表が大きな役割を果たしているといえる。また、東京地裁破産再生部では、再生手続開始の申立て直後に、再生債務者において監督委員が同席する債権者説明会を行うとともに、再生計画案付議後にも、再生計画案についての債権者説明会を行うほか、必要に応じて手続の進行に関する情報提供を行うことを求めているが、これらの情報提供も、再生債権者が手続進行について予測可能性を持つ上で、重要な意味を有している。

　そのほか、予測可能性の確保について、裁判所として留意している点として、再生手続の運用に関する積極的な情報発信を行うことがある。雑誌への論文の掲載、出版物の刊行、研究会での報告、シンポジウムへの参加など、様々な機会を利用して最近の運用状況に関する情報を発信することによって、手続運用についての予測可能性を確保していきたいと考えている。

III　適正な手続進行を確保するための工夫

　再生手続は、再生を再生債務者の自助努力に任せるDIP型手続であるため、再生債務者代理人として手続に関与する弁護士の役割と責任は重大であるといえる。日本弁護士連合会では、このような認識から、民事再生法施行から間もない平成14年3月に、「民事再生手続と弁護士業務Q&A」と題する冊子を刊行し、再生手続に携わる弁護士業務の指針を示している。しかしながら、民事再生法制定に携わった諸先輩からは、最近の再生事件について、再生債務者の公

平誠実義務に反する濫用的な運用が一部に見られるとの厳しい指摘がされている。曰く、「問題は、昨今、手続の幅広い利用に伴い安易な申立てや手続の逸脱や違法の事例が散見されることである。……使い勝手がよく優れた制度の恒常的発展はこれを利用する当事者並びに運用の担い手である関係者の良心と自律・自戒等に待つしかなく、今や手続はモラルが問われる正念場に立ち至ったといえる。」(新倒産法制10年167頁〔才口千晴〕)、「これ(前掲民事再生手続と弁護士業務Q&A)は、民事再生手続における弁護士の業務と責任の指南書兼警鐘冊子であるが、十年一昔、今やその効用もなく、最近の事件の不誠実処理や拝金主義の横行は目に余るものがある。」(倒産法改正展望11頁〔才口千晴〕)、「手続が迅速かつ円滑に進むという評判を悪用した濫用的申立てや安易な申立ても生じてきている。……これは自主性を重視した手続を認める場合に必ず生ずる副作用であり、これに対する備えを怠ると、DIPを基本とする民事再生手続への信頼が徐々に堀り崩される。……監督委員の態勢整備、その補助者としての公認会計士の態勢整備、破産管財態勢の充実等、適正手続への必要な投資を怠らないよう努め、濫用事案を見逃すことのない態勢を作り上げる必要がある。」(新倒産法制10年226・231頁〔園尾隆司〕)。

ここでは、東京地裁破産再生部に係属した最近の再生事件において、適正な手続進行を確保するために監督委員又は債権者による積極的な権限行使が行われた事例及び裁判所が管理命令を発令した事例を紹介し、再生債務者による今後の手続運用の参考に供することとしたい。

第1 監督委員による監督権限の積極的な行使

東京地裁破産再生部では、再生債務者申立事件については、全件、監督委員を選任し、監督委員による監督権限の行使によって再生手続の公正性と透明性を確保することとしていることは、先に述べたとおりである。

具体的な事案において、監督委員が、どの程度の監督をすべきかという問題がある。再生債務者側が再生手続に通じており、情報開示や説明義務も適切に果たしていて、事案自体にも大きな問題がない場合には、再生債務者側から質問があればこれに答えつつ、財産評定の正確性や再生計画案の履行可能性等に

ついて検証するといった対応で足りることもある。他方、再生債務者の粉飾決算や代表者の不正行為が認められるなど事案自体に問題を抱えており、再生債権者が再生債務者に厳しい姿勢を有している場合や、再生債務者側の経験・力量が必ずしも十分ではなく、情報の開示や説明義務の履行も適切ではないといった場合には、適宜の方法で報告を求め、助言を行い、必要に応じて裁判所を交えた打合せを行うなど、より積極的な姿勢で監督の程度を高めることが求められる。

東京地裁破産再生部において監督委員の積極的な権限行使が行われた事例としては、次のようなものがある。

1 同意権の行使

FA契約及びスポンサー契約に関し、監督委員の指導助言を受けないまま、スポンサーの支援内容にかかわらず多額の報酬の支払を約するFA契約を締結した事例や、他にもスポンサー候補がいるにもかかわらず、十分な交渉をしないまま、特定のスポンサーと事業譲渡を内容とするスポンサー契約を締結した事例が散見された。そこで、東京地裁破産再生部では、平成22年から、「事業の維持再生の支援に関する契約及び当該支援をする者の選定業務に関する契約の締結」についても、監督委員の同意を要する行為として指定することにした（民再54条2項）。ちなみに、事業の維持再生の支援に関する契約の内容には、事業譲渡、減増資、DIPファイナンス、会社分割等を含み、法形式を問わない。

(1) 定額の報酬を定めたFA契約について、スポンサーからの支援額に応じて報酬が変動する仕組みの契約に改めさせた事例

当初、再生債務者がFAと締結した契約においては、着手金を700万円、成功報酬を1,800万円とする定額の報酬が定められていたが、監督委員の指示に基づき、再生債務者が交渉した結果、着手金を700万円、成功報酬をスポンサー支援額（運転資金融資額を除く）の6パーセント（ただし、最低500万円、最高1,800万円）とする報酬の定めに改められた。スポンサーからの支援額の多寡にかかわらず、FAが定額の報酬を取得するのでは、再生債務者に有利な提案を

するスポンサーの確保についてのインセンティブに欠け、相当でないといわざるを得ない（具体的なＦＡ報酬の定め方についての提案として、服部秀一ほか「東京地裁民事再生手続における管理命令発令事案——スポンサー契約およびFA契約と監督命令」事業再生と債権管理135号（2012年）106頁参照）。

(2) 事業譲渡の対価が低額である事業譲渡契約について、再生債務者に見直しを促し、適正な金額に改めさせた事例

再生手続開始の申立前にスポンサーの選定を終えたプレパッケージ型の再生事件において、再生手続開始後に、監督委員が、財産評定等に基づいて、スポンサーからの支援内容について見直しを促すことがある。資金繰りが困難なため、スポンサーからのプレDIPを受けることが必要であり、時間的余裕がなかったため、入札手続を行うことなく、特定のスポンサーに対する事業譲渡を行うことを内容とするスポンサー契約を締結した事例において、見直しを指示される例が見られる。

著名な例としては、平成15年に係属した菓子販売業者の再生事件がある。同事件においては、申立前に締結された事業譲渡契約（スポンサーからの譲渡前の資金援助を含む。）につき、手続開始後に、監督委員の指示に基づき、入札をやり直すこととなり、結局当初のスポンサーが落札したものの、申立前の合意から183億円を上積みした譲渡代金が定められた。

(3) スポンサーの選定過程が不透明であったため、改めて適正な手続による選定を行わせた事例

多数のレストランを経営する事業者の再生事件である。再生手続申立て前に、再生債務者は、その資産の一部及び商取引債権者に対する債務を新設分割会社に承継させ、分割会社である再生債務者が当該債務について重畳的債務引受を行う会社分割を実行した。会社分割では、金融機関に対する債務は承継されず、金融機関が担保権を有する不動産や賃借物件の入居保証金返還請求権等も承継されなかった。

再生債務者は、新設分割会社に対して再生債務者の有する新設分割会社の全株式、不動産、入居保証金返還請求権等を譲渡することを前提に、再生手続開

始前に、新設分割会社のスポンサーを募集し、そのうちの1人をスポンサーとして選定した。再生債務者は、新設分割会社が当該スポンサーから7億円の出資及び融資を受け、その資金をもって新設分割会社が再生債務者に事業譲渡代金を支払うことを計画していた。

　再生手続開始の申立時の再生債務者代理人の説明では、あらかじめ金融機関には、全体の計画は説明してあり、商取引債権者に対する債務のみを移転させて弁済するのは事業価値の下落を防ぐためであるとして理解を得ているとのことであった。ところが、再生債務者による債権者説明会の後に監督委員が各金融機関の意見を聴取したところ、再生手続開始について不相当とまでいう意見はなかったものの、①残存債権者となる金融機関に対して十分な事前の情報提供がなく、説明後直ちに会社分割を実行しており、手続の透明性が確保されていないこと、②会社分割により再生債務者の資産の一部及び商取引債権者に対する債務のみ新設分割会社に承継し、商取引債権者は全額弁済を受けるのに対し、金融機関は権利変更を受けるので公平性に問題があること、③スポンサーの選定方法が不透明であり、再生債務者の代表者が新設分割会社の代表者に就任することを条件としていることなどの問題が指摘され、あらためて選定手続を行うべきであるなどの意見が寄せられた。

　そこで、監督委員の指示を受けて、再生債務者はスポンサー選定手続をやり直すこととし、①飲食店事業として風評被害に配慮し、金融機関の紹介ある候補に限って参加できるクローズドビッド方式とすること、②再生債務者の代表者が新設分割会社の代表者に就任する条件は撤回すること、③入札最低価格は7億円とすることを条件として改めて入札を行った。その結果、7億2,000万円の入札者がスポンサーとして選定され、金融機関もこの過程及び結果を評価して、その後、すべての金融機関との間で、これを前提とする別除権協定が締結されるとともに、ほぼ全ての再生債権者の同意を得て再生計画案は可決されるに至った。

　監督委員の積極的な監督権限の行使により、債権者の納得を得ながら円滑な事業承継が実現したといえる。

2 同意事項の変更

　東京地裁破産再生部では、再生手続開始の申立後に発令する監督命令において、裁判所の定める行為について監督委員の同意を取得する義務（民再54条2項）及び報告義務（民再125条2項）を再生計画認可決定がされるまでの期限付きとする運用をしている。そして、認可決定後の履行監督としては、再生債務者に対して、履行期に履行を終えた都度、監督委員及び裁判所に報告書を提出させるほか、事案に応じて、監督委員の判断で、業務状況の報告や財産処分状況の報告を求めることに留めている。これは、再生計画は、通常は、遂行可能性の高い形で立案されているはずであるため、計画の遂行は淡々とされることが多く、監督委員の監督の方法としても、適宜、再生債務者から遂行状況について報告を受けることで十分な場合が多いと考えられることによる。

　これに対し、再生計画における弁済原資が再生債務者の保有する資産の処分と連動しており、処分結果について債権者の関心も高く、再生債務者の恣意的な処分を防止する必要が高い事案、別除権協定未成立のまま認可となったが、どのような協定が締結されたかというその内容が再生計画の遂行に大きな影響を及ぼす事案、あるいは、別除権協定が履行されるか否かが再生計画の遂行に大きな影響を及ぼす事案などにおいては、監督委員のより積極的な関与、厳格な監督が求められる。

　そこで、①保有財産の処分による弁済を再生計画で定めた事案において、処分の適正を確保するために、財産の処分及び別除権の受戻しについて、認可後も監督委員の同意事項とする変更をした事例がある。また、②同様の事案において、監督命令は変更しないものの、特定の不動産の売却及び別除権の受戻しに当たり、監督委員の同意を得る旨を再生計画上に明記した事例もある。さらに、③認可後に高額な専門家報酬の支払が問題になった事案において、一定額以上の共益債権の支払を同意事項に加える変更をした事例もある（後記**第2の1**参照）。

3 財産評定の確認

(1) **再生債務者の評価が監督委員が相当と考える評価と異なる場合に、再生計画案に関する意見書の中で、その旨指摘した事例**

　財産評定の確認は、監督委員の監督の重要な柱であり、法人の事案では、ほぼ全件について公認会計士を補助者として、再生債務者による評価が適正にされているか、監督委員による確認が行われている。監督委員からの指摘があれば、これを受けてそのとおり修正がされる事例がほとんどであるが、中には、再生債務者による評価が、幅の問題としては誤りとまではいえないという場合もある。例えば、財産評定において、再生債務者が保有債権の回収率を7割と評価したのに対し、監督委員が、これまでの回収実績からみて、早期回収を前提としても9割が相当と考えた事案がある。監督委員は、清算価値の評価としては7割としたことをもって、裁量の範囲を超え違法とまではいえないと判断したが、再生計画案に関する意見書において、回収率を9割であることを前提とした清算配当率を併記することとし、再生計画案の弁済率もその清算配当率を超えるものとすることを求めた。裁判所は、再生計画案の弁済率が監督委員の相当と考える清算配当率を上回ることを確認した上で、付議決定をした。

(2) **一部の再生債権者への弁済について否認権行使の可否について再生債務者に調査を促し、その結論について再生計画案に関する意見書の中で指摘した事例**

　一部の再生債権者への再生手続開始申立て前の弁済について、監督委員から偏頗弁済に該当する可能性の指摘がされることがある。そうした場合、再生債務者において、弁済の経緯、当該債権者との交渉の内容について詳細な調査を行い、それに基づき、否認行為の該当性について協議をする。否認権の行使が相当と考える場合には、監督委員に対し否認権を行使する権限の付与決定を行い、否認の請求を提起してもらうとともに、財産評定には、否認権の行使により財産の回収ができた場合には、その分が追加されることを注記し、再生計画案には、回収できた場合には、それによる追加弁済を行うことを規定することが多い。否認権の行使が困難と考える場合には、125条報告書に再生債務者の

判断を記載するとともに、監督委員も、再生計画案に関する意見書の中で再生債務者の結論についての意見を述べることになる。

4　再生債務者の財産管理状況の調査

(1)　再生債務者代理人の報酬の法的性格

　再生債務者代理人の報酬債権のうち、申立報酬や着手金のうち再生手続開始前の業務に対応する報酬など再生手続開始前の原因に基づく債権は、支払済みであればよいが、未払分は再生債権となる（民再84条1項）。資金繰りが厳しいことから、着手金は再生手続開始後に分割して支払ってもらえばよいと考えて申立てに至る事例もあると思われるが、再生手続開始後は、再生債権となって弁済は禁止され、権利変更の対象となるので（民再85条1項）、注意を要する。

　これに対し、再生手続開始後の業務に対応する報酬及び成功報酬など再生手続開始後の原因に基づく債権は、共益債権となるので随時弁済が可能となる（民再121条1項）。しかしながら、再生債務者と合意すれば、再生債務者代理人の報酬額をいくらと定めようと自由というわけではない。再生債務者は公平誠実義務を負っており、自己又は第三者の利益を図って債権者の利益を害することは許されない。すなわち、再生債務者代理人の報酬が適正な範囲のものである場合には、債権者全体の利益のために業務を遂行した対価といえ、その報酬の支払が債権者の利益を害することはないが、適正な範囲を超えるものである場合には、その超える部分の支払は債権者の利益を犠牲にして再生債務者代理人の利益を図る行為として公平誠実義務に違反することになる。公平誠実義務違反の行為については損害賠償義務が認められるほか、相手方の義務違反についての悪意等を条件に効力は否定されるという見解が有力であり（最新実務解説一問一答民事再生法410頁〔山本和彦〕）、公平誠実義務に違反する弁済は返還請求の対象となろう。

　再生手続開始前の再生債務者代理人の報酬に関しても、それが過大である場合には、その支払が問題となる。最近、破産手続において、申立代理人の報酬が過大である場合に、破産管財人が否認権を行使して適正な範囲を超える部分の返還を求める事例が少なくないが、その考え方が参考になろう。裁判例は、

報酬の支払行為は、破産者と当該弁護士との間では暴利行為に当たらない限り有効としつつ、「破産債権者との関係においては、その金額が、支払の対価である役務の提供と合理的均衡を失する場合、破産者はその合理的均衡を欠く部分については支払義務を負わないといえるから、当該部分の支払行為は、破産法160条3項の「無償行為」に当たり、否認の対象となり得るというべきである。」と述べ、合理的均衡を失する部分について否認権の行使を認め、不当利得に基づき返還を命じている（東京地判平成23・10・24判時2140号23頁参照）。

(2) **再生債務者代理人の報酬の一部について監督委員が返還を促した事例**

監督委員が再生債務者代理人に対して報酬の一部の返還を求める例は決して多いわけではないが、極端なものについては、再生債権者の利益を守る観点から権限行使がされている。例えば、和菓子製造会社の再生事件において、スポンサー選定を経て事業譲渡がされたが、事業について高い評価をするスポンサーを得ることができず、再生債権者に対する弁済原資は約500万円に止まったのに対し、再生債務者代理人は約6,000万円の報酬の支払を受けていたという事例がある。監督委員は、その半額を返還して弁済原資とすることを求め、再生債務者代理人もこれに応じた。

誤解がないように申し上げておくと、裁判所が、監督委員に対して、常に再生債務者代理人の報酬について調査を促しているとか、監督委員が積極的に調査を行っていることはない。しかし、監督委員が、再生債務者の開始前及び開始後の資金繰りや資金の流れを調査していく中で、報酬額も自ずから明らかになるのであり、監督委員からみて相当な範囲を超えて高額な場合に、問題点の指摘がされるということである。

(3) **再生計画認可決定後に高額な専門家報酬の支払が問題となり、再生債権者の意見を聴取した事例**

マンションの建設販売等を行う不動産業者の再生事件である。再生債務者は、再生手続開始後、FAを選定し、事業全体を承継するスポンサーの選定を目指したが、事業全体の承継を希望するスポンサーは現れなかったため、一部の事業のみ切り離して事業譲渡を行い、残る事業については、再生債務者が再

生計画認可決定後も物件の売却を継続して債権者に対して弁済を行う清算型の再生計画案を提出し、認可決定を受けた。認可決定から1年余りが経過した段階で、監督委員から、再生計画は、収入から支出を控除した残額で弁済を行う清算型のものであるから、財産の換価処分による収入とともに各種支払の支出を明確にする必要があるとの指摘がされ、公認会計士を補助者とする調査を行うことになった（その調査費用については、再生債務者に追納を求めた。）。

その結果、再生手続申立てから約2年間の専門家報酬が極めて高額に上ること、そのうち半分余りが再生債務者代理人の報酬であり、その余の多くがFAに対する報酬であるとの報告がされた（再生手続開始申立てから再生計画認可決定までに要する再生債務者代理人の報酬は、少なくとも裁判所に対する予納金の1.5ないし2倍程度を見込むべきといわれているが（須藤英章監修『民事再生Q&A500［第2版補訂］』（信山社、2011年）52頁〔髙木裕康〕）、本件では、その時点において再生債務者代理人が受領した報酬は、認可決定までの予納金の約50倍に上っていた。）。監督委員からは、スポンサー選定が不成功に終わり、実質的に事業の清算を行う結果となったこと、申立てから2年余りの弁護士報酬であることを考えると、いずれの報酬も高額であるとの指摘がされた。

そこで、裁判所は、専門家報酬を含む経費支払の実情について、再生債権者に対して情報提供を行い、その相当性について再生債権者の意見を聴取する必要がある、その上で、当該意見聴取結果を踏まえて再生債務者において対応を検討すべきであるとの方針を定め、再生債務者に対して、債権者説明会の開催と再生債権者に対するアンケートの実施を指示した。アンケートの結果は、相当とする者7社、報酬が高額であるとする者14社、特に意見なしとする者20社、その他1社であった。これを踏まえ、再生債務者は、支払未了の弁護士報酬について大幅な減額をすること、早期の追加弁済を実施することを柱とする対応案を策定し、再生債権者に報告した（この後の手続経過については、後記**第2**の1を参照されたい。）。

5 監督期間満了時の処置

裁判所は、監督委員が選任されている場合において、再生計画認可の決定が

確定した後3年を経過したときは、再生手続終結の決定をしなければならない（民再188条）。否認に係る訴訟や担保権消滅請求の手続が進行している間に認可決定の確定から3年が経過する場合に終結決定をしないことができるかについては争いがあるが、規定の文言上、裁判所に裁量の余地がないため、裁判所は、この場合であっても終結決定をしなければならないと解される。

東京地裁破産再生部では、認可決定が確定した後3年が経過する前に監督委員の意見を聞き、問題がなければ、3年が経過したときに職権で終結決定をする運用である。問題点の指摘がされたときは、その内容を確認のうえ、必要に応じて、再生債務者及び監督委員との三者打合せを設けて対応を協議することになる。

東京地裁破産再生部において、監督期間満了に際し、監督委員の意見に基づき、弁済を確保するための措置を行った事例として、次のようなものがある。

(1) 監督期間満了に際し、保有現金による繰上げ弁済を行うとともに、今後の弁済見込みについて債権者へ情報提供した事例

工作機械の製造販売業者の再生事件である。再生債務者は、計画外事業譲渡を行った後、手元資金による基本弁済を行うとともに、残余財産の処分終了時に処分代金による追加弁済を行うことを定めた再生計画案を提出し、認可決定を受けた。ところが、残余財産処分の終了に目処が立たないうちに監督期間が満了することになった。そこで、終結決定後の履行を担保するために、監督委員は、再生債務者に対して、終結決定後に処分することになる財産の状況（財産の残高・評価額、回収見込みの有無、回収予定時期、回収予定額、現在の回収状況等）及び追加弁済の予定時期について再生債権者に書面で説明するとともに、現時点で保有している手元現金から別除権不足額の増額に備えた留保金、役員・代理人報酬、公租公課等を控除した額による繰上げ弁済を実施することを促した。これに応じて、再生債務者は、債権者に対する説明及び繰上げ弁済を行い、手続は終結された。

(2) 監督期間満了に際し、余剰資金による追加弁済を行うこととし、再生計画の変更手続を執って弁済を行った事例

戸建住宅の建築販売事業者の再生事件である。再生債務者は、スポンサーからの支援により事業を拡大していく事業計画に基づく収益弁済を内容とする再生計画案を提出し、認可決定を受けた。ところが、監督期間満了に先立ち、監督委員から再生債務者の財産の管理処分の適正に疑問が指摘され、改めて監督委員の補助者である公認会計士による調査が行われた（その調査費用については、再生債務者に追納を求めた。）。その結果、再生債務者は、再生計画の前提となっていた当初の事業計画を大幅に変更し、事業規模を縮小して保有していた物件の処分を進めており、そのために、手元資金に多額の余剰が生じていることが判明した。監督委員は、この余剰資金は、再生手続における公平の観点から、再生債権者に還元することが相当とし、再生債務者に追加弁済を促した。これに応じて、再生債務者は、再生計画変更の手続を執って（再生債権者に不利な影響を及ぼすものではないので、債権者集会における可決を要しない（民再187条2項）。）、余剰資金による追加弁済を行い、手続は終結された。

(3) 監督期間満了に際し、将来予測に基づき弁済原資となることが確実な範囲で中間弁済を行うこととし、再生計画の変更手続を執って弁済を行った事例

消費者金融業者の再生事件である。再生債務者は、手元資金で基本弁済を行った後、再生債務者が残債権の回収を引き続き行い、その回収資金で追加弁済を行って最終的に再生債務者は認可決定後10年程度を目処に清算することを内容とする再生計画案を提出し、認可決定を受けた。また、再生計画においては、届出期限内に届出のない過払金返還請求債権についても、届出期限後に届出があれば再生計画に定める弁済率による弁済の対象とすることが定められ、そのため、基本弁済の弁済率は抑えた割合とされており、追加の債権届出が生じないことが確定した段階で、残存する弁済原資を各債権者に按分して追加弁済することが定められていた。

監督委員は、監督期間満了に先立ち、再生債務者に財産状況の報告を求め、資金回収が順調に進んでいること、再生計画立案当初の想定より追加の債権届

出が少額にとどまっている結果、会社に手元資金が積み上がっていることから、再生債務者に対し、これまでの債権届出の状況に基づき今後の追加の債権届出の予測の見直しを指示し、見直し後の予測に基づき、将来追加弁済の原資となることが確実な範囲の手元資金については、現時点で、中間弁済を行うことを促した。これに応じて、再生債務者は、再生計画変更の手続を執って（債権者集会における可決を要しないことは(2)と同じ。）、中間弁済を行い、手続は終結された。

第2　債権者による再生手続上の権利行使

1　債権者委員会承認の申立て

第1の4(3)の事例において、債権者説明会を受けて、再生債権者のうち主要債権者の1名から、自らを含む再生債権者3名で構成される債権者委員会が再生手続に関与することの承認を求める申立てがされた（民再117条1項柱書及び1号）。申立書には、全債権者のうち頭数で67パーセントの再生債権者が手続関与に同意する旨の同意書が添付されていた（同項2号）。監督委員は、各再生債権者に対して、債権者委員会の承認に関するアンケート調査を実施し、その結果を踏まえて、委員会の手続関与に賛成している再生債権者の債権額は29.3パーセントであるのに対し、反対している再生債権者の債権額は23.7パーセントであり、賛成者の方の額が多いこと、反対債権者の中の最大債権者も、早期弁済と高額弁済が実現されるのであれば、債権者委員会の関与自体を問題視するものではないと判断されることを考慮すると、債権者委員会が再生債権者全体の利益を適切に代表すると認められる（同項3号）、ただし、早期弁済・早期終結が多くの債権者の意見でもあることから、債権者委員会の活動はこのことにも十分に留意して進めるべきである旨の意見書を提出した。この意見を受けて、裁判所は、債権者委員会の手続関与を承認する決定をした。

承認後、債権者委員会は、①再生債務者による支出について監督委員の同意事項とすること、②追加弁済を早期に実行することを求める旨の意見を述べ（民再117条3項）、③債権者委員会の求める事項についての報告命令の申し出

（民再118条の3第1項）を行った。

　①については、監督委員の意見を踏まえ、弁護士業務及びFA業務に関し支払われる費用及びそれ以外の300万円以上の支出について監督委員の同意事項とする監督命令の変更を行った。②については、再生債務者において早期の弁済を実行した。③については、再生債務者において、秘密保持を要する部分を除く資料を任意で提出したため、報告命令の発令は行わなかった。

　その後、監督期間満了に先立ち、委員会から、職権による管理命令の発令の申出がされたので、裁判所は監督委員の意見を聴取した。監督委員は、債権者らからは早期弁済・早期終結を求める声も少なくないこと、再生債務者は、終結後も3か月に1回債権者に対する報告を行うことを約束していること、再生債務者代理人は支払を留保している報酬の一部につき放棄することを申し出ていることから、管理命令の発令は相当ではない旨の意見を述べ、裁判所は、これを踏まえ、管理命令の発令は行わずに、再生手続を終結した。

2　債権者による再生計画案の提出

　最近、ゴルフ場の再生事件において、再生債権者から再生計画案が提出され、再生債務者提出の再生計画案と債権者提出の再生計画案の双方を付議し、再生債権者に対して、いずれかを選択する投票を求めた事例がある。

(1)　各再生計画案の内容

　再生債務者提出の再生計画案の内容は、一般債権者及び退会会員については、1,000万円以下の部分は5パーセント、1,000万円を超える部分は3.5パーセントを弁済する、継続会員については、プレー権は保障し、10年据置き後退会時に1,000万円以下の部分は5パーセント、1,000万円を超える部分は3.5パーセントを弁済するというものである。

　再生債権者提出の計画案は、再生債務者が、再生債権者の選定したスポンサーにゴルフ場運営事業を事業譲渡し、一般債権者及び退会会員については、500万円以下の部分は16.5パーセント、500万円を超え2,000万円以下の部分は8.8パーセント、2,000万円を超える部分は5パーセントを弁済し、その弁済は

スポンサーからの譲渡代金により再生債務者が実施する、継続会員については、プレー権はそのスポンサーが保障し、継続会員に対する弁済はスポンサーが免責的に引き受け、10年据置き後退会時に500万円以下の部分は25パーセント、500万円を超え2,000万円以下の部分は12.5パーセント、2,000万円を超える部分は6.25パーセントを弁済するというものである。

(2) 事業譲渡の実行等は再生債務者が行うことを内容とする再生計画案と遂行可能性との関係

再生債務者は、事業譲渡を行う意思はなく、株主も株主総会で特別決議を行う意思はないから、再生債権者提出の再生計画案は遂行可能性がなく、付議すべきでないと主張した。

しかしながら、現実に債権者提出の再生計画案が可決された場合に、再生債務者が再生手続廃止及び破産手続開始を覚悟してまで事業譲渡の実行を前提とする再生計画の履行を拒絶するかは、現時点では未定といわざるを得ないこと、仮に再生債務者が履行を拒絶する場合には、管理命令を発令し、管財人によって株主総会代替許可申立手続を経ることにより、事業譲渡を実行することも可能であることを考慮すると、再生債権者提出の計画案に遂行の可能性がないとはいえないと判断し（破産・民事再生の実務（下）新版260頁参照）、裁判所は、再生債権者の選定したスポンサーの財産状況についても精査した上、再生債権者提出の再生計画案についても付議決定をした。

再生債権者が事業譲渡を内容とする再生計画案を提出することができるかについては、議論のあるところである。他方、これを否定すると、民事再生法が再生債権者に対して再生計画案の提出を認めているにもかかわらず（民再163条2項）、再生債権者が提出できるのは、再生債務者が収益弁済を予定している場合に、再生債務者の定める弁済率よりわずかに高い弁済率を定める再生計画案などに限られることになりかねない。それでは、再生債権者に付与された再生計画案提出権の機能が著しく減殺され、再生債権者に提出権を付与することにより、再生債務者の再生計画案提出権に牽制を働かせ、適正な内容の再生計画案の作成を確保しようとした法の趣旨を損なうおそれがあることをも考慮する必要があろう。

(3) 議決権行使の方法

議決権行使の方法としては、再生債権者に対し、各再生計画案について別々に賛否を求めるのではなく、いずか一方の再生計画案の選択を求めることとし、①再生債務者提出の再生計画案に賛成、②再生債権者提出の再生計画案に賛成、③双方に反対の選択肢から選択する議決票を送付した。結論としては、再生債務者提出の再生計画案が、頭数要件及び議決権総額要件の双方を充たして可決された。

この事案においては、スポンサー選定段階から、再生債権者が自分たちの推薦するスポンサーも参加する形で選定手続を行うことを求めていた。ところが、再生債務者が入札方式での選定手続を行わず、再生債権者にスポンサー選定手続への参加の機会を与えなかったことから、再生債権者が不満を持ち、対抗的な再生計画案を提出するに至ったという経過がある。DIP型の再生手続においては、どのような手続でスポンサー選定を行い、いずれの候補者を選定するかは、第一義的には再生債務者の判断事項であるが、裁判所としては、スポンサー選定段階から、再生債権者の意向も踏まえつつ、できる限り多くの再生債権者の賛成を得ることができるスポンサー選定を行っていただくことを期待したい。

3 管理命令の申立て

マンションの建設販売を行う不動産業者の再生事件である。再生債務者は、保有する現預金による基本弁済を行うとともに、一定の範囲の保有不動産を一定期間内に順次処分することによる追加弁済を定めた再生計画案を提出し、認可決定を受けた。ところが、履行監督中に、再生債務者が追加弁済のために留保している資金から、再生債務者代表者が報酬名目で極めて高額な資金を取得し、かつ、海外子会社に貸付金として送金がされている事実が判明したため、再生債務者の財産の管理又は処分が失当であるとして、再生債権者から管理命令の申立てがされた（民再64条1項）。裁判所は、再生債務者に対し、一定期間内に問題点について是正措置を講じる機会を与え、再生債務者は是正を約束したが、期間内に履行がされなかったため、再生債務者の同意を得て、管理命

を発令した。上記のとおり、再生債務者は、再生計画において保有不動産を一定期間内に順次売却することとされていたが、これに反してなかなか売却を進めないことも、申立ての理由となっていた。

管財人は、就任後、売却対象となっている保有不動産の販売活動を進め、好条件で売却するとともに、海外子会社についても、現地でのマンションの建設販売事業を進めることにより貸付金の回収を行い、これらを原資に、再生計画で当初見込まれていた金額を超える弁済を行った。さらに、管財人は、残る不動産の売却を行い、また、再生債務者の元代表者に対する損害賠償請求訴訟を提起して流出した資金の回収を実現し、追加弁済を行うとともに、現在も事業を継続している。

管理命令の申立権は、再生債権者にとって再生債務者の財産管理を牽制する有力な手段となっているということができる。

| 第3 | 管理命令の発令 |

東京地裁では、平成21年に至るまで、管理命令を発した再生事件は、平成15年の1件のみにとどまっていた。これは、親会社が更生手続開始の申立てをしたものの、当該会社だけが有限会社であり、関連会社と一緒に更生手続開始の申立てをすることができなかったため、管理型の再生手続開始の申立てをしたという事案である。

これまで東京地裁で管理命令が発令された事例がほとんどなかった背景としては、DIP型の倒産手続として再生手続の申立てができる環境が整ってきているのに、問題があると管理命令が発令されるというのでは、再生債務者側が管理命令の発令をおそれて手続を利用するのに躊躇するおそれがあるという考えがあったようである（山本克己ほか「施行6年を経過した民事再生手続を振り返って――全国倒産処理弁護士ネットワーク第5回全国大会シンポジウム報告」事業再生と債権管理115号（2007年）27頁〔西謙二発言〕）。

しかしながら、再生債務者の財産管理に大きな問題があり、DIP型として手続を進めることが極めて困難な場合まで管理命令の発令を行わないというのは相当ではないので、平成22年1月からこの運用を改めた。それ以降平成24年

10月までに、管理命令を発令した再生事件は9件ある。

1 再生債務者から管理命令の申立てがされた事例

　医療法人の再生事件である。同法人につき理事から準自己破産の申立てがされたのに対し、病院の事業譲渡を検討するため保全管理命令を発令した。保全管理人は、入札に基づきスポンサーを選定し、理事らは、所有に係る医療法人の社員持分と病院の土地建物をスポンサーに譲渡した。スポンサーは、医療法人の経営権を取得した上で、新たな理事を選任し、医療法人の債務を整理するため、再生手続を申し立てることとし、従前の破産手続の保全管理人による手続遂行を希望した。そこで、同人を管財人に選任する前提で、医療法人が再生手続開始の申立てと同時に管理命令の申立てを行い、裁判所は、管理命令を発令した。

　管財人は、その後再生計画案を提出し、認可決定を受けて弁済を終了し、再生手続は終結した。

2 債務者代理人が解任されたため、職権で管理命令を発令した事例

　酒類の卸売り及び小売りを行う販売業者の再生事件である。再生債務者は、計画外事業譲渡を予定してスポンサーを選定し、再生債権者の意見聴取手続を経て事業譲渡の許可を受け、卸売業の事業譲渡については実行された。ところが、小売業の事業譲渡を実行する前、かつ、再生計画案提出期限直前に、再生債務者代表者と代理人との信頼関係が失われ、再生債務者が、再生債務者代理人を解任するとともに別途のスポンサー候補の選定を申し出た。再生債務者代理人が存在しない状態となり、再生債務者による財産の流失・毀損のおそれが生じたこと、スポンサー交代の適否を公平に判断する必要性があることから、裁判所は、再生債務者の同意も得た上で、職権により監督委員を管財人に選任する管理命令を発令した。管財人は、新スポンサー候補から好条件の提案を受けたので、従前のスポンサーとの間の事業譲渡契約のうち未履行部分の合意解除について交渉したが、従前のスポンサーからは、違約金の額にかかわらず、

合意解除には応じられないとの意向が示されたため、従前の契約を実行することとした。事業譲渡の実行後、再生手続は廃止され、破産手続へ移行し、管財人は、残余財産の換価を終えて、配当を実施した。ちなみに、財産評定における清算配当率は15パーセント、事業譲渡に関する債権者説明会において再生債務者代理人が説明した予定弁済率は20.6パーセントであったのに対し、管財人による最終配当率は30.5パーセントであった（手続の経過については、前掲「東京地裁民事再生手続における管理命令発令事案」事業再生と債権管理135号（2012年）100頁を参照されたい。）。

3　履行監督中に債権者から管理命令の申立てがされた事例

第2の3を参照されたい。

4　再生申立てに対して再生債権者から管理命令の申立てがされた事例

　日本振興銀行の関連会社で、融資先に対する保証業務を行う会社の再生事件である。再生債務者が再生手続開始の申立てをしたのに対し、圧倒的割合の債権者である日本振興銀行（預金保険機構が金融整理管財人）が、再生債務者との間の資金関係に不透明な部分が多く、現経営陣の運営には委ねられないから、DIP型での手続進行には反対するとして、管理命令の申立てをしたものである。日本振興銀行代理人と再生債務者代理人の協議の結果、再生債務者も、DIP型による手続進行よりも、事業継続と雇用の確保を優先させたいとして、管理命令が発令されることはやむを得ないとの意見となったため、裁判所は、再生債務者の事業の再生のために特に必要があると認めて管理命令を発令した。
　管財人は、再生手続開始後、計画外事業譲渡を行い、譲渡代金及び残余財産の換価代金で弁済を行う清算型の再生計画案を提出し、認可決定を受けた。弁済終了後に、再生手続終結の決定を行い、再生債務者は清算する予定である。

5 再生手続開始後、多数の債権者から管理命令の申立てがされた事例

 和牛預託オーナー制度を運営していた安愚楽牧場の再生事件である。再生債務者は、平成23年8月に再生手続開始の申立てをし、監督命令と保全処分を受けた。同社に対して預託を行った投資家は極めて多数に上り、債権者の関心も高かったため、再生債務者は、東京両国国技館とグリーンアリーナ神戸における合計4回の債権者説明会を開催し、裁判所は、その結果を踏まえ、9月6日に再生手続開始の決定をした。その後、被害者弁護団から管理命令の申立てがなされ、当初、申立債権者は数名であったが、10月末には5,000名を超えるに至った。このように多数の再生債権者が管財人による手続への移行を希望していたこと、11万頭に及ぶオーナー牛の多くが繁殖牛及び仔牛であることから、毎月約20億円の飼料代が必要となっており、その支出を避けるためには、生きた牛を大量かつ迅速に処分する必要があったところ、再生債務者による処分が円滑に進まなかったことから、裁判所は、再生債務者の同意も得て、11月4日に管理命令を発令した。

 ところが、管財人が再生債務者の財産状況を調査したところ、資金繰りが極めて逼迫しており、早期に牧場及び牧場内の牛を売却しなければ、早晩資金ショートする可能性があり、財産保全はおろか、大量の牛が餓死し、社会問題となりかねない状況にあることが判明した。裁判所は、再生計画案の立案は極めて困難であり、破産手続に入ることを前提として早急に牧場及び牧場内の牛の処分を行う必要がある旨の管財人の上申に基づき、同月8日に再生手続廃止の決定をし、保全管理命令を発令した。その後、廃止決定の確定を受けて、12月9日に破産手続を開始した。

 現在までに、管財人は、全国の牧場及び牛の売却はほぼ完了しており、今後の課題として、東京電力に対する損害賠償請求、税金の還付請求、旧経営陣の責任追及などがある。

6 再生債務者の再生申立てについて代表者の権限に疑義が生じ、再生債権者から管理命令の申立てがされた事例

　地域の中核として緊急医療を担う病院を運営する医療法人についての再生事件である。再生債務者から再生手続開始の申立てがされ、裁判所は、監督命令及び保全処分を発令したが、資金繰りに問題があったことから、監督委員は、再生手続開始の可否について慎重な調査を行った。調査中に、申立て前の私的整理段階で同法人の理事から社員持分の譲渡を受けたと主張する者が、自分が理事長に選任されていると主張し、東京地裁商事部に職務執行停止・代行者選任仮処分事件の申立てを行ったため、再生債務者代表者の申立権限に疑義が生じた。一方、再生債務者の資金繰りは改善せず、今にも破綻しかねない状態であることから、一刻も早くスポンサー選定手続を進め、DIPを受けることが不可欠であった。そこで、監督委員は、事業継続のためには、債権者による再生手続開始の申立てに基づき、管財人によって手続進行させることが必要であると判断し、仮処分事件の両当事者との調整を行い、双方の同意を得た。そして、再生債務者に協力的な再生債権者から再生手続開始の申立てがされ、裁判所は、この申立てについて再生手続開始決定とともに管理命令を発令し、再生債務者の申立ては取り下げられた。

　管財人は、再生手続開始後、入札参加条件として一定額のDIPをすることを定め、複数のスポンサー候補者からDIPを受けて資金繰り破綻を防ぎつつ、入札によりスポンサーを選定し、計画外事業譲渡の手続を進めた。もっとも、事業譲渡の実行のためには、再生債務者の理事会の承認を要するところ、理事の権限について紛争が生じていることから、手続の法的安定性を考慮し、事業譲渡の実行は破産手続の中で行うこととし、裁判所は、再生手続廃止の決定をし、破産手続に移行させた。このほかにも様々な困難が生じたが、管財人の努力によって、優良なスポンサーに対する事業譲渡が実行され、地域の救急医療の中核を担う病院の運営は、無事継続された。

7 監督委員の否認権行使中に再生手続が終了することを防ぐために、管理命令を発令した事例

土木建築業者の再生事件である。監督委員が再生手続開始前の担保設定行為について否認権を行使し、否認請求の決定、異議の訴え、控訴審判決のいずれにおいても否認が認められたところ、控訴審判決について上告受理の申立てがされ、その判断前に再生計画認可決定確定から3年が経過する見通しとなった（手続の経過については、金融財政事情1942号105頁のコメントを参照されたい。）。そこで、再生債務者は、監督委員との協議に基づき、管理命令の申立てを行った。裁判所は、再生計画では否認の対象となった財産の換価により追加弁済を行うこととされていたこと、その価値が再生債務者の有する財産の大きな部分を占め、計画どおり弁済を行うことが再生債権者から信頼を得て事業を継続する上で重要と考えられることから、再生債務者の事業の再生のために特に必要があると認め、管理命令を発令した。

管理命令発令後、否認を認める判決が確定し、管財人は、担保権設定登記の抹消登記手続を行った。管財人は、否認の対象となった財産のうち即時換価可能な物件について換価を進めており、今後は、管財人によって追加弁済並びに再生債権者に対する計算報告及びその後の追加弁済の見込みに関する情報提供が行われた後、裁判所は、管理命令を取り消して再生手続を終結し、残された財産の換価代金による追加弁済の実施は、再生債務者に委ねる予定である。

8 別除権協定締結の交渉のため、職権で管理命令を発令した事例

半導体製造機器メーカーの再生事件である。再生債務者は、これまで経営支援を受けていた債権者に対して売掛金及び在庫商品の譲渡担保を設定していたが、資金繰り上、その一部の解除を得て売掛金の回収を行うことが不可欠であった。再生手続開始後、再生債務者は当該債権者と別除権協定の締結について交渉を行ったが、再生手続開始に至る間の経営陣の対応に対する当該債権者の不信感が強く、現在の経営陣との間では別除権協定は締結できないとの結論となり、このままでは資金繰り破綻を免れない状況となった。裁判所は、再生

債務者に対し、経営陣の交代も促したが、候補者も辞退し、適任者を得ることはできなかった。そこで、裁判所は、管財人との間であれば別除権協定の交渉のテーブルに付くことについて当該債権者の了解を得た上で、再生債務者に対し、事業継続及び従業員の雇用確保のためには、管財人による手続進行を行うことが必要である旨説明し、再生債務者の同意を得て、職権で管理命令を発令した。

管財人は、就任後速やかに当該債権者と別除権協定を締結することにより、資金繰りの目処をつけた上、スポンサー選定の手続を進め、計画外事業譲渡の手続を経て、就任から約3か月後に事業譲渡を実行した。管財人の迅速な対応により、資金繰りが繋がり、新たなスポンサーのもとで事業が継続されることとなった。

9　スポンサー選定の可能性を探るため、職権で管理命令を発令した事例

官公庁工事を中心とする土木建築業者の再生事件である。再生手続開始の申立後、債権者説明会を開催したところ、出席した下請業者のほとんどから再生手続には反対する旨の意思表示がされた。また、現場の監督を担当する従業員のほとんどからも、現経営陣の下での再生手続には協力できないので退社する旨の申入れがされた。再生債務者は、数年前に債務超過状態に陥り、金融機関から支払猶予を受けていたが、しばしば経営支配権を有するスポンサーが交代し、約1年前に現在の経営者がスポンサーとなった後、厳しい労務管理が行われたため、従業員の退社が相次ぐ状態となっていた。また、同経営者が再生債務者から多額の資金を引き出したため、再生債務者は支払不能に至ったという事情も認められた。そこで、裁判所及び監督委員は、事業継続のためには、管財人において下請業者及び従業員に対し再生手続への協力依頼を行い、協力を得た上でスポンサー選定を行うことが必要であると判断し、再生債務者に対してその旨説明した。その結果、再生債務者の同意を得られたので、裁判所は、職権で管理命令を発令した。

管財人は、現場の管理を行うのに必要な従業員に対し、再生債務者に残って手続に協力してくれるよう説得したが、既にほとんどの従業員が転職先を確保

しており、最終的に協力を得ることはできなかった（2、3か月前に話しがあれば考え直すことができたとの感想が述べられた。）。従業員が残らないままでは、官公庁による工事成績評定が維持されず、スポンサーの支援を期待できないことから、裁判所は、管財人の上申に基づき、再生手続廃止の決定をした。

10 小 括

以上のとおり、管理命令の発令をした事例はそれぞれ様々な経過によって管理命令を発令することが必要となった事案であり、いずれも管財人による手続進行を図ることが相当であるとの監督委員の意見を踏まえ、再生債務者の納得を得た上で発令を行っており、再生債務者の反対にもかかわらず管理命令を発令した事例はない。今後とも、再生手続がDIP型であるという原則には変更はなく、あくまでも債務者の財産管理に大きな問題があるなどの理由により、DIP型として手続を進めることが極めて困難な場合に管理命令の発令を検討するにすぎない。その意味で、管理命令は伝家の宝刀であるが、絶対に抜かないということが確定しているというのでは宝刀にならないので、本当に必要な場合には発令するということである。

IV おわりに

再生手続については、DIP型手続の長所が活かされて、債務者の知識、経験がうまく機能すれば、早期に再生が図られ、弁済率も高くなることが期待されるが、倒産に至った原因の見極めと改善が図られず、漫然と従来どおりの経営を続けるのでは、資産の食いつぶしとなってしまい、再生手続開始時の清算配当率の弁済すら困難となりかねない。その意味で、再生債務者代理人の運用如何によってその後の進行が大幅に異なる手続であって、リスクもあるが、それだけやりがいのある手続であるともいえる。

実際には、多くの再生事件について迅速な手続進行がされており、終結率も高いものとなっているのは、倒産手続に習熟した再生債務者代理人の方々の努

力と、監督委員をされているベテランの倒産弁護士のご指導、ご助言の賜である。今後とも、裁判所としては、再生手続の運用において、DIP型の利点を活かした再生債務者の活動に期待しつつ、監督委員と協働しながら、再生債権者に対して適切な判断を可能とする情報の提供に努め、再生債権者の声によく耳を傾けながら、公正かつ公平な手続の運営にあたっていきたいと考えている。

（かのこぎ・やすし）

9 再建型倒産手続における債権者の地位

弁護士 **永井和明**
弁護士 **門口正人**

I　はじめに

　現代は、あらゆる分野において、公正さと透明性が要求され、その要求は、実体部門にとどまらず手続においてより強く示されている。司法の扱う非訟部門においても同様であり[1]、倒産処理手続において、かつて法的救済へのアクセスの保障のための措置、適正さの保障のための措置（当事者の手続関与、情報の開示と説明責任）、判断の正当性の確保のための措置、迅速性の確保のための措置及び費用に係る措置について提言をした[2]。新しい会社更生法では、当事者の手続関与や迅速性の確保の点で、幾つかの施策が用意されたが、今後の再建型倒産処理の運用に当たっても、上記の観点からさまざまな工夫がされることが望ましいと考える。折しも最後の大きな改正である改正破産法が平成17年1月1日に施行されて以来約8年余りが経過し、経済や社会状況の変化に対応する必要がある等の観点から、倒産法の改正について議論され、その中で債権者の権利行使の実効性を高めるための法改正の提言等も行われている[3]。

1）近年の家事事件手続法の制定がその例である。
2）門口正人「司法による再建型倒産手続の運用についての再考」伊藤眞ほか編『権利実現過程の基本構造』791頁（有斐閣、2002年）。

本稿では、現代の抱える諸問題と要請に応えるために、上記の提言のうち、適正さの保障のための措置として、当事者の手続関与と情報の開示に焦点を当てて、検討してみたい。

II 現代の法的再建型倒産処理の状況

再建型倒産処理については、和議手続が民事再生手続に取って代わられ、会社更生手続においても近年DIP型会社更生手続が実務上導入されたことに照らしてみると、法制度上も実務運営上も当事者主義型手続の方向性に向かっていると言いうる[4]。その中で、実際の案件においても、債権者が債務者に対して情報開示を要請したり、更生計画案の提出を行ったりする例も散見されることから、債権者の権利意識が高められ、その権利行使が活発になってきていることがうかがわれる[5]。

III 再建型倒産手続における債権者の権利

再建型倒産手続における債権者の権利について、現行法を概観すると、以下

---

3) 山本和彦「浮かび上がった諸問題と再改正の必要性」新倒産法制10年143頁以下、提言倒産法改正、倒産法改正展望等。
4) 他方で、民事再生手続において、東京地方裁判所は、従来、原則として管財人を選任しない運用をしてきたが、2010年1月より管財人を選任することがふさわしい事案については、管理命令を発する運用に改められ、かかる管理型民事再生手続の実績も数件に上っているとのことである（須藤英章ほか「パネルディスカッション　新倒産法制10年を検証する──実例に学ぶ企業再生」新倒産法10年55頁〔鹿子木康発言〕）。
5) 例えば、エルピーダメモリ株式会社の会社更生手続における事例（「会社更生　不満募る債権者」（日本経済新聞2012年9月17日朝刊15面、ウォール・ストリート・ジャーナル2012年8月5日付「エルピーダに情報開示要請──更生手続きに不信感──3メガ銀など」（http://jp.wsj.com/Japan/Economy/node_488908）、同社の2012年11月5日付「更生計画案の付議に関するQ&A」（http://www.elpida.com/pdfs/pr/2012-11-05j.pdf））。

のとおりである[6]。

1 保有債権に基づく権利行使

債権者は、平時であれば弁済期が来れば権利行使ができるが、再建型倒産手続下では原則として個別の権利行使は禁止される（民再86条1項、会更135条1項）。もっとも、民事再生手続における共益債権、一般優先債権、別除権付債権及び会社更生手続における共益債権は原則として手続外の権利行使が認められる。

2 債権者に法制度上認められる権利

再建型倒産手続において債権者に認められる主な権利には、以下のようなものがある。
① 倒産手続開始申立権（民再21条2項、会更17条2項1号。ただし、会社更生手続については、債務者の資本金の額の十分の一以上に当たる債権を有する債権者）。
② 記録の閲覧請求権（民再16条1項、会更11条1項）。
また、その前提として、各種書面（例えば、財産評定に基づく貸借対照表及び財産目録（民再124条、会更83条）や報告書（民再125条、会更84条）等）の提出義務を管財人及び再生債務者等に課している。この点に関連して、一定の割合以上に当たる債権を有する債権者には、債権者（関係人）集会招集申立権（民再114条、会更114条）が与えられているほか、更に民事再生手続においては、債務者側に情報開示の努力義務（民再規1条2項、会更80条の2）が課されている。
③ 債権の届出・確定（民再94条、会更138条）査定申立て（民再105条、会更151条）、異議訴訟（民再106条、会更152条）。

---

[6] この摘示は、概括的なものであって、例えば、各種決定等に対する不服申立権等に言及していないなど、網羅的なものではない。なお、詳細は、森恵一「債権者の手続関与のあり方」倒産の法システム(3)333頁以下や徳田和幸「債権者の関与」金判1086号（2000年）89頁等を参照。

④ 計画案提出（民再163条2項、会更184条2項）及び債権者（関係人）集会における計画案の決議（民再172条の3、会更196条）。
⑤ その他の権利として、管財人不選任の場合の民事再生手続における債務者の役員に対する損害賠償請求権の査定申立て（民再143条2項）、異議訴訟（民再145条）等。

Ⅳ 債権者の権利行使の実態

再建型倒産手続においては、従来、債権者は、メインバンク等の一部の者を除き、原則として手続に積極的に参加することは稀であった。これは、当事者主義的色彩の強い米国チャプター11の手続に比べ、当時の再建型倒産手続、特に会社更生手続では、裁判所から選任された管財人が、裁判所の監督の下で、会社再建のためその事業運営や財産管理の権限を持ちつつ手続を公正に進めるという主導的な役割を制度的に担い、他方、債権者にあっては裁判所の監督の下に手続を進める管財人への信頼を有し、かつ、管財人又は債務者との間には大きな情報の格差があったことが主因であったと考えられる。

その後、1990年代後半以降に至ると、上記の状況に変化が顕れ、債権者による積極的な関与がみられるようになってきた。これは、①日本長期信用銀行、山一證券、日本リース等の大型の倒産案件が続いたこと、②不良債権を含む債権やその他の資産の流動化が盛んになってきたこと、③これらに伴い、M&Aや不良債権の流動化等各種スキームに通じた経験を豊富に有する国内外の金融機関、ファンドその他の投資家が倒産の帰趨に関心を持ち、手続に参加するようになってきたこと、④金融機関側でも倒産会社に対する債権の回収の極大化の努力を怠った場合には株主代表訴訟等の法的リスクが生じうることが認識されるようになってきたこと、⑤法制度の面でも当事者主義的な手続が導入され、運用面でも債権者の自己決定権の重視等当事者主義的運用が図られ、簡易迅速な処理を目指したこと、等の理由によるものである[7]。以上の要因のうち、社会的・経済的背景と法律的要因のいずれが主導的な役割を果たしたのかについては様々な評価分析がありえようが、双方相まって、債権者の関与の

度合いを深める傾向を推し進めたものと考えられる。

　以上のように債権者を取り巻く状況や債権者の多様性、債権者自身の意識改革等様々な要因によって、債権者の手続関与が深まってきており、さらに、最近では、いくつかの大型案件で債権者委員会等の組成によって大きな成果を挙げている事例がみられるようになった[8]。

Ⅴ　債権者委員会・更生債権者委員会等

1　総論

　債権者の手続関与として、法制度上、注目されるものに、債権者委員会及び更生債権者委員会等がある。民事再生手続における再生債権者、会社更生手続における更生債権者、更生担保権者及び株主は、各手続において権利関係を変更され、また債権を減免されることを余儀なくされる可能性があるため、倒産手続上の処理に最も利害関係を有する者であり、その関係者の意向を手続に反映させるため、民事再生法の施行とともに同手続において導入された制度が、債権者委員会の制度である（民再117条以下）[9]。また、会社更生手続についてもその後の改正により更生債権者委員会等（以下、債権者委員会と併せて、「関係人等委員会」という。）の制度が導入された（会更117条以下）。

　関係人等委員会の承認の要件は、①委員の数が3名以上10名以下であること（民再117条1項1号、民再規52条、会更117条1項1号・6項・7項、会更規30条）、②

7）坂井秀行「事業再生手続の展開と将来像」松嶋英機ほか編著『門口正人判事退官記念　新しい時代の民事司法』（商事法務、2011年）3頁以下参照。
8）後述のSpansion Japanについての会社更生手続等が挙げられる。
9）この制度と類似するものとして、代理人制度（民再90条以下、会更122条以下）があるが、この代理人は利害を共通にする債権者集団に関連してその意思を手続に反映するために選任される者である等の点において、手続における当該関係人全体の利益を代表するものと位置づけられる債権者委員会等と異なっており、その結果、その選任要件や権限などにも相違がある。

利害関係人の過半数が当該委員会の手続関与に同意していると認められること（民再117条1項2号、会更117条1項2号・6項・7項）、及び③当該委員会が当該利害関係人全体の利益を適切に代表すると認められること（民再117条1項3号、会更117条1項3号・6項・7項）、である。

2　関係人等委員会の利用の実態と問題点

　関係人等委員会は、制度の導入後しばらくは、ほとんど活用されてこなかったが、平成21年に至って、Spansion Japan株式会社のDIP型会社更生手続において、更生担保権者委員会が裁判所により承認され、弁済原資の増加等に寄与する等多大な成果を挙げた[10]。その後、エルピーダメモリ株式会社の会社更生手続においても関係人等委員会が組成されている。関係人等委員会が、必ずしも積極的に組成されてこなかったことについては、関係人等委員会は、その設置が原則として必要的とされる米国連邦倒産法下のチャプター11手続とは異なり、任意的なものであり、当事者がその組成を望んでも認められない可能性もあること、組成に当たっては裁判所の承認要件として定められた要件を満たさなければならないこと、とりわけ、上記の要件のうち特に③の要件が厳しいこと、さらに、関係人等委員会の負担費用は事後的に裁判所の判断によって債務者の再生、更生に貢献があったと認められる場合に債務者側から払われるにすぎないこと等、いくつかの理由が指摘されている。
　これらの指摘に応えるためには、関係人等委員会の位置づけ等が検討されなければならない。

10）この手続に関する事案の紹介については、いくつか論稿が出されているが、例えば、坂井秀行＝粟田口太郎「史上初の更生担保権者委員会とその意義――Spansion JapanのDIP型更生手続」（金法1918号（2011年）24頁、「DIP型会社更生を検証する Ⅰ Spansion Japan」NBL951号～956号（2011年）、井上聡「Spansion JapanのDIP型更生手続から学んだこと――調停手続による更生計画案まとめの1号案件」新倒産法制10年396頁。

3 関係人等委員会の位置づけと問題点

　関係者等委員会は、利害関係人の申立てによって成立すると、法律上、情報の入手、意見陳述権、関係人等集会の招集申立権（会更114条、民再114条）[11]等の権限が付与されることからみて、単なる集団の代表であることを超えて、手続の円滑かつ迅速な進行、ひいては債務者の再建に資する制度であるということができる。現行法に従って、関係人等委員会の性質をみると、その内部関係においては、明文の規定が置かれていないこともあり、あくまでその自治に委ねられているということができるが、他方、外部関係においては当該利害関係人の全体を代表するものと位置づけられる。

　以上を前提として、a　関係人等委員会の活用を図るための措置、b　その内部関係における当該利害関係人に対する権利義務関係、c　外部関係にける当該利害関係人以外の者との利害調整について、検討する。

　　a　関係人等委員会の活用を図るための措置

　関係人等委員会の承認要件については、手続遂行の主導的地位を委ねざるを得ない債務者側との均衡を図る等の観点から、特にDIP型倒産手続を念頭にその緩和が議論されている[12]。例えば、承認要件について、消極要件として、当該利害関係人全体の利益を適切に代表すると認めることができない等の合理的な事由のないことを規定することも検討に値するであろう。また、関係人等委員会の費用負担については、関係人等委員会が単なる集団の代表であることを超えて、手続の円滑・迅速な進行、ひいては債務者の再建に資する制度と位置

---

11) なお、民事再生法154条2項も参照。
12) 相澤光江「債権者委員会」倒産法改正展望421頁、植竹勝＝松本卓也「再生計画に基づく弁済の実行の確実性を図るための制度的保障」金法1957号（2012年）33頁等。なお、小杉丈夫「改革のインパクトの大きさと、広がる異なる手続相互の協働」新倒産法制10年176頁以下は、「……DIP型の再建手続においては、計画案に債権者の主張が反映されないことがないように気を配る必要はあるとしても、債権者委員会の活用をするかどうかなどということは、基本的に債権者に任せてよいと思う。民事再生法、新会社更生法には、債権者が使おうと思えば、使える道具は揃っている。ただ、債権者に対する情報開示は、さらに、強化されるべきである。」とする。

づけるのであれば、債務者の再建への貢献があったと認めうる結果がなくとも、裁判所の適切と認める範囲で事前又は事後に認めるとすることも可能であろう。

 b 内部関係——当該利害関係人に対する権利義務関係

関係人等委員会（又はその構成員たる委員）とそれが代表する当該利害関係人との関係については、法律上明確に定める規定はない。関係人等委員会の制度の趣旨からすると、代理人制度の下における代理人の場合と同様に、善管注意義務（民再90条の2第6項、会更123条6項）[13]と共に忠実義務を負うというべきである。さらに、関係人等委員会が、外部的に利害関係人を代表すると位置づけられる以上、利害関係人を平等に取扱う義務も負うということができよう[14]。したがって、多数の利害関係人の意見だけでなく少数関係者の意見も反映させるよう当該利害関係人全体の利益に配慮することに努めなければならない。

関係人等委員会の今後の利用を促すためにも、その負担する義務について、後記のような配慮をしながら、明定することが適切であると考えられる。

 c 外部関係——当該利害関係人以外の者との利害調整

関係人等委員会が当該利害関係人全体を代表するものと位置づけられることからすると[15]、関係人等委員会は、情報の入手や意見陳述等の権限行使において、当該利害関係人の総意をもって努めなければならないということができ

---

13) 代理人制度の下における代理人については、少なくとも職権で選任された場合、民法上の規定が準用され、善管注意義務が適用される（民再90条の2第6項、会更123条6項）。なお、米国連邦倒産法では、明文の規定はないものの忠実義務を負うと考えられているようである（堀内秀晃ほか『アメリカ事業再生の実務——連邦倒産法Chapter 11とワークアウトを中心に』（金融財政事情研究会、2011年）26頁）。

14) 一般的には、関係人等委員会は、多数の利害関係人の意見だけでなく少数関係者の意見も反映させるよう当該利害関係人全体の利益に配慮して権限等の行使をしなければならないと解されている（民事再生の実務383頁以下〔髙井章光〕）。

15) この点については、現行法の下本文で言及した関係人等委員会の承認要件の②及び特に③があり、この要件を利害関係人集団の利害がほぼ一致している場合等に限るような厳格な運用を行えば問題が生ずる場合は現実的には少ないといえるのかもしれないが、改正の方向性としては、この点を含め要件の承認要件の緩和も議論されているためやはり検討が必要であろう。

る。その権限行使に当たり、当該利害関係人間で利害の対立が避けられないときは、第一次的には、前記のとおり、当該委員会において自律的に定められた規範に基づき対処すべきであり、それができない場合には、現行法下では、当該事項について関係人等委員会としての意思表明又は権限行使を断念するか（内部規範によって調整できなかった留保をつけたままの意見表明又は権限行使を含む。）、又は関係人等委員会を組み直すこともやむをえないであろう[16]。

　この点に関し、当該集団の中の利害が一致しない場合に、一定の場合に限定して当該構成員の個別の同意を必要とするか、多数決原理を導入するか、委員会の行動に関して利害の一致しない構成員に対して、どのような責任・義務を負担するのか等について立法的に手当てをすることも考えられないではないが、委員会の任意性と委員会の権能又は権限行使との関係上、難しい問題がある。委員会の権限行使に厳しい条件を課せば、当事者主義的権能が極めて制限的になるおそれがあり、他方、権限行使を内部規律に委ねれば、委員会としての権限行使に大きな支障が生じることになりかねないからである。例えば、権限行使に厳格な手続を要求すれば、それだけで運営がスムーズに行かなくなり、費用と時間のコストがかかることにもなりかねず、ひいてはこの制度が使われにくくなる可能性も生じうる。また、計画案の決議について当該利害関係人集団の意思決定として独自の決議を要するとした場合には、債権者集会（民事再生手続）又は関係人集会（会社更生手続）の決議との二度手間となり、結局その存在価値を失いかねない（民事再生172条の3、会社更生196条）[17]。関係人等委員会の有用性に照らして将来立法的にその権限を拡大していく方向性[18]を積極

---

16) 関係人等委員会の承認に当たり、利害関係人集団の利害がほぼ一致している場合等に限るような厳格な運用を行えば問題が生ずる場合は現実的には少ないといえるのかもしれないが、当事者主義の立場を促進する観点からは疑問も残る。
17) この問題点に対するひとつの考え方としては、関係人等委員会組成のときに利害関係人の過半数が当該委員会の手続関与に同意していると認められることが要件となっているため、その後は利害関係人の決議なしに委員会の自律に委ねるとすることである。その場合においては、組成時に同意しなかった利害関係人を拘束するための理論的根拠が、説得的かどうかについては疑問も残る。
18) 例えば、計画の提出権限等が挙げられる。

的に評価できるのであれば、これらを考慮しながら、立法的に整備する必要があろう[19]。

Ⅵ 手続的正義——情報開示

1 総論

再建型倒産手続において、手続の公正さや透明性を確保するためには、債権者の立場が正しく位置づけられ、その権利行使に遺漏がないように図ることが重要であり、そのためには債権者に対して必要な情報を入手し得ることを担保することが求められる。このことは、関係人等委員会が組成されている場合においても同様である。債権者その他の（債務者以外の）利害関係人が適正かつ充分に権利を行使するためには、その前提として、その行使を適切かつ充分になし得るだけの情報を入手し、理解することが必要であるだけでなく、何の落ち度がないにもかかわらず債務者側の一方的な理由により、自らが有する権利関係を変更され、又は債権の減免を余儀なくされることを納得して受容するためにも、透明かつ公正で適正な手続が行われていると信頼できることが必要不可欠であるからである。

2 現行法における情報の入手

債権者その他の利害関係人が情報を入手し、又はその開示を受けるための現行法上の制度としては、以下のものが挙げられる[20]。

---

19) 利害関係人と当該関係する関係人等委員会との関係については、本来的には、株主と会社の取締役会との関係に状況としては類似しているとも考えられなくもないが、その両者の関係の間には、株式会社という法人格のある別の主体が介在するため、関係人等委員会のケースの参考とするのはそのままでは困難と考えられる。

20) 本文中に掲げた制度は、主要なものに留まり、必ずしも網羅的なものではない。現行法制度のより詳細な内容については、奈良道博「倒産手続における情報開示」倒産の法シス

(1) 債務者側の義務に関するもの

　再生債務者等や更生管財人は、手続開始後遅滞なく、①債務者の財産評定を行ったうえで手続開始時における財産目録及び貸借対照表を作成し、裁判所に提出しなければならず（民事再生124条、会社更生83条）、また、②財産状況報告書を裁判所に提出し、その要旨を財産状況報告集会で報告しなければならない（民再125条・126条、会更84条・85条。なお、民再規60条〜64条、会更規23条〜25条。また、前述の関係人等委員会が組成されている場合には、当該委員会に対する報告義務もある（民再118条の2、会更119条・121条）。）。そのほか、更生管財人は、労働債権者に対し情報提供努力義務を負担し（会更80条の2）、再生債務者は、手続周知努力義務を負担する（民再規1条2項）[21]。さらに、上場企業等にあっては、金融商品取引法等の関係法令や上場関連規則等に基づく情報開示がなされる。

(2) 利害関係人の権限又は積極的関与によるもの

　利害関係人は、裁判所に提出され又は裁判所が作成した文書等については閲覧又は謄写等を請求をすることができる（民再16条、会更11条）。もっとも、利害関係人が閲覧等を行うことにより債務者の事業の維持再建に著しい支障を生ずるおそれ又は債務者の財産に著しい損害を与えるおそれがある部分について閲覧等の制限がされる場合がある（民再17条、会更12条）。

　なお、上記の規定（民再16条、会更11条）から、これらの規定する一定の情報（記録等）以外のものについては、手続の進行を主導する債務者側の裁量による開示を原則とするものと解される。この場合において、利害関係人側からの情

　　テム(4)219頁等を参照。
[21] これらの内容や趣旨等については、前者に関しては破産手続についてであるが、大コンメ363頁〔菅家忠行〕、後者については、最高裁判所事務総局民事局監修『条解民事再生規則〔新版〕』（法曹会、2005年）1頁を参照。なお、前者に関しては、立法審議の過程で、労働債権者以外の債権者その他の利害関係人に対する管財人の必要情報の提供努力義務についても検討されたが、「不要不急の情報提供要求が頻発して破産管財人の業務の遂行に支障を来たすおそれがあるといった指摘があり」採用されなかったようである（大コンメ364頁）。

報請求に対する情報不開示が裁量権の著しい逸脱又は濫用に当たるようなときには、善管注意義務又は公平誠実義務等との関係で問題になり得るといえよう。上記の裁量の限定や義務を規範化するために、今後の実務の運用や実例を積み重ねていく必要がある[22]。また、関係人等委員会が組成されている場合には、当該委員会がその代表する集団全体の利益のために必要があると認めるときは、債務者又は管財人において必要事項に関し報告することを命じるように、裁判所に対して申し出ることができる（民再118条の3、会更120条・121条）。この申出にしたがって、裁判所がこれを相当であると認めて報告命令を行った場合、報告書が裁判所に提出されるとともに、当該報告書は関係人等委員会にも提出されることとなる[23]。

3 実務における運用

債務者側において、実務上、債権者集会や任意の債権者説明会が開かれたり、大型案件等ではインターネット上のウェブサイトで一定の情報を提供することが行われている。また、裁判所保有の文書等について、債務者側が自発的に開示をしない場合には、債権者その他の利害関係人が債務者側に要請する等して任意に入手しているのが一般的である。そして、債務者側がこのような要請に対応することの担保は、更生管財人の労働債権者に対する情報提供努力

---

[22] いくつかの論稿においても、情報開示の可否を検討する際の主要な考慮要素として考えられる、手続の性質（管理型かDIP型か）、負債総額や債権者数等の事案の規模概要、情報の内容（保有者も含む）、開示の時期、開示の相手方（閲覧等請求をする主体としての利害関係人）等の観点から場合を分けて論じられている。

[23] 立案の過程では、関係人等委員会が直接報告を求められるということも検討されたが、どのような事項につき報告を求めたか、報告が十分かなどについて紛争が生ずるおそれがある等の理由から裁判所を通じての報告という制度になったようである（一問一答新会社更生法142頁、条解民事再生法2版529頁〔川嶋四郎〕。なお、事実関係は確認できていないが、ウォール・ストリート・ジャーナル2012年8月5日付・前掲注5）で報告されている情報開示要請は、本文で言及した裁判所の報告命令の申出によるものではないかと推測される。

義務及び善管注意義務（会更80条）、再生債務者の手続周知努力義務及び公平誠実義務（民再38条2項）[24]に定める義務を負担するということももちろんであるが、実際上は、最終的に再建計画に同意を得られない可能性があるということにあるものということができる。

4　情報開示と債権者平等の原則

　情報の開示において、債権者平等の原則を貫くべきかどうかは一個の問題である[25]。債務者側が一部の大口債権者に開示した情報を少額債権者から開示を求められた場合に、債権者平等の原則からそれらの債権者にも開示をしなければならないのであろうか。実務上は、従前、担保権者を含む大口債権者に対してのみ重要情報が開示され手続が進められた事案が少なくなかったが、これは、少額の債権者が積極的に情報の開示を求めなかったという債権者側の姿勢も影響していたものと考えられる。

　大口債権者にとっては、倒産手続の進行や債務者の運営の結果によって少額債権者等に比べてより大きな影響を受けることから、自らの権利行使、状況の把握、債権者としての意思決定や株主対応等のために詳細な情報の入手を望むことには理由があり、他方、少額債権者にとっても情報を共有する必要がある場合を否定できないが、大口債権者と同様の対応を行うことは、手続の遂行を煩雑にするとともに費用の点からも合理的とはいえない場合もあると考えられる[26]。したがって、債務者側が少額債権者に対して情報開示を行わないこと

---

[24] 民事再生手続において管財人が選任された場合、当該管財人も善管注意義務を負う（民再78条・60条）。

[25] 計画による権利変更の場面について、民事再生法155条1項、会社更生法168条1項が明文として規定されているが、それら以外の場面についても倒産手続上原則として認められると解されている。また、講学上、「債権者」平等原則という用語が一般的であるが、株主にも原則としてこの原則は適用されると考えられる（会更168条1項5号・6号）。

[26] 手続の円滑な進行のための少額債権の弁済許可の制度も規定されている（民再85条5項前段、会更47条5項前段）。なお、旧法についての文献であるが、条解会社更生法〔下〕565頁、高橋宏志「債権者の平等と衡平」ジュリ1111号（1997年）156頁参照。

は、当該不開示が裁量権の著しい逸脱又は濫用に当たるような場合には、善管注意義務や公平誠実義務等との関係で問題が生じえようが、手続の遂行や運営等の観点から合理性があり、かつ、衡平を害しないといえる場合には、それらの義務にも違反するとはいえず、債権者平等原則にも悖るものではないといえよう。そもそも債権者平等原則は例外を許さないものではなく、差異を設けることに合理性があり、かつ、衡平を害しないと認められる場合等には、例外も認められると考えられる（民再155条1項但書、会更168条1項但書）。

5　関係人等委員会の受領した情報の利害関係人への開示

関係人等委員会が受領した情報の利害関係人への開示については、委員会が利害関係人集団全体を代表するという位置づけであるとすると、委員のみ又は一部の利害関係人のみが情報を独占し、他の利害関係人が情報の開示を委員会に要請した場合にこれを拒絶することは相当とはいい難い[27]。しかしながら、秘密保持契約を締結する等守秘義務を負った利害関係人にのみ開示するという取り扱いをすることは、当該守秘義務の負担が利害関係人それぞれの自由意思に委ねられ、情報の開示を受けたければ誰でもそれを負担して開示を受けることができるような場合には、これを認めてよいであろう。

関係人等委員会が裁判所に報告命令の申し出をした結果、報告すべきとされた情報が利害関係人全体に開示されうる場合であっても、裁判所が当該報告命令を行うかどうかの判断に当たって、報告命令を行った場合には利害関係人全員に開示されるという事実を判断要素として考慮すれば足りると考えられる。他方、後述のように将来の法改正により、利害関係人のうち一定の要件を満たす者が情報開示請求できるような制度が導入されれば、関係人等委員会による

---

[27] インサイダー取引規制等米国等の外国の法規制の関係で、社債権者等一定の情報以上の情報の入手を拒絶する債権者も存在し得るが、（井出ゆり「社債の元利金減免に関する立法試案の概要」事業再生研究機構編『事業再生と社債』（商事法務、2012年）206頁参照。）、この点は、そうした個々の利害関係人が情報の受領を拒否（又は情報の開示請求権を行使しない）するのであれば、委員会の義務違反の問題とはならないものと考えられる。

請求が利害関係人一般への開示がされることによる弊害が懸念されることを理由として認められない場合であっても、一定の要件を満たした一部の利害関係人が裁判所の判断を仰ぐことができることとなり、不都合は避けられるように思われる。

6 情報開示に係る立法の提言

　債務者主導による再建型倒産手続において、債権者による権利行使を実効的にし、ひいては手続の公正性、透明性を確保するために、債権者等利害関係人への情報提供制度の充実化を図るべきであるという点については、従来から指摘されてきたところである。最近になって、債権者が倒産手続に対する積極的関与を求める事例が増大する中で、債権者が債務者の情報開示に対して問題を提起する事案が増えてきたこと[28]、また、DIP型倒産制度の導入進展、倒産案件の国際化、株主代表訴訟制度を含めた債権者その他の利害関係人を取り巻く状況や利害関係人の倒産案件に対する意識の変化がみられること等をも併せて勘案すると[29]、その指摘は、基本的に是認されてよいものと考えられる。もっとも、後述のように、手続の迅速性や安価性との関係や債権者が強くなりすぎることによる弊害の可能性等について配慮しておく必要がある。

(1) 債務者側の義務又は裁量に関する情報開示

　債務者側の義務として課されている情報提供努力義務や手続周知努力義務について、現行法の訓示的な義務としての位置づけを残したまま[30]、これを拡張

---

28) 例えば、エルピーダメモリ株式会社の会社更生手続における事例（日本経済新聞2012年9月17日朝刊15面・前掲注5）、ウォール・ストリート・ジャーナル2012年8月5日付・前掲5）、同社の2012年11月5日付・前掲5））。
29) 例えば、粟田口太郎「債権者に対する情報開示」金法1957号（2012年）13頁や事業再生迅速化研究会［第2期］「会社更生手続における手続迅速化に関する運用上・立法上の提言〔上〕」NBL987号（2012年）75頁等。
30) 一問一答新破産法137頁、最高裁判所事務総局民事局監修『条解民事再生規則〔新版〕』（法曹会、2005年）1頁ほか。

することは、その実効性について疑問がないではない[31]。他方、これらの努力義務を法律上の提供・周知義務と定めるに当たっては、例えば、対象となる情報や事項について限定し、かつ、提供や周知を拒絶できる場合を定めることが求められるが、その場合には、債務者側の迅速かつ機動的な手続運営や業務遂行に支障が生じるおそれが出てくる可能性があることにも配慮しなければならない。

(2) 利害関係人の権限又は積極的関与による情報開示

利害関係人の閲覧等請求権について、立法論としては、債務者側に対するより一般的な情報開示請求権と位置づけた上で、対象となる情報の範囲等を拡張することが考え得る。この場合おいては、請求できる主体や時期の関係でも何らかの限定が必要かどうか等の検討が必要であろう[32]。

また、一般的な開示請求権の対象として、開示によって生じうる問題が少ないと認められる情報に限定することとした上、その限定された範囲を超える情報については、民事再生法118条の3又は会社更生法120条に定める報告命令類似の制度の対象とすることもひとつの方法として考え得る。もっとも、現行法下の同制度は、請求主体が、一定の利害関係人集団全体を代表する関係人等委員会であり、そのため報告命令が出されることによって第一次的には裁判所に当該事項の報告がされるとともに、関係人等委員会にも開示され、次いで利害関係人の閲覧謄写権の対象となるが、当該報告命令の申出主体を関係人等委員会にのみ限定すべきかは一つの問題であり、今後の状況次第では、①報告命令の申立主体を関係人等委員会以外の一定範囲の利害関係人に拡張すること[33]、

---

31) 粟田口・前掲注29) 論文25頁は、これらの義務を合理的な範囲で拡張すべきとする。なお、同論稿では、更に適時提供（努力）義務も併せて明文化すべきとする。
32) 例えば情報の範囲として、民事再生手続における手続周知努力義務の対象となるような事業収益の見込み、手続の進行の見通し、事業譲渡をする場合のその内容に関する事項等（最高裁判所事務総局民事局監・前掲注30）書1頁）も考えられる。
33) 申立権利者の範囲を利害関係人一般に拡張した上で裁判所の申立についての相当性の判断で歯止めをかければよいという考え方もありえようが、申立等の濫用や手続の迅速円滑の進行に支障をきたすおそれもあり、この場合にはそれらの点についての検討も必要とな

②裁判所に提出されても、裁判所の判断で現行法下の民事再生法16条及び会社更生法11条の利害関係人の閲覧謄写権の対象にしない措置を採りうることとする[34]ことも併せて検討すべきであろう[35]。

なお、前述のとおり情報開示の拡張を検討するに当たっては、手続の性質、負債総額や債権者数等の事案の規模概況、情報の内容（保有者も含む）、開示の時期、開示の相手方等の様々な考慮要素において場合分けをした検討は極めて有用であり、そのためには事例の積み重ねも重要になってくるように思われる[36]。

VII 再建型倒産手続における債権者優位

再建型倒産手続において、業務の運営や情報の管理については、原則的に債務者側の手に委ねられ、手続の進行も債務者側が主導していくことになるが、手続的正義を実現するために、債権者に主導的立場を果たす役割を与えることは相当である場合があると考えられる。しかし、債権者その他の利害関係人の権限を更に強める方向に運用が行われ、法改正がなされれば、かえって利害関係人の影響力を強めすぎ、再建型倒産法の目的を実現する上において支障が生じる場合も出てくることが懸念される。なぜならば再建型倒産手続において、再建計画の認可のためには、原則として、債権者等の利害関係人の決議により

る。

34) 現行法下でも支障がある部分の閲覧等の制限の制度は規定されているが、どのような文書又は部分についてどのような理由で閲覧等が制限されているかがわかることや、かかる制限は原則として債務者側の申立がないとできないので、文書の存在自体の機密性が重要であったり、債務者側が過失により申立を行わなかった場合等職権で一般の利害関係人の閲覧等を制限すべき必要性があると考えられるのではないであろうか。

35) 方法としては例えば、本文引用の各規定を修正するという方向性もあるし、新たに開示請求権の制度に関する条項を設け、裁判所に報告された情報でも裁判所の判断で利害関係人一般の閲覧謄写の対象としないことができるような規定にすること等が考えられる。

36) 注22) 参照。なお、事案の紹介としては、宗田親彦『会社更生手続の新展開』（商事法務、2002年）95頁以下が、旧日本リースの会社更生事件における債権者からの情報開示要請への対応を検討するに際し、管財人側が考慮した事情を説明している。

可決されることが前提とされ（民再174条、会更199条、ただし、民再174条の2、会更200条）、この意味で、債権者等の利害関係人の影響力は極めて大きいといい得るのであり、また、そもそも、商取引債権者や金融債権者等の多様性と相まって債権者と債務者との関係には様々なものが考えられるが、平時においても、例えば、金融債権者との間の契約では債務者側が決算情報等の提供義務等を負担する場合もあり、そのような意味で、債権者の影響力が強い場合も考えられるからである。

　この点に関連して、米国のチャプター11手続において、債権者が強くなりすぎることによる弊害が生じていることが指摘されている[37]。特にDIPファイナンス提供者及び債務者に対する不良債権をディスカウントで大量購入した債権者等が手続の主導権を握る債権者優位の方向に変貌しつつあり、その結果、いくつかの問題が生じているとの指摘がある[38]。

　わが国においては、DIPファイナンスの債権者に認められる米国連邦倒産法上のPriming lienのような制度もなく（連邦倒産法364条(d)項）、実務上これまで、DIPファイナンス提供者が手続を主導して問題を生じた事例はほとんど紹介されていない。また、債務者の倒産手続の開始後に当該債務者に対する債権をディスカウントで大量に購入し、債権回収の極大化と迅速な実現を目指して債務者への情報開示や交渉の機会等を要求する債権者は既に過去の事例でも出現しているが、特に重大な弊害が生じているとの報告もされていない。したがって現時点で直ちにこれらの点が重大な問題として顕在化する可能性は必ずしも大きいとは思われないが、前述のSpansion Japanの事案でも手続の複雑化と長期化の報告がされており、今後はそれらの動向に注意を払うべきであろう。

　更に債権者その他の利害関係人の権限を強める方向での運用及び法改正を進めるに当たっては、いわば対立構造である債務者及び債権者その他の利害関係

---

[37] 小杉丈夫「改革のインパクトの大きさと、広がる異なる手続相互の協働」新倒産法制10年176頁以下、坂井秀行「プレパッケージと民事再生」事業再生と債権管理105号（2004年）108頁、村田典子「当事者主導型倒産手続の機能の変容(1)（2・完）」民商138巻6号（2008年）739頁、139巻1号（2008年）37頁。

[38] 坂井・前掲注37）論文108頁、村田・前掲注37）論文・民商138巻6号739頁、139巻1号37頁。

人の手続進行を監督する役割を担う裁判所や監督委員等[39]の手続関与についても、併せて検討が必要であろう[40]。

Ⅷ 手続的正義――手続の迅速性及び安価性との関係[41]

倒産処理手続については、一般的に、利害関係人の利益の確保及び損害を最小限にとどめる等の観点から、①手続が迅速に進められること（迅速性の確保）、②手続処理に要する費用が抑制されなければならないこと（安価さの確保）、及び③利害関係人の権利の調整とその履行が適正に行われなければならないこと（適正さの確保）、が要請される[42]。③の適正さの確保については、より具体的に、(i)債権者を含めた利害関係人に対する納得度は、特に高いものでなければならないこと、(ii)同種利害関係人間の平等のみならず、異種利害関係人間でも実質的平等が確保されなければならないこと、及び(iii)手続が可能な限り透明でかつ開かれたものでなければならないこと、が必要と考えられる[43]。

債権者をはじめとする関係人等委員会と利害関係人等への情報開示の規定の

---

39) DIP型の会社更生手続では、手続開始前は監督委員の選任の規定はあるものの、開始後については規定がなく、実務上は調査委員のみの選任を行っている（会更35条・39条・125条）ため、手続開始後についても監督委員の選任が可能となるような制度の導入も検討の必要があろう。

40) 裁判所の関与の少なさが生起し得る問題点については、村田・前掲注37）論文・民商138巻6号739頁、139巻1号37頁及び注43）を参照。

41) この問題点は、情報開示のみならず前述の関係人等委員会の拡充の問題点についても関連するところであるが、便宜上ここで議論をする。

42) 門口・前掲注2）論文787頁。

43) なお、米国では、一度法的再建手続で再建を果たした会社が二次倒産に至る可能性に関し、①手続が早く進行すること、②裁判所の関与が少ないこと、及び③再建計画の内容がシンプルであること、が二次倒産を高める理由であるとの興味深い指摘もなされており（村田典子「当事者主導型倒産手続の機能の変容（2・完）」民商139巻1号（2008年）54頁、注（150）同58頁参照）、本論稿では対象外であるが、裁判所の役割をも含めた倒産手続における手続の迅速性や安価性の意義についての更なる検討も必要であろう。

充実化についても、上記のとおり、一般論としては、利害関係人の納得度を含めた適正さの確保の実現をより高める制度といえようが、迅速性や安価性とは相反する場合も出てくるであろう[44]。思うに、迅速性、安価さ及び適正さの確保の要請は、場合によっては、それぞれの要請が相反する可能性もあるため、案件ごと、また、局面ごとに、いずれの要請に比重を置くかを柔軟に検討しながら、手続を進行していかなければならない。したがって、例えば、債権者の数や負債総額の大きい大規模事件や、社会的な影響の大きい複雑、重要な事件については、迅速性や安価性よりも適正さの確保の要請が重要視されるべき場合もあり得るものと思われる。関係人等委員会制度の運用や利害関係人への情報開示についても、充実化を図りつつ柔軟な運用が可能な制度設計の方向性を考えるべきであろう。

IX 総 括

倒産法の直近の大改正（平成17年）から8年余りが経ち、社会、経済状況の進展に適合させる等の観点から、倒産法の改正の議論が活発にされるようになってきた。特に、手続の公正や透明性を確保する観点から、債権者を含めた利害関係人の権利の充実化も大きなテーマとして取り上げられ、関係人等委員会及び利害関係人に対する情報開示の制度についての立法的提言もされている。

今後の実務の運用を追跡しながら、手続的正義を実現するためのより良い方策が立法化されることを期待したい。

（ながい・かずあき　もんぐち・まさひと）

---

[44] 本文とは逆に、債権者他の利害関係人の権利行使をより充実させる制度の採用により、後述のように、迅速な手続進行により早期の債権回収を図りたい債権者主導の手続がなされ、迅速性の要請にはある意味合致するような事例が出てくる可能性もあるが、その問題点については、注43)参照。

10 会社更生手続における法律家管財人の使命と役割

弁護士　腰塚和男

I はじめに——法律家管財人とは

1 法律家管財人と事業家管財人

「法律家管財人」という名称は、「事業家管財人」の名称と対比して使われている。ところで、「法律家管財人」という用語は会社更生法の条文のどこにも見当たらない。弁護士のみが管財人に選任された場合、あるいは弁護士とともに弁護士以外の者が管財人に選任され複数（通常は2名）の管財人体制になったような場合に、弁護士以外の管財人である「事業家管財人」と区別するために、弁護士の管財人を「法律家管財人」と呼称している。これに対して、「事業家管財人」は事業経営の経験のある経営のプロや支援企業（以下「スポンサー」という。）の推薦を受けて更生会社の事業再建のために管財人に選任された者を指すときに使う。なお、時に「法律管財人」「事業管財人」と呼ばれることもあるが、本稿では「法律家管財人」「事業家管財人」の用語で統一する。

2 管財人の適格要件

(1) 会社更生手続では、管財人は開始決定と同時に選任しなければならない

必置の機関(会更42条1項)であるが、裁判所は管財人の選任(会更67条1項)にあたっては「その職務を行うに適した者を選任する」(会更規20条1項)と、いわば当然のことを会社更生規則で定めているにすぎず、それ以外に管財人の適格要件についての具体的な定めは法律にはない。この点について、近時の裁判所の実務の運用をみると、開始決定と同時にほぼ例外なく弁護士が管財人に選任されてきた。開始決定の段階でスポンサーが決定もしくは内定している場合には、開始決定に際して、スポンサー推薦の「事業家管財人」が選任されることもあるが、その場合でも、これまでは同時に弁護士が「法律家管財人」に選任されていた。ところが、平成21年1月から東京地裁民事第8部で新たに採用するようになったいわゆる「DIP型」会社更生手続では、開始決定と同時に更生会社の役員のみが管財人に選任され、「法律家管財人」を選任しない事案が生じている[1)・2)]。

---

1) 難波孝一ほか「会社更生事件の最近の実情と今後の新たな展開――債務者会社が会社更生手続を利用しやすくするための方策：DIP型会社更生手続の運用の導入を中心に」NBL895号(2008年)24頁以下、菅野博之ほか「東京地裁におけるDIP型会社更生手続の運用――導入後の1年間を振り返って」事業再生と債権管理127号(2010年)26頁以下、大門匡ほか「導入後2年を経過したDIP型会社更生手続の運用状況」NBL963号(2011年)31頁以下、日置朋弘「東京地裁における商事事件の概況」商事1939号(2011年)80頁以下、最新実務会社更生17頁以下。

2) DIP型として開始決定がなされた、株式会社クリード、Spansion Japan株式会社、あおみ建設株式会社では、開始決定後は申立代理人が法律家アドバイザーとして事業家管財人をサポートし、裁判所が選任した調査委員が更生手続の監督等を行う形態を採用した。片山英二ほか「不動産会社のDIP型会社更生手続による再生――㈱クリードの場合」事業再生と債権管理126号(2009年)54頁以下、嶋寺基「Spansion Japanにおける会社更生手続」NBL951号(2011年)23頁以下、鐘ヶ江洋祐「Spansion Japan DIP型会社更生における管財人と法律家アドバイザー」NBL952号(2011年)36頁以下、永沢徹「DIP会社更生手続による再建――あおみ建設㈱の更生事件」事業再生と債権管理128号(2010年)52頁以下。平成24年にDIP型を希望して会社更生手続開始の申立がなされた新藤電子工業㈱グループ8社および三光汽船㈱についても、いずれも「法律家管財人」を選任せず、申立代理人が法律家アドバイザーとなっている。これに対し、同じDIP型のエルピーダメモリ㈱では、申立代理人を「法律家管財人」に選任している。大口債権者の意向を反映した結果によるものと思われる。

(2) そこで、改めて、「法律家管財人」に選任される「弁護士」はどのような使命を帯びているのか、「法律家管財人」に求められている役割はどのようなものなのか等について、会社更生法の原点に立ち帰って考えてみるのも有意義なことではないかと思うに至った。なお、本稿では、主に東京地裁民事第8部における会社更生手続の運用実務を念頭に置いて論じていることをお断りしておく。

II 管財人の制度とその運用実務について

1 旧会社更生法制定から昭和42年改正までの実務

(1) 旧会社更生法は、アメリカ連邦倒産法を参考に作られたが、国会での審議の過程で管財人は必置の機関とされた。その際に、原案にあった「管財人は利害関係のない者でなければならない」との要件を法案から外した[3]。会社更生手続の成否は、管財人に適任者を得られるか否かにかかっていると言われる。その訳は、管財人は更生会社の財産を管理しつつ事業を継続し、関係者の利害を適切に調整して更生計画案を立案し、認可された更生計画を遂行するという重責を担っているからである。旧会社更生法が、管財人の選任について「利害関係を有しない者」との要件をあえて外した理由は、管財人には高度の経営的な手腕が求められるところ、管財人に適するような人材は、すでに社会的にも重要な地位にあることが多く、労多くして報われることの比較的少ない管財人への就任を受諾してもらうことはなかなか難しいとの背景があったためである。このように有能な管財人候補の人材難もあって、現実には裁判所としては更生会社や大口債権者などから推薦された者を管財人に選任させざるを得ず、その際に利害関係をまったく伴わない者を管財人に選任するのは容易でないという実態があった。さらには、利害関係を有しない者は、更生会社の実情

---

[3] 条解会社更生法(中)235頁、多比羅誠「DIP型会社更生実務の諸問題」松嶋英機ほか編『門口正人判事退官記念 新しい時代の民事司法』(商事法務、2011年)91頁以下。

に暗く、営業の継続に不便であり、適切な更生計画も立てがたいとして、「利害関係を有する者」の方がむしろ熱意を持って管財人の役割を果たしうるとの積極的な理由も挙げられていた[4]。

(2) 旧会社更生法が施行された昭和27年から昭和42年の旧会社更生法改正までの間、管財人の選任についての運用実務は各地の裁判所によって異なっていたが、弁護士を管財人に選任することは必ずしも原則的な取扱いではなかったようである。特に、東京地裁では、昭和27年～30年頃においては、事業家のみを管財人に選任し、弁護士は管財人には選任せず、法律顧問（旧会更186条）に選任していたとのことであり、旧会社更生法が大改正された年（昭和42年）の前年（昭和41年）当時においても、通例、更生会社や債権者等の利害関係者の推挙を受けて、裁判所は経済人を管財人に選任していたとのことである[5]。

2 昭和42年の大改正後の実務

(1) 昭和42年に旧会社更生法の大改正がなされた。改正の重要ポイントの一つが会社更生手続の濫用防止であり、その為に創設されたのが保全管理命令による保全管理人制度である[6]。昭和42年の旧会社更生法改正前に運用上の大きな問題点とされていたのは、窮境にある会社が会社更生手続開始の申立てを行うとともに、裁判所から弁済禁止の保全処分を発令してもらい、弁済禁止の保全処分による債務の棚上げを武器として債権者に債権の切り捨てを迫り、その目的を達するや、会社更生手続開始の申立てを取り下げるという会社更生手続の濫用的申立てが少なからずみられたことであった[7]。そこで、会社を破綻に導いた不適格の取締役が、会社更生手続開始の申立てから開始決定がなされるまでの間に会社の事業の経営に当たることによって生ずる弊害を防止し、か

4）条解会社更生法（中）237以下、多比羅・前掲注3）論文91頁以下。
5）多比羅・前掲注3）論文94頁以下。
6）条解会社更生法（上）401頁以下、多比羅・前掲注3）論文100頁以下。
7）条解会社更生法（上）358頁以下。

つ、会社更生手続の濫用防止の対策の一つとして保全管理人の制度が創設されたのである[8]。保全管理人は、「会社の事業の経営並びに財産の管理及び処分をする権利」（旧会更40条1項）を専属的に有する（ただし、会社の常務に属しない行為については管財人と異なり裁判所の要許可事項）ところから、管財人と同様に、法律的および会計的識見と経営的手腕を要求されたが、開始決定までの暫定的なものであり、法律的識見がより重要視され、その結果弁護士の中から適任者が選任されるようになった[9]。このように、保全管理人制度は、窮境にある会社の経営者による会社更生手続の濫用を防止する制度として創設された背景もあって、更生会社と利害関係のない弁護士を保全管理人に選任する実務の運用が行われ、それが定着したといえる[10]。

(2) 平成15年に施行された現行の会社更生法においても保全管理人の制度は維持されている（会更30条以下）。そして、実務の運用においても、会社更生手続開始の申立てがなされると、原則として保全管理命令を発令し弁護士を保全管理人に選任し、特段の事情がない限り、保全管理人の弁護士を引き続き法律家管財人に選任している。例外的に、保全管理命令ではなく調査命令を発令して調査委員を選任する場合であっても、調査委員には弁護士が選任され、当該事件が開始決定となると調査委員をそのまま法律家管財人に選任している[11]。

(3) 平成21年1月から東京地裁で運用を開始した「DIP型」会社更生手続においては、会社更生の申立てがなされても保全管理命令は発令せず、監督命令兼調査命令を発令して監督委員兼調査委員を選任し、監督委員兼調査委員に「開始決定の是非」「取締役の管財人への就任の適否」を調査させ、取締役を管財人として選任することについて不都合がない場合には、開始決定と同時に旧経営者等の役員の中から管財人を選任し、別途法律家管財人を選任しない事案

---

8) 条解会社更生法（上）401頁以下。
9) 条解会社更生法（上）406頁。
10) 多比羅・前掲注3）論文101頁。
11) 最新実務会社更生120頁以下。

が出てきていることは前述した。

III 法律家管財人の使命等について

1 会社更生手続の目的

(1) 前述のように、保全管理命令の創設によって、昭和42年以降今日に至るまで、裁判所は会社更生手続開始の申立てがあると、調査命令を発令する例外的な事案を除いて、更生会社と利害関係のない弁護士を保全管理人に選任し、開始決定と同時に、保全管理人であった弁護士を引き続き法律家管財人に選任する運用を原則としている。このような実務の運用が定着したこれまでの経緯をみると、弁護士を積極的に管財人に選任してきたというよりは、経済界における管財人候補の絶対的な不足から、保全管理人である弁護士をそのまま管財人に選任することによる「無難さ」といういわば消極的な理由によるところが大きいように感じられる[12)・13)]。しかし、果たして弁護士を法律家管財人に選任することに積極的な意義を見出すことはできないのであろうか。

---

12) 新会社更生法の基本構造と平成16年改正60頁で深山卓也氏は「今後の方向は、更生手続が法的倒産処理手続である以上、弁護士がこれにかかわらなくなることはあり得ませんが、経営権を握る立場で、中心的に手続を遂行していくことは、むしろ減っていくと思っています。」と、法律家管財人を選任してきた従来からの実務の運用が見直されていくとの発言をしている。
13) 早川種三ほか編『会社更生のカンどころ——倒産会社を救う道』(日本経済新聞社、1975年) 141頁で、東京地裁民事第8部の部総括判事であった井関浩氏は「裁判所が知っている経営者というのは残念ながらいないわけです。裁判所がいちばんおつき合いのあるのはむしろ弁護士さんですから、保全管理人の大多数もやはり弁護士さんから選ぶことになるわけです。」「大局的な見地に立てば、『あなたは保全管理人として適材だけれども、管財人としては不適切である』ということをいっていいと思うのですよ。けれどもそれは理屈の問題でして、そこまで会社を何とかめんどう見てもらった人に引き続きやってもらおうじゃないかという問題があるわけです。」と述べている。

(2) 会社更生法の目的について、会社更生法1条は「事業の維持更生を図ること」にあると明記している。この「事業の維持更生を図る」という目的を実現するために、「債権者、株主その他の利害関係人の利害を適切に調整」することを求め、「利害関係人の利害を適切に調整」するために「更生計画の策定及びその遂行に関する手続」を会社更生法で定めているとしている。つまり、会社更生手続の目的は「事業の維持更生」であり、これを実現するには「利害関係人の利害を適切に調整」しなければならず、その実現の方法（手法）として「更生計画の策定及びその遂行」があることになる。その目的を実現する重責を担っているのは管財人である。

(3) ところで、管財人が「利害関係人の利害を適切に調整」して「事業の維持更生を図る」には、まず更生会社の実体を正しく把握しなければならない。会社の実質的資産価値を把握する方法としては財産評定（会更83条）があり、会社の負債の実態を把握する方法として債権調査（会更144条以下）がある。そして、管財人は更生会社の資産・負債の状況を正確に把握した上で、更生会社の収益力を向上させつつ、更生会社の資産と収益力に見合った弁済計画（更生計画）を立案することになる。この更生計画の策定の段階では、管財人は、まさに「利害関係人の利害を適切に調整」しなければならないが、ここでの「利害の調整」とは、更生債権者および更生担保権者（以下、更生債権者、更生担保権者を総称して「更生債権者等」という。会更2条13号）、そして株主の有する権利を「事業の維持更生」のために変更してもらうこと（会更167条1項1号・168条・170条等）であり、「権利の変更」（会更167条1項1号）とは、債権者間の公正、衡平に十分に配慮しながら、更生債権、更生担保権の減免や期限の猶予を求めること（会更196条5項2号参照）である（なお、更生会社は通常債務超過の実態であるところから、株主の「権利の変更」は、更生計画で更生会社による株式の無償取得条項を定め、取得後に更生会社は取得株式すべてを消却するのが一般的である）。

(4) 更生債権者等あるいは株主が更生会社に対して有する債権や権利は「国民の財産権」に他ならず、憲法29条で「侵してはならない」財産権（基本的人権）として保障されている。会社更生手続は、「事業の維持更生」（会更1条）と

いう「公共の福祉」（憲法13条・29条2項）のために、国民の基本的人権である「財産権」（憲法29条）について、その財産権を有している利害関係人の同意が一部得られない場合であっても、更生裁判所による更生計画の認可決定によって、不同意の利害関係人の財産権をも強制的に制約できる制度（憲法13条・29条，会更196条・200条）ということができる[14)・15)]。管財人は、更生会社の「事業の維持更生」を図るために、更生計画（案）を作成して裁判所に提出する義務（会更184条）を負う。そして、管財人は更生計画の策定にあたって、更生会社の「事業の維持更生」を確固としたものにするため、国民の基本的人権である財産権を制約することとなる「更生債権者等又は株主の権利の変更」に関する条項を更生計画に定めなければならない（会更167条1項1号）という重い職責を負っていることになる。

2　弁護士の使命と職責

(1)　弁護士法1条は、弁護士の使命は「基本的人権を擁護し、社会正義を実現すること」（同条1項）であるとし、その使命を実現するために「法令及び法律事務に精通しなければならない」（同法2条）と弁護士の職責の根本基準を定めている。

(2)　この弁護士の使命と職責を会社更生手続に当てはめてみると、弁護士が会社更生手続の法令や実務に精通しなければならないのは、更生会社を取り巻く「利害関係人の利害を適切に調整」することによって利害関係人の権利（基

---

14)　最大決昭和45・12・16民集24巻13号2099頁以下参照。
15)　「事業の維持更生」という「公共の福祉」を実現するためであれば、更生債権等の債権（財産権）を無制限に制約できるわけではない。その限界が清算価値の保障であり、清算価値を下廻るような「権利の変更」は許されない。会社更生法には、民事再生法174条2項4号のような清算価値保障原則の明文規定は置かれてはいないが、清算価値保障原則は倒産法制全般を貫く大原則である。この点の詳細については、最新実務会社更生236頁参照。さらに、権利保護条項（会更200条）との関連で清算価値の保障について触れたものとして、条解会社更生法（下）636頁以下参照。

本的人権）を擁護し、もって「事業の維持更生」という社会正義（公共の福祉）を実現するためであるということができる。すなわち、弁護士に求められている使命と職責を会社更生手続において具現化したものこそが、法律家管財人の使命と職責そのものといっても過言ではない。

3 法律家管財人の有用性、必要性――利害関係人の信頼確保のために

(1) 事業再生の手法としては、法的手続、私的手続を含めてさまざまな制度があるが、その中でも会社更生手続は利害関係人の信頼感が最も厚い手続である。会社更生手続に寄せる利害関係人の信頼がきわめて高い理由は、裁判所の監督の下に進められる管理型の手続（会更67条1項・68条）であることによるのはもとよりであるが、会社更生手続の要として選任される管財人、わけても法律家管財人への信頼感が根底にあるからではないかと思われる。ちなみに、平成21年1月から東京地裁が採用している「DIP型」会社更生手続は、便宜上「DIP型」と呼ばれているが、裁判所が経営責任のない取締役等を「管財人」に選任して事業の再建を進める「管理型」の手続の一種であって、民事再生手続のように取締役等の経営陣にそのまま会社の経営権を残して再建手続を進める本来的な意味の「DIP型」の手続（民再38条1項・2項）とは異なることに留意しなければならない[16]。

(2) 法律家管財人に寄せる利害関係人の信頼感について、例示的に少し具体的に触れてみたい。会社が会社更生手続の開始決定を受けると、更生債権等の弁済は原則として禁止（会更47条1項）される。それまで、更生会社と取引をしていた資材等の納入先、下請先、資金を融資していた金融機関等への弁済が一斉に棚上げされることになる。ところで、更生会社の事業を再建するには、事業の継続が必要不可欠であることはいうまでもない。そこで、会社更生手続の開始決定と同時に選任された管財人は、事業継続を図るために、喫緊の要事と

---

[16] 多比羅・前掲注3) 論文89頁、石井教文「再建手続における役員の地位と責任」倒産の法システム(3)195頁。

して、従来の取引先や下請先に更生会社と引き続き取引をしてもらえるように要請することになる。しかし、約定による弁済が会社更生手続の開始によって棚上げされた債権者は、大きな経済的損失を受ける可能性が高い上、弁済の約束を違えた更生会社への不信感も重なり、更生会社からの取引の継続の要請に容易には応じてくれない。更生会社の経営者に不正行為等があれば無理からぬことであるが、経営者にそのような不正行為がない場合であっても、会社を破綻させた経営者への債権者の眼差しは厳しい。更生会社の事業の再建のために取引の継続が欠かせないこと、および新たな取引自体はそれら債権者にとっても利益にこそなれリスクとなるおそれは少ないことが、たとえ頭では理解できていても、債権者の更生会社に対する怨みつらみはなかなか消えない。この点裁判所から選任された法律家管財人は、被害者意識を強くもっている債権者等の利害関係人の目には「更生会社の事業を再建するために、裁判所から選任された公正、中立な第三者」と映り、むしろ裁判所から更生会社に遣わされた救世主のように迎えられることも少なくない。法律家管財人も自らの立場をそのように説明して、「公正、中立な第三者」として債権者の心情に理解を示しつつ、更生会社の事業の再建への協力を求める。これは、弁護士である管財人でなければ熟すことの困難な役回りであり、債権者等の利害関係人の利害を「第三者的立場に立って、公正、中立に調整」する役割として、弁護士に優る者はないともいえるのである。したがって、会社更生手続の開始決定と同時に倒産事件の処理に精通した練達の弁護士を法律家管財人に選任することは、会社更生手続について利害関係人に信頼感を持たせ、かつ、利害関係人の協力を得て迅速かつ効率的な会社更生手続を実現することにつながり、きわめて有用であると考える[17]。

(3) さらにいえば、管財人は取引先等との取引の継続にあたって、双方未履行双務契約（会更61条）の処理、債権者等からの相殺主張（会更48条・49条・49条

---

[17] 金築誠志「更生管財人の適任者とその選任」青山善充ほか編『会社更生・会社整理・特別清算の実務と理論（判タ866号）』（1995年）157頁以下、会社更生の実務（上）304頁以下〔押見文哉〕。

の2）や取戻権行使（会更64条）への対処、担保権の消滅許可申立て（会更104条）の要否、さらには否認該当行為の調査と否認権行使（会更86条以下）の検討等についての的確な判断を、時機を逸することなくしていかなければならない。また、管財人は、裁判所から要許可事項に指定された行為を行うには、裁判所の許可（会更72条2項）を得なければならず、許可を得ずになした行為は原則として無効（会更72条3項）である。たとえ事業経営の経験豊富な事業家管財人であっても、倒産法制に必ずしも通じているわけではなく、会社更生手続における民法や商法の一般原則の特則規定を十分に理解した上で事業を経営していくには、事業家管財人だけではどうしても荷が重い。やはり会社更生手続に精通した法律家管財人の方が適している。もとより、弁護士を管財人ではなく法律顧問（会更71条）に選任することによって、これらの諸問題について事業家管財人が法律顧問の弁護士からアドバイスを受けることも可能ではあるが、取引先等との交渉の場において、これら法律問題を念頭に置いた上で、管財人自らが即時に的確な対応ができないようでは、取引先等の信頼を得ることは難しい。そして、これらの法律問題の処理結果は、管財人の重要な職責である財産評定（会更83条）、債権調査（会更144条以下）さらには更生計画（案）の策定（会更184条1項）に結びついていくことになる。会社更生手続の進捗に伴って、倒産法制特有の問題の処理は減少していき、他方で事業家管財人が腕を揮わなければならない事業の収益力の向上策の検討等の場面が増えてくるのは間違いないが、会社更生手続の開始決定から更生計画が裁判所に認可されるまでの間は、法律家管財人の存在は必須であると考える。すなわち、弁護士である法律家管財人と経営のプロである事業家管財人が、対等かつ緊張関係の下で、双方補完しながら協同して「事業の維持更生を図る」体制が最も望ましい[18]。

(4) もっとも、会社更生手続の開始決定時に適任の事業家管財人を得ることは一般的には難しいと思われる。「DIP型」会社更生手続を採用して取締役が会社更生手続の開始決定と同時に事業家管財人に選任される場合、あるいはすでに開始決定前にスポンサーが決定もしくは内定しているような例外的な場合

---

18) 多比羅・前掲注3) 論文104頁。

を除き、開始決定がなされた当座は、法律家管財人だけの体制でスタートする事案が大半であり、事業家管財人が登場するのは、更生会社のスポンサーが決まった後、スポンサーの推薦によることが多いであろう。開始決定と同時に事業家管財人と法律家管財人が揃った体制でスタートできればそれが望ましいが、更生会社としては、事業継続に欠かせない取引先との関係の維持交渉に際して生起する倒産法制特有の問題について喫緊の対処が求められており、これには法律家管財人が適任であるので、法律家管財人のみの体制でスタートしても直ちに特段の不都合が生ずるわけではないと思われる。

(5) ところで、近時事業再生をビジネスとして手がけるターンアラウンド・マネージャーが増えてきた。これらの人材を、開始決定と同時に若しくは間を置かずに、事業家管財人として活用することはどうであろうか。結論としては筆者は否定的である。管財人は「その職務と責任にふさわしい額」（会更81条1項、会更規22条）を報酬として受けるが、これは窮境にある会社の事業の維持更生に尽力した公益的な役務（会更271条（管財人等に対する職務妨害罪）、会更272条（管財人等の収賄罪）、273条（管財人等への贈賄罪）参照）への対価であって、事業の維持更生に成功したことによる成功報酬ではない。事業再生をビジネスとして捉えれば、その成否によって報酬額が大きく異なることも肯けるが、このような成功報酬の発想は、会社更生手続にはなじまない[19]。しかも、スポンサーが現れれば、スポンサーは自社の役員等を新たな事業家管財人として推薦するのが一般的であろうから、ターンアラウンド・マネージャーの事業家管財人が更生計画の履行の段階まで残るのは、スポンサーのつかない自主再建のような

---

19) 私的整理におけるターンアラウンド・マネージャーの活用については、私的整理計画策定の実務142頁以下参照。更生会社のスポンサーが事業家管財人候補としてスポンサー会社の役員等ではなくターンアラウンド・マネージャーを推薦することも可能性としてはありうるが、スポンサー推薦の事業家管財人（団）については、管財人（団）報酬はスポンサー負担とし、更生会社からの報酬の支払いは認めていない実務の運用からみて、スポンサーが自己の費用負担でわざわざ社外からターンアラウンド・マネージャーを招くとは思われないし、そのような人材不足の会社がスポンサーとなることを更生裁判所が安易に認めるとも思われない。

ケースに限られることになり、そもそもターンアラウンド・マネージャーにとってはビジネスとして成立しないのではないかと思われる。

4　法律家管財人選任にあたっての問題点──「利害関係のある弁護士」の選任について

（1）　管財人の選任にあたって、会社更生法は「利害関係のない者」を要件とはしていないことは前述した。「役員等責任査定決定を受けるおそれがある者」でなければ、更生会社の取締役等の役員であっても事業家管財人に選任できることは現行会社更生法で明文化（会更67条3項・100条1項）された。平成21年1月から、東京地裁では「DIP型」会社更生手続として、会社更生手続の開始決定と同時に経営責任のない取締役を事業家管財人に選任する運用を開始したことにもすでに触れた。このように、事業家管財人については、更生会社との利害関係があっても、一定の要件を満たす場合にはそれらの者を管財人に選任する運用が定着しつつある。

（2）　これに対して、法律家管財人については、現行の会社更生手続においても「手続の公正性・透明性の確保が強く要請されるから、それを疑わしめるような利害関係を有する者を手続の適法性を保持する役割を持つ法律家管財人に選任することは避けるべき」で、「東京地裁においては、申立人が推薦する者や利害関係のある者を法律家管財人に選任することは一切行っていない」として、利害関係のある弁護士は法律家管財人には選任しない方針であることを明らかにしてきた[20]。この点、どのような場合に「利害関係がある」と判断するのかについて、裁判所は明確な基準を示しているわけではないが、会社更生手続の申立代理人や更生会社の更生債権者等の代理人あるいは私的整理ガイドラインの専門家アドバイザーである弁護士は、「原則として利害関係があるので法律家管財人に選任するのは望ましくない」とされていたようである[21]・[22]。

---

[20]　会社更生の実務（上）305頁〔押見文哉〕。

(3) ところで、平成21年1月から東京地裁で運用を開始した「DIP型」会社更生手続において、申立代理人の弁護士を法律家管財人に選任する事案が出てきている[23]。従来の方針を全面的に変更したのか、あるいは「DIP型」での申立ての場合に限り、事業家管財人のみならず「法律家管財人」にも、「DIP型」4条件に準拠して、ⅰ）主要債権者が反対していないこと、ⅱ）スポンサーとなるべき者がいるときはその了解があること、ⅲ）会社更生手続の適正な遂行が損なわれるような事情が認められないこと等の条件を満たす場合には、申立代理人である弁護士を法律家管財人に選任できるとしたのか定かではないが、「DIP型」会社更生手続の採用に合わせて、これまでの「利害関係のある者を法律家管財人に選任することは一切行っていない」との運用方針が一部見直されたことは間違いない[24]。

(4) そこで、会社更生手続の申立代理人や、事業再生ADRから会社更生手続に移行した場合の手続実施者等の「利害関係がある弁護士」を法律家管財人

---

21) 金築・前掲注17) 論文159頁。多比羅誠ほか「私的整理ガイドライン等から会社更生への移行」NBL886号（2008年）9頁。難波孝一『『私的整理ガイドライン等から会社更生への移行』に対する検討」NBL886号（2008年）17頁。
22) 更生債権者等の会社の顧問弁護士が法律家管財人に就任することについて、土岐敦司「倒産手続と弁護士倫理」倒産の法システム(4)210頁参照。
23) 菅野ほか・前掲注1) 論文26頁以下、大門ほか・前掲注1) 論文31頁以下、日置・前掲注1) 論文80頁以下、澤野正明ほか「日本綜合地所における会社更生手続」NBL954号（2011年）84頁以下、澤野正明ほか「日本綜合地所における会社更生手続」NBL955号（2011年）88頁以下、小畑英一ほか「ロプロにおける会社更生手続の概要」NBL958号（2011年）132頁以下。そのほか、DIP型を採用したエルピーダメモリ㈱でも、代表取締役を事業家管財人に選任するとともに申立代理人を法律家管財人に選任している。前掲注2) 参照。
24) 東京地裁は、DIP型の会社更生手続の申立てがあると、ⅰ）現経営陣に不正行為等の違法な経営責任の問題がないこと、ⅱ）主要債権者が現経営陣の経営関与に反対していないこと、ⅲ）スポンサーとなるべき者がいる場合はその了解があること、ⅳ）現経営陣の経営関与によって更生手続の適正な遂行が損なわれるような事情が認められないこと、の4条件を満たしている場合に限り、DIP型の会社更生手続を採用して更生会社の役員を事業家管財人に選任している。詳細は、前掲注1) 引用の文献参照。

に選任することの是非について検討してみたい。弁護士を法律家管財人に選任する理由は、倒産法制に通じていることはもとよりであるが、何よりも「公正、中立な第三者」として、利害関係人の利害を適切に調整して、もって更生会社の事業の維持更生を図ってくれることを利害関係人が法律家管財人に期待しているからに他ならない。そうなると問題となるのは、会社更生手続の申立代理人や、事業再生ADRから会社更生手続に移行した場合の事業再生ADRの手続実施者である弁護士が、法律家管財人として「公正・中立」性を欠くかという点である。

⑸　まず、会社更生手続の申立代理人についてであるが、筆者は、「DIP型」の会社更生手続においては、会社更生手続の申立代理人であっても、法律家管財人としての素養を兼ね備えているのであれば、原則として申立代理人を法律家管財人に選任しても差し支えないと考えている。ただし、選任によって会社更生手続の適正な遂行が損なわれるような事情が認められるときには、本来は法律家管財人としての適性を備えている場合であっても、当該申立代理人の弁護士を法律家管財人に選任することは相当ではない。「会社更生手続の適正な遂行が損なわれるような事情」とは、申立代理人として行ったことと法律家管財人として行うべきことが相矛盾し、法律家管財人が利害関係人から「公正・中立」性に疑念を持たれるような具体的な懸念がある場合である。これに対して、単に抽象的に利害関係人の眼から「公正・中立」らしさを欠いているように映るにすぎないという場合には、「会社更生手続の適正な遂行が損なわれるような事情」には該当しないと考える。その理由としては、法律家管財人は裁判所によって選任（会更67条1項）され、裁判所のみの監督（会更68条）を受ける立場であり、法律家管財人への就任時においては、当然ながらすでに申立代理人の地位を退いているのであるから、申立代理人であった弁護士が法律家管財人としての適性を備えている限り、法律家管財人としての「公正・中立」性は担保されているといいうるからである。「DIP型」の会社更生手続における4条件のうち、現経営陣に求められている「不正行為等の違法な経営責任の問題がないこと」は、申立代理人を法律家管財人に選任する際の条件には元々含まれないが、「主要債権者が反対していないこと」および「スポンサーとな

るべき者がいる場合はその了解があること」は、申立代理人を法律家管財人に選任する際の前提条件にする必要はないと考える。法律家管財人の選任にあたっては、主要債権者やスポンサーの意向は、「更生手続の適正な遂行が損なわれるような事情」を判断する際の背景事情として考慮すれば足りるからである。なお、「DIP型」会社更生手続では、申立代理人を法律家管財人に選任せず法律家アドバイザーとし、法律家管財人を選任しない事案があることは前述したが、「DIP型」会社更生手続においても法律家管財人を選任し、事業家管財人と法律家管財人の2人体制にするのが望ましいと考える。法律家アドバイザーは、実質は「法律家管財人」的な職務を行わなければならないのであるから、法律家管財人に選任する方が責任の所在を明確にすることにもなり、手続の透明性を高めることにもなるからである。仮に、申立代理人の弁護士が法律家管財人の適性を備えていない場合には、監督委員兼調査委員を法律家管財人に選任すればよい。ついでに触れれば、「DIP型」会社更生手続では、申立代理人を法律家管財人に選任した場合であっても、監督委員兼調査委員を会社更生手続の開始決定後も調査委員として残し、事実上調査委員が管財人を監督および指導する運用を行っているが、この運用では管財人に対して裁判所の監督と調査委員の監督が重複することになる。「DIP型」会社更生手続がほぼ定着して、すでに一定の認知を得たことから、会社更生手続の開始決定後は調査委員を選任しなくとも、手続の適正な遂行が損なわれるとの疑念を利害関係人から持たれることはないので、会社更生手続の開始決定後は原則として調査委員を選任することなく、他方で法律家管財人の選任は必須として、裁判所が事業家管財人と法律家管財人を直接監督する運用にした方がよいのではないかと思う。

(6) 「DIP型」ではない「管理型」の更生手続においては、原則として従来通り、「利害関係のない弁護士」から適任者を選任する運用が相当と考えるが、申立代理人が当該更生事件の法律家管財人として特に適任であると評価されるような場合には、申立代理人を法律家管財人に選任しても差し支えないのではないかと考える。

(7) また、事業再生ADRから会社更生手続に移行したような案件では、事業再生ADRの手続実施者を法律家管財人に選任することも積極的に検討してよいのではないか[25]・[26]。手続実施者は、厳格な資格要件が法令で定められており（裁判外紛争解決手続の利用の促進に関する法律2条2号、産活法48条1項1号，事業再生に係る認証紛争解決事業者の認定等に関する省令4条、以下単に「省令」という。）、現状、事業再生ADRの唯一の認証紛争解決事業者である事業再生実務家協会では、内部手続規則において手続実施者の公正・中立性を確保し、手続実施者の報酬についても当事者からではなく事業者である事業再生実務家協会から支払われる仕組みとなっている。このように、手続実施者の公正性・中立性は制度上確保されている。さらに、事業再生ADRの運用実態をみると、手続実施者の主要な職務はⅰ）債務者から提出を受けた事業再生計画案について、法令に適合しているか、公正かつ妥当で経済合理性を有するかを調査し、調査報告書にて意見を述べること（省令10条）、ⅱ）債権者会議（省令8条以下）を議長等として円滑に進行すること、そして終局的にはⅲ）申請会社の作成、提出にかかる事業再生計画について、対象債権者との間で和解合意できるように努めることである。事業再生計画案の作成および作成した事業再生計画案を対象債権者に説明し納得してもらう交渉は申請代理人の役割であり、手続実施者は調整役として対象債権者を説得することはあっても、対象債権者と対立関係となることはまずない。その意味では、対象債権者と厳しく対峙するのはもっぱら申請代理人である。従来の事業再生ADRの実務では、申請代理人や対象債権者は、手続実施者の公正性・中立性を高く評価しており、仮に事業再生ADRが不首尾に終わり会社更生手続に移行し、手続実施者が法律家管財人に選任されたとしても、会社更生手続の適正な遂行に支障が生ずることはないし、利害関係人から法律家管財人の「公正・中立」性に疑念を持たれるような懸念はない

---

[25] 腰塚和男ほか「事業再生ADRから会社更生への手続移行に際しての問題点と課題(3)」NBL955号（2011年）72頁以下では、事業再生ADRの申請代理人や手続実施者（裁判外紛争解決手続の利用の促進に関する法律2条2号、産活法48条1項1号）を法律家管財人に選任することが有用な場合があることを指摘している。

[26] 同旨、中井康之「事業再生ADRの手続上の諸問題」倒産実務交流会編『争点 倒産実務の諸問題』（青林書院、2012年）23頁、私的整理の実務Q&A100問294頁以下〔富永浩明〕。

ものと考える。

5 法律家管財人に求められる資質

(1) 会社更生手続の管財人については、「更生会社の経営の全権を握る管財人に、人を得られるかどうかは、直ちに更生手続の成否＝更生会社の生死につながる」とか、「更生手続における企業再建は、管財人が多数の関係者との日々の交渉と意思決定の積重ねの上に実現するものであるから、更生手続の成否は、適任者を管財人に得ることができるか否かにかかっていると言っても過言ではない」と、その重要性が指摘されている。まさに、その通りであると思う。そして、管財人の適任者としての一般的要素としてⅰ）経営者としての資質・能力があること、ⅱ）危機管理能力があること、ⅲ）指導力・交渉力に富むこと、ⅳ）公正・公平であること、ⅴ）実績に基づく信用があること等を挙げて、法律家管財人については、さらにⅵ）倒産事件に精通し、かつ、一般的な民事問題から倒産法以外の専門分野に関係する問題についても十分な実務経験を積んだ練達の弁護士であることとの要素も加えている[27]。これだけの条件を兼ね備えた弁護士はなかなか見つからないと思われるが、「理想的な法律家管財人」の条件としてはおおいに首肯できる。

(2) 筆者は、これまで松嶋英機先生をはじめとして倒産事件に練達した数多くの法律家管財人の下で管財人代理の仕事を経験させていただく幸運を得た。また、会社更生手続の申立代理人をした際にも、幾多の魅力ある法律家管財人に接する機会を得た。その貴重な体験からいえることは、法律家管財人として関係者の信頼を勝ち得て更生手続を成功に導いた弁護士は、たとえば「松嶋（英機）流」ともいえるそれぞれの弁護士固有の「法律家管財人」としての型やスタイルを持っていることである。そして、会社更生手続を成功裡にまとめ上げた法律家管財人に共通する資質として、ⅰ）強い倫理観、ⅱ）柔軟かつ複眼的な大局観、ⅲ）関係者を主体的に行動させるカリスマ性を備えた統率力の3

---

[27] 注17）参照。

つが挙げられるように思う。ⅰ）の「強い倫理観」については異論はないであろう[28]。会社更生手続の「公正性・透明性」の役割を最も強く担っているのは法律家管財人であり、それこそが会社更生手続に寄せる利害関係者の信頼の源泉だからである。ⅱ）の「大局観」は「更生事件の推移について大きな見通しを持てること」あるいは「大筋について見通す眼力を備えていること」とでも言い換えることができようか。筆者が管財人代理として仕えた法律家管財人の多くは、この「事件の筋の見通し」に卓越した才を持っていた。しかも、会社更生手続の「流れ」「見通し」を大局的にかつ複眼的に把握しながら、個々の局面では、最終目標を実現するために実に柔軟な対応をとっていた。もっとも、このような才は、勉強や経験の積重ねで身につくものではなく、持って生まれた天性の素養なのかもしれない。ⅲ）の「関係者を主体的に行動させるカリスマ性を備えた統率力」とは、更生会社の従業員や取引先、あるいは管財人代理や補佐に、「自分こそが更生手続を支えている」「更生会社の事業の再建が実現しつつあるのは自分が頑張っているからだ」と思わせる能力とでもいうべきものである。従業員が率先して事業再建の中心に躍り出るようになれば、再建は自然に軌道に乗ってくるものである。優れた法律家管財人は、それぞれの個性的なスタイル（ノウハウ）を持っているが、それがリーダーとして自らが先頭を走るタイプであれ、調整型のリーダーであれ、関係者に主体的かつ積極的に再建手続に参加させ、皆に自らの頭で考えさせ、自らの判断で行動させている。それができなければ、いくら管財人一人が頑張ってみても、事業の再建は到底実現できないであろう。

---

[28] 早川ほか編・前掲注13）書150頁以下で、多数の会社の更生管財人を勤め、企業再建の達人といわれた早川種三氏が、「管財人にはどんな人が適任か」と問われて「正しい人でしょうね」「経営手腕の前に、やはり正しいという要請がいちばん大事じゃないかと思います」「清潔だということがいちばん大事でしょうね」と答えている。事業家管財人を念頭においての発言と思われるが、当然ながら法律家管財人にも求められていることであり、正鵠を得た金言である。

Ⅳ 法律家管財人の仕事と役割——具体例に即して

1 管財人の職務

(1) 管財人は、管財人就任後直ちに更生会社の業務および財産の管理に着手しなければならない（会更73条）のを皮切りに、認可された更生計画の遂行（会更209条）に至るまでの間、さまざまな職務を行わなければならない。たとえば、報告の類では、裁判所への調査報告書の提出（会更84条1項）があり、そのために必要であれば、更生会社の取締役等および子会社に業務および財産の状況について報告を求め、帳簿、書類その他の物件を検査（会更77条）することができる。また、裁判所へ提出した調査報告書の要旨は、財産状況報告集会で更生債権者等に報告（会更85条1項）しなければならず、財産状況報告集会が開かれない場合には、適当な方法で更生債権者等に周知しなければならない（会更規25条）。さらには、実務上月間報告書と呼ばれている報告書を毎月1回裁判所に提出（会更84条2項）しなければならない。管財人は更生会社の事業の経営および財産の管理処分権を専属的に有する（会更72条1項）が、要許可事項（会更72条2項）に該当する行為をするには裁判所の許可を得なければならず、無許可でなした行為は無効である（会更72条3項本文。ただし、善意の第三者には対抗できない。会更72条3項但書）。その他、管財人には、双方未履行双務契約の解除あるいは履行の選択権（会更61条1項）、否認権の行使（会更95条1項）、担保権消滅許可の申立て（会更104条1項）、役員等の責任の査定の申立（会更100条1項）等が認められている。また、更生計画案の策定（会更184条1項）は管財人の重要な責務であるが、その為に欠かせない財産評定（会更83条）、債権調査（会更144条以下）も管財人の重要な職務である。

(2) しかし、これらの管財人の個々の職務の詳細については、すでに実務家や学者による数多くの専門書が公刊されており、それらの書物において余すところなく論述されている[29]。そこで以下では、それらの書物においてもこれまで具体的にはあまり論じられてはいない「法律家管財人の内示を受けた当初に

なすべきこと」、「更生債権者等の利害関係人への情報提供の必要性と有用性」および「事業家管財人との間合い」の3点について、どのような点に配慮したらよいのかについて筆者の思うところを述べてみたい。最初のテーマの「法律家管財人の内示を受けた当初になすべきこと」は、主として更生手続を機動的に迅速かつ円滑に進めていくうえでの組織作り、体制の構築の重要性を理解していただきたいがためである。2点目の「更生債権者等の利害関係人への情報提供の必要性と有用性」は、管財人が目指している更生計画案の策定は更生債権者等の利害関係人の利害を調整した結果としてできあがるものであるところから、関係者間の利害の調整を的確に行うには利害関係人への正確な情報の開示が欠かせないと考えるからである。最後の「事業家管財人との間合い」は、更生会社の舵取りをする法律家管財人と事業家管財人との間で信頼関係が構築され、お互いに補完しあえるようになれば、更生会社の事業の再建にとって大きな推進力となるとの思いからテーマに入れた次第である。

　もとより、以下で縷々述べる内容は、自らが管財人や管財人代理として見聞きして学んだ体験談のようなものであって、理論的あるいは体系的にまとめたものではないので、体験的な現場リポートとして読んでいただければと思う。

2　選任当初になすべきこと

　法律家管財人として、会社更生手続を迅速に行うには、選任当初に、組織体制の構築、資金繰りのチェック、再建の基本方針を定めることの3点が重要であると思う。

(1)　まず最初にしなければならないのは、法律家管財人団の組成である。
①　管財人は、更生会社の事業の経営ならびに財産の管理・処分権を専属的に有している（会更72条1項）。そして、事業の毀損を少しでも防ぎ、すみやか

---

29)　公刊されている書物の中でも、東京地裁民事第8部の裁判官、書記官によってまとめられた『会社更生の実務(上)(下)』および同部の裁判官の筆による『最新実務会社更生』は、管財人および代理・補佐にとって管財人業務を行ううえで欠かせない指南役である。

に再建を実現するために、管財人に就任後、直ちに更生会社の業務および財産の管理に着手しなければならない（会更73条）。しかし、更生会社の業務や財産の管理・処分を管財人一人で行うことは、物理的にも時間的にも無理である。そこで、裁判所から法律家管財人就任の内示を受けたら、まず最初に行わなければならないのは法律家管財人団の組成である。法律家管財人団の活動の中枢を担うのは管財人代理（会更70条）である。更生事件の規模にもよるが、管財人代理は小さい事案ならば2～3名で足りるが、規模の大きな事案では10名を超えることもめずらしくない。なお、管財人代理のように会社更生法に定められた機関ではないが、東京地裁では管財人の補助者として「管財人補佐」を認めている[30]。管財人代理に選任できるほどの経験をまだ積んではいないが、倒産事件に興味を持って日々研鑽を積んでいる若手の弁護士に管財業務を補助してもらう際に、管財人の責任で「管財人補佐」に選任できる。管財人代理と異なり裁判所の許可は要しないが、裁判所には上申する取扱いとなっている。会社更生事件は、開始決定から1ヶ月程度は、対処すべき諸問題が山積しており、法律家管財人団の弁護士はその対応にかかりきりとなり、他の事件に振り向ける時間的余裕はほとんどなくなる。したがって、管財人団に加わってもらう弁護士には、開始決定後相当の期間、できる限り日程を空けてもらわなければならない。それ故、法律家管財人候補の弁護士は、会社更生事件の規模、更生会社の業種、会社更生手続のおおまかな見通しを頭に入れた上で、裁判所から法律家管財人選任の内示を受けたならば、管財人代理・補佐の総数を決め、できるだけすみやかに、当該事案に適任の弁護士に管財人代理や補佐への就任を要請することになる。このように、法律家管財人に就任するにあたっての最初の仕事は、会社更生法等の倒産法制に通じ、意欲と熱意をもって会社更生事件に取り組んでくれる管財人代理・補佐の確保である。会社更生手続において、大幅な人員整理が避けられないような事案では、労働法専門の弁護士にも管財人団に入ってもらう等、会社更生事件の特性に応じて、それぞれの専門分野の弁護士にも管財人団に加わってもらうこともある。また、会社更生手続は、税務・会計問題を避けて通れない上、財産評定等で力になってもらう必要

---

[30] 会社更生の実務（上）319頁〔名雪泉〕、最新実務会社更生124頁。

もあるので、会社更生手続の経験豊富な公認会計士も管財人の補助として管財人団に迎え入れておかなければならない。さらには、更生会社が工場等の土地建物を数多く保有し、それら不動産に金融機関の担保が設定されているような場合には、不動産鑑定士の助力も受けなければならない。法律家管財人団の組成は、法律家管財人が最初に取り組まなければならない最優先事項である。

② 保全管理命令が先行する場合には、会社更生手続の開始決定と同時に、保全管理人が法律家管財人に選任され、法律家管財人（保全管理人）は保全管理人団をそのまま法律家管財人団に移行させるのが一般的であるので、法律家管財人団の組成は、保全管理人による保全管理人団の組成として前倒しされることになる。

③ 法律家管財人団が組成できたならば、管財人は、管財人代理・補佐のおおまかな担当割りを決めて、法律家管財人団が組織的かつ機動的に更生事件に取り組める体制を構築しておく。担当割りは固定的なものではなく、会社更生手続の進捗に伴って、柔軟に対応していく。大規模な会社更生事件で管財人代理が十数名にのぼるようなときには、迅速な意思決定を行うために、管財人代理のうちで特に倒産事件の経験が豊富で倒産法制にも精通している弁護士を管財人代行（会社更生法上の呼称ではない）とし、管財人代行の下に数名の管財人代理・補佐を置いて、ピラミッド型の組織とすることもある[31]。

④ 法律家管財人団内部での情報の共有化は、迅速かつ的確な会社更生手続を遂行する上で欠かせない。必要に応じて管財人団会議を開いたり、管財人団をメンバーとするメーリングリストなどで情報の共有化を図ることになる。この場合、管財人団会議等を通じて、管財人が目指している方向性や基本方針あるいは問題点を、管財人団のメンバーに十分に理解してもらうことが肝要である。

(2) 次に、効率的な管財業務を行えるように、社内組織を整備しなければならない。

---

31) 一例として、腰塚和男ほか「ウィルコムの会社更生手続――管財人団の立場から」事業再生と債権管理136号（2012年）87頁参照。

① 会社更生手続においては、更生手続開始に伴う更生債権者等への通知（会更43条1項・3項・4項）、財産状況等の更生債権者等への周知（会更84条1項・85条、会更規25条）、更生債権等の届出（会更138条）のための更生債権者等への資料の送付、債権調査（会更144条以下）に伴う証拠書類の送付要求（会更規44条1項）、認否事項の認否を認める旨の変更通知（会更規44条2項）等、裁判所や更生会社から更生債権者等へさまざまな通知や書類の送付等をしなければならない（裁判所が更生債権者等へ送付すべき通知についても、裁判所の人的・物的制約から、通常その作業等は管財人が裁判所の指示の下に行う運用となっている。）。これらの事務作業は、更生会社内に設置した管財人室が、管財人（団）の指示、監督のもとに行う。これらの事務量を勘案して、従業員の中から相応の人数を管財人室のメンバーとして選択する。管財人室は、許可申請書の提出、許可証明書の受領等裁判所と更生会社（管財人団）との窓口および連絡役となる。また、管財人（団）の直属の機関として、管財人（団）の方針や意向を社内に周知徹底させる役割も担っている。それだけに、管財人室長には管財人（団）の意向等を正確に認識して、迅速かつ的確にそれを関係部署に伝えることのできる力量のある者を選抜する。更生会社によっては、管理部門の人材に乏しく、適任の管財人室長を得られない場合もある。そのような場合には、管財人は外部から管財人室長の適任者を探して招聘しなければならないこともある。管財人室長は、管財人（団）の方針や意向を間近で耳にすることができ、更生会社内での最新かつ厳秘の情報が集中するポジションであるところから、社内での事実上の権限が管財人室長に集中し、社内の別組織との間で軋轢を生むことがあるので、管財人としてはその点の留意が必要である。

② 管財人室とは別に、更生会社の中に管財人団の弁護士、会計士が専用で使用できる管財人団の部屋を開設する。会社更生手続が開始されてから2～3ヶ月の間は、管財人団室には、管財人が不在であっても、必ず管財人代理・補佐の誰かが常駐しているようにしておく。これは前述のように、会社更生手続に入ると民法・商法の一般原則がそのまま適用されないことや裁判所の許可を得なければならない事柄が多々あり、取引先との契約関係の処理や支払い等において、法律家管財人団のチェックが欠かせないからである。更生会社の社内組織が大きい場合には、各部署ごとに担当管財人代理を決めておき、当該部

門の決済に際しては、部門長だけでなく必ず担当管財人代理の承認を得るようにしておくこともある。

③　更生会社の経営の全権は管財人に帰属し、取締役は経営に関与できない。そこで、取締役会に代わるものとして、管財人（団）と管理職との合同の会議を定期的に開催することが多い。会議に参加してもらう管理職は、更生会社の規模にもよるが、各部門を統括する執行役員あるいは事業本部長クラスが一般的である。会議の名称は「執行役員会」とか「経営会議」とすることが多いが、取締役会と異なり、法的には意思決定機関ではない。しかし、実態としては、管財人が部門責任者の管理職や管財人代理の意見や要望を聞き、合議の形で経営方針を決めていくことが多いように思う。

④　社内組織体制を整備しなければならない理由は、代表取締役等の経営者に代わって、管財人が更生会社の全権を掌握していることを社内外に周知徹底させるとともに、管財人の意向や方針が社内の末端まですみやかにいきわたるようにすること、および更生手続特有の事象（裁判所の要許可事項に該当するか否かの判断、双方未履行双務契約の取り扱い、更生債権の弁済の禁止とその例外等）に更生会社としてスムーズに対処できるようにすることに尽きる。そのために、管財人としてどのような工夫をしたら効果的かという観点から社内体制の構築を考えてみればよい。

(3)　資金繰りのチェックは重要であり、商取引債権等の少額弁済の検討も欠かせない。

①　企業にとってお金は、人に喩えれば血液に相当する。人の身体から血液が流れ出す一方であれば、やがては出血多量で死んでしまう。同じように、企業においても収入より支出が多い状態が続けば、企業は生きてはいけない。会社更生法は、開始決定と同時に、更生債権等（会更2条12項）の弁済を原則として禁止（会更47条1項）している。また、会社更生手続開始の申立て（会更17条）がなされると、通常裁判所は受理と同時に、弁済禁止の保全処分（会更28条1項）を発令する。この弁済禁止の保全処分によって、更生会社（正確には開始前会社）からのお金の流出は止まる。そのお金を事業の維持に必要な資金に廻すことによって、更生会社の事業の継続を図ることになる。

② しかし、更生債権等の弁済は一時的に棚上げできたとしても、共益債権（会更127条〜131条）は、約定等に従って随時支払っていかなければならない（会更132条1項）。しかも、会社更生手続に入ると、取引先や下請先は従前の取引条件では応じてくれず、更生会社は保証金や前金あるいは現金取引（キャッシュオンデリバリー）を求められることもある。銀行取引も停止されているので更生会社は手形の振出しもできない。このように、更生会社の支出面をみると、更生債権等の弁済禁止の保全処分および更生手続の開始決定によって開始決定前の原因に基づく債務の弁済は棚上げとなっても、事業継続に必要な資金は従前よりも前倒しで手当てしなければならなくなる。さらに、収入面でみても、顧客先は約定通りの支払いに応じてくれるとは限らない。アフターサービスが必要な場合には、約定支払額の一部の弁済の留保を主張されることもある。予定していた受注が、更生会社となったことによる信用不安を理由に思惑通りに進まないこともある。このように、更生会社における収入と支出は、これまでの通りにはいかないことが多いので、イレギュラーな事態を折り込んだ日繰りの資金繰り予定表の作成は欠かせない。

③ 会社更生手続開始の申立てに際して、申立代理人は申立て以降の詳細な資金繰り予定表を作り、裁判所も慎重にそれを検証してはいるが、管財人（保全管理人の場合も同様である）に就任したならば、自身の目で資金繰り予定表を十分に検証しなければならない。そして、予定していた資金繰りと開始決定後の収支の実績とが一致したか否かを確認し、一致していないところがある場合にはその理由を究明し、それらの検証結果を反映して、絶えず最新のデータを盛り込んだ資金繰り予定表にアップデートしていくことが肝要である。会社更生手続に入ると更生会社は銀行の与信は受けられず、DIPファイナンスも即時に使えるわけではなく、仮にDIPファイナンスが可能であっても金利は相当に高いのが一般的であるので、管財人としては自前の手元資金で更生会社の資金が廻っていくように細心の注意を払わなければならない。

④ なお、手元資金に余裕があったり、好条件で比較的容易にDIPファイナンスを受けられるような場合には、商取引債権の弁済許可（会更47条5項後段）を裁判所に求めることを検討するとよい（保全期間中であれば、商取引債権の弁済を弁済禁止の保全処分（会更28条1項）の例外、いわゆる「保全の穴あけ」をしてもらうこと

になる。)。前述のように、開始決定後、管財人は事業継続のための取引先との交渉に多大な時間をとられる。しかし商取引債権を約定通りに弁済することができれば、更生会社の信用が維持できるのはもとより、管財人(団)は商取引債権者との取引継続の交渉に要する膨大なエネルギーを他に振り向けることができる上、会社更生手続の開始決定後においてもこれまで通りの取引条件での商取引を債権者に確約させることによって、かえって更生会社の資金繰りが楽になることもあるからである[32]。

(4) 再建の基本方針を確立しておくことは、内外に管財人が考えている事業再生の方向性を明らかにすることになり、関係者は管財人の示した方向性を念頭に置いた上で、明確な目的意識をもって積極的に更生手続の遂行に取り組めることになる。

① 法律家管財人に選任されて直ちに、更生会社の再建方法についての明確な青写真を描くのはなかなか難しい。すでにスポンサー候補が存在するような場合は別であるが、一般的には、更生会社の業種が成長性が見込まれる分野か、すでに爛熟し過当競争となっている分野か、更生会社の生産設備が競争力をもっているか等々を総合的に判断し、スポンサーを探すのか、自立再建を目指すのか、どの事業を残すのか、あるいは残せるのか等のおおまかな方針を建てることになる。もっとも、スポンサーを探しても見つからないこともあれば、あきらめて自主再建の覚悟を決めたところスポンサーが現れたりすることもあるので、当初の基本方針がそのまま結実するとは限らない。法律家管財人としては、日々山積する難問の解決に追われながらも、絶えず更生会社の事業の再建図面をデッサンしながら、完成図面を目指して筆を加えていくことになる。

② なお、近年はスポンサーを探す際に、フィナンシャルアドバイザー

---

[32] 腰塚和男ほか「会社更生における商取引債権100パーセント弁済について」NBL890号(2008年)28頁以下、難波孝一ほか「会社更生手続における調査命令を活用した商取引債権保護モデル(調査命令活用型)の提言に対する東京地裁民事8部(商事部)の検討結果」NBL890号(2008年)47頁以下、腰塚ほか・前掲注31)論文87頁以下。

（FA）の助けを借りることも多い。FAには、銀行系、証券会社系、独立系、外資系等の色分けがあり、それぞれ得意分野があるようであるが、中には会社更生手続におけるスポンサー探しを企業のM＆Aとまったく同じ感覚で捉えているFAもいなくはない。法律家管財人がスポンサー探しにFAを活用する場合には、会社更生法の制度を十分に理解した上で、その目的に合致したスポンサーを探し出せるような力量と経験をもったFAを見つけ出すように心がけなければならない。もっとも、筆者の経験では、更生会社にとって望ましいスポンサーの選定に成功するか否かは、FAの経営母体による得手不得手よりも、むしろスポンサー探しを実際に行うFAチームのリーダーの資質によるところが大きいように思う。

3　更生債権者等への情報の提供等について

①　更生債権者等は、更生会社がどのようにして事業を維持更生するのかについて重大な関心を持っている。なぜなら、更生債権者等の債権は事業の維持更生（会更1条）のために更生計画案で弁済期限の延長や債務免除等の負担を求められる（会更167条1項1号）ことになるからである。このように、更生会社の事業の再建のために多大な負担を強いられることとなる更生債権者等に対しては、その必要性、相当性、衡平性等について十分な説明をして、会社更生手続に少しでも納得感を持ってもらえるように努めることが管財人には求められる。

②　管財人は、更生手続開始決定後遅滞なく、更生手続開始に至った事情、更生会社の業務および財産に関する経過及び現状等を裁判所に報告（会更84条1項）しなければならないが、更生会社が窮境に陥った原因や更生会社の業務及び財産の現状等については、当然ながら更生債権者等の関心も高い。そこで、法は、裁判所が関係人集会を招集したときには集会（会更85条1項）において、集会を招集しない場合には管財人主催の説明会等を通じて、更生手続開始に至った事情や更生会社の財産状況等を記載した報告書の要旨を更生債権者等に周知させることを求めている（会更規25条1項）。管財人はこれらの機会を活用して、更生債権者等が求めている情報の提供を誠意をもって積極的に行うと

よい。その積極性と誠意は、更生計画案の決議の場面で必ずや報われることになる。

③　更生債権者等の債権は、債権の届出（会更138条以下）、管財人等による債権調査（認否）（会更145条以下）によって確定（会更150条以下）していくこととなる。しかし、更生債権者等にとっては、債権の届出は不慣れなのが一般的であり、届出書の記入ミスや証拠書類の不備も多い。これらの不備の補正を求めずに、いきなり債権認否で異議を出すのは論外（会更規44条1項参照）であるが、できる限り更生会社の帳簿と照合して金額の差異を調べ、その調査結果を更生債権者等に知らせる等の労を惜しんではならない。

④　更生計画案が付議されたならば、任意の説明会を開催する等して、更生計画案の内容に更生債権者等の理解を求めることも重要なことである。管財人が苦労して「利害関係人の利害を適切に調整」（会更1条）した結果は、最終的には付議された更生計画案に収斂されているからである。

⑤　ところで、一口に更生債権者等への情報の提供といっても、債権者の特性によって望んでいる情報の内容が異なることがある。一般的に金融債権者は、窮境原因から事業の再建方法、弁済率の算出根拠、弁済の履行可能性等更生計画案の策定の基となった幅広い情報を求めることが多い。特に、メインバンク、準メインバンクは、会社更生手続中に更生会社への新規融資に応ずることはまずないが、メインバンク、準メインバンクだった立場（要は、大口債権者としての立場）を強調して詳細な資料の提供を求めることが少なくない。管財人の立場としては、情報の提供に際しても、債権者間の平等を心がけなければならないが、さりとて、金融機関が求めている情報と同じ膨大な情報をそのまま他の債権者に提供しても有難迷惑と思われかねない。このような場合には、金融機関債権者の求めに応じて他の債権者よりは詳細な情報を提供することも許容されると考える。もっとも、他の債権者から同じような情報提供の要望があれば、金融機関債権者に提供したと同様の情報を提供しなければならないのは当然のことである。その他、リース債権者は、自身の債権がファイナンスリース（更生担保権）として扱われるか、メンテナンスリース（共益債権）として認めてもらえるのか、更生担保権と扱われた場合に担保評価はどのようになるか、再リース契約の予定はあるか等にもっぱら関心があり、商取引債権者は更生会

社との取引が今後も維持されるのか、されるとして取引条件はどのようになるのかに関心の中心が向いている。稀ではあるが、債権者の中には、自身が保有する更生債権等を少しでも好条件で売り抜けたり、他の更生債権等を有利に買い取る目的で、更生計画案が公になる前に管財人から弁済率や弁済条件の情報を聞き出そうとする者もいる。管財人としては、これらの債権者の特性に応じて、債権者間の公平・平等に留意しつつ、かつ、会社更生手続の趣旨に沿う限りにおいて、債権者の望んでいる情報を過不足なく提供するように配慮しなければならない。

4　裁判所への報告等について

　なお、法律家管財人として常に心がけておかなければならないことは、管財業務の進捗状況等について、裁判所への適宜かつ適切な報告を欠かさないことである。管財業務の進捗状況等について裁判所へ報告を行うことは、管財人が裁判所の監督を受ける立場（会更68条1項）から至極当然なことではあるが、管財人にとっても迅速に管財業務を進める上できわめて重要なことである。裁判所は、更生会社の状況や会社更生手続の進捗状況について管財人を通じてしか正確な情報を入手できない。管財人から的確な情報が入ってこないと、裁判所としては更生会社の実情や会社更生手続の現状を正しく知る術がない。裁判所が会社更生手続の現状等を正確に把握できなければ、管財人の許可申請や相談事項について迅速に対処できない事態も生じかねない。東京地裁では、担当書記官と管財人（団）との間でメールで情報を交換できるようにしている。これを活用して、管財人（団）は必要と思われる情報を裁判所に積極的に発信するとよい。裁判所に更生会社の実情と会社更生手続の現状を正しく理解しておいてもらえれば、緊急的な許可申請にも迅速に対応してもらえることになる。なお、重要な事柄については、管財人（団）が直接裁判所に足を運んで相談すべきは当然のことである。

5　事業家管財人との間合いについて

(1)　東京地裁では、事業家管財人が選任されても、法律家管財人との間での職務の分掌（会更69条1項但書）は行っていない。したがって、建前上は、法律家管財人と事業家管財人は、共同して職務を行うことになっている（会更69条1項本文）。しかし、実務においては、法律家管財人と事業家管財人との間で、専ら事業の経営に属する事柄は事業家管財人が担当し、それ以外の債権調査、財産評定、更生計画案の策定等会社更生手続の遂行に関する事柄については法律家管財人が担当するという事実上の棲み分けがなされている[33]。そのうえで、一般的には、更生計画が認可されるまでは、主に法律家管財人がイニシアティブを取り、認可後は法律家管財人が法律顧問（会更71条）に就任せずにそのまま法律家管財人として残る場合であっても、事業家管財人が前面に出て、法律家管財人はそれをサポートする立場になることが多いと思われる[34]。

(2)　法律家管財人として、事業家管財人との関係をどのように保っていくのがいいのかであるが、支援企業が現れずに自主再建型でいかざるを得ず、法律家管財人が自らのつて等を頼って、たとえばその業界のOBなどを事業家管財人として招聘したような場合は、後述の「攻めの経営」のようなケースを除き、あまり問題となることは生じない。法律家管財人としては、招聘した事業

---

33) 会社更生の実務（上）316頁〔船橋寿之〕。
34) 更生計画認可決定後は、更生計画の定め又は裁判所の許可で、更生会社の事業の経営および財産の管理・処分権を取締役に回復することができる（会更72条4項）が、実務では取締役への権限回復は原則として認めていない。しかし、更生会社の営業施策的な面から「管財人」ではなく「代表取締役」の肩書きが有用なこともあるので、裁判所の許可による取締役への権限回復を検討してもよいように思う。特に、事業家管財人が代表取締役を兼務しているような場合には、仮に権限回復によって代表取締役が不都合なことをしても、裁判所は直ちに「事業家管財人」に監督権を行使することによって、その是正を図ることが容易にできるからである。また、裁判所の許可で、たとえば「常務に属する行為」あるいは「○円以下の常務行為」等、一定の範囲での包括的な権限回復を取締役に認めてもよいのではないだろうか。東京地裁はこの点について消極的であるが、その理由については、会社更生の実務（下）330頁以下〔佐々木宗啓〕参照。

家管財人が雑事に煩わされることなく更生会社の事業経営に専念できるように配慮し、そのような環境作りに努めれば足りるからである。事業家管財人も、会社更生手続については素人であるので、専ら事業の再建のみに努め、会社更生手続の進行等について積極的に意見を述べることはあまりない。

(3) 更生会社にスポンサーがつき、スポンサーの推薦で事業家管財人が選任された場合には、法律家管財人として事業家管財人との関係に苦労することもある。事業家管財人も管財人である以上は、更生会社および更生会社を取りまく利害関係人全体の利益を第一義に考えなくてはならないが、実際の場面では、更生会社とスポンサーとの利害が対立することも多いからである。特に、事業家管財人選任時点以降は更生会社の経営責任をすべてスポンサーが負うことにスポンサー契約で定められているような場合には、更生計画案での更生債権者等への弁済率、弁済条件はスポンサーの損益に直結することになるので、事業家管財人の中には、スポンサーの代弁者的な言動を取る者もいないではないと仄聞する。このような場合には、法律家管財人としては、事業家管財人の心得違いを毅然として糺さなければならない。

また、スポンサーとのシナジー効果を求めて、スポンサーと更生会社との間で業務提携を含めてさまざまな試みを行うことも多い。シナジー効果の追求は必要なことではあるが、それが真に更生会社のための試みなのか、むしろ真のねらいはスポンサーにとっての利益追求にすぎないのかについて慎重に検討することは、法律家管財人の重要な役廻りである。スポンサーと更生会社との間の取引は利益相反行為にあたるので、裁判所の許可（会更78条1項）をとらなければならないが、むしろ難しいのは、そもそも許可を要する利益相反行為に該当するか否かについての適切な判断である[35]。一見通常の業務（常務）に見えるものの、実はスポンサー会社の都合によるような取引もあるからである。たとえば、スポンサー会社が取引先との間で有利な取引契約を締結することを目的として、更生会社にスポンサー会社の当該取引先から資材等を購入させようとするような場合、法律家管財人としては、まず当該資材等の購入が更生会社

---

35) 会社更生の実務（上）340頁以下〔村松忠司〕。

として真に必要なものであるか否かを調査し、購入の必要性が認められるならば、事業家管財人に対しスポンサーと更生会社との共同購入にする等、取引条件の見直しを求め、資材の大量購入によるスケールメリットを更生会社もスポンサーと応分に享受できるようにしなければならない。また、たとえば、スポンサーと更生会社との業務提携契約の内容が、業務提携が効果を上げた際のメリットが更生会社に比してスポンサーが相当に大きく、逆に失敗に終わった際のリスクがスポンサーに較べて更生会社が大きすぎるような場合には、法律家管財人は業務提携契約の必要性について再吟味し、業務提携が更生会社に有用であったとしても、更生会社が不当に不利益を被らないように、事業家管財人にスポンサーと更生会社のメリットおよびリスクの再調整をさせなければならない。

　なお、このようにスポンサーとの間で「利益相反的」な問題となった事項については、許可申請に至らなかった場合においても、法律家管財人から裁判所に「報告メモ」の形で、ことの顛末を報告しておくことが望ましい。

(4)　あまりに疑心暗鬼となることは、事業家管財人との信頼関係に悪影響を及ぼすことになるが、商売の世界は、「生き馬の目を抜く」厳しい経済競争の社会であり、事業家管財人を務めることのできるような経済人は、そのような修羅場を幾度となく潜って生き抜いてきたことも事実である。法律家管財人にとって、このように酸いも甘いも噛み分けてきた事業家管財人との間に、対等でかつ良い意味での緊張関係が構築できれば、「事業家管財人との間合い」としては最高である。

(5)　最後に、事業家管財人から新製品や新サービスの企画、開発および販売の相談を受けた際の法律家管財人としての対応について述べておきたい。企業にとって、社会のニーズを察知して、いち早くそれに応える商品やサービスを開発することは、永続的に企業を維持、発展させていくためには欠かせないことである。その重要性は、更生会社であっても変わらない。しかし、新製品の開発や販売には、金型の設計、製作費用、その他新製品生産のための設備投資等それなりの費用がかかる。新サービスの開発や提供に際しても、そのための

システム開発や人員体制の整備等のコストは避けられない。他方で、新製品等の販売が確実に利益に結びつく保障はない。販売に先立ってマーケットリサーチ（市場調査）やテストマーケティング（地域を限定したテスト販売やサービスの提供）を行い、その結果勝算の見通しが立ったとしても、事前に想定した売上を実現できないリスクは残る。このように、事業家管財人が「攻めの経営姿勢」を打ち出したときには、法律家管財人としてはおおいに悩むことになる。新企画の提案が、更生計画案（弁済計画案）の策定前の場合、更生計画案（弁済計画案）の基礎となる事業計画・収益計画に、新企画による売上・利益をどの程度盛り込めるか不確実だからである。特に、これまでの製品やサービスに替えて新しい製品やサービスを販売、提供する場合には、従来の売上実績を基礎にして新製品、新サービスの売上計画や利益計画を立てるのは難しい。したがって、新製品等の販売予測を、単にそれ以前に策定していた事業計画、収益計画の上振れ要因としてのみ捉えるわけにはいかない。つまりは、将来の収益をできるだけ保守的にみて、新製品の販売が予想通りにいき狙い通り収益の上振れが実現できたならば、その上振れ分を追加弁済に廻すといったような更生計画案（弁済計画案）を策定せざるを得ないことになる。その一方で、予測が大幅に狂って新製品の販売がコスト割れになってしまったような場合には、更生計画（弁済計画）の実行すらが危ぶまれるリスクも内在している。旧法時代には、開始決定から更生計画案策定まで数年を要することも許容されていたようである[36]が、新法では更生計画案の提出は会社更生手続開始決定の日から１年以内（会更184条１項・３項）と定められ、実務においても標準スケジュールでは11ヶ月程度[37]とされており、更生計画案の策定までに新製品等の販売効果を見極めることは著しく困難である。また、認可後の更生計画（弁済計画）の実行途中に事業家管財人から新製品等の開発、販売を打診された場合、事業家管財人の

---

36) 旧法では更生計画案の提出期間について、「裁判所の定める期間内」（旧会更189条１項）としており、条解会社更生法（下）171頁によると、実務においては複数回の提出期間伸長が認められていたようであるから、その間に新製品等の収益力を把握することも可能であったと思われる。

37) 最新実務会社更生15頁。

目論見通りに行けば更生計画（弁済計画）の繰り上げ弁済につながるが、新企画のリスクが顕在化した際には、更生計画の履行に必要な弁済原資が枯渇し、更生計画を変更しなければならない事態に追い込まれるおそれさえある。

　事業家管財人が、このような「攻めの経営姿勢」を示したときには、法律家管財人としてもそのリスクを吟味して、疑問や懸念があれば事業家管財人に率直にその点を問い直すことになる。その際には、会社更生手続中に新企画を実行に移さなければ更生会社の事業の維持、発展にとって取り返しがつかなくなる程の緊急性があるかについても確認しなければならない。その上で、法律家管財人として反対すべき理由がないと判断したときには、事業家管財人の経営方針の実現に尽力すべきであると考えている。もっとも、このような場合に、法律家管財人にとって判断の最後の決め手となるのは、事業家管財人のこれまでの経営手腕である。法律家管財人の眼から見て、事業家管財人が更生会社の事業の経営に実績を挙げていると評価できれば、事業家管財人が意欲を示している新たな企画の実現についても期待してみたいという気持に自然になるからである。ところで、法律家管財人として事業家管財人の高度の経営判断を尊重しようと考えた場合に乗り越えなければならない最大の壁は、実は裁判所の説得である。東京地裁民事第8部は「商事部」との名称がついている通り、会社更生事件のみならず、株式会社に関係するさまざまな訴訟事件や非訟事件を取り扱っている。したがって、一般的に8部の裁判官の思考は通常部の裁判官に較べて柔軟であり、法律の解釈にあたっても単なる文理解釈のみではなく、目的論的な観点からの解釈および実務の運用を行っている。そのような8部の裁判官であっても、大きなリスクを伴う更生会社の「積極的な」事業経営についてはきわめて慎重であり、「攻めの経営方針」を是認してもらうのは容易ではない。このような際の法律家管財人の対処方法としては、事業家管財人を裁判所に同行し、裁判官の面前で新企画の採用が更生会社にとっていかに必要不可欠であるかということを直接説いてもらい、「管財人両名の責任でぜひやらせていただきたい。」と法律家管財人が事業家管財人とともに頭を下げて裁判所に納得していただく以外、特にこれといった名案は思い浮かばない。

　それにしても、事業家管財人が「高度な経営判断」に直面し、それを「決断」し「実行」していく姿を見ていると、経営のプロとしての立場の厳しさを

痛感するとともに、その経営姿勢には心からの敬服の念を禁じえない。

Ⅴ　おわりに

　発起人の綾克己先生から、本記念論文集への執筆を依頼されたときには、正直戸惑いの方が大きかった。松嶋英機先生は、筆者がこの道に入って第一歩から御指導いただいた恩師であり、松嶋先生の古稀を祝う記念論文集に登載させていただけることは、名誉であり慶びであったが、戸惑ったのは、綾先生から、記念論文集の主題は「時代をリードする再生論」としたのでその主題に沿うテーマを自分で考えて欲しいと要請されたからである。「時代をリードする再生論」は松嶋先生らしい壮大なテーマだと感じ入ったものの、さりとて、筆者にとってはあまりにも大きすぎるテーマであった。一度は執筆の辞退も考えたが、大恩のある松嶋先生の古稀記念論文集とあればお断りするわけにはいかない。そこで、倒産弁護士としてスタートしたときの原点に立ち戻って考えてみた。筆者にとっては、松嶋先生が管財人をされた更生事件の管財人代理に抜擢され、管財人代理として間近で「あるべき法律家管財人像」を学ばせていただいたことが、倒産弁護士としての原点となっている。そこで、これまでの筆者の管財人代理や管財人、あるいは会社更生の申立代理人の経験を通じて得た「あるべき法律家管財人像」について、運用上の改善等の提言も含めて、思うままを述べてお許しを願おうと考えた。書き上げてみたものの、身勝手な思い込みや、重要な誤謬が多々あるのではないかと危惧している。この点については、私自身の「想い」に免じて御容赦いただければと思っている。

（こしづか・かずお）

11 事業再生ADRから会社更生手続に移行した場合の諸問題

東京高等裁判所部総括判事　**難波孝一**

I　はじめに

　筆者は、かつて東京地裁民事第8部（商事部）に勤務していた頃、私的整理ガイドラインから会社更生手続に移行した場合の問題点について論文（以下「前論稿」という。）を書いたことがある[1]。しかし、幸か不幸か、私的整理ガイドラインから会社更生手続に移行した事案はなく、筆者の前論稿は机上の空論に終わってしまった感がないではない。ところで、平成20年10月に、事業再生実務家協会が、法務大臣より裁判外紛争解決事業者としての認証を受け、さらに同年11月には経済産業大臣より産業活力再生特別措置法（以下「産活法」という。）に基づく認定を受け、事業再生ADR機関が誕生した。事業再生ADR機関において、事業再生計画案の合意が成立した案件も相当数にのぼっているようである[2]。しかし、事業再生ADR手続において合意が成立しないで、会社更生手続が申し立てられた事案も、JAL、ウィルコム、林原など3件にのぼっているようである[3]。今回は、事業再生実務家協会の代表理事をされている松嶋

---

[1] 難波孝一「『私的整理ガイドライン等から会社更生への移行』に対する検討」NBL886号（2008年）12頁。
[2] 松嶋英機「事業再生ADRから法的整理への移行に伴う諸問題」倒産法改正展望83頁。

英機弁護士の古稀記念論文を献呈するという意味もあり、事業再生ADRから会社更生手続に移行した場合に発生するいくつかの問題について検討してみることにする。この論点については、すでに、幾多の論文が発表されており[4]、屋上屋を架するような感がないではないが、筆者の考えを述べてみることにする。

　筆者は、窮境の状況にある会社は事業劣化、毀損が急激に進むことから、事業再建はできる限り迅速に行うのが肝要であると考えている。このような観点からは、事業再生ADRから会社更生手続に移行した案件においては、事業再生ADRで行われたことは、会社更生手続の中でもできる限り尊重していくのが相当であると考える。なぜなら、事業再生ADRは、公平、中立の立場から事業再建事件について経験豊富な弁護士等が手続実施者となって事業再建計画を進めているものであり、ここで行われたことをできる限り尊重していくことが迅速な事業再建につながると思うからである。すなわち、事業再生ADRと会社更生手続は共に手を携えて、協働、連続した形で緊密に連携していくのが相当である。そこで、本論稿では、前論稿を下敷きに、私的整理ガイドラインから会社更生手続に移行した場合と事業再生ADRから会社更生手続に移行した場合とで差があるのか否かということを念頭に置きながら、商取引債権の保護の在り方（Ⅱ項）、プレDIPファイナンスの取扱い（Ⅲ項）、ファイナンス・リース債権の取扱い（Ⅳ項）、登記留保された担保権の取扱い（Ⅴ項）、事業再生ADRで行われたことの会社更生手続での活用（Ⅵ項）について検討することにする。

3）腰塚和男ほか「事業再生ADRから会社更生への手続移行に際しての問題点と課題(1)(2)(3)」NBL953号（2011年）11頁、同954号（同年）52頁、同955号（同年）68頁。
4）代表的なものとして松嶋・前掲注2）論文、腰塚ほか・前掲注3）論文などがある。

II 商取引債権の保護の在り方

1 はじめに

　前論稿においては、私的整理ガイドラインから会社更生手続に移行した場合、商取引債権は、会社更生法（以下「法」という。）47条5項後段を適用して保護していくのが相当であると述べた。すなわち、従来どおりの約定弁済及び支払条件での取引を承諾することを弁済の条件として、①更生会社の規模、負債総額、資金繰りの状況を踏まえて、相対的であっても、商取引債権一般が「少額」といえるかどうか、②商取引債権を全額弁済することで、事業価値の毀損が防止され、商取引債権の弁済を行わない場合に比べて金融債権者への弁済率も向上するといった事情が認められるかどうかも考慮して、法47条5項後段を適用していくのが相当である。なお、裁判所の和解許可による弁済（法72条2項6号）の利用も考えられるが、同規定は、本来更生債権であるものを共益債権として取り扱うことになり、安易に利用すべきではないと述べた[5]。

　問題は、事業再生ADRから会社更生手続に移行した場合は、どのように考えるのが相当かという点である。筆者は、私的整理ガイドラインから会社更生手続に移行した場合と同様に取り扱うのが相当であると考えている。以下、この点について述べることにする。

2 商取引債権を保護する理由

　事業を継続しようとする場合には、商取引債権を弁済していかなければ、取引先は原材料、商品等を供給しなくなり、会社は事業を継続していくことが困難となり、資金繰りが圧迫され、事業価値が毀損され、場合によっては破産に至ることになる[6]。それゆえ、事業を継続しながら事業の再建を図っていく事

5）難波・前掲注1）論文14頁。
6）最新実務会社更生158頁。

業再生ADRや会社更生の手続においては、商取引債権の保護は必要不可欠である。このようなこともあり、事業再生ADRにおいては、商取引債権者を手続の中に取り込んでいない。すなわち、事業再生ADRが進行中も商取引債権は通常どおり弁済され、商取引債権者は、事業再生ADRから会社更生手続に移行しても、自己の債権は弁済されるものと信頼して取引しているのが通常であろう。このような信用のリスクを甘受しながら取引している者の債権はできる限り保護していくのが相当である。商取引債権を保護することにより、事業再生ADRへの信頼も高まるものと思われる。さりとて、会社更生手続は更生債権者を平等に取り扱うという原則があり、更生債権のうち商取引債権を特別に例外的に保護するためにはそれなりの法的根拠が必要となる。このための根拠規定が法47条5項後段である。そこで、以下、法47条5項後段が適用されるための要件について検討することにする。

3　法47条5項後段の要件

(1) 2つの要件

　法47条5項後段は弁済許可の要件として、①「更生債権等を早期に弁済しなければ更生会社の事業継続に著しい支障を来す」こと（事業継続支障性）、②更生債権等が「少額」であること（少額性）の2要件が必要であるとしている。ここにいう「事業継続に著しい支障を来す」という要件は、いわゆる規範的（評価的）要件といわれているものであり、事業継続に著しい支障を来すというのは結果を表したものであり、これを基礎づける事実が要件事実（主要事実）となるものである[7]。そこで、事業継続支障性の要件を考えるに当たっては、これを基礎づける評価根拠事実、評価障害事実を拾い出して、これらの事実を総合して事業継続支障性の有無を考えていくことになる。他方、少額性の

---

7) 難波孝一「規範的要件・評価的要件」伊藤滋夫編『民事要件事実講座1 総論Ⅰ 要件事実の基礎理論』（青林書院、2005年）197頁、難波孝一「倒産法と要件事実」永石一郎編『倒産処理実務ハンドブック』（中央経済社、2007年）634頁。

要件を検討するには、「少額」という概念は、相対的な概念であり、負債総額、当該商取引債権額等を総合して「少額」であるか否かを検討していく必要があり、一律に決めることができないという特徴を有している。

(2) 事業継続支障性

事業継続支障性を基礎づける事実としてどのようなものがあるのかについて考えてみることにする。

① 資金繰りができること

商取引債権を弁済しようにも、弁済するだけの資金がなければどうしようもない[8]。商取引債権を支払うだけの資金繰りができることが必要である。筆者が、会社更生事件を担当していたとき、申立代理人に確認したのは、まず第1に資金繰りが大丈夫かという点であった。この点は、「少額性」の要件とも関連する。あまりに多額な商取引債権の場合は、資金繰りの点から債権額の一部をカットせざるを得ない場合が出てくることがあるであろう。

② 従前どおりの条件で取引継続が可能であること

取引先は、会社が窮境の状況に陥ると、会社に対し、現金での取引を要求したり、弁済期限を早めたり、保証金の提供を要求したりする場合がある。事業を継続させ、これを軌道に乗せるためには、商取引債権者の弁済に応じることと引換えに、従前どおりの取引条件で取引をすることを約束してもらうことが必要である。ここでいう従前どおりの取引条件とは、取引が正常なときの条件であって、事業再生ADRの手続に入る前等に変更された取引条件ではないことに留意する必要がある[9]。

---

8) 最新実務会社更生160頁。
9) 松嶋・前掲注2) 論文88頁によれば、短期間での現金決済を行っている取引先の場合、債務者会社に不満があり、他の取引先には不公平感がある。逆に4か月後の手形決済の場合、取引先に不満があり、支払条件の変更を求める。このように支払条件があまりにも異なっている場合は「従前の条件」について一工夫が必要なケースも出てくるかもしれないとされている。最新実務会社更生160頁は、「従前の正常取引先としての取引条件で取引が継続される」ことが必要であるとしている。腰塚ほか・前掲注3) 論文(2)NBL954号55～56頁。

③ 更生会社の事業価値の毀損防止ないし維持向上に資すること

商取引債権を早期に弁済することが、更生会社の事業価値の毀損防止ないし維持向上に資することが必要である。たとえば、更生会社のある事業部門を廃止する予定であるときに、廃止部門の取引先の商取引債権は弁済の対象にはならないであろう。また、より有利な条件で取引することができる会社がある場合に、従前の取引先の商取引債権は弁済の対象から除外されるであろう。このように、当該事業継続の必要性、重要性、代替性、取引先の属性等を考慮しながら、更生会社の事業価値の毀損防止ないし維持向上に資するか否かを検討していくことになるであろう。

④ 他の債権者の利益にもなること

商取引債権者への弁済により当該商取引債権者のみが利益を得る弁済は許可しないのが相当であろう。商取引債権者へ弁済することにより事業価値の毀損が防止され、その結果、他の債権者への弁済率が向上する等、他の債権者を含む債権者全体にとっての利益につながることが必要である[10]。

⑤ その他

会社更生事件においては、それぞれの会社に特徴があり、上記①～④以外の事実をも含めて判断していく必要があるであろう。要は、「事業継続に著しい支障を来す」という要件は規範的（評価的）要件であるので、上記の事実などを総合して検討することになり、事実的要件と異なり、要件事実を明確に提示できない点に特徴があるのである[11]。

(3) 少額性

① 「少額」か否かは前記(1)で述べたとおり相対的な概念であり、更生会社の規模、負債総額、取引先の債権額の状況等を踏まえて決めることになり、一律に「少額」の金額を明示することは困難である。少額性の要件の判断に当たっては、上記(2)④の要件も関連してくる。すなわち、少額か否か微妙な事例では、当該商取引債権を支払うことにより他の債権者の弁済率が高くなる蓋然

---

10) 最新実務会社更生161頁。
11) 難波・前掲注7)「規範的要件・評価的要件」224～226頁。

性が高いときには、「少額」であるという判断に傾くのではないかと思われる。

　②　なお、事業再生ADRから会社更生手続に移行した事案で、JALの場合は負債総額の約9.2％の商取引債権が、また、ウィルコムの場合は負債総額の約9％（最大商取引債権者の債権額は25億円の上限がある）が弁済されたようである[12]。「少額」か否かを検討する上で今後の参考になるであろう。

　③　「少額性」の要件は必要か

　「少額」という概念はあまり意味を持たず、立法論としては「少額」を削除すべきであるとの指摘もされている[13]。しかし、法47条5項後段の弁済の許可は、あくまでも債権者平等の原則の例外規定であり[14]、他の債権者との比較において「少額」であるという要件は必要かつ大切なのではないかと思われる。

(4) 許可の方法等

　商取引債権が法47条5項後段の要件を満たしているか否かは、本来は、各債権者ごとに判断し、許可することも考えられないではない。しかし、このような個別許可は現実的ではない。更生裁判所、管財人団等当該会社更生に携わっている者は、会社更生手続開始申立てから開始決定後数か月の間は殺人的な忙しさの中で働いている。個別に「事業継続支障性」の証明をしなければ弁済許可が出ないとすることは、管財人団等に不能を強いることに等しいと思われる[15]。このようなこともあって、実務では、「包括許可」を出している[16]。相当な方法と考える。なお、混乱の際、条件に違反した弁済がなされることもあり得ないわけではないが、このような弁済は、法律上の原因を欠く無効な弁済であり、後日、不当利得返還請求として返還を求めることになるものと思われる[17]。

---

12) 腰塚ほか・前掲注3）論文(2)NBL954号54頁。
13) 松嶋・前掲注2）論文87、89頁。
14) 最新実務会社更生162頁。
15) 腰塚ほか・前掲注3）論文(2)NBL954号55頁。
16) 最新実務会社更生159～160頁。
17) 腰塚ほか・前掲注3）論文(2)NBL954号(2)56頁。

4 法47条5項後段以外の方法について

(1) 和解許可に基づく弁済（法72条2項6号）

通常、更生裁判所は、法72条2項6号に基づき、和解を開始決定における要許可事項としている。そこで、管財人が商取引債権者と和解することについて、更生裁判所に許可を求めてくることが考えられる。しかし、かかる方法は、本来更生債権である商取引債権を、裁判所の許可により共益債権にすることに他ならず、これを活用することについては、謙抑的に考えていくのが相当と思われる。

(2) 法168条1項但書の適用

商取引債権は、上記2、3のとおり、法47条5項後段を適用して保護していくべきである。さりとて、法47条5項後段の少額弁済を受けられない場合がないではない。そのような場合には、更生計画の中で、金融債権等との間で差を設け、商取引債権を金融債権等よりも優先的に支払えるようにするのが相当である。すなわち、事業再生ADRから会社更生手続に移行した場合の商取引債権は、法168条1項但書にいうところの、「差を設けても衡平を害しない」場合に該当する場合が多いと思われるからである[18]。

III プレDIPファイナンスの取扱い

1 はじめに

前論稿においては、私的整理ガイドラインから会社更生手続に移行した場合、私的整理ガイドラインの手続の中でプレDIPファイナンスで融資を受けた貸付については、会社更生手続に移行した場合には、更生計画外で早期に弁済するために、法47条5項後段の少額債権の弁済の方法によるべきであると述

---

18) 松嶋・前掲注2) 論文89頁。

べた。そして、その際、「事業継続支障性」の要件を具備しているか否かの判断に当たっては、会社の資金繰りに対する影響がないこと、当該プレDIPファイナンスが債権者共同の利益のために使用されたといえること、弁済を行うことが事業継続に必要といえること、債権者多数の意向などを考慮すべきであると述べた。なお、裁判所の和解許可による弁済（法72条2項6号）の利用も考えられるが、同規定は、本来更生債権であるものを共益債権として取り扱うことになり、安易に利用すべきではなく、また、更生計画内で他の債権に優先して弁済する方法として、法168条1項但書の利用が考えられると述べた[19]。

問題は、事業再生ADRから会社更生手続に移行した場合のプレDIPファイナンスの取扱いであるが、私的整理ガイドラインから会社更生手続に移行した場合と同様に取り扱うのが相当であると考える。以下、この点について述べることにする。

2　プレDIPファイナンス保護の射程範囲

事業再生ADRで想定している典型的なプレDIPファイナンスは、一時停止後、第1回債権者会議までの間のプレDIPファイナンスであり、第1回債権者会議において対象債権者の承認を得て融資が実行されるものである。このようなプレDIPファイナンスは、産活法54条により、会社更生手続において一定の優先性を付与される可能性があるとされている。しかし、第1回債権者会議後にも新たにプレDIPファイナンスが必要となり融資を実行する場合が考えられる。この場合には、産活法52条の確認はないが、プレDIPファイナンスによってもたらされる資金が事業の維持・継続に必要であり、上記資金が債権者共同の利益に使用された場合には、産活法52条の確認がないことを理由に、優先性を否定するのは相当とは思われない[20]。

以上のとおり、事業再生ADRの手続中に融資実行されたプレDIPファイナン

---

19) 難波・前掲注1) 論文15〜16頁。
20) 腰塚ほか・前掲注3) 論文(2)NBL954号(2)59〜60頁、松下淳一「事業再生ADRでの債権者会議をめぐる考察」金法1888号（2010年）1頁。

スについては、その使用目的等に照らし、会社更生手続の中で弁済について優先性を付与すべきである。優先性の付与の方法としては、更生計画外の弁済として法47条5項後段の少額債権の弁済、同法72条2項6号の裁判所の和解許可による弁済が考えられ、更生計画の中では、法168条1項但書に照らし優先的に取り扱う方法が考えられる。以下、この点について検討することにする。

3 更生計画外の弁済

　プレDIPファイナンスが、法47条5項後段の要件を満たすときは、更生計画外で弁済を受けることができる。要件を満たすか否かについては、上記Ⅱ3で述べたことと同一であるので再述しない。プレDIPファイナンスの「事業継続支障性」の要件の判断についての考慮事項は上記1で述べたとおりであるが、事業再生ADRの債権者会議で対象債権者の全員の同意を得ている場合には、当該事実が「事業継続支障性」を基礎づける事実の一つということができよう。また、裁判所の和解許可による弁済（法72条2項6号）は、本来更生債権・更生担保権であるプレDIPファイナンス債権を共益債権として取り扱うことになり、安易に利用すべきではないと考える。なお、JALの会社更生事件では、裁判所の和解許可による弁済が行われたとのことである[21]。これは、当該プレDIPファイナンスが、事業継続のために必要不可欠であり、他に融資してくれる金融機関がないこと、共益債権化を条件に追加融資が予定されていたこと、融資額が少額とは言い難いこと等特殊な事情があったためと思われ、安易な利用とはいえず、是認できる事例ではないかと思われる。

4 更生計画における優先的取扱い

　この点については、基本的には前論稿の考え方と同じである[22]。すなわち、この場面では、法168条1項但書の「同一の種類の権利を有する者の間に差を

---

21) 腰塚ほか・前掲注3) 論文(2)NBL954号62頁。
22) 難波・前掲注1) 論文15頁。

設けても衡平を害しない場合」に該当するかどうかが問題となる。場合を分けて説明すると次のとおりである。

(1) 産活法52条の確認を受けたプレDIPファイナンスとその優先的取扱いに同意した金融債権者の更生債権との間に差を設ける更生計画案

金融債権者は、プレDIPファイナンスが優先的に取り扱われることを認めているとみることができ、法168条1項但書の要件を満たしていると考えられる。また、上記2で検討したとおり、産活法52条の確認を受けていないプレDIPファイナンスであっても、事業再生ADRの手続の中で融資実行されたものは、当該プレDIPファイナンスによってもたらされる資金が事業の維持・継続に必要であり、上記資金が債権者共同の利益に使用された場合には、法168条1項但書の要件を満たしていると考えるのが相当である。したがって、当該プレDIPファイナンスと当該事業再生ADRに参加していた対象債権者（金融債権）との間に差を設けてもよいと考えるのが相当である。

(2) 金融機関全体を一つの枠と捉えて、その間でプレDIPファイナンスを優先させる結果、他の債権者よりも弁済率が高くなる計画案

この場合も法168条1項但書の要件を満たしているので、プレDIPファイナンスを優先させる更生計画案を作成してよいと思われる。

(3) プレDIPファイナンスのみを他のすべての債権より優先させる計画案

法168条1項但書にいうところの「衡平を害しない」というのは、いわゆる規範的（評価的）要件であり、これを基礎づける事実が要件事実となる。評価を基礎づける事実として考えられるものとしては、産活法52条の確認がされているか否か（確認があれば、プラスに働く）、プレDIPファイナンスの優先的取扱いに同意していない債権者（商取引債権者、ファイナンス・リース債権者等）の意向はどうか（反対が少なければプラスに働く）、当該プレDIPファイナンスにより融資された資金が債権者共同の利益のために使用されたのか、使用された場合には、その結果更生会社の事業価値の毀損が防止され、企業価値の維持・向上に役立ったのか、他の債権者に対する弁済率が高くなったのかなどが考えられ、

これらの事実を総合して法168条1項但書に該当するか否かを判断することになろう。

Ⅳ ファイナンス・リース債権の取扱い

1 事業再生ADRにおいては、合意の成立を容易にするためにファイナンス・リース債権は手続の中に取り込まず、権利変更対象債権から除外するのが通例である。筆者は、前論稿では、ファイナンス・リース債権も私的整理ガイドラインの手続の中に取り込んで再生計画案を作成することに賛成していたが[23]、実際には事業再生ADRの手続の中に取り込み、権利変更の対象にすることは困難なようである[24]。ところで、事業再生ADRから会社更生手続に移行した場合、ファイナンス・リース債権は、金融を供与するものとして更生担保権として取り扱うとする旨の最判平成7・4・14（民集49巻4号1063頁）が出されて以降、更生担保権として取り扱うのが実務として定着している[25]。

2 また、ファイナンス・リースについては、通常、新規契約の締結が必要となる場合が少なく、弁済を拒絶してもリース物件を引き上げられることもないことから、法47条5項後段の少額弁済許可をすることも困難である。この点については、事業再生ADRから会社更生手続に移行したJALの事案で、きわめて例外と思われるが、法47条5項後段の少額弁済の対象にしたことが報告

---

23) 難波・前掲注1) 論文14～15頁。
24) 松嶋・前掲注2) 論文89頁によれば「ファイナンス・リース契約は種々あり、対象物件も種々であり、リース会社も金融機関のように同質的な性格、考え方ではない。このようなファイナンス・リース料債権を対象債権にすれば、債権者会議は成り立たない」と述べられている。
25) 会社更生の実務(上)239頁、最新実務会社更生208頁、松嶋・前掲注2) 論文89頁、腰塚ほか・前掲注3) 論文(2)NBL954号58頁、山本和彦「倒産手続におけるリース契約の処遇」金法1680号（2003年）8頁、福森亮二「更生手続開始とリース取引」判タ1132号（2003年）109頁など。

されている[26]。JALの案件においては、我が国とは法制度を異にする海外に多数のリース物件が存在し、仮差押えや担保権実行がされる可能性があり、更生手続開始後に新たなリース契約を締結する必要性がある等の特殊な事情が存在したから[27]と思われ、JALの案件は、きわめて例外的な取り扱いであり、これを先例にすべきではないと思われる。

3　問題は、事業再生ADRの手続中に新規に締結したファイナンス・リース契約についてである。このような契約に基づく金融の供与は、先に述べたプレDIPファイナンスと同一の性格を持っている。したがって、何らかの保護が必要であり、上記Ⅲ3で述べたことを参考にすると、当該ファイナンス・リースが事業継続のために必要不可欠であり、他に金融供与先がないこと、共益債権化を条件に追加の金融供与を行う予定であること、期間満了後に再リースを行う予定であるなどの事情があれば、例外的に裁判所の和解許可により共益債権にすることが考えられなくはないであろう[28]。

Ⅴ　登記留保された担保権の取扱い

1　はじめに──問題の所在

金融実務においては、融資に際し、担保権設定の合意はするものの、対抗要件具備（登記）に必要な書類の交付は受けるが、登記は留保のままにしておく取扱いが広く行われており、事業再生ADRの中では、このような金融実務での慣行を是認し、対抗要件を具備していない担保権であっても、担保権の対抗力を認めているようである[29]。しかし、事業再生ADRから会社更生手続に移

---

26) 腰塚ほか・前掲注3）論文(2)NBL954号58頁。
27) 腰塚ほか・前掲注3）論文(2)NBL954号58頁。
28) 腰塚ほか・前掲注3）論文(2)NBL954号58頁。
29) 松嶋・前掲注2）論文91頁、腰塚ほか・前掲注3）論文(3)NBL955号68頁。

行した場合には、登記を留保したままの担保権は、更生担保権として認めることはできない（法56条）。そこで、事業再生ADRから会社更生手続に移行する可能性の高い事案においては、担保権者は、事業再生ADRの手続が行われている間に、対抗要件を具備しておかねばならない。この場合の対抗要件としては、仮登記（2号仮登記でもよい）で足りることは、前論稿でも述べたとおりである[30]。問題は、事業再生ADRの手続が行われている間に行われた対抗要件具備行為は、管財人に否認されて効力を否定され、その結果、更生担保権として認められないのではないのかという点である。管財人の否認権行使の方法としては、法88条の対抗要件の否認と同法86条1項1号の詐害行為否認とが考えられる。以下、この点について検討することにする。

2　対抗要件の否認（法88条）

(1)　法88条によれば、「支払の停止等があった後権利の設定、移転又は変更をもって第三者に対抗するために必要な行為をした場合において、その権利の設定、移転又は変更があった日から15日を経過した後悪意でしたものであるときは、これを否認することができる」としている。問題は、事業再生ADRの手続が申し立てられていることをもって支払停止になっているといえるかどうかという点である。

(2)　支払停止とは、一般に、「弁済能力の欠乏のために弁済期の到来した債務を一般的、かつ、継続的に弁済することができない旨を外部に表示する債務者の行為をいう」とされている[31]。「支払停止」という概念は、いわゆる規範的（評価的）要件であり[32]、これを基礎づける事実が要件事実であるところ、具体的には、債務者の行為で、債務を一般的に支払えない旨の明示的な表示と

30）難波・前掲注1）論文16頁。
31）伊藤・破産法民事再生法2版81頁。
32）永石一郎「倒産法関係事例」伊藤滋夫ほか編『［ケースブック］要件事実・事実認定』（有斐閣、2002年）363頁。

しては債権者に対する通知などが、黙示的な表示としては夜逃げなどが「支払停止」に該当するとされている[33]。そこで、問題となるのは、債務者会社が事業再生ADRへの手続申請をしたことや、事業再生実務家協会が対象債権者に対し一時停止の要請通知をしたこともって「支払停止」があったといえるか否かという点である。

(3) この点については、事業再生ADRへの申立てをもって、「破産原因たる支払不能を推定させる支払停止の事実が」あるとしていると思われる決定例（大阪高決平成23・12・27金法1942号97頁）と、支払停止には該当しないとする決定例（東京地決平成23・11・24金法1940号148頁）とが出されている。支払停止に該当しないとする理由として、上記東京地裁決定は、支払猶予の申入れ等の行為であっても、合理性のある再建方針や再建計画が主要な債権者に示され、これが債権者に受け入れられる蓋然性があると認められる場合には、「支払停止」に当たらないと解するのが相当であるところ、本件の事案はそのような事案であるとして、「支払停止」に該当しないとしている。また、学説としても、事業再生ADRにおける一時停止の要請通知は、事業再生の見込みがあり、それが債権者全体の利益保全に資するものであるとの事業再生実務家協会の判断を表明しているという性質を有していることに照らし、「支払停止」には該当しないとの考えが示されている[34]。

上記東京地裁決定にいうとおり、事業再生ADRの手続中は、事業再生の見込みがあるのであるから、この段階で「支払停止」の状態にあるとするのは未だ早計であると考える。そうだとすると、「支払停止」の状態にはなっていないのだから、法88条により否認することはできないということになるであろう。

---

33) 伊藤・破産法民事再生法2版81頁。
34) 伊藤眞「第3極としての事業再生ADR」金法1874号（2009年）146頁。

3　詐害行為否認（法86条1項1号）

(1)　対抗要件の否認と詐害行為否認との競合

　法86条1項1号は、「更生会社が更生債権者等を害することを知ってした行為」は否認することができるとしている。したがって、対抗要件具備行為が支払停止前に行われたとして法88条に基づく否認ができないとしても、法86条1項1号に当たるとして否認されるか否かが問題となる。この点については、争いはあるものの、対抗要件の否認と詐害行為否認との競合を認めるのが相当である[35]。すなわち、対抗要件具備行為が実質的な危機時期に他の債権者を害する意思で行われた場合には否認される場合があると考えるのが相当である。事業再生ADR手続が実施されている間は「支払停止」ではないとしても、実質的な危機時期である可能性があり、このような時期に、事業再生ADRから会社更生手続に移行する蓋然性が高いとして、仮登記を具備する行為は否認の対象になり得ると考えるのが相当である。以下、場合を分けて検討することにする。

(2)　事業再生ADRの手続の中で、対象債権者の同意を得ないで、いわば抜け駆け的に仮登記を具備した場合

　この場合は、詐害行為否認の対象になる蓋然性がきわめて高い。なぜなら、他の債権者を害する「詐害性」がきわめて高いからである。なお、東京地決平成23・11・24金法1940号（2012年）148頁によれば、事業再生実務家協会に対して、事業再生ADR手続の利用を申請し、受理された直後に根抵当権設定の仮登記を行った事案について、対抗要件を具備した時期が実質的危機時期にあったとは認められないとして否認権の行使を否定している。事実認定の問題ではあるが、資金繰りが出来ず、破綻することが確実といえるような場合には、実質的危機時期にあったと認定することになるのではないかと思われる。

---

35)　伊藤・破産法民事再生法2版416頁。

(3) 事業再生ADRの手続の中で、対象債権者全員の同意を得て仮登記を具備した場合

このような場合には、否認の対象にはならないとの考え方が有力である[36]。確かに、債権者が事業再生ADRの対象債権者のみであれば、否認の対象にはならないであろう。しかし、債権者が事業再生ADRの対象債権者以外にも存在する場合には、これらの者との間でも当該対抗要件具備行為が、これらの者の債権を「害する」ことになるのか否かが問題となり、「害する」と認められる場合には、否認されることになると思われる[37]。

Ⅵ 事業再生ADRで行われたことの会社更生手続での活用

1 はじめに

会社の事業価値の毀損を防ぎ、全債権者の利益の最大化を図るためには、事業再生ADRで行われたことは、できる限り、会社更生手続の中でも活かしていくのが相当である。私は、前論稿等において、私的整理ガイドラインから会社更生手続に移行した場合、先行する私的整理ガイドラインの経緯や、資料を利用し、早期に開始決定をするよう努力し、スポンサーの選定状況も尊重すべきことを述べた[38]。しかし、私的整理ガイドライン手続に関与した専門化アドバイザーを管財人に選任することについては消極的な意見を述べた[39]。その理由は、会社更生事件の手続の公正さ、公平さを確保するためには、先行する私的整理ガイドラインに関与していない弁護士を管財人に選任するのが相当と考

---

36) 多比羅誠ほか「私的整理ガイドライン等から会社更生への移行」NBL886号（2008年）9頁。
37) 腰塚ほか・前掲注3）論文(3)NBL955号70頁。
38) 難波・前掲注1）論文18頁、難波孝一ほか「会社更生事件の最近の実情と今後の新たな展開——債務者会社が会社更生手続を利用しやすくするための方策：DIP型会社更生手続の導入を中心に」NBL895号（2008年）21〜23頁。
39) 難波・前掲注1）論文17頁。

えたからである。そこで、事業再生ADRから会社更生手続に移行した場合に、事業再生ADRの手続実施者を更生管財人に選任することが相当かという問題について、検討することにする。

2 手続実施者について

手続実施者は、2年以上事業再生に携わった経験を有するなど一定の資格要件が要求されており（産活省令4条）、これら事業再生について経験豊富な者の中から、第1回債権者会議で出席債権者全員の同意により、中立、公正な手続によって選任されている。したがって、後行の会社更生手続で先行する事業再生ADRの手続実施者を管財人に選任することは、当該案件の内容等を知悉しており、更生手続を迅速に進めることにつながるのではないかという考え方にも十分な根拠があると思われる[40]。

3 私　見

筆者は、上記2の問題は、会社更生事件の公正さ、公平さと迅速処理の要請との比較の中で考えるのが相当であると考える。

(1) 事業再生計画ができる前の早期の段階で会社更生手続に移行した場合

このように早期の段階で会社更生手続に移行した場合、手続実施者には当該案件についての知識がそれほど多く蓄積しているとは思われない。したがって、この場合には、手続実施者をあえて管財人に選任するまでの必要性はないのではないかと思われる。とはいえ、誰を選任するかは基本的には更生裁判所の考え方によることになるのはいうまでもないことである。

---

[40] 腰塚ほか・前掲注3）論文(3)NBL955号73～74頁。

(2) 事業再生計画ができるなど事業再生ADRが相当進んだ後に会社更生手続に移行した場合

　この時期であれば、手続実施者には当該案件について相当な知識が蓄積されており、手続実施者を管財人に選任することにより、会社更生手続を迅速、円滑に進めることにつながるようにも思われる。この点につき、「第2回債権者会議を経た後においても、事業再生ADRに反対する対象債権者が一部の債権者にとどまり、かつ、反対の理由に合理性が認められないようなケースにおいては、迅速な手続移行と迅速な再建の観点から、手続実施者を更生手続においても積極的に活用する余地を認めるべき」との意見が述べられている[41]。確かに、上記見解にも一理ある。しかし、一部債権者の反対は自己の担保目的額の認定や弁済額について納得していない場合などが考えられ、このような場合には、事業再生ADRの手続を進めてきた手続実施者に対し不信感を持っていることも予想される。そして、事業再生ADRで示した案と同じ案を会社更生手続の中で示せば、査定の申立てや更生計画の認可決定に対する即時抗告を提出することも考えられ、このようなリスクがある以上、更生裁判所としては、手続実施者を管財人に選任することに躊躇を感じるのではなかろうか。翻って考えれば、更生裁判所とすれば、手続実施者の中立、公正な立場を尊重するのではなく、中立、公正な立場にあった手続実施者が作成した事業再生計画案を尊重し、当該案に従った更生手続を進めればよいのではなかろうか。

(3) 意見聴取の有用性

　手続実施者の当該事業再生ADRで知り得た情報は、会社更生手続を進める上で有用である。更生裁判所としては、手続実施者から意見を聴取したいのではないかと思われるし、こうすることによって、両手続の協働が図れるのではないかと思われる。問題は、手続実施者が当該事業再生ADRの手続の中で知り得た知見を他に公開することが秘密保持との関係で大丈夫なのかという点である。すなわち、事業再生実務家協会関係資料1によれば、「事業再生ADRは手続を『非公開』として、部外者への記録の開示を一切認めていません。そし

---

41) 腰塚ほか・前掲注3) 論文(3)NBL955号74頁。

て、JATP（事業再生実務家協会を指す）関係者には厳重な守秘義務を課し、文書管理も徹底しています」との記載がされている[42]。このような約束がある以上、更生裁判所が手続実施者から意見を聴取するのは難しいのではないかと思われる。この点は、事業再生実務家協会（JATP）において、事業再生ADRから会社更生手続に移行した場合には、秘密保持条項を緩和する等の改正が望まれるところであろう。

VII 最後に

　窮境の状況にある会社の事業を再建するために事業再生ADRが用いられた案件は、本来事業再生ADRの中で解決していくのが望ましいし、そうあるべきである。不幸にも、事業再生ADRから会社更生手続に移行した場合には、会社更生手続においては、事業再生ADRで行われたものはできるだけこれを尊重し、迅速、適正に手続を進めていくのが相当である。その意味でも、事業再生ADRでは、会社更生手続に移行した場合に備えて、できる限り会社更生手続で採用できるような事業再建計画案の作成に向けて手続を進めていくべきと思われる。事業再生ADR手続の延長線上に会社更生手続はあるのであり、両手続は連続し、協働して、窮境の状況にある会社の事業再建に有効に機能していくのが望ましい。本論稿がそのために少しでも役立つとしたら望外の幸せである。松嶋英機先生の今後の益々のご健勝、ご活躍を祈念して、本論稿の終わりとしたい。

（なんば・こういち）

---

[42] 事業再生ADRの実践299頁。

12 事業再生ADRと法的倒産手続との連続性の確保について

一橋大学大学院法学研究科教授　山本和彦

I　はじめに

　事業再生ADRは、実際に制度の運用が始まってから3年半以上経過するが[1]、立法当初の予想をも超えて大きく発展していると言ってよく[2]、現在では、事業再生のための、法的手続等と並ぶ有力な選択肢となっている。他方で、そのような事業再生ADRの活用の結果、ADR失敗後に法的手続に移行する例も増加している。そのような事例の中には、当初から意図的に移行を目指したもの、当初はそのような事態を全く想定していなかったものなど様々な形態がある。いずれにしても、事業再生ADRの更なる発展のためには、法的手続との関係を考えるべき時期に来ているのではないかと思われる[3]。

---

1) 事業再生ADR創設の経緯については、山本和彦「事業再生ADRについて」名古屋大学法政論集223号（2008年）389頁以下参照。
2) 事業再生ADRの運用については、松嶋英機「事業再生ADRから法的整理への移行に伴う諸問題」倒産法改正展望84頁以下に、2011年末までの利用状況の紹介がある。
3) この点については、かつて事業再生ADR制度検討研究会で若干の検討がされ（その結果については、「事業再生ADR制度検討研究会報告書」NBL943号（2010年）13頁以下参照）、現在は、経済産業省の事業再生関連手続研究会でも検討がされている。筆者はいずれの研究会でも座長を務めているが、本稿は研究者としての私的な見解であることは言うまでもない。

本稿の問題意識は、端的にいえば、事業再生ADRで事業再生のために行われる様々な取引について、その法的な効果をどの範囲で法的手続の中でも尊重することができるか、という点にある。このような効果について、仮に法的手続の中でも可及的に尊重することができれば、ADRから法的手続への円滑な移行が可能になると思われる。他方で、法的手続における債権者の利益等を考えれば、ADRの中での取引の効果を認めるべきではない場面も当然に存在する。その意味で、これは全か無かという選択ではなく、尊重できる範囲や程度の問題ということができるが、本稿はその点を考えてみようとするものである[4]。

　本稿が取り扱う問題領域は、以下の点である。すなわち、①事業再生ADR手続中の信用供与（いわゆるプレDIPファイナンス）の法的手続における効力の問題、②事業再生ADR手続中の商取引に基づく債権の法的手続における効力の問題、③事業再生ADR手続中のスポンサー契約の法的手続における取扱いの問題（すなわち、その契約内容＝スポンサー合意自体の法的手続における尊重の問題や契約違反等の効果＝ブレイクアップ・フィーに係る合意の法的手続における尊重の問題）である。①の問題については現行法において既に一定の規定が存在するが、それで十分かという問題があり、②③についてはそもそも法規定がなく、何らかの立法措置の必要はないかという問題がある。

　以下では、まず、事業再生ADRと法的手続の連続性を確保する必要性自体について確認する（Ⅱ参照）。次いで、この問題について総論的な観点から検討する（Ⅲ参照）。その後に、そのような総論的な観点を前提にして、上記①～③の問題領域ごとに各論的な検討を加えることとしたい（Ⅳ参照）。

4）なお、他にも両手続の連続性確保の観点から考えるべき問題はある。たとえば、対象債権者の範囲（リース債権者を含めるか）や担保権評価の問題、さらに手続実施者の法的手続における活用の問題等である。これらの点は、筆者の能力の問題及び紙幅の関係により、本稿の対象外とせざるを得ないことをご了解いただきたい。これらの点については、松嶋・前掲注2）論文及び事業再生関連手続研究会（注3）参照）における多比羅弁護士のご報告（多比羅誠「私的整理から法的倒産手続への連続性の課題」http://www.meti.go.jp/committee/kenkyukai/sansei/jigyo_saisei/pdf/003_06_00.pdf）などを参照いただきたい。

12　事業再生ADRと法的倒産手続との連続性の確保について

　本稿は、松嶋英機先生の古稀のお祝いのために執筆されたものである。松嶋先生には、本稿の対象である事業再生ADR制度の創設とその具体的な運用について、また倒産手続のあり方をめぐる議論について、様々な場所でご指導ご教示を受けた。そのような議論の過程で、松嶋先生の「動物的な勘」ともいうべき、常人離れしたバランス感覚とその発想に常に驚かされるとともに、象牙の塔に在る者にとって大きな刺激を受けてきた。そのような意味で学恩多大な先生のお祝いの機会に、本稿のような甚だ不十分な論稿しか捧げられないことについて内心忸怩たる思いがあるが、筆者のお祝いの気持ちのみ受け取っていただければ幸甚である。今後の先生のますますのご健勝とご活躍をお祈りしたい。

II　事業再生ADRと法的手続の連続性確保の必要

　事業再生ADRが成功せずに法的倒産手続に入るという事態を前提に、両手続の連続性を確保し、円滑な手続移行を可能にする必要性はどこにあるのであろうか。両手続の連続性の確保のための措置を検討するに際しては、そのような確保の必要性の存在がまず前提になるものと考えられるので、自明な部分はあるものの、最初にこの点を確認しておきたい。
　この点については、そのような連続性の確保によって、事業再生ADRの側に生じるメリットと法的倒産手続の側に生じるメリットがあると考えられる。まず、事業再生ADRの側のメリットとしては、ADRにおける合意が容易になる可能性がある点が指摘できよう。すなわち、仮にADRにおいて参加債権者の100％の合意が得られない場合においても、法的手続との連続性が確保されていれば、債務者は速やかに法的倒産手続に入って、同じ再建計画を法定の多数決で実現することができることになる。そして、そのような事態の推移が予想されるのであれば、ADRにおいて反対している債権者も、合理的に判断すれば、ADRの中で譲歩して合意に至ることになろう。しかるに、法的手続への移行が実際には困難であると債権者が判断すれば、以上のようなメカニズムは働かず、結果として、反対債権者が自己の立場に固執し、不当な要求を継続するおそれがあろう。俗に言う「足元を見られる」わけである。以上のよう

257

に、両手続の連続性を確保することによって、ADRにおける合意調達の可能性が高まることが期待される[5]。

次に、法的倒産手続の側のメリットとしては、以下のような点がある。すなわち、事業再生ADRが実効化すれば、そもそも法的倒産手続に入る事件が減少するとともに、法的手続が迅速・円滑に進行することが期待できる。敷衍して述べれば、第1に、前述のように、両手続の連続性の確保によってADRにおける合意が容易になれば、それによって解決できる事件が増え、結果として法的手続が処理すべき事件は減少する。換言すれば、当事者間でどうしても合意できない困難な事件のみが法的手続に至ることになる。それは、単に裁判所の負担軽減をもたらすだけではなく、本来裁判所の助力が必要な事件に対して、有限かつ貴重な裁判所の資源を集中して投下することができることを意味する[6]。第2に、ADRから法的手続に事件が移行してきた場合において、仮にADRにおける合意が法的手続でも一定の範囲で尊重されるとすれば、それに基づき法的手続を進行できることになり、その進行、すなわち事業再生が容易になる可能性があろう。事業再生にとって最も重要な要素の1つがスピードであることは言うまでもない。法的手続の中ですべてが一から始まるよりも、ADRにおける既存の成果を活用することができるとすれば、法的手続のスムーズな進行が可能となり、結果として事業再生という法的手続の目的の実現の可能性が高まるものと解される[7]。

5）このような効果はADR一般において認められる（ADRと裁判の間の手続移行の問題一般については、山本和彦＝山田文『ADR仲裁法』（日本評論社、2008年）85頁以下参照）。ADRの充実活性化を目的としたADR法において、例えば、認証ADRにおける時効中断効を認めたこと（ADR法25条）は、ADRが失敗した場合にも円滑に訴訟手続に移行できることを可能にし、その結果としてADRによる解決が活性化することを期待したものである。

6）このような資源の「選択と集中」という発想は、法曹人口の増大に伴う事件数の増加や社会の複雑多様化に伴う事件の質的困難化の予想される今後の民事司法において、一般に重要な意味をもち、その中でADRに期待される役割は大きいと思われる。

7）一般のADRにおいても、ADRにおける争点整理等審理の結果を訴訟手続において活用することによって訴訟手続を円滑に進行できる利点がある旨が指摘される（これについては、たとえば、最高裁判所事務総局『裁判の迅速化に係る検証に関する報告書（施策編）平成23年7月』26頁は「ADR機関の手続において作成された主張整理結果や証拠等を訴訟

III　総論的検討——基本的考え方

　以上のように、事業再生ADRと法的手続の連続性を確保することが有用であるとしても、当然のことではあるが、そのような連続性確保を無制限に行うことができるものではないし、また行うべきものでもない。そこには、一定の限界があると考えられ、そのような限界線を引くことこそが具体的な制度論・運用論の課題ということになる。以下では、具体的な場面においてそのような限界を考察する前提として、理論的・総論的な観点から、そのような限界がどこに在るべきかを考えてみたい。

　まず、最初のキーポイントになると考えられるのは、そもそも事業再生ADRをどのような性質の制度ないし手続として理解するか、という点であろう。その性質の理解によって、法的手続との関係が規定されていくからである。この点については、事業再生ADRもADR（裁判外紛争解決手続）の一種であることは言うまでもない。そして、ADR法はADRについて、「訴訟手続によらずに民事上の紛争の解決をしようとする紛争の当事者のため、公正な第三者が関与して、その解決を図る手続」をいい（同法1条括弧書）、さらに、事業再生ADRが妥当する「民間紛争解決手続」は、「民間事業者が（中略）紛争の当事者双方からの依頼を受け（中略）和解の仲介を行う裁判外紛争解決手続」である（同法2条1号）。すなわち、これはあくまでも私的当事者間の和解の仲介に係る手続に止まるものである。その意味で、事業再生ADRは、法的な根拠を有するとしても、法的手続ではなく、私的整理の一種であることは言うまでもない。

　そこで、事業再生ADRと法的手続との連続性の限界を考える際に、特に重要であると思われるのは、両手続における対象債権者の相違である。法的手続

で活用できる制度の導入」を提言する）。ただし、このような訴訟における資料の活用が他方で、ADRの本来的な機能を阻害しうることも指摘されており（山田文「調整型手続における秘密性の規律」徳田和幸ほか編・谷口安平先生古稀『現代民事司法の諸相』（成文堂、2005年）415頁以下など参照）、事業再生ADRの場合においてもそのような観点は有用であると考えられる。

では、すべての債権者が対象となるが、事業再生ADRは金融債権者のみを原則的な対象とする手続である。その結果、仮に事業再生ADRの中ですべての債権者がある事柄に同意していたとしても、倒産手続との関係では、必然的に、一部の類型の債権者の部分的な同意に止まることになる。したがって、一般に、不利益を受ける債権者全員の同意の存在によってある法的効果の承認を説明できるとしても、法的手続との関係では限界があることになる。つまり、事業再生ADR手続中の取引の法的効果について、同意を根拠として法的手続において承認することには、必然的な限界があると解される。

以上のように、事業再生ADRは一部債権者のみを対象にした和解の仲介という私的整理の一種であり、その意味で法的手続との性質の相違、それに伴う断絶の要素は否定できないが、他方で、事業再生ADRの一定の特色についての配慮も必要である。それは、①債務者の経済状態が実質的な破綻状態であることが前提とされ、法的手続の発動要件と近似していること、②中立的専門家の関与、すなわち手続実施者の中立性・専門性の担保によって、純粋の私的整理とは異なり、手続の客観性・専門性が担保されていること、③法的手続における債権者とは（同一でない部分があることは前述のとおりであるが）相当の重複があり、少なくとも債権額から見れば重要性を占める債権者集団がすでにADRの段階で関与しており、そのような債権者集団の同意を得て行われた行為は、法的手続の中でも一定の重みをもったものとして受け止める可能性があること、などの特徴である。このような特色は、一般的な私的整理の場合とは相当に異なり、事業再生ADRと法的手続との同質性を担保する要素であり、両者の連続性を認める取扱いを支える根拠となりえよう。

以上のような点を前提に、筆者はこの問題についての基本的な考え方として、以下のような認識を有している。すなわち、まず事業再生ADRも法的手続も債務者の事業の再生を目的とする点ではまったく同じであることを確認すべきであろう[8]。そうであるとすれば、事業再生ADRの中で行われた取引等が

8）ここでは再建型の手続のみを検討の対象として考えている。民事再生法の目的は「経済的に窮境にある債務者」「の事業又は経済生活の再生を図ること」であり（同法1条）、会社更生法の目的は「窮境にある株式会社」「の事業の維持更生を図ること」である（同法1条）。

事業再生に寄与した場合には、その内容はやはり事業再生を目的とする法的手続においても寄与するはずのものであり、その中でも尊重されてしかるべきであろう。その取引等が実際に事業再生に寄与しており、それによって得られた債務者の利益が当該取引等の負担に比して大きいとすれば、それは、結果として、ADRに関与していなかった債権者の利益も実現していると解されよう[9]。そこでは、パレート改善が実現されているのであり、ADRの対象外の債権者についても、その利益を享受する反映として、その負担を引き受けさせることが相当であると解されよう[10]。

以上のように、当該取引等が現実に債務者の事業再生に資することが証明できる範囲では、必ずしも事業再生ADRを前提にしないでも、それは法的手続において保護されるべきであるし、現に一定の範囲で保護されている[11]。しかし、それでは以下のように、解決できない問題がなお残される。第1に、ある具体的な取引等が事業再生に寄与したかどうか、必ずしも明確に認定できるものではない場合があるという点である。換言すれば、ある取引等による事業価値の増大ないしその毀損の回避は、その取引等がされなかったという仮定の場合との比較を常に免れず、高度の蓋然性をもった証明はそもそも相当に困難である。第2に、ある取引等が事後的に事業再生に寄与しなかったと判明した場合には保護されないとすれば、相手方の予測可能性が奪われるという点である。取引等の相手方としては、そのような不安定さが残るとすれば、あえてリスクを冒して危機状態にある債務者との取引等に応じてくれなくなるおそれがある。

---

9) ADRに関与していた債権者については、当該取引等についてADR手続の中で、それらの者の同意が要件になっていたとすれば、すでに同意が存在することになり、それらの者の保護を問題にする必要はないことになる。

10) 逆に法的手続でその負担を免れ、取引による利益のみを取得する結果を認めることは、当該取引の相手方等との関係で一般に公平とは言い難い。

11) たとえば、手続開始前の少額債権の弁済の規定（民再85条5項後段、会更47条5項後段）は、そのような考え方を背景にしているものと解される。このような見方については、JALの更生事件における商取引債権の弁済の取扱いとの関係で、山本和彦「JAL更生手続に関する若干の法律問題」事業再生と債権管理128号（2010年）6頁以下参照。

以上のような点を考えれば、事業再生ADRと法的手続との連続性を確保する措置を採用するに当たって、それが実効的なものとなるためには、①具体的な事業価値の維持増大との個別的因果関係の厳密な証明がなくても、相当程度の蓋然性あるいは類型的な形でその保護を図る必要があり、また、②取引等の相手方に予見可能性を付与するため、取引等の時点でそのような蓋然性等が認められるのであれば、事後的にその取引等が事業再生に寄与しなかったとことが判明したとしても、なおそれを保護する必要があろう。そのような枠組みとして、事業再生ADRの手続において、当該取引等が事業再生に寄与することが手続実施者等によって合理的に認定され（さらに債権者によって承認され）たのであれば、それを法的手続においても尊重してよいのではないか、と考えられる。これは、上記のような事業再生ADRの特色に鑑み、倒産手続が開始してもおかしくない状態で、中立的専門的な第三者が事業再生のために当該取引等の必要性を認め（また倒産手続の債権者と大きく重なり合う債権者集団がそのような取引等に同意し）ているのであれば、基本的には、そのような取引等は、その段階で事業再生に資するものであったことが相当の蓋然性で証明されていると類型的に言えるのではないか、という考え方である。もちろん、前述のように、事業再生ADRに関与していない倒産手続上の債権者の利益の保護はきわめて重要なものである。そのような観点からは、以上のような基本的な考え方の下、前提として、具体的な制度ごとに、そのような合理的認定を可能にするような事業再生ADRの仕組みの構築が必要になってこよう。そこで、以下では、各論として個別の問題に応じて、以上のような総論的立場を若干敷衍していくことにしたい。

Ⅳ　各論的検討

　以下では、各論的な問題として、事業再生ADRの中で行われる取引等として、融資債権の問題（いわゆるプレDIPファイナンスの問題）、商取引債権の問題、スポンサー契約の問題について、順次検討していくことにする。

12 事業再生ADRと法的倒産手続との連続性の確保について

1 融資について（いわゆるプレDIPファイナンス）

　事業再生ADRの過程で債務者会社が新たな資金を必要とする場合に、融資を受ける必要があるが、債務者会社が必ずしも十分な担保を供することができない場合も考えられる。そのような場合に、事業再生ADRが将来失敗して法的手続に移行した際に、融資債権の回収が保護されない（一般更生債権・再生債権にしかならない）とすれば、債務者が融資を受けることは困難になり、ひいては事業再生ADRによる事業の再生は困難になる。そこで、この問題については、事業再生ADRの創設当初からすでに一定の対応がされている。すなわち、事業継続のための不可欠性及び当該債権の優先性に対する債権者全員の同意を前提に、ADR機関の確認（産活法52条）を受けた借入れについては、再生手続又は更生手続において、他の債権との間に権利変更の内容に差を設けても衡平を害しない場合（民再155条1項・会更168条1項）に該当するかどうかを裁判所が判断するものとされている（産活法53条・54条）[12]。

　以上のように、この点ではすでに、事業再生ADRと法的手続との連続性の確保について一定の対応がされているところである。問題は果たしてそれで十分か、という点にある。第1に、この規定はあくまで考慮規定にすぎず、考慮した結果は全面的に裁判所の判断に委ねられている。その結果、結局優先的な取扱いはされないという可能性が常に残り、融資債権者の立場からは予測可能性を確保できていないことになる。第2に、融資債権者はいずれにしても計画弁済を強いられる結果になる。すなわち、共益債権などとは異なり、法的手続中には回収できていないことになる。

　そこで、この局面での連続性をより円滑に確保するため、以上のような問題に対処しようとすれば、考えられる改正の方向性としては、以下の2つのものが思いつく。すなわち、(a)このような融資債権について共益債権化の規定を設けること（これによれば上記のいずれの点についても対処が可能である）、(b)手続中の弁済可能性を認める規定を設けること（これによれば第1の問題には対処できないが第2の問題には対処が可能である）が考えられよう。

---

[12] この制度の詳細については、山本・前掲注1）論文408頁以下参照。

まず、(a)共益債権化についてであるが、これは事業再生ADRの過程での貸付債権について、常に優先権を認めるという意味で、きわめて強力な権利を付与することになる。共益債権化するということは結局、手続債権者が自分の計画弁済分から拠出して当該債権者に弁済するという理論的な性格をもつものであり、当該債権者が事業再生に対して実際に寄与していることが大前提になると考えられる。現行の事業再生ADRの仕組みでも、確かにADR機関が事業継続のための不可欠性を審査することになっているが、国による認証認定は受けているとしても、そのような民間の機関に裁判所に代替する権限を認め、実質的に債権者の権利を処分する効果[13]を認めることまでできるのか、疑問は否めない。そのような代替が認められないとすれば、裁判所の共益債権化の許可をかませる制度構成が問題となろうが、それは次の(b)の制度と大きな違いはなくなる。

　そこで、(b)手続中の弁済可能性を認める案であるが、これは、再生債務者又は管財人の判断＋裁判所の許可によって弁済を認めるものである。そして、そのような裁量的な弁済可能性の前提として、やはり事業再生への実際の寄与が前提となるべきであろう。現行法でも、その債権者との取引が事業の継続に不可欠であり、かつ、それが少額債権である場合には、裁判所の許可により弁済を認めるスキームが存在する（民再85条5項、会更47条5項）。本稿で問題とする場面は当該債権の性格（過去に事業再生に寄与したか）を問題にし、少額債権弁済の制度は当該取引の性格（将来に事業再生に寄与するか）を問題にする点で、観点を異にするが、1つの制度的可能性としては、その債権＝融資が事業再生に寄与する旨の専門家＝事業再生ADR機関の認定が存在し[14]、かつ、法的手続においても当該債務の弁済に基づいて債権者が融資（取引）を継続する約束があり、その融資が事業の再生にとって有益であるとすれば、少額性の要件を外して、裁判所は弁済を許可することができる旨の規定が考えられるであろうか。

---

13) ADR手続に関与していない債権者の将来の計画弁済の一部を予め処分する効果をもつ措置ということになる。
14) 前述のように、これは事業再生への実際の寄与を担保するものではないが、融資時点における寄与の蓋然性の存在を証明するものとはいえよう。

これは、過去に事業再生への寄与の蓋然性があり、将来も寄与するであろうと認められる債権者に優先性を付与する考え方であり、債権者からも比較的異論は出にくいのではないかと思われる[15]。

2 商取引債権について

　以上にみてきた現在の考慮規定の対象は、「資金の借入れ」、すなわち融資債権に限定されている。このような限定はやや異例のもののようにも思われる。かつて会社更生法の改正の際に、商取引債権者等は手続の対象から除外し、金融債権者のみを対象とする特別の手続（「特定更生手続」などと呼ばれた）を創設できないかが議論された。しかし、そこでは、金融債権、すなわちファイナンス性を限定することの難しさが論じられた。大口の商取引債権者（商社等）による弁済の猶予は実質的経済的には融資と同じ機能（信用供与性）を果たしている。そうであれば、このプレDIPファイナンスに関する規定がなぜ商取引債権等その他の債権を対象にしていないのか、が疑問となりうる[16]。換言すれば、「資金の借入れ」に対象を限定する規律に合理性は少ないのではないかという疑問である。

　そのような考え方を前提とすれば、商取引債権についても、融資債権と同じ内容の考慮規定を設けることが考えられる[17]。しかし、この場合、融資と商取引とは前提を異にする面があることも間違いない。第1に、事業再生ADRでは商取引債権は当然に弁済されることが前提になっている（それに対し、金融債権は拘束されることが前提になっている）[18]。第2に、融資を受ける場合には債権者

---

[15] もちろん、これによっても結局、最終的には裁判所の判断に委ねられることになり、融資段階での予測可能性は担保できない（前記の第1の問題には応えられない）。ただ、それでも現在に比べれば、融資債権者の地位を安定させる効果は期待できるのではなかろうか。

[16] 前述の民法85条5項や会更法47条5項の弁済許可の規定は、実質的には商取引債権を対象とするものであるが、規定上は対象債権の範囲を限定していない（金融債権等も含みうるものとなっている）。

[17] さらに、前記1によって弁済許可等の規定を設ける改正がされる場合には、それと同旨の規律を商取引債権との関係でも置く可能性もある。

集会の議決（合意）が必要であるが、商取引についてはそのような合意は不要とされ、むしろ当然に取引の継続が前提とされている。

以上のような融資債権と商取引債権の性質の差異を前提にすれば、考えられる規律としては、以下のようなものがありえよう。すなわち、(a)すべての商取引債権を規律の対象として優先的取扱いの余地を認める方法、(b)事後的に商取引債権の有用性を裁判所が個別に判断する方法、(c)商取引債権にも事前の債権者集会の議決及びADR機関による確認の手続を設ける方法である。

このうち、(a)は、確かに債務者の判断で取引を継続することができる現在の仕組みに適合的な規律であると思われる。しかし、当該取引が事業の再生にまったく寄与しないものであった場合[19]（極端にいえば奢侈品の購入等の場合）にまで、それを他の債権者に優先させる根拠はまったくない。その意味で、このような規律は合理性を有しない。そこで、それが事業の再生に寄与する可能性があったかどうかを事後的に裁判所に判断させるとすれば、(b)の考え方になるが、果たして裁判所にそのような判断ができるのかという問題を生じる。会更法47条5項などで裁判所に求められるのはあくまで今後の見込みに関する判断であるのに対し、これは遡及的にそのような取引が当時の状況を前提にして合理的であったかどうかという判断であり、きわめて困難なものになることが予測される。

そうだとすれば、結局、ADRの手続中においてその時点で予め取引の有用性を判断する仕組みを設けるほかはないのではなかろうか。つまり、(c)の方法であり、結局、現在の融資債権とパラレルな制度を設けるということになる。ただ、融資の場合に比べて、商取引は数も多く、債権額もそれほど大きくないのが通例であろう。それにもかかわらず、すべての取引について、事前に債権者集会の同意を得るものとすることはあまりに煩瑣である。そこで、たとえば、一定額を下回るような取引[20]については、債権者の同意を省略し、手続実

---

18) これはあくまでもADR開始前の債権に関する話であり、開始後の債権には直接は妥当しないが、基本的な手続の性質に関する問題である。

19) より厳密にいえば、その取引の時点においても事業の再生への寄与が合理的に予見できないような場合である。

施者の確認を求めることで足りるようにも思われるし、このような確認も個別認定では煩瑣になるので、ある程度包括的な形で確認することも認める余地はあろう[21]。

3　スポンサー契約について

　最後に、スポンサー契約の問題であるが、これを法的整理との連続性の観点から考えるとき、2つの問題があると思われる。1つはスポンサー契約自体の尊重の問題であり、もう1つはそれが維持されない場合の違約金条項等の尊重の問題である。

　まず前者については、事業再生ADRと法的手続の連続性の側面のみを考えれば、スポンサー契約をそのまま尊重するのが最も実効的である。しかし、前述のように、両手続を構成する債権者群の相違を考えれば、事業再生ADRにおいてそのようなスポンサーが債権者の同意を得たからといって、法的手続の債権者が同様にそれを受け入れなければならない必然性は存しない。その意味で、やはり基本的にはADRプロセスにおけるスポンサー契約をそのまま法的手続で尊重することはできないであろう。結局、法的手続においては、再入札を含むスポンサー選定プロセスを再施せざるを得ない。ただ、そのような前提に立つとしても、事業再生ADRのスポンサーに一定の優位性を認めることができないか、はなお問題となりうる[22]。たとえば、法的手続において事業譲渡等をする場合には、ADRにおけるスポンサーが提示していた価額を最低限10％上回る価額で譲り受けなければならないといった入札方法をとるというようなものである。すなわち、法的手続における入札に一定割合のプレミアムを前提とする考え方である。このような考え方は、事業再生ADRの時点で、

---

20) 融資についてもこのような枠組みにする可能性はあろう。
21) 法的手続における手続開始前の共益債権化に近いイメージの運用になろうか。
22) このような観点から参考になると思われるのは、いわゆるストーキング・ホースの考え方である。ストーキング・ホースについては、前掲注3) の研究会における高木新二郎弁護士の報告（高木新二郎「ストーキング・ホース・ビッドの実務」http://www.meti.go.jp/committee/kenkyukai/sansei/jigyo_saisei/pdf/003_05_01.pdf）など参照。

一定のリスクを前提に手を挙げたスポンサー候補の既得権を尊重するとともに、法的手続における入札が一種の「後出しジャンケン」になることに配慮したものである[23]。これは、やはり倒産債権者の利益を害する場合はありうるが[24]、事業再生ADRにおけるスポンサー候補の存在による事業価値毀損の回避をも考え併せるならば、債権者の地位を不当に損なうものではないという理解もあり得ないではなかろう。その意味では、検討に値する制度ということになる。

　後者の問題は、基本的には上記1や2と同旨の問題であると思われる。すなわち、当該スポンサーは危機時期にスポンサーとなることを約束することによって債務者の事業価値の毀損を防止したとすれば、それによって債権者は弁済増加の利益を得ていることになる。そのようなスポンサー候補者の貢献を他の債権者の負担によって賄うとしても、そのスポンサーがいなかった場合の事業価値の毀損を考慮すれば、パレート改善になっているという理解である。したがって、スポンサーがそのために負担したコストについては、理論的に優先性を認める余地があると考えられよう。問題はその範囲である。実費に相当する部分（スポンサーから債務者への人の派遣や資金の援助等）については、1や2と同様に、債権者の同意と手続実施者の確認によって保護の対象とする可能性があろう。しかし、問題は、①スポンサー候補に生じる無形のコスト（リスクをとったことによるプレミアム等）や、②違約による損害賠償相当分である。これらについても、それがスポンサーになるための必要不可欠のコストであるとするならば、優先性を認めて保護する余地はあろう。ただ、実際にはその金額を厳密に算定することは難しく、他方でスポンサーと債務者が合意した金額（いわゆるブレークアップ・フィーの額）をそのまま前提とすることができないことも明らかである。その意味で、この点は、現行法の枠組みでいえば報奨金（民再91条、会更124条）として裁判所の裁量に委ねるのが穏当であろうが[25]、一定の相

---

23) 同様の考え方は既に、破産法における担保権消滅制度における買受申出価額の増額の制度などにもみられる（破188条3項）。
24) たとえば、5％の上乗せであれば買ってもよいと考える者がいたとしても、その者は入札を断念し、結局その5％分は債権者への弁済に回らなくなる。
25) もちろんこのような制度構成は、スポンサーとなる者の予見可能性を害し、結果としてスポンサー候補の幅を狭めるというデメリットがあることは否定し難い。

場が形成されてくれば、上記のようなスキーム（債権者の同意＋ADR機関の確認、さらには裁判所の許可）に載せていく可能性はあろう。

V　おわりに

　筆者はかつて、法的整理による事業価値の毀損を恐れることによって、私的整理の枠組みを強化することは、結果として、当該私的整理をとることによる事業価値の毀損をもたらし、「無限後退」に陥るおそれがあることを警告した[26]。しかし、事業再生ADRは、現在そのような無限後退を回避し、事業再生の手法の1つとして順調な発展を遂げているということができる。そこで、事業再生ADRと法的整理との連続性をより確保することによって、ADR・法的整理双方の更なる活用の方途を模索しようとしたのが本稿執筆の目的であった。そのような目的を達することができたかは心許ないが、本稿の問題提起を契機としてこの分野の議論が一歩でも前に進むことを希望したい。

（やまもと・かずひこ）

---

26) 山本和彦「『無限後退』からの脱出を目指して——倒産法制の新たな展望」NBL800号（2005年）91頁参照。

13 整理屋の時代と弁護士の倒産実務
―― 事業再生に活躍する弁護士の礎のために

最高裁判所判事　**田原睦夫**

I　はじめに

　松嶋英機先生との出会いは、高木新二郎・今中利昭両弁護士を東西の代表者として、東京・大阪の弁護士有志により1987年1月から1988年1月まで10回にわたり開催された東西倒産実務研究会の打合せを、1986年晩秋に大阪で行ったのを嚆矢とする。
　松嶋先生とは、それ以来25年にわたりお附合い頂いているところから、本書の発起人の一人である綾克己弁護士からお声がかかったときには、従来も多くの諸先生の記念論文集に寄稿してきたこともあって気楽に承諾の返答をした。
　ところが、いざ執筆するとなると、企業再生の実務を離れて6年余になるところから、本書のテーマである「時代をリードする再生論」に適した論稿を書く能力は全く喪失している。他方、事業再生に関連する判例批評や論稿ならとテーマを探すと、他の小法廷の判決を含め幾つもの裁判例や、論点が浮かび上がったが、私の現在の立場上、それらについて論稿を書くことは控えざるを得ない。
　そうして適当な題名をと思ううちに2012年の夏を迎えたところ、昨夏は、衆議院議員選挙訴訟の大法廷判決にかかる意見の執筆、秋からの審議が予定されていた大型事件の記録読みで過ごし、秋になると10月下旬から11月上旬ま

での欧州裁判官評議会[1]にオブザーバーとして参加し、併せて周辺各国の裁判所を訪問[2]するための準備、帰国後の未済記録の山、4月の退官を控え、退官前に決裁すべき大量の案件の記録の読み込みと続き、編集部が当初予定していた期限内での執筆が時間的に困難となり、その旨を編集部に伝えたところ、松嶋先生の意向で、雑文でもよいから何か書くようにとのことであった。

松嶋先生とは、上記の一連の研究会の後も、同研究会のメンバーを核とする勉強会が数年間にわたり合宿方式で開催されたほか、各種の研究会、シンポジウム、日弁連の倒産法改正問題検討委員会、後述の全国倒産処理弁護士ネットワーク（「全倒ネット」）、事業再生研究機構、事業再生実務家協会等々の会合でお会いし、飲食を共にする機会も多かったが、弁護士時代に相対立する立場で相見えたことは一度もなかった。また、仕事をご一緒したのは、松嶋先生が「そごうグループ」の破産管財人に就任された際、私に、奈良そごう担当の破産管財人代理候補の推薦を依頼されて、私の元イソ弁先の後輩である奈良県弁護士会所属の中本勝弁護士を推したところ、同弁護士とは面識がないから私も同社の破産管財人代理に就任するよう求められ、就任した一件のみである。したがって、松嶋先生の再生の手腕を直接見聞していないところから、その面に焦点を当てた論稿を書くこともできない。

そこで、短期間で執筆できるテーマにつき検討した結果、以下の理由から本テーマを選択することとした。

今日では、一定規模以上の企業倒産や再生・再編の事案に弁護士が関与することが当然視されているが、私や松嶋先生が倒産事件に関与するようになった1975年～80年頃は、大規模な事件以外で法的倒産手続によることは少なく、その余で処理される倒産事件についても弁護士が関与する例は余りなく、東京では不透明な私的整理が横行し、関西では大阪に拠点を置く整理屋が跋扈して

---

1) 欧州裁判官評議会は、欧州評議会（CE）の閣僚委員会の諮問機関として2000年ストラスブルグに創設され、欧州47ヶ国の裁判官によって構成され、これまでに司法の独立や身分保障、司法と情報技術、裁判官の専門性等についての意見書を提出している。我国は、オブザーバーとして毎年参加し、近年は最高裁判所判事が出席している。

2) スロヴァキア、ルーマニア、フランス各国10ヶ所の裁判所を訪問し、各国の憲法裁判所、破棄院裁判所の長官らと懇談の機会を得た。

いた。

　そのような状態の下では、倒産事件に携わる弁護士間のノウ・ハウの交換や情報の共有化は図られず[3]、また法的倒産手続の処理についても統一的な運用が確立されていなかった。

　松嶋先生や私は、そのような状況の下で、若手から中堅弁護士への時代を、社会の要請に応えることができる信頼される法的処理手続の運用の確立に向けて実務を担ってきた[4]。

　その時代の大阪の整理屋の実態や、法的倒産手続の信頼性の確保のために私共が行った手法の一端を記録に止めておくことは、公正で適正かつ迅速な倒産手続の遂行という、倒産処理の原点を理解するうえで何らかの意義が存すると考えるところから、本稿を執筆することとした。

II　整理屋の跋扈の時代

1　整理屋とは

　「整理屋」とは、倒産事件の処理手続に債務者側あるいは債権者側から関与して、その倒産処理手続の過程で多額の利益を得ることを業とする者に対する俗称である。その意味で企業内や企業グループ内の内紛や、親族間の財産をめぐる紛争に介入して、時には詐欺的手法をも弄して利益を図る事件師とは異なる。

　当時、大阪を拠点とする整理屋は、株式会社山富[5]ほか3社の大手と、中小規模の10社前後が活動していたが、大手の場合、社内は組織化されており、

---

[3]　大阪地方裁判所では、1980年代から、裁判所主催による破産管財人協議会や更生管財人協議会が開催されていた記録が存するが、その議事録を見ても、単なる経験談が多く、論点を掘り下げた議論は見られない。

[4]　私共が若手・中堅の頃の倒産実務を第一戦で担っておられたのは、東京では清水直、古曳正夫、髙木新二郎、才口千晴各弁護士等、大阪では松田安正、家近正直、今中利昭各弁護士等であった。

刑事事件や懲戒処分により資格を失った元弁護士、元税理士、元司法書士や、それらの資格試験を複数回受験したが失敗した者、あるいは金融機関を意に反して退職した者等が社員や準社員（嘱託）等として勤務し、それぞれの専門知識を生かして活動していたほか、整理屋と提携して業務を行う弁護士、税理士、司法書士等が関与している場合もあった。

また、倒産事件、殊に清算型倒産事件では、大量の中古商品を換金する必要があるところから、整理屋は、それらの商品を専門に取り扱うバッタ屋や、中古の什器備品を引き取る道具屋、更には不動産競売事件を妨害する目的で、倒産会社の土地、建物を賃貸借名下や留置権名下に占有したり、倒産会社の敷地内にプレハブ建物を建てて保存登記を経たうえで占有する占有屋などとも深い関係を有していた。それらの整理屋の中には、そのトップ自身が暴力団構成員であったものもあるほか、その多くは何らかの型で暴力団と結びついていた。

2 整理屋跋扈の背景

(1) 倒産事件の処理状況

私は、1969年に修習（21期）を終えて大阪弁護士会に入会しているが、その前後の1965年から1995年までの間の5年ごとの倒産や法的倒産手続に関するデータを司法統計年報等から作成した表を末尾に掲げたが、その表からは以下の内容が読みとれる。

まず、別表2から認められる破産既済事件中の取下げ率の異常な高さである。その比率は、1965年71.6％、1970年67.9％、1975年57.3％と50％を超え、1980年でも35％に達している[6]。

5）その代表者はロータリークラブの会員であった。後述の弁護士法違反事件により廃業したが、その後もその幹部が「〇〇山富」を名乗って相当期間活動していた。

6）既済事件中の取下げ事件の比率は、東京・大阪ともほぼ類似した傾向を示しているが、1980年になると、東京が47.6％に対し、大阪が26.3％となって、大阪ではその頃には本来の目的に従った破産手続の利用が定着し始めたことが分かる。また、1985年には東京9.3％、大阪7.3％となお東京が大阪より若干高いとはいえ、いずれも一桁に止まり、破産手続の本来の利用がほぼ定着したことが窺える。

私は、イソ弁先のボス弁から、破産は恥であるとの感覚が残っているから、自己破産の申立ては少ない。債権者が申し立てるのは、債務者は破産を避けようと親戚、知人から金をかき集めてきて和解ができる可能性があるからで、真に破産宣告を得ることを目的とすることは少ない、破産になってもいつ配当がなされるか分からないし、また配当率も低いから、予納金を納めて債権者が申し立てるメリットはないと教えられたが、上記の取下率の高さは、その教えを裏付けるものといえよう[7]。

　また、配当で終了した事件について破産宣告から終結までの期間を示す別表4によれば、1977年までは、約50％の事件が終結まで5年を超えていたのであり、更に配当率も別表5のとおり、10％以下に止まる事件が全体の50％を超えていたのである[8]。

　このように低配当率に止まっていた理由の一つには、倒産の事実が債権者に知れると、債権者が我勝ちに自己の納入した商品を取戻しに押し掛けて引き揚げ[9]、それに乗じて事件屋も強引に商品や機械を持ち去り[10]、その結果、破産

---

7) 司法統計年報には、1981年から自然人、株式会社の別が記載されるようになったが、同年の株式会社にかかる自己破産申立以外の事件数（若干の職権破産事件があると思われるが、そのほとんどは債権者申立事件である）466件中227件（47.4％）、1985年は、296件中136件（46％）と半数近い事件が取下げで終了している。

8) このような長い審理期間と低い配当率は、当時の「破産8年配当8分」との俚言を裏付けるものといえよう。

9) 最判昭和53・5・25金法867号46頁は、動産売買先取特権の目的物件をもってなされた代物弁済は否認の対象とならない、とするところ、同判例が誤解されて債権者の自力救済行動を助長したことは否めない。

10) 倒産事件の混乱に乗じて、債権者と称して現場に介入する者達は「事件屋」と呼ばれていた。彼等は、時に非常に荒っぽく、私が申立代理人を務めた1979年のある地方の破産事件では、何者かが山間にある縫製工場に夜中に押し掛け、宿直者を脅して扉を開けさせて、クレーン車と大型トレーラーで、最新鋭の縫製機を運び出した事例（その後の調査でトレーラーを途中で積み替えたところまでは行方が判ったが、その後については判らず、警察に被害届を出したものの、民事不介入と称して全く動いてくれなかった）や、1980年の破産申立事件では、山間部の工業団地内にある工場入口の鉄扉をアセチレン熔接しておいたところ、夜中に鉄扉にワイヤーロープを掛けて、ダンプカーで引っ張って鉄扉を引き倒し、工場内の機械類が搬出されてしまった事例などを経験している。

宣告時には破産財団を構成すべき動産類が大きく減損していたという事例も多数見受けられたことがあげられる[11]。

次に、破産終結までに長期間要したのは、事案を適切に処理できる破産管財人の確保が困難であったことや[12]、破産管財人に就任した弁護士にとって、破産管財人業務は、当時の弁護士業務の中核であった法廷活動とは異質な職務であって[13]、十分なノウ・ハウも有しておらず、また、当時は、裁判所の適切な指導、監督が怠られがちであったところから、破産管財人に就任した弁護士は、日常的に追われる一般訴訟事件の処理を優先しがちであったこと等によるものといえようが、それらの事情は破産事件の処理を延引する口実にすらならないものであって、職務の怠慢の謗りを受けても已むを得ないといえよう[14]。

---

[11] 1986年のある地方の裁判所にかかる蒲団製造メーカーの破産事件で、月曜日に破産管財人に就任したところ、土・日の間に倉庫が破られ、蒲団や材料の綿等、4トントラック150台分以上が喪失していた事例などを経験している。

[12] 私が最初に破産管財人（常置代理人）に就任したのは1973年2月である。就任するきっかけは、破産管財人の常置代理人をしていた同期の弁護士から、裁判所が近々破産宣告予定の株式会社の破産管財人候補の確保に困っているが、やってみないかと言われたのがきっかけである。

　当時大阪地方裁判所では、破産管財人は弁護士登録5年を超える者から選任するとの内規で運用していたところから、イソ弁先の兄弁に破産管財人に就任してもらい、私は常置代理人として、実務の全てを処理したのが最初である（同事件は1976年3月に配当をもって終了している）。

　破産宣告後、配当、異時廃止で終了した事件は、破産管財人が選任されているが（他に、強制和議で終了している事件も破産管財人が選任されるが、通常年間0～2件に止まる）、別表2によれば、大阪地方裁判所（支部を含む）におけるその事件数は、1970年が82件、1975年が58件、1980年で251件に止まり、その当時の大阪弁護士会の会員数が1,200～1,300人余であったことからすれば、破産管財人の確保に困ったということは、その業務が弁護士にとっていかに魅力がないものであったかが窺われる。

[13] 破産管財人の主たる業務が、財団資産の換価という、法廷活動を中核とする通常の弁護士活動と全く異なるうえ、計数を取り扱うという多くの弁護士が得手とはしない職務を必然的に伴い、その職務の執行には相当のエネルギーの投入が必要であるにかかわらず、報酬は配当時（中間配当を含む）までもらえず、当時、交通事故や借地借家、不動産売買等多数の通常訴訟事件の処理に追われていた弁護士にとって、決して経済的に魅力のある事件ではなかったといえる。

時代をリードする再生論

　このような破産手続処理の実情の下では、破産宣告から配当へと至る本来の破産手続は、債権回収の手続として全くと言ってよい程機能していなかったのである。

(2) 再建型手続（会社更生手続を除く）の処理の実情

　民事再生法が施行される以前の、中小規模の企業の再建型手続である和議の申立事件数の推移は別表1、既済事件の処理区分は別表6のとおりであり、株式会社の再建型手続であった会社整理の申立事件数の推移は別表1のとおりであり、その既済事件の処理区分は別表7のとおりである。

　まず、和議と会社整理の申立件数を対比して、1975年を例外[15]として和議申立事件数が会社整理申立事件数を大きく上回っており、また和議申立事件数は東京に比して大阪が非常に多いことが認められる。

　また、和議でも取下率は高く、既済事件中の取下率は、1970年41.6％、1975年57.4％、1980年47.5％、1985年43.1％と非常に高い比率を示している。これには、後述の濫用型申立事例も含まれていることが当然想定されるが、和議では申立時に和議条件を提示する必要があるところ、申立時に概略の検討を経て作成したものの、申立後に精査すると到底和議条件を達成できる経営計画が立案できなかったり、債権者の和議条件そのものに対する不満や、債務者の経営陣に対する不満等から法定多数の債権者の同意を得る見込みを得られず、已むなく取り下げて任意整理や破産の申立てに至った例が多いと推測される[16]・[17]。

---

14) このように、処理が遅れる事件については、裁判所からの求めに応じて時々報告書が提出されることがあっても、破産債権者宛に途中経過を記載した報告書が配布されることはまず無く、その意味で裁判所に記録の閲覧に行く時間的余裕のない破産債権者にとって、破産手続はブラックボックスであった。
15) 古いことなので、理由は十分検証できないが、申立て前の裁判所の審査の内容や、弁済禁止の保全処分発令の要件を緩和する運用が一時行われたことがあり、そのような裁判所の運用上の影響によるものと推察される。
16) 和議の新規申立事件は、1980年が514件、1985年が575件に達しているが、和議手続に習熟した弁護士が全国にそれだけいたとは到底思われないので、申立代理人の能力不足も、取下率が高くなった一因をなしていたのかもしれない。

和議の認可率は、1970年46％、1975年37.3％、1980年43.4％、1985年46％と、そこそこの率になっていて、和議が再建型倒産手続として一定の機能を果たしていたことが一応窺える。しかし、周知のとおりその履行率は低く、認可された和議条件が実際にどの程度履行され、真に企業として再建されたかについては、適格なデータは存しないままであった。

　次に会社整理事件であるが、既済事件中の取下率は、1970年65.3％、1975年74.5％、1980年67.4％、1985年62.6％と和議に比して遥かに高く、また終結事件数は1970年16.3％、1975年11.2％、1980年22.1％、1985年29.7％とこれも極端に低い。この終結に至るまでの期間は統計表からは直ちに判明しないが、司法統計年報に記載された未済事件中10年を超えるものが、1975年17件、1980年6件、1985年17件、1990年24件、1995年44件に上っているのであって、終結事件数の少なさと、長期未済事件の累増傾向からして、会社整理が再建型の倒産処理手続としてほとんど機能していなかったことが読み取れる。

3　整理屋跋扈の実態

(1)　はじめに

　整理屋は、破綻した企業の任意整理手続に介入して不当な利益を得ていたが、再建型手続にも介入することがあったので一応場合に分けて検討することとする。

---

17) 取下事例の中には、当初から私的整理を組み合わせて和議手続を利用する例もあった。たとえば、私が1975年に申立代理人を務めた、ある地方の大規模な木工品製造業の事例では、同社の再建に向けて大口債権者の協力は見込めたものの、数百社に上る中・小規模債権者を含めての私的整理は困難なところから、和議手続開始申立てをして弁済禁止の保全処分を得たうえで、先ず超小口債権者に全額、小口債権者には一定割合の免除を条件に支払うとの和解内容を定めて、裁判所から保全処分の一部解除の許可を得て支払い、次に中規模債権者にも同様の手続（ただし、免除率は小規模債権者より高くなる）を採って債権者数の減少を図り、最終的に大口債権者のみが残ったところで、和議申立てを取り下げて私的整理に移行した経験がある。同事件は申立てから取下げまで1年8ヶ月で終了している。その約5年後にも（規模は一回り小さいが）、ほぼ同様の処理をしたことがある。

(2) 清算手続について
① 整理屋の介入の仕方

　整理屋は、その系列企業や親密企業に手形割引業者や金融業者を有していた。それらの業者から信用不安情報や不渡り情報が入ると、その企業規模や資産の有無を調査し、金になりそうだとなると、債務者企業に乗り込む。その際には、手形割引業者から手形を借り受けて、「信用不安情報から手形の取立を頼まれたので即時支払って欲しい」等と無理難題を申し入れて困惑させ、他方、倒産必至とあって途方に暮れている代表者に対し、「このままでは破産という不名誉な立場になる、破産宣告後は破産管財人の下で只働きをさせられる。わしに任せたら代表者は何もしなくても良いから隠れとき。債権者に謝らんでよい。わしに任せたらあんじょうしたる」等と甘言を弄して誘う。また、代表者が債権者の連鎖倒産を心配すると、「任しとき。わし金あるさかい、困っている債権者がいたら、わしがその債権買うたるさかい」と、債権者にも配慮する発言をして代表者を安心させる。

　債務者企業が、破産申立てを前提にすでに弁護士に相談していて、その弁護士が同席していても同様の説得を試みる。弁護士としては、破産手続によることの公正さを強調することはできても、上述のような当時の破産管財事件の一般的な処理状況からして、一旦整理屋の説得に耳を傾け始めた代表者を再度翻意させることは、経験の乏しい弁護士ではなかなか困難である。

　そして、整理屋の説得に応じて代表者が委任状を交付したら、介入成功である[18]。その際には、法人と個人の実印、印鑑カードを提供させる。そして、代表者が不安から身を隠すことを希望する時には、数十万円程度を交付し、「しばらく沖縄でも行って静かにしとき」等と言って、後の関与を禁止する。

---

18) 大手の整理屋同士がバッティングした例を見たことがないが、どうも先着手主義のようであった。最初小さな整理屋が介入のチョッカイを出しても、倒産事件の規模が大きいと中規模の整理屋が介入し、そこに大手の整理屋が介入すると、それまで介入していた中規模の整理屋は、副幹事長格のような形で残るが、実務は機動力を持った大手の整理屋が取り仕切っていた。

上記は、未だ倒産情報が外部に伝わる以前からの介入を例に述べたが、不渡りが判明して、債務者企業に債権者が参集して混乱している場合には、その集団に割って入って全体を落ち着かせ、参集している債権者に対して、整理屋に任せれば、いかに迅速に処理できるかを説得し、ある程度の数の債権者が、整理屋に任せるのも已むなしとの態度をとると、それに乗じて一挙に介入する。

また、倒産後、債務者の委任の下で、すでに破産申立てをした弁護士が、集った債権者に対して破産手続を説明している場合などでは、整理屋は参集している債権者に対して、破産手続によることの不利益と、任意整理の有利さを説き、債権者らをして債務者に破産申立てを取り下げるように慫慂するように仕向ける（実際に取り下げられた事例もあった）。

② 介入後の当初の作業

整理屋が介入するのは、一般債権者に対する配当の上前を撥ねることにあるから、まず配当財源となるべき財産の内容、規模を把握することが肝要である。そこで専門スタッフをその作業に投入し、概括的な清算貸借対照表の作成を行う。

その清算評価に当たっては、半年程度を目途に回収・換価の可能性を念頭に評価が行われる[19]。その概数値を把握したうえで、対外的に発表する数字に補正する。たとえば、20％の配当財源が見込める場合には、15％の配当が可能との清算貸借対照表を作成する[20]。

在庫商品等に対して、納入債権者による自力執行や事件屋の介入の危険がある場合には、関係先に依頼して強面の面々を倉庫等に配置する。

③ 従業員への説明

介入の翌朝には、まず従業員を集め、自らは大口の債権者であり、代表者の委任を受けて整理に当たること、従前の給料と整理手続中の給料は保障するこ

---

19) 倒産企業の多くは、租税や社会保険料を滞納しているから、その滞納処分がなされる迄に換価を終える必要がある。商品であればバッタ屋価格であり、売掛金であれば、早期回収のための値引きを前提とした評価額となる。

20) 整理屋は、租税公課は支払わないが、万一任意整理手続中に滞納処分がなされると支払わざるを得ないところから、整理屋によってはその分を保留して弁済率に算定する。

と等を説明し、従業員の協力を取り付ける。

④　債権者への説明・債権の買取り

　倒産の数日後には、債権者説明会を開催し、自らは大口債権者であること、代表者の委任を受けて整理に当たること、整理に当たっての換価方針等を伝えるとともに、希望する小口債権者から債権を買い取る用意があることを伝える[21]。債務者の倒産により当面の資金繰りに追われる債権者の多くは喜んで売り渡すであろう。

⑤　資産の換価

　資産の換価に関連して大口債権者が債権者委員会の設置を申し出ることがある。多くの整理屋はそれに応じるが、事務局だけはつかまえて離さない。大口債権者が債権者委員会の組成を求めるのは、それら債権者の在庫商品が大量にあるとか、集合動産譲渡担保を設定している場合等である。それら大口債権者の関心の対象となる動産は、その協力なしに処理が困難なものであることがほとんどであるところから、大口債権者を債権者委員会に取り込んだ方がスムーズに処理できる。そして大口債権者は、自らの関心事の処理が済めば、債権者委員会にも関心を示さなくなるから、その後に残った商品や動産類の処分をすれば、整理屋の思い通りに処分することができる。

　換価手続中に動産に対する仮差押えがあれば、現場を混乱させて執行を引き延ばして、再度の執行までに商品の換価を完了するか、動産を移動させる。動産や債権に対する仮差押えが執行された場合には、個別和解を試みるも、和解成立の見込みがなければ仮差押えの目的物を除外して私的整理手続を続行する。整理手続が完了すると現場は放置されるから、動産の仮差押債権者は被差押物件の保全を強いられる。

⑥　配　当

　一応の換価が終了すると、債権者に配当する、配当率を基礎づける簡単な書面が作られるが、その内容の正確性は担保されない。

---

[21] 小口債権の買取り価格は、その総額、整理屋の資金力等も含めて事案によりまちまちであるが、たとえば設例の15％の配当が見込まれる事案であれば、小口債権10％、中規模債権（数百万円）であれば、7〜8％程度が提示される。

配当は、申し出た債権者に対して、原則として残債権の放棄と引換えに実施される。申出をしない債権者は配当の対象外である。金融機関や租税公課は、整理屋の整理の対象外である。整理終了後の残余財産は、債務者に引き渡されることはなく、整理屋が取得するか放置される。

⑦ 配当終了時の債務者の状況

配当終了時までには、通常は抵当権が設定されている不動産の換価は終了していないから、通例、配当終了後も債務者企業の施設は残っているが、その内部は野犬が鶏を喰い散らかした後のように惨憺たる状況となっている。

ところで整理屋は、前述のとおり早期に換価ができる財産の換価を行うのみであるから、換価に時間を要したり、手間を要する財産は残っているはずである。しかし、上記のような状態では、破産宣告をなしても、帳簿類も散逸しており、事情聴取すべき人物の特定も困難な状態になっているから、就任する破産管財人も手の打ちようがないといえよう。そうすると、整理屋の整理終了後の債務者（法人）は、そのまま放置されることになろう。

⑧ 不動産の処理

整理屋による整理の終了した後の債務者の不動産は、占有屋に委ねられるとともに、競落されるまでの間は、整理屋が他の整理事件の商品等の倉庫として利用したりする。

占有屋は、競売手続を妨害することで、立退料等の取得を目指すが、占有屋のために競売手続がなかなか進行しないときには、整理屋が任意売却の買受人として名乗り出て安値で買受け、その後占有屋を立ち退かせて売却したうえで売却益を取得する。

⑨ 整理屋の得る利益

整理屋は、本来配当が可能な配当率と債権者に示す配当率の差額に相当する額は、当初から配当の上前を撥ねる金額として予定しているが、それとともに他の小口債権者から安価に購入した債権につきその購入に要した金額とその債権者に配当されるべき金額との差額も、予定された収益といえる。

それに加えて、申し出なかった債権者への予定配当額、金融機関や租税公課等の支払に充てられるべき金員、配当終了後の残余財産、不動産を占有屋に占有させることによって得られる利益等も加わるから、整理屋が得る利益は莫大

な金額になる。

(3) 再建型手続について
① 整理屋介入の方法

整理屋は、企業組織の内部に入り込んで経営権を直接、間接に支配して、企業の財産を喰い荒らす乗取屋とは異なるから、再建型手続をとっている企業組織の内部に整理屋が入り込むことはない。再建型手続で整理屋が介入する方法として次のような場合があった。

　ア　債権者集会、債権者委員会を通じての介入

通常、経営破綻時に企業の再建を目指す企業の方が、再建を諦めて清算手続に入る企業よりその規模も大きく財務状態は良い。ところで、II2(2)で述べたように、和議や会社整理による再建を目指してその開始決定を得ても、そのうち半分近くが法的再建手続による再建をあきらめてその申立てを取り下げ、その後は、破産を申し立てるか、私的整理による清算が行われる。

整理屋がその清算手続にうまく介入することができるならば、前項で述べたとおり多額の利益に与ることができる。

そこで、介入方法として、債権者集会、債権者委員会を通じて介入を図るが、その具体的な方法として、一般に次のような手段が用いられていた。

再建型倒産手続による再建を目指す企業は、一般にその申立てと同時に弁済禁止の保全処分の申立てを行い、その保全処分決定が発令されると、同決定の意義や、法的な手続のスケジュール、今後の見込み等についての債権者説明会を開催する。

その説明会には、先行きを心配する大勢の債権者が参集する。整理屋は、金融債権者（あるいはそう称して）集会に参加し、社員は会場内の各所に分散して着席し、相互に無関係な債権者のごとく振舞いながら、自らの法的知識、経理知識を生かした鋭い質問を経営陣や申立代理人に浴びせかける[22]。そして、再建に向けての経営陣の活動を支援し、監視するために債権者委員会の設置の必要を主張し、会場内を、それが当然であるとの雰囲気に持ち込み、債務者企業をして債権者委員会の設置を了承させる[23]。

そして債権者委員には自らが立候補し、同委員会のしかるべきポストに納ま

る。その上で再建手続の推移を見ていて、取下げ必至と見れば、一挙に活動を活発化させて、自らの主導の下での任意整理に導こうとする。その際に、整理屋の活動を抑えることができるか、その活躍を許すかは、その法的倒産手続に関与してきた申立代理人の手腕の問題である。

イ　和議・会社整理の濫用的申立てを通じての介入

和議や会社整理の申立てをする以前に、整理屋が債務者企業の内部に顧問等として入り込み、企業の再建手段として法的手続の申立てを薦め、経営陣がそれを承諾すると、整理屋の提携弁護士が申立代理人となってその申立てを行い、保全処分決定を得る。

同弁護士は、その後も対裁判所の窓口は務めるが、再建計画の立案や債権者との折衝等、本来申立代理人が担うべき業務は基本的には整理屋に丸投げし、整理屋主導で手続が進められる。

② 整理屋介入後の整理屋の活動内容

整理屋が上記①アの方法で介入する場合のその後の動きは、基本的には清算型の場合と同様である。すなわち、一定の配当はするものの、その上前を撥ね、また機会を見つけては利益を抜き、最後は喰い散らかして放擲する。

次に①イの方法で介入する場合には、弁済禁止の保全処分の保護下で、取引を装って資産を食い潰し、ほぼ喰い終わると、申立てを取り下げる。この場合

---

22) たとえば、申立代理人に着手金の額を尋ね、申立代理人が自らの利益目的で業務を遂行していると思わせる質問や、申立代理人が経験不足と見れば、その法律知識・財務・経理知識の不足を炙り出す。応答不能に陥ると「バッチ外して出て行き」等の罵声を浴びせる。また、粉飾決算の有無や、倒産原因について経営陣の法的・道義的責任を追及する。経験豊かな整理屋の質問は鋭く、倒産で動揺している経営陣が答弁に詰まる場面などが再三起こる（その際に、うまくその場を処理できるか否かで、申立代理人の経験・能力が顕になる）。

23) 債権者委員会を設置すると、整理屋が入ってくるので、債権者委員会は絶対作らないとのベテラン弁護士の意見（後掲注34）の東西倒産実務研究会編『和議』173頁〔今中利昭発言〕等）もあるが、私が申立代理人をした約10件では、いずれも債権者委員会が設置された。それらの事件のほとんどは、いずれも取り下げることなく和議認可決定を得ているが、かかる事件では整理屋の出る幕はなく、債権者委員として参加していたはずなのに、いつの間にか消えてしまっていた。

は、上記①アの場合と異り、取下げまで申立代理人が関与しているところから、帳簿類は残存しているものの、見るべき資産はほとんどないという状態で、その後に破産手続が進められても、和議債権者はほとんど配当に与れないこととなる。

4　整理屋と刑事処分

　整理屋の3(2)掲記の行為が、弁護士法72条に違反することは明らかである。その余の行為は、詐欺（債権者に弁済可能な配当率を偽る）、背任（債務者代表者の委任の範囲を超えた財産の処分）、横領（残余財産の領得）の各構成要件を満たす可能性はあるももの、個々の債権者や債務者関係者の協力を得ることは難しく、立件の壁は厚い。

　また、整理屋の介入事案では、その周辺の者が威嚇的言動を弄することがあっても、整理屋やその従業員が暴力的な行為に出ることはまず存しないので、その点からしても刑事事件として摘発されることはない。

　捜査当局は、非弁行為のみではなかなか摘発に動かない[24]。捜査当局が整理屋やその周辺を摘発し始めたのは、整理屋は暴力団のフロント企業として位置づけられるところから、暴力団取締の一環として取り上げられるようになってからである。

---

24) 整理屋が跋扈していた時代に、弁護士法違反で整理屋が起訴されたのは、1982年に、大阪弁護士会長名で株式会社山富の代表者を弁護士法違反容疑で告発した事例しか存しない（同事件の告発状は、私が同弁護士会非弁活動取締委員会の担当主査として作成した）。なお、同事件は1984年に大阪地方裁判所で執行猶予付の懲役刑が宣告され、一審で確定した。

III 破産管財業務の正常化（整理屋の活動停止）

1 はじめに

IIで詳述したとおり、整理屋は倒産事件に関与して暴利を貪っていたのであって、社会正義の観点からもそれを放置することが許されないことは当然である。しかし、前述のとおり整理屋の跋扈は、破産管財の実務が適正に行われていなかったことの反映に他ならず[25]、彼等を非弁活動として取り締まるだけでは何らの解決にもならない。整理屋の活動を抑圧するためには、債権者の信頼を喪失していた破産管財業務の適正化を図る方策を採り、また、個々の事件で得られた知識やノウ・ハウを共有化し、破産管財実務全体の充実を図る必要があった。以下、項を分けて検討する。

2 破産管財業務の適正化を図るための方策

(1) 裁判所が採った施策

東京や大阪の裁判所では、1981～82年頃から、破産申立事件の増加傾向が認められ、それと共に破産宣告事件も増加すると見込まれたことから、新規に破産管財人に就任する弁護士向の「手引書」を作成し、配布することが行われた。同手引書には、破産管財業務に関する一般的注意事項のほか、通常規模の事件では1年以内の配当を目指すべきこと等が記されていた。また、裁判所は破産管財人とは連絡を密にするとともに、破産管財人が何時でも相談できる体制の整備が図られた。

他方、増加が見込まれる破産管財事件への人材の育成を含めて、弁護士経験5年超程度の弁護士から小規模な破産管財事件を割り当て、中規模程度の事件についても行動力のある比較的若手弁護士に割り付ける等、破産事件の迅速処

---

[25] 注24）の判決では、量刑理由として、破産管財実務が十分に機能しない下での必要悪であったとの趣旨が述べられている。

(2) 破産管財人による努力

　私は、前述のとおり、1973年2月に破産管財人（常置代理人）に初めて就任したが、就任に当たっては、整理屋に対抗する趣旨から、1年以内の10％程度の中間配当の実施と、中間配当時にそれまでの管財業務の経過に関するA4で1～2枚の報告書を作成、配布するとともに、破産宣告から1年を超える事件は、多数の企業の決算期である毎年3月を目途に、A4で1～2枚程度の1年間の管財業務の概要と今後の見込みを記載した報告書を作成し、破産債権者に送付することとした[28)・29)]。

　私は、それ以降1983年3月までの10年間に13件の破産管財人に就任し、いずれの事件でも中間配当を実施した。また、破産宣告後終結まで2年以内が4件、4年以内が4件、後はほぼ5年かかっているが、約5年を要したのはいずれも債務総額10～30億円の事件である。

　私は、1975年に独立して4人の共同事務所のパートナーとなり、上記の事件も他のパートナーに手伝ってもらうとともに、他のパートナーが破産管財人に就任した事件を手伝ったりしていた。

---

26) 大阪では、大阪地方裁判所倒産部と弁護士会司法委員会との協議会が毎年開かれ、その協議会では、弁護士会の会報用のメモを作成する程度で議事録を作ることなくフリー討議し、その際に実務の改善に向けた裁判所からの提案や、弁護士側から破産管財業務に関わる問題提起等がなされ、管財業務の充実に資してきた。その協議会は当時から今日まで続けられている。

27) 篠原幾馬＝道下徹＝佐藤歳二＝鬼頭季郎「破産事件の処理に関する実務上の諸問題」（司法研究報告書第35輯〔1985年〕第1号）は、東京・大阪での破産管財実務を踏まえた研究報告書であるが、その後の破産管財実務の充実・向上、実務処理の全国的な統一化のうえで、大きな役割を果たした。

28) この報告の方式は、私が破産管財人を続けていた事件では遵守した。

29) 破産管財人として業務を遂行するに当たっては、せめて整理屋が抱えるスタッフ並みの経理知識が必要とされるとの発想から、破産法が定める財産目録や清算貸借対照表は自ら作成し、破産会社の決算書を時間をかけて読み解いた。そこで蓄積された知識は、その後更生管財人やM＆Aの業務を遂行するうえで、非常に役立った。

ところで、その頃は、大阪では私共とほぼ同世代の数名のパートナーから成る共同事務所が次々と生まれていた。そうした新設事務所は、未だ依頼者の数が少ないこともあって、大阪地方裁判所の若手弁護士を破産管財人に選任するとの方針に積極的に応じた[30]。

また、各事務所は破産管財事務の合理化に取り組み、慣行的に行われていた事務処理のうち、不要なもの、追加した方が良いもの、使い勝手の良い書式への変更等を次々と裁判所に提案し、裁判所の事務改善に協力した[31]。

(3) 破産事件処理の正常化

(1)(2)では、専ら大阪での実情を述べたが、司法統計年報から作成した**別表４**によれば、配当で終結した事件のうち１年以内に終結した割合は、1977年まで３％以下に止まっていたのが1979年以降10％を超え、２年以内に終結した割合は、1978年まで10％台だったのが1979年から20％台に、1983年から30％台となっており、３年以内に終結した事件数の合計では、1975年25.5％、1978年39.0％、1979年58.3％、1980年60.5％、1985年76.1％と、1975年から1985年までの10年間に早期終結率が飛躍的に上昇しており、遅くとも1983〜85年頃には、破産管財事務の処理が正常化したものと評価できる[32]。

このように破産管財業務が正常化されると、整理屋が跋扈するとの状態は見られなくなった。私が整理屋らしい整理屋に遭遇したのは1987年に和議を申

---

30) 破産管財人の選任に積極的に応じた理由の一つとして、それらの事件では早期の中間配当が見込まれたところ、中間配当時には報酬決定がなされ、それは経済的基盤が安定していない若手弁護士の共同事務所にとって、大きな魅力であった。
31) それらの報告書の記載例や添付文書の書式は、斬新で分かりやすかったところから、大阪地方裁判所所属の某書記官が、同裁判所に提出された諸書類の中から、同書記官がベストと考えるものを拾い出して、仮名処理するのみで編纂して某出版社から出版した。しかし、そのことが当局に判り、同社は本屋の店頭での販売未了分を含め全て回収した（同書掲載の「破産管財人の住所変更届」の書式は、氏名こそ仮名処理されていたが、住所は私の住所がそのまま記載されていた）。
32) 配当事件で終結する事件のうち、大阪の占める割合は非常に高く、1980年は29.7％、1985年は27.2％を占めており、大阪における管財業務の正常化の進展が、全国のデータの改善に大きく寄与していたことが窺える。

し立てた事件が最後であって、以後は、整理屋が活発に動いているとの話はほとんど耳にしなくなった。

3　情報の共有化、レベルアップ

(1)　はじめに

　前章において、破産管財事務は1985年頃にほぼ正常化されるに至ったことについて述べたが、注32)に掲記のとおり、それは大阪での正常化が大きく寄与したことの影響かと窺え、東京での1990年、1995年の破産取下げ事件数の多さ、配当で終結する事件数が大阪の約半分に止まっていたこと等からして、東京においてその時点で破産管財業務が適切に運営されていたかについては、なお疑念が残り、また統計データを一々示さないが、その頃、地方においては、破産申立事件の増加に伴う事件処理ができず、破産事件の滞留も目立つに至っていた。

　破産手続は、あらゆる倒産事件の基本であり、破産手続が適正に運営されることなくして、他の倒産手続が適正に運営されることはありえない。また破産が倒産事件の基本的な手続である以上、全国的に統一的な運用がなされることが望まれるといえよう。

　しかし、コンピューター化される以前は、情報の伝達に時間がかかり、良く言えば地方ごとの特色、悪く言えば、必ずしも適正とは言えないローカルルールで運営されることもまま見受けられていた。破産管財事件における地域ごとの取扱いルールの差の影響の有無は定かではないが、従前は東京と大阪とで和議事件の取扱いが大きく異なっていた。

　我国全体の法的倒産実務を適正・迅速に運用するには、各法的手続について運用ルールを統一し、その運用に伴うノウ・ハウを共有化し、倒産実務に携わる法曹全体のレベルアップを行う必要がある。

　以下では、破産手続の運営ルールが一応正常化して以降の、全国レベルにおける倒産にかかる知識・経験の共有化に大きな影響を与えたいくつかの動きについて素描しておく[33)]。

(2) 東西倒産実務研究会

Iに記載したとおり、1987年1月から1988年1月まで、東京と大阪の倒産実務に携っていた弁護士各12〜3人に、オブザーバーとして、谷口安平京大教授、青山善充東大教授、伊藤眞一橋大教授の参加を得て、延べ10回（1回4時間余）にわたり、和議、会社更生、会社整理、破産、特別清算をテーマに、その実務運用の相違、各取扱いのメリット、デメリット、相違を裏付ける理論、根拠等について、突っ込んだ議論がなされた。

研究会の内容は速記に取り、反訳、編集のうえ、1988年から1989年にかけて順次出版された[34]こともあって、実務運用の改善や理論面の深化に大きく寄与するとともに、1996年から法制審議会で検討が始まった倒産法改正作業にも大きな影響を与えた。

(3) 日弁連倒産法改正問題検討委員会

日弁連では、1996年10月から審議が始まった法制審議会倒産法部会の日弁連推薦の委員、幹事をバック・アップする趣旨で標記委員会が設置され、法制

---

33) 他に、全国レベルで影響を及ぼしうるものとして、司法研修所第一部でほぼ毎年開催される倒産実務をテーマとする裁判官研修と、日弁連の夏期研修（ほぼ毎年、どこかの地で倒産のテーマが採り上げられる）がある。しかし、前者は数回出席したものの、東京・大阪とそれ以外の地からの出席者の知識・経験と問題意識に大きな差があり、また後者は講義方式であることもあって、知識の深まりという点では、十分に機能しているとは言い難い。

34) 東西倒産実務研究会編『和議』（商事法務研究会、1988年）、『会社更生・会社整理』（商事法務研究会、1989年）、『破産・特別清算』（商事法務研究会、1989年）。なお、最初に出版した『和議』の編集会議は、1988年夏に富士山麓のある企業の寮で、土曜日午後1時〜日曜日午前の予定で行われ、初日に夕食を挟んで深夜11時頃まで作業をし、その後1時間ほど松嶋先生ら若手とビール等を飲み、翌朝、作業場になっている会議室に4時45分頃に入室すると、高木先生、松嶋先生ほか数名が着席して作業を開始しておられ、高木先生に朝の挨拶をしたところ、「田原君遅いじゃないか」との叱正を受けた。東京弁護士会倒産法部が「タコ部屋」とは聞いていたが、まさに実感した（この合宿で350頁余に及ぶ『和議』の基本的な編集作業は完了したのであり、集中して作業することの大切さを痛感し、以後受任した大型倒産事件の管財人会議等でこの方式を採用した。もっとも、私の場合「極楽部屋」と称していた）。

審議会の開催日程に合わせて委員会が開催されていた。

　同委員会は、全国各地の会員によって構成されたところ、委員に就任した会員の出身単位会には、その活動を支援するため同種の委員会が設けられた。それゆえ、法制審議会の審議の状況は、それら委員会を通じて広く会員に知れわたることになっていた。

　また、法制審議会では、改正要綱、中間試案の公表等折々にパブリックコメントを求めていたところ、日弁連はそれには全て意見書を提出しているが、その意見書の作成に当たっては各単位会に意見照会をしている。それゆえ、各単位会の同照会への回答を作成するメンバーは、改正案の動きについて勉強をせざるを得なくなる。

　このように倒産法改正作業が、倒産法制に関する日弁連全体のレベルアップにつながったことは、それほど喧伝されていないけれども紛れもない事実である。しかし、それが全国個々の弁護士のレベルアップにどこまでつながったかといえば、それは別問題である。

(4)　全国倒産処理弁護士ネットワーク（「全倒ネット」）

　民事再生法は、2000年4月1日に施行されたが、その立法段階から和議に替わる使い勝手の良い法律として喧伝されていたところから、その申立件数は和議に比して大幅に増加することが予想されていた。

　ところが、施行数年前における和議の運用状況は、必ずしも円滑になされていたとはいえず、その原因の一つに利害関係人の代理人として関与する弁護士の情報不足があるのではないかと思慮されていた。

　そこで最高裁判所民事局では、各地の倒産処理の状況に対処するために、民事再生規則の中に、各地の裁判所が、東京や大阪の倒産実務の経験豊富な弁護士の知恵を借りることができる何らかの制度を規定として設けることができないかとの検討が行われた。しかし、弁護士会の理解を得られるような成案ができず、その構想は断念された。

　2000年4月に民事再生法が施行されると、新法施行に伴う初期トラブルだけではなく、関与弁護士の情報不足によるとしか思えないトラブルが生じていることが、日弁連倒産法改正問題委員会等の諸会合に寄せられた。

法制審議会倒産法部会委員として同法の成立に関与した才口千晴・多比羅誠両弁護士と私は、何らかのシステムを構築して各地に情報を提供し、かかるトラブルの解消を図らないと、最悪の場合、民事再生法自体の信頼性を失うことになるのではないかとの危惧を抱いた。

　その解消策として日弁連の組織に頼ることは、制度として余りに重厚で機動性を欠くことから適切でない。そこで検討した結果、インターネットで情報の交換を行う軽い組織なら、誰でも気楽に参加し、また離脱することができることから、かかる組織を立ち上げて動かしてみてはとの結論に達し、「きんざい」に協力を要請してその了承を得たうえで、代表には高木新二郎弁護士に就任をお願いし、御快諾頂いた。

　そこで、2002年7月にこの構想を各地の弁護士に伝えたところ、「お前達の業務のためのネットワーク作りに利用するのだろう」とか、「東京や大阪の方式を地方に押し付けるものだろう」といった誤解や反発もあったが、九州、中国、北海道の各地区での準備会を経た後、2002年11月30日、東京での創立総会が開催された。創立時の会員総数は424名であった。

　その翌年、奈良で開催された第1回全国大会以降、2012年の第11回大会まで、毎年各地で質の高いシンポジウムを伴う全国大会を開催するほか、各地で地区大会が開催されるなど、その活動は完全に定着した。会員数は2011年11月現在4,797名（所属弁護士会は全単位会に及ぶ）に達している。

　全倒ネットは、全国大会、各地区の大会以外に、インターネットで交換されたさまざまな情報のうち、実務処理上の困難な問題や、理論上の論点を拾い出し、それに解説を附した書籍を次々と発行している[35]。

　全倒ネットは、前述のとおり緩やかな組織として企画され、その中で大きな発展を遂げてきて、今日では、倒産業務に携わる弁護士にとって、情報を交換し、研鑽を深めるための不可欠の場になっているといえよう[36]。

　会員は弁護士に限られるとはいえ、会員諸氏が外部から得た情報（ただし、守秘義務に反しない限度で）を全倒ネットに流すのも、全倒ネットで得た情報を会

---

[35] 執筆者には、全倒ネットの会員中の比較的若い層も含まれており、倒産法を学ぶ層の拡大にも寄与していることが認められる。

員以外に流すのも自由である。

その意味で、全倒ネットは、情報の共有化の観点からは非常に大きな機能を果たしており、また、今後も果たし続けることが期待されている。

Ⅳ　おわりに

本文中にも記載したように、倒産手続の基本は破産手続である。民事再生手続、私的整理ガイドラインや事業再生ADRも、その手続に失敗した場合の最終受皿は破産手続である。それゆえ、それらの諸手続において法理的に行き詰まったときは、基本的には破産手続に置き換えて思考をめぐらせば解決の糸口に辿りつけることが多い。

それゆえ、事業再生業務に携る弁護士においても、関連する破産法の知識だけではなく、破産管財実務にかかる知見を広げ、研鑽を積んでおく必要があろう[37]。

破産手続は、企業の完全な解体を図って財産を分配する手続だけに、関係者の利害が真向から衝突し、また破産管財人は破産財団を現実に管理する者としてその利害の衝突にかかる場面に巻き込まれる危険があるほか、多額の現金等を取り扱うという意味でも、危険も誘惑も多い業務である。

倒産は、資本主義社会においては、時代の流れに伴う社会の変化の下で不可避の事象であるところ、倒産に伴い生起する諸問題が、一定の秩序の下に速やかに解消されることは、資本主義社会の継続、発展にとって不可欠であり、破産管財人は、破産という事象に対応する現場の最終責任者である。その使命は重いが、それを担当することは誉りに値する業務である。

---

[36] もっとも、全倒ネットで交換されているメールを見ていると、全倒ネットをアンチョコな知識供給の場的に利用している会員が見受けられる。弁護士の業務は、まず自分で調べ、悩み、考え、その上で教えてもらうべきものである。アンチョコに教わっていたのでは、事業再生の世界に飛び込んで実務に携ることはできない。

[37] いかに破産手続に関する知識が深くても、破産申立時の債権者説明会における鋭い質問に即答し、厳しいヤジに耐えることは並大抵の心臓で務まるものではない。

本稿が、倒産現場において、未だ鋭い利害関係の場に遭遇されたことのない弁護士諸氏にとって、何らかの意味があればと願う次第である。

　追って、本稿の冒頭に記載したとおり、ギブ・アップ宣言をしたのに対し、松嶋先生から「雑文」で良いから執筆しろと言われ、従前から日弁連夏期研修での講演の際に用いるべく、司法統計年報の倒産法関係部分の資料が手許に存したことから、それを種に、文字通り「雑文」を、時間不足から十分な構想を練ることも、又推敲をすることもなく書くこととなり、本書の紙面を汚すだけになったことを、松嶋先生並びに他の執筆者諸氏にお詫びする次第である。

（たはら・むつお）

別表1　倒産事件数と法的倒産手続申立（新受）事件数の推移

年度	地裁別	倒産	破産	うち自然人	和議	会社整理	会社更生	特別清算
1965	全国	5,690	2,514		84	39	141	22
	東京		445		15	9	27	6
	大阪		469		27	11	22	6
1970	全国	9,655	1,680		117	52	107	26
	東京		314		19	8	22	7
	大阪		283		42	19	13	3
1975	全国	12,605	1,408		191	139	122	34
	東京		209		17	39	28	3
	大阪		262		62	33	18	9
1980	全国	17,884	2,877		514	93	63	43
	東京		257		16	9	15	11
	大阪		576		111	13	3	10
1985	全国	18,812	16,992	14,896	575	64	41	58
	東京		1,413	1,162	20	3	8	18
	大阪		2,050	1,672	76	4	4	11
1990	全国	6,468	12,478	11,480	77	16	9	58
	東京		1,486	1,329	7	1	1	18
	大阪		1,074	933	3	2	0	6
1995	全国	15,086	46,487	43,649	225	33	36	163
	東京		5,317	4,775	36	3	14	49
	大阪		4,213	3,728	29	9	1	32

※　帝国データバンクの情報，司法統計年報から作成。なお，倒産事件数は債務総額1000万円以上の事案である。

13 整理屋の時代と弁護士の倒産実務

別表2　破産既済事件区分

年度	地裁別	新受	うち自然人	既済	棄却・却下	取下げ	配当	廃止	うち同時廃止
1965	全国	2,514		2,075	86	1,485	170	254	100
	東京	445		420	9	310	40	53	17
	大阪	469		469	32	285	42	62	38
1970	全国	1,680		1,660	52	1,127	221	208	63
	東京	314		326	8	215	57	37	10
	大阪	283		281	8	174	56	38	12
1975	全国	1,408		1,317	37	754	282	204	67
	東京	209		213	3	134	56	15	0
	大阪	262		235	6	135	45	25	12
1980	全国	2,877		2,072	52	725	610	625	399
	東京	257		214	16	102	66	30	4
	大阪	576		502	19	132	181	163	93
1985	全国	16,992	14,896	17,003	106	1,309	1,925	13,554	12,494
	東京	1,413	1,162	1,374	2	128	176	1,066	1,002
	大阪	2,050	1,672	1,991	9	145	525	1,309	1,055
1990	全国	12,478	11,480	13,619	84	808	2,580	9,715	8,392
	東京	1,486	1,329	1,402	3	107	215	1,075	1,023
	大阪	1,074	933	1,282	4	43	412	821	647
1995	全国	46,487	43,649	43,564	384	1,840	4,133	37,054	34,488
	東京	5,317	4,775	5,029	114	364	387	4,152	3,918
	大阪	4,213	3,728	3,896	1	151	760	2,973	2,437

(件)

別表3　破産既済事件の審理期間

年度	総数	1年以内	2年以内	3年以内	5年以内	10年以内	10年超
1965	170	9	22	22	27	90（5年超）	
1970	1,660	868	243	163	179	153	54
1975	1,317	622	163	96	142	178	116
1980	2,072	1,077	318	193	229	150	105
1985	17,003	12,870	2,782	660	390	214	87
1990	13,619	8,975	1,245	835	1,192	1,201	171
1995	43,564	34,750	4,101	2,286	1,412	617	398

※　1965年度は破産宣告から。その余は受理からの期間。

(件)

時代をリードする再生論

別表4　配当による破産終結事件の審理期間

年度	総数	6月以内	1年以内		2年以内		3年以内		4年以内	5年以内	10年以内	10年超
		件数	件数	割合	件数	割合	件数	割合	件数	件数	件数	件数
1970	221	3	9	5.4%	30	13.6%	36	16.3%	40	16	66	21
1975	282	0	7	2.5%	30	10.6%	35	12.4%	29	23	101	57
1976	344	3	15	5.2%	42	12.2%	24	7.0%	36	17	117	90
1977	311	0	9	2.9%	52	16.7%	35	11.3%	41	19	92	63
1978	367	3	30	9.0%	62	16.9%	48	13.1%	37	29	86	72
1979	454	7	62	15.2%	130	28.6%	66	14.5%	41	31	51	66
1980	610	5	73	12.8%	174	28.5%	117	19.2%	72	36	78	55
1981	742	1	79	10.8%	217	29.2%	138	18.6%	81	56	98	72
1982	1,042	1	107	10.4%	311	29.8%	183	17.6%	116	85	122	117
1983	1,242	3	191	15.6%	376	30.3%	199	16.0%	133	95	150	95
1984	1,593	4	363	23.0%	606	38.0%	197	12.4%	123	95	144	61
1985	1,925	0	262	13.6%	861	44.7%	343	17.8%	155	101	151	49

※　破産宣告から終結までの期間。1965年度はこの項目の統計が存しない。
※　「1年以内」の「割合」には,「6月以内」を含む。

別表5　破産事件の配当率（配当による終結）

年度	総数	配当なし	5％以下	10%以下	25%以下	50%以下	50%超
1965	170	2	55	21	60	23	9
1970	198	1	51	50	60	27	9
1975	260	0	76	57	73	34	20
1980	598	0	163	127	178	91	39
1985	1,917	0	745	386	449	228	109
1990	2,571	0	1,176	460	518	239	178
1995	4,126	0	1,986	777	847	343	173

(件)

別表6　和議既済事件区分

年度	地裁別	新受	既済	棄却・却下	取下げ	終結	うち認可
1965	全国	84	83	17	32	26	26
	東京	15	13	5	6	2	2
	大阪	27	23	5	9	8	8
1970	全国	117	113	10	47	54	52
	東京	19	24	1	12	11	10
	大阪	42	33	1	15	17	16
1975	全国	191	169	6	97	65	63
	東京	17	18	0	12	6	6
	大阪	62	36	2	33	30	30
1980	全国	514	448	23	213	207	194
	東京	16	19	0	12	7	7
	大阪	111	124	7	51	66	62
1985	全国	575	582	39	251	287	268
	東京	20	24	2	9	13	12
	大阪	76	73	12	33	27	26
1990	全国	77	84	5	42	35	33
	東京	7	4	0	4	0	0
	大阪	3	1	0	0	1	0
1995	全国	225	247	14	95	135	128
	東京	36	35	3	21	11	10
	大阪	29	33	3	5	25	24

(件)

別表7 会社整理既済事件区分

年度	地裁別	新受	既済	棄却・却下	取下げ	終結
1965	全国	39	37	2	22	6
	東京	9	8	1	7	0
	大阪	11	11	1	4	3
1970	全国	52	49	1	32	8
	東京	8	16	0	12	2
	大阪	19	12	0	7	2
1975	全国	139	98	6	73	11
	東京	39	33	2	26	4
	大阪	33	29	1	23	3
1980	全国	93	95	5	64	21
	東京	9	6	0	5	1
	大阪	13	27	2	13	9
1985	全国	64	74	0	46	22
	東京	3	5	0	0	5
	大阪	4	4	0	2	1
1990	全国	16	29	0	12	12
	東京	1	1	0	0	0
	大阪	2	2	0	1	1
1995	全国	33	34	4	16	11
	東京	3	0	0	0	0
	大阪	9	7	0	4	3

(件)

14 中小企業における私的整理手続の現状と課題

中小企業再生支援全国本部 統括プロジェクトマネージャー　**藤原敬三**

I　はじめに

　バブル崩壊に伴う日本経済および国内金融機関の後遺症は、癒されるどころかその後のリーマンショック、ユーロ危機、円高、さらには領土問題を抱える韓国、中国との政治経済問題等により、厳しさを増すばかりではないだろうか。このような環境下、地域金融機関では融資先数の大幅な減少により存立基盤さえ危ぶまれる状況すら見え始めている。「地域金融機関と地域中小企業は運命共同体である」という概念は、北海道拓殖銀行の破綻や足利銀行の国有化による地域経済の低迷、そして逆に東日本大震災により地域金融機関の事業基盤である多数の中小企業が実質的に破綻したことに伴い地域金融機関の存立基盤自体が危ぶまれる事態となり、まさに運命共同体であることが証明された形となった。地域金融機関では、目先の厳しい現実のみならず地域金融機関としての将来展望にも相当な危機感を抱いているところも増えている。このような情勢から、地域金融機関にとっては中小企業の倒産防止は喫緊のテーマとなってはいるものの、一方で日本経済の現況を踏まえるときわめて困難なテーマなのである。とはいえ、総事業者数の99.7%が中小企業であり、給与所得者の70%以上が中小企業に従事しているという日本の現実を考えれば、日本全体としても乗り越えなければならない重要な課題であることは間違いない。

さて、事業再生そのものの歴史をどこまで遡るのが適切なのかについては意見の分かれるところかもしれないが、本稿ではバブル崩壊後から検討することとした。法的整理手続に関しては、平成12年の民事再生法の制定により中小企業の事業再生は大きく変化したといえよう。民事再生法の制定により、多くの弁護士が、中小企業の再建型の法的整理手続に関与することとなったのではないだろうか。一方、再建型の私的整理手続はというと、平成13年の私的整理に関するガイドライン（以下、「私的整理ガイドライン」という）の創設により、いわゆる公表された私的整理手続という概念が生まれたと言えるが、広く普及するまでには至っていないのが現状であろう。公表された私的整理手続は、法的整理手続と異なり、その歴史は浅く、多くの課題を克服しつつ変化し続けなければならないことは、至極当然のことと思われる。

　筆者は、金融機関において債権者という立場から法的整理手続や私的整理手続を経験した後、平成15年から中小企業再生支援協議会（以下、「再生支援協議会」という）に携わり多くの中小企業の再生を手掛けてきた。そして、平成19年には中小企業再生支援全国本部（以下、「全国本部」という）を設立し、全国47都道府県の再生支援協議会の手続を統一し、曲がりなりにも公表された私的整理手続の一角に位置づけられる中小企業の私的整理手続に育ててきたつもりである。この間、私的整理手続をリードしてこられた多くの先生方には常にご指導を頂いており、深く感謝申し上げる次第である。とりわけ松嶋先生には、金融機関時代に再生のイロハから教えていただき、現在も全国本部を支えていただいている。再生支援協議会の成長は先生のご指導なくしては考えられず、全国の再生支援協議会事業に携わる多くの人達に代わって厚くお礼申し上げる次第である。

　筆者のこのような経歴から、「時代をリードする再生論」というテーマで中小企業の私的整理を論ずるにあたり、多少なりとも自信を持って申し上げられることは、数多くの現場経験から感じる中小企業再生の将来像、そして数多く手掛けた再生案件の二次破綻に関する実績データが証明する中小企業再生に適した手法についてではないか、と思う。このような思いから、本稿では、今後弁護士をはじめとする多くの再生プレーヤーが利用でき、より高い確率での再生計画の成立が果たせ、かつ、再生後の二次破綻防止に繋がるような「中小企

業のための私的整理手続の創設」について提言したい。

II 再生支援協議会スキーム創設の歴史

1 私的整理ガイドライン制定の経緯

　平成9年の北海道拓殖銀行の破綻に端を発し、その後長銀・日債銀と大手銀行の経営破綻が相次いだ。このような金融機関の経営破綻に伴い、不良債権処理を円滑に進める目的で、平成11年には、サービサー法が施行され、整理回収機構が設立された。平成13年4月には、政府より緊急経済対策が発表され、その中で、「金融機関の不良債権問題と企業の過剰債務問題の一体的解決」として、「不良債権の抜本的なオフバランス化」「企業再建の円滑化」「金融機関の債権放棄等の円滑化」等が求められた。この政府の緊急経済対策を受け、関係者間の共通認識を醸成し、私的整理における関係者間の調整手続等をガイドラインとして取りまとめるため、平成13年6月7日、金融界・産業界の代表、学者、倒産実務家をメンバーとする「私的整理に関するガイドライン研究会」が発足し、そこでの議論を通じ、同年9月に、「私的整理に関するガイドライン」（以下、「私的整理ガイドライン」という）が公表された。

　そして、私的整理ガイドラインができて2年後の平成15年4月には、カネボウやダイエーの再建で知られる産業再生機構（以下、「IRCJ」という）が設立され、公的機関の関与の下、私的整理による企業再建が一層推し進められていった。また、翌16年には、整理回収機構が「RCC企業再生スキーム」を制定公表している。このように、私的整理ガイドラインが公表され、私的整理手続の準則化が図られて以降、さまざまな私的整理手続が制定、公表されている。

　これら私的整理ガイドラインの公表、IRCJの創設、RCC企業再生スキームの制定公表は、平成13年から進められた、破綻懸念先以下の不良債権のオフバランス化の促進（いわゆる2年・3年ルール等）、平成14年の金融再生プログラムによる、平成16年度までに主要行等の不良債権比率を半減させるという目標の下、資産査定の厳格化、自己資本の充実等への取り組みとともに、企業再

生インフラの拡充を背景とする「産業と金融の一体再生の取組み」が推進されたことの現れである。

このように、私的整理ガイドラインは、金融機関の不良債権処理と企業の過剰債務問題の一体的解決として、「金融の再生」と「産業の再生」の円滑化を目指して制定されたものである。また、誤解を恐れずにいえば、私的整理ガイドライン（その後のIRCJの創設、RCC企業再生スキームの制定公表も含む）は、金融機関（特に主要行等）の不良債権処理の促進という政策目標達成の手段として制定されたといっても過言ではないであろう。

このように、私的整理ガイドラインは、主要行等の不良債権処理の促進という大きな政策目標を背景として制定されたものである。実際、私的整理ガイドラインにおいて取り組まれた事例のほとんどは、主要行等がメインバンクであった貸付先であり、また不良債権半減という目標達成の観点から、貸付額の大きい先の債権放棄事案である。反面、私的整理ガイドラインは、中小・地域金融機関をメインバンクとする、地域中小企業の再生に活用されることはほとんどなかった。

2　再生支援協議会の設立

再生支援協議会は、平成15年4月のIRCJの創設に先立ち、IRCJと同じく、産業活力再生特別措置法（現産業活力の再生及び産業活動の革新に関する特別措置法。以下、「産活法」という）に基づき、平成15年2月以降、順次全国47都道府県に設置された。

再生支援協議会は、中小企業の再生を支援する目的で、IRCJと同じく5年間の時限措置により設置されたもので、IRCJが大企業の再生を担い、再生支援協議会が中小企業の再生を担うこととされたのである。また、設立当初は、再生支援協議会はいわゆる破綻懸念先の再生（財務リストラを伴う抜本的な再生）を支援するのではなく、金融機関が有する不良債権のうちいわゆる要注意先の早期再生を支援することをイメージされており、破綻懸念先の再生は、整理回収機構が担うこととされていた。つまり、再生支援協議会では、債権放棄による抜本的な再生は想定されておらず、リスケジュールによる早期再生先のみが

対象と考えられていたのである。

　しかし、現実には再生支援協議会を訪れる中小企業の大半は客観的にみれば「破綻懸念先」であり、本格的に再生させるためには、過剰債務の圧縮つまり債権放棄が必要な企業が多く占めていた。そこで、それらの企業については、私的整理ガイドラインの手続に沿って再生計画を成立させていくこととなった。

　このような債権放棄を伴う私的整理による中小企業再生の実績を積み重ねることにより、再生支援協議会は、中小企業の私的整理手続の担い手として定着していくこととなる。そして、平成17年度税制改正により企業再生関連税制（資産評価損益の計上と期限切れ欠損金の優先控除）が私的整理へ拡大された際には、同年6月に「中小企業再生支援協議会の支援による再生計画の策定手順（再生計画検討委員会が再生計画案の調査・報告を行う場合）」（以下、「策定手順」という）を公表し、再生支援協議会による私的整理手続の準則が定められた。しかし、策定手順は、平成17年度税制改正による企業再生関連税制を活用するために、私的整理ガイドラインを敷衍して作成されたものであり、実際には平成17年度税制改正による企業再生関連税制の適用を目指す場合にのみ活用されるにすぎなかった。

　その後、再生支援協議会の制度的な定着を踏まえ、平成20年3月に控えた再生支援協議会制度の期限の延長を行うにあたり、再生支援協議会の手続の統一と体制の強化、レベルアップを目指すこととなり、平成19年6月に全国本部が設置され、翌20年4月に、「中小企業再生支援協議会事業実施基本要領」（以下、「基本要領」という）として、再生支援協議会の私的整理手続が準則化された形で公表されることとなった。ただし、基本要領は、平成17年度税制改正により認めたれた企業再生関連税制の適用が受けられる「一般に公表された債務処理を行うための手続についての準則」に該当しない点に注意が必要である。再生支援協議会の準則として、この「一般に公表された債務処理を行うための手続についての準則」に該当するのは、策定手順である。

III 私的整理ガイドラインの特徴
（中小企業を対象とする私的整理手続での特徴との比較の観点から）

　私的整理ガイドライン制定の経緯からもわかるとおり、私的整理ガイドラインは、「主要行等」の不良債権処理を目的に、上場企業を中心とした大企業の再生に活用されることを想定した手続である。そこで、私的整理ガイドラインの特徴を、中小企業を対象とする私的整理手続における特徴と比較して整理すると、次のとおり説明できるであろう。

1　コンサルタントや弁護士等に委託したうえで予め債務者企業が事業再生計画案を作成したうえで持ち込まれることが前提とされている

　私的整理ガイドラインは、事前に、債務者企業がコンサルタントや弁護士に委託し、財務および事業の調査（デューデリジェンス）を実施し、事業再生計画案を策定したうえで、手続の申込みが行われることを前提としている。このような手順は、債務者企業において、経営管理部門等の社内人材がおり、監査法人による監査が実施され財務数値等の把握ができること、事業再生に精通したコンサルタントや弁護士等の専門家への委託が可能であることを前提としている。

　この点、中小企業は、経営管理体制が構築されていることは稀であり、社長や番頭さんが財務数値を把握していれば良い方で、誰も数字を把握していないことも多い。また、税理士による税務申告のための決算書作成が行われているのみで会計士による監査が実施されていることは稀であり財務数値等の把握も困難である。加えて、事業規模の小さい中小企業が、事業再生に精通したコンサルタントや弁護士等の専門家に委託することはコスト負担能力の観点から困難であるだけでなく、そのような専門家へアクセスする人脈も機会もないのが現実である。もちろん、法的整理手続である民事再生手続を申し立てる場合においては、中小企業であっても弁護士に委任して申立てを行うのであるから、中小企業に専門家への委託と事業再生計画案の事前策定を求めることが不合理というつもりはない。しかし、全国で400万社といわれる中小企業の大半が何

らかの病気を抱え、治療を必要としている状況において、少しでも多くの中小企業が私的整理により再生を果たすためには、このような中小企業の現状を踏まえた制度設計が重要であると考えている。

2　手続期間が定められ、手続の迅速性が求められている

　私的整理ガイドラインは、一時停止の通知から原則として2週間以内に第1回債権者会議を開催すること、第1回債権者会議の開催日から原則として3か月以内で事業再生計画が成立することを求めている（ガイドライン5.(1)、6.(2)）。このように、手続期間が厳格に定められ、また迅速な手続運営が求められているのは、私的整理ガイドラインが対象とする大企業、特に上場企業においては、事業価値の毀損防止の観点と切り離すことのできない株式市場との関係から迅速な手続遂行が求められることも影響していると考えられる。また、私的整理ガイドラインが対象とする大企業は取引金融機関が多く、対象債権者が多数に上ることが想定されるため、手続期間を規定しスケジュールの規律付けがなされることにより円滑な手続運営が可能となるメリットもあるように思われる。なお、私的整理ガイドラインが範としたインソル8原則では、提案を評価検討するために、十分だが限られた期間の時間を一時停止期間として付与することが、原則の一つとして挙げられている。

　この点、中小企業を対象とする私的整理の場合、上場企業のような迅速な手続遂行が求められる事情は少なく、また、対象債権者も少数で限られた地域の金融機関（顔の見える関係）であることが多いため、関係者の合意による柔軟な手続運用が可能である。むしろ、中小企業の場合、大企業のように選択と集中による大胆なリストラを内容とする再建策を策定することはできず、代表者の意識改革を含めた事業改善による収益力の向上といった地道な再建策の実施が必要であり、再生計画の策定に相応の時間をかける必要がある場合も少なくない。他方で、時間をかけることによる事業価値の毀損が懸念されるところであるが、中小企業の場合、手続に入る時点では既に長期間に亘り一定の風評が立っていながらも通常取引が継続されている、という状態も一般的であり、秘密裡に進められる私的整理に半年程度の時間を要したとしても事業価値の毀損

の観点で支障がないことは、再生支援協議会での経験からも明らかである。

　また、対象債権者である金融機関としても、自助努力による事業改善の状況を踏まえて再生計画案の評価検討を行うことを求めていると思われる。そして、時間をかけた関係者の（経営者、金融機関双方）納得感の醸成が、中小企業の再生において重要であり、中小企業においては、徒に迅速性を追い求めるのではなく、個々の案件ごとに柔軟な手続運用が望ましいと考える。

　現実にも、再生支援協議会における債権放棄案件（実質的な債権放棄案件を含む。以下「実質的な債権放棄案件」という）の二次破綻率（平成15年から23年に成立した先）は1.8％にすぎず、時間をかけた手続が事業価値の毀損を来すより、確実な再生に資する結果をもたらしているものと考えられる。

　このように、再生支援協議会による実質的な債権放棄案件の二次破綻率が低い理由としては、時間をかけて債務者、債権者の再生計画に関する納得感を醸成していることが挙げられるが、その副次的効果として、金融機関が「時間をかけて関与、納得した結果、主体的に債権放棄した企業が二次破綻に至ることは絶対に避けたい」という考えから、再生計画成立後のモニタリング等にも積極的に取り組むことにより、経営者に緊張感を与えているという側面も否定できないように思う。

3　対象債権者が多数であり、画一的な手続運営が求められる

　私的整理ガイドラインが対象とする大企業の場合、取引金融機関が多数にのぼり、また全国に広がっていることが想定される。このような場合においては、一時停止の通知を一斉に送付し、債権者会議等のスケジュールを含めて厳格な規律に基づいた画一的な手続運営がなされなければ、収拾がつかなくなり、円滑な手続運営が困難となってしまう。このような規律付けは、まさに私的整理ガイドラインが制定された背景として求められた「企業再建の円滑化」の一つの現れと言える。

　しかし、中小企業を対象とする私的整理の場合、対象債権者は少数で限られた地域の金融機関（顔が見える関係）であることが多いため、関係者の合意による柔軟な手続運営が可能であるし、むしろ2に述べたように、関係者（経営

者、金融機関双方）の納得感を醸成しながら再生計画を策定していくことの重要性を踏まえれば、そのような柔軟な手続運営が望ましいように思われる。

4　金融機関として抜本的な計画策定に対する動機付けがある

　私的整理ガイドラインは、その制定の背景として不良債権のオフバランス化の求めがあり、その後主要行等の不良債権比率を半減させるという目標も示されたことから、元々債権放棄を伴う抜本的な計画策定に向けた金融機関の動機付けがあった。また、上場企業の場合には、財務状態が毀損することによって、上場の維持が困難になったり、株価の低迷による風評が発生するなどし、事業価値が大きく毀損するため、抜本的な金融支援によるバランスシートの改善が必要とされる。したがって、私的整理ガイドラインが対象とする大企業、特に上場企業の場合には、抜本的な計画の策定が必要とされ、また、金融機関としても抜本的な計画の必要性が理解しやすく、受け入れやすい。

　これに対し、中小企業の場合は、主要行等のみならず地方銀行、信用金庫、信用組合といったさまざまな業態の民間金融機関と取引があるだけでなく、商工中金や日本政策金融公庫といった中小企業向けローンを取り扱う政府系金融機関、金融機関による信用保証協会付ローンにおいて実質的な債権者である信用保証協会など、さまざまな業態の対象債権者が関係する。そして、地域金融機関は、限られた地域で営業しているため、ある企業に対して抜本的な金融支援を行うことにより地域でのモラルハザードを招来させることへの警戒感が非常に大きい。この警戒感は、地域の事業者が経営に参画している信用金庫や信用組合において特に顕著である。また、信用保証協会や政府系金融機関は、事業再生への理解が相当進んでいるものの、貸付（保証）の原資が税金であるため、債権放棄に対するハードルは相当高い。このように、中小企業の私的整理において、抜本的な計画を策定することは、対象債権者との関係から相当困難である。

　また、計画に求められる数値基準の一つとして実質債務超過の解消年限があるが、私的整理ガイドラインは、3年以内の実質債務超過解消が求められている（ガイドライン7.(2)）。3年以内と定められた根拠は定かではないが、私的整理

ガイドラインが制定された背景として、不良債権の抜本的なオフバランス化が求められていたことからすると、より踏み込んだ抜本的で確実な再生計画案の立案が求められていた背景事情も影響したものと思われる。また、主要行等向けの総合的な監督指針でも、「実現可能性の高い抜本的な経営再建計画（いわゆる「実抜計画」）」の計画期間がおおむね３年以内とされていたこととも相関しているものと想像される。加えて、私的整理ガイドラインが対象として想定する上場企業の場合には、上場廃止基準との関係でも、より短期間での債務超過解消が求められた事情もあるのではないだろうか。

しかし、言うまでもなく、この実質債務超過の解消年限が短ければ短いほど、金融機関の支援額は膨らむのであり、この期間設定は、まさに「金融の再生」と「産業の再生」の調和点をどこに置くかという問題である。そして、この期間設定において重要なのは、実現可能性のある計画といえるか否かの基準として意味をなすか否かであろう。この点、金融検査マニュアル別冊（中小企業融資編）では、中小・零細企業の場合、大企業と比較して経営改善に時間がかかることが多いことから、「合理的で実現可能性の高い経営改善計画（いわゆる合実計画）」が策定されている場合には、当該計画を実抜計画とみて差し支えないとされていること、再生支援協議会がこれまで、実質債務超過の解消年限５年以内（正確には、３～５年）という基準により中小企業の再生計画を策定してきたが、実質的な債権放棄案件（その計画のほとんどは実質債務超過の解消年限が５年である）の二次破綻率が前述のとおり1.8％ときわめて低率であることを踏まえると、「金融の再生」と「産業の再生」の調和点として、中小企業の再生においては、実質債務超過の解消年限を５年以内とすることが適切ではないかと考えている。

5 債権放棄を求める場合、経営者の退任が原則とされている

私的整理手続においては、対象債権者から金融支援を受ける前提として、経営者が責任をとることが求められる。この点、私的整理ガイドラインでは、経営者の退任が原則とされている（ガイドライン7.(5)）。

しかし、中小企業の事業は家業であることが多く、社長の顔で事業が成り

立っている実態は否定できない。現経営者が退任することが事業毀損につながり、二次破綻リスクがかえって高まることも考えられる。また、大企業と異なり、個人保証が避けられない事情もあり代わりの経営者を見つけることも実際はきわめて難しい。

　そもそも、経営者責任の取り方として経営者の退任が必要か否かは、会社を窮境に至らせた責任があるか否か、また、再生計画成立後の当該企業の経営に不可欠か否か、の2点から判断すべきである。たとえば、会社を窮境に至らせた責任が前経営者にあり、現経営者は再生に向けて貢献しているというような場合は、形式的に、現経営者を退任させる必要はないであろう。また、たとえ会社を窮境に至らせた責任が現経営者にあるとしても、現経営者が再生計画成立後の当該企業の経営に不可欠であるとしたら、計画の実現可能性の観点から、債権者としても、現経営者を退任させるわけにはいかない。他方で、後継者がおり、現経営者が退任し相談役や顧問などの立場でサポートすることで、再生計画の実行を含め当該企業の経営に特段の支障を来さないのであれば、窮境に至らせた責任がある以上は原則として退任すべきであろう。このように、中小企業の再生を考えるうえで、経営者責任の取り方は、債権放棄を受けた以上現経営者は退任すべきである、という形式的な判断ではなく、個々の事案ごとに判断されるべき問題であると考える。

　なお、再生支援協議会における実質的な債権放棄を伴う案件においては、経営者が続投したり息子等の経営者一族が事業を引き継いだりする形が大半であるが、前述のとおり、二次破綻率はきわめて低率であり、事業再生を果たすうえで必ずしも経営者の退任が必須とされる理由がないことは明らかである。筆者の経験からは、再生計画策定の過程でいかに経営者の意識改革を果たすことができるか、が事業再生の成功の一つの鍵であると思われる。

6　不成立の場合に法的整理手続の申立てが前提とされている

　私的整理ガイドラインでは、再生計画案に対して、対象債権者全員の同意が得られないときは、ガイドラインによる手続は終了し、債務者は法的倒産処理手続開始の申立てなど適宜な措置をとらなければならない、とされている（ガ

イドライン8.(6))。私的整理ガイドラインが対象として想定する大企業の場合、再生計画が成立せず何らの金融支援も得られない場合、過剰債務や債務超過といった窮境に至っている状況のまま事業を継続することは困難であるため、私的整理による再生が図れなかった場合には法的整理による再生を志向すべきである。特に上場企業の場合には、適時開示の必要もあり、そのままでの事業継続は不可能であり、法的整理に移行せざるを得ない。

　しかし、中小企業の場合には、再生計画が成立せず、金融機関からの必要な金融支援を得られなかったとしても、過剰債務や債務超過状態のままで事業の継続が可能であれば、必ずしも法的整理に移行しなくても良いように思う。中小企業が再建型の法的整理を申し立てたとしても、取引債権者を巻き込む法的整理では、事業継続が不可能となり、結局破産となることからすれば、問題の先送りとの批判は避けられないものの、当面の雇用を維持しつつ次なるタイミングを待つという選択肢も、金融機関から許容される限りにおいては十分に考えうるのではないだろうか。

7　金融支援手法としてDESと債権放棄を前提としている

　私的整理ガイドラインは、利用する企業が上場企業を中心とする大企業であり、監査法人による監査を受けており、債務圧縮のためにDESや債権放棄を受けるにあたり、債務者側において会計上や税務上の支障をきたすようなケースは少ない。また、対象債権者となる金融機関は、主要行等が中心であり、私的整理ガイドライン制定当時の不良債権のオフバランス化の要請の下では、債権放棄に対する抵抗は少なかった。このような事情もあり、私的整理ガイドラインは、金融支援の手法としてDESおよび債権放棄を想定して作成されている。

　一方、中小企業の場合には、債務者側において適正な会計処理、税務処理がなされていないケースが多く、税務上の問題から、直接の債権放棄やDESによる支援を受けることが困難なケースが多い。実際、再生支援協議会の案件では、債務圧縮のための手法として、いわゆる第二会社方式（会社分割等によりGOOD部分を別会社に分離し、BAD部分に過剰債務を残した状態で、債務者企業を特別清算することにより、実質的な債権放棄を受ける手法）が多く利用されており、直接債権

放棄を受けるケースは稀である。また、この第二会社方式が多用されている理由として、実質的には債権放棄と同等の効果があることに加え、株主責任や経営者責任、そして個人保証の処理といった、再生に伴う中小企業ならではの問題にも対処しやすいという現実的なメリットもある。さらに、中小企業再生の金融支援手法として近時多用されつつあるDDS（劣後ローン）は、金融庁が推進していることもあり、いまだに実質的な債権放棄を伴う金融支援に抵抗感の強い地域金融機関においての利用拡大が今後予想される。

　このように中小企業再生の現場においては、私的整理ガイドラインが想定するDESや債権放棄のみならず、現実として、多様な金融支援の手法が想定される。

Ⅳ　再生支援協議会スキームの変容

　再生支援協議会による私的整理手続の準則には、平成17年6月に制定公表された策定手順と、平成20年4月に制定公表された基本要領の二つがある。
　策定手順は、平成17年度税制改正により認めたれた企業再生関連税制（資産評価損益の計上と期限切れ欠損金の優先控除）の適用が受けられる「一般に公表された債務処理を行うための手続についての準則」に該当する旨の国税庁の回答を受けており、直接債権放棄を内容とする計画を策定するときに活用されることを想定しているが、現実には、中小企業に対する抜本的な金融支援は、直接債権放棄ではなくいわゆる第二会社方式による実質的な債権放棄によることが大半であるため、ここ数年は活用されていないのが実情である。
　他方、基本要領は、平成20年4月に、全国の再生支援協議会の手続を統一化する目的のもと、再生支援協議会の手続準則として制定公表されたものであるが、平成24年5月に、金融円滑化法の出口戦略として示された内閣府・金融庁・中小企業庁による政策パッケージを受けて、改定された。
　この改正により、現行の基本要領の規定上は、デューデリジェンスの省略が可能とされたり、債権放棄案件において外部専門家（弁護士、会計士）の関与の義務付けや弁護士による調査意見の義務付けがなくなったりと、準則としての

規律が一切外されることとなった。この結果として、開始から成立までの一連の手続が予見できない事態となってしまったことから、現行の基本要領は残念ながら準則としての規律を失ったと評価せざるを得ない。

Ⅴ 中小企業版私的整理ガイドライン創設の必要性

　私的整理ガイドラインは、主に上場企業等大企業を対象とすることを想定し、主要行等の不良債権処理の促進という背景事情がある中で制定されたものである。私的整理ガイドラインのＱ＆ＡのＱ３は、ガイドラインの対象として、「中小企業を排除するものではない」と明記しているが、このようなＱ＆Ａが存在すること自体が、いみじくも私的整理ガイドラインが大企業による利用を想定し、中小企業による利用を想定していなかったことを物語っている。筆者としては、中小企業を対象とする私的整理手続では、Ⅲに指摘したとおり、手続の柔軟性や計画の内容（実質債務超過解消年限や経営者責任）等において、私的整理ガイドラインの修正が必要であると考えている。

　実際、再生支援協議会の手続準則である基本要領（改正前）は、私的整理ガイドラインをベースとしつつ、中小企業を対象とする私的整理の特徴を踏まえた修正がなされているが、再生支援協議会において再生計画が成立した実質的な債権放棄案件の二次破綻率がきわめて低率であることからしても、基本要領（改正前）が私的整理手続の準則として十分に機能していることが実証されてきたと考える。

　かたや、現在、金融円滑化法の出口戦略として、中小企業再生の必要性が声高に叫ばれ、政府が発表した政策パッケージの中で、再生支援協議会による年間3,000件の再生計画策定支援という目標が定められ、その政策目標を達成するため、再生支援協議会の手続準則である「基本要領」が改定されるに至っている。

　本来あるべき事業再生とは何であろうか。法的整理手続である、民事再生手続や会社更生手続は、手続や計画の内容が法定されている。たとえば、民事再生法は再生計画の期間を最長10年と規定し、会社更生法は、同期間を最長15

年と規定している。私的整理手続においても、私的整理ガイドラインとして、あるべき手続や計画の内容が準則化されてきた。中小企業を対象とする私的整理手続においても、同様に準則化が図られるべきであろう。しかし、前述のとおり、現在中小企業の私的整理手続を担っている再生支援協議会の準則である基本要領は、今回の改定によって、およそ準則とはいえないものとなったと言わざるを得ない。もちろん、法律改正と同様に時代の要請に従って準則が改正されることを否定するものではない。しかし、いっときの政策によって、準則がころころ変わることがあってはならないと思う。また、再生支援協議会の手続は広く利用されつつはあるものの、再生を必要とする中小企業の膨大な数を考えれば、中小企業の私的整理手続の担い手が再生支援協議会だけというのでは限界がある。実際、再生支援協議会の手続を利用している弁護士は少なく、弁護士の中で、中小企業の私的整理への関与はまだ拡がっていないと思われる。蛇足だが、このような状況が、濫用的な会社分割等の法的に問題のあるスキームによる中小企業再生を謳うコンサルタントの出現を招いているのではないかとも思う。

　以上のような中小企業の私的整理の現状を踏まえると、中小企業の再生を一層促進するためにも、いっときの政策に左右されず、かつ民事再生のように広く一般に利用することのできる、中小企業を対象とする私的整理手続の準則、「中小企業版私的整理ガイドライン」を制定することが望ましいのではないかと考える。無論、一から準則を制定することをイメージしているわけではない。私的整理の準則としては、既に金融界、産業界および有識者の間のコンセンサスとして「私的整理ガイドライン」があるのであるから、基本的には、私的整理ガイドラインを、中小企業の私的整理の特徴を踏まえて修正するイメージであろう。そして、その制定にあたっては、再生支援協議会における実績や反省が大いに役立つのではないだろうか。

VI　中小企業版私的整理ガイドライン（私案）

　最後に、私案として、私的整理ガイドラインから、「中小企業版私的整理ガ

イドライン」において修正が必要であると思われるポイントを示させていただきたい。

1　手続期間

中小企業を対象とする私的整理の場合、対象債権者は少数で限られた地域の金融機関（顔が見える関係）であることが多いため、関係者の合意による柔軟な手続運営が可能であるし、むしろⅢ2に述べたように、関係者の納得感を醸成しながら再生計画を策定していくことの必要性を踏まえれば、そのような柔軟な手続運営が望ましい。また、中小企業の事業再生を確実に成功させるためには、経営者の意識改革や自助努力など時間をかけて取り組むべき課題も多く、手続期間の制約が足かせとなる弊害も考え得るところである。

したがって、「中小企業版私的整理ガイドライン」では、私的整理ガイドラインに規定されるような手続期間に関する制限を設ける必要はないものと考えている。

2　一時停止の通知

1と同様、中小企業を対象とする私的整理の場合、対象債権者は少数で限られた地域の金融機関（顔が見える関係）であることが多いことを踏まえれば、必ずしも一時停止の通知を書面にて一斉に行うことを義務付ける必要はないものと考える。

3　数値基準（実質債務超過解消年限）

「事業の再生」と「金融の再生」の調和、すなわち事業再生の確実な達成と地域金融機関の応分の負担の観点からすると、「中小企業版私的整理ガイドライン」では、再生計画の数値基準である実質債務超過解消年限は「5年以内」にすべきと考えている。

私的整理ガイドラインの「3年以内」と比較して、金融支援が少なくなる

が、これまでの再生支援協議会の実績（きわめて低率な二次破綻率）から、「5年以内」という基準でも事業再生を十分に果たすことができることは実証されており、計画の実現可能性に対する疑義は生じないであろう。

4　経営者責任

中小企業において、経営者の代替がきかない実情を踏まえれば、必ずしも退任を原則としないルール作りが不可欠であろう。

5　多様な金融支援を可能とする基準

再生支援協議会の経験からすれば、中小企業を対象とする私的整理においては、直接債権放棄やDES以外に、第二会社方式による実質的な債権放棄やDDS（劣後ローン）といった多様な金融支援が想定される。したがって、「中小企業版私的整理ガイドライン」においては、この種の多様な金融支援手法への対応が可能な基準作りが検討課題であろう。

また、現在、再生支援協議会が取り組んでいるような長期リスケジュールや本格的な再生計画策定に向けた前段階としての暫定的なリスケジュールを内容とする計画について、「中小企業版私的整理ガイドライン」の手続の枠組みに入れるべきか否かについても検討課題となろう。

ところで、私的整理ガイドラインは、英国の制度であったロンドン・アプローチと2000年10月に倒産実務家国際協会（INSOL）が整理したインソル8原則に範をとったものであるとされる[1]。ここで、インソル8原則の内容は、以下の別表のとおりであるが[2]、「中小企業版私的整理ガイドライン」は、インソル8原則と乖離するものではない。一点、この私案において、手続期間の制限を設けないこと、一時停止の通知を義務付けないことを提言していること

---

1) 高木新二郎『事業再生』（岩波新書、2006年）244頁。
2) 高木新二郎「世界的私的整理ガイドラインの必要性」NBL981号（2012年）35頁参照。

が、インソル8原則の「十分だが限られた期間の時間(一時停止期間)を与えなければならない」(原則①)に抵触しないかが問題となりうる。しかし、私案は、手続の柔軟性を確保する観点から、厳格に規定された期限を設けないこと、一斉に通知する一時停止の通知という制度を義務付けないことを提言しているのであって、私的整理手続として進めていく以上、当然に、対象債権者の合意により手続期間中の返済の停止(債権回収行為の差し控えと債権残高の維持)が求められることになるから、私案においても、「十分だが限られた期間の時間を与えられる」ことを前提としているといえ、原則①に抵触するものではないと考える。このように、私案が提示する私的整理ガイドラインからの修正事項は、いずれもインソル8原則に抵触するものではなく、インソル8原則と齟齬するものではない。

> ① 債務者が財務的困難に陥ったことが判明した場合には、特定の案件について、それが得策でない場合を除いては、全ての対象債権者は互いに協力して、債務者に対して、債務者が情報を収集して検討し、財務的窮状を解決するための提案をして、その提案を対象債権者が評価検討するために、十分だが限られた期間の時間(一時停止期間)を与えなければならない。
> ② 一時停止期間中は、全ての対象債権者は、その債権回収を実行するための如何なる手段も差控えること、および(第三者に債権を売却する場合を除いては)債務者に対する債権残高を維持することに合意しなければならない。ただし一時停止期間中、他の対象債権者に対する相対的地位は不利益に変更されない。
> ③ 一時停止期間中、債務者は、一時停止期間開始日と比較して、対象債権者(集団的にしろ個別的にしろ)の想定回収額に悪い影響を与えるおそれのある行為をしてはならない。
> ④ 対象債権者の利益は、財務的窮境にある債務者に対する回答を協調させることによって得られる。そうした協調は、単数または複数の協調委員会を選出し、その委員会に助言し助力する適切な専門家アドバイザーを選任し、あるいは場合によっては、その専門家が手続全体を

通じて対象債権者に助言し助力することによって促進される。
⑤　一時停止期間中、債務者は、対象債権者とその専門家アドバイザーに対して、それが財務状況と対象債権者に対する提案を適切に評価できるようにするために、その資産、負債、事業、その見込みに関する全ての情報を提供し、そうした情報に合理的な方法で適時にアクセスできるようにしなければならない。
⑥　債務者の財務的窮状を解決するための提案と一時停止に関する対象債権者間の協定は、可能なかぎりは、適用される法と一時停止期間開始日における対象債権者の相対的地位を反映したものでなければならない。
⑦　債務者の資産、負債、事業に関する情報と財務的窮状を解決するための提案は、対象債権者全員に提供しなければならないが、既に公開されている情報を除いては機密扱いとしなければならない。
⑧　一時停止期間中または救済再建提案中に供給された追加融資に対する返済については、可能なかぎり、対象債権者に対する債権債務に比較して優先的地位を付与しなければならない。

Ⅶ　最後に

　日本の現下の経済環境からすれば再生が必要とされる中小企業は膨大な数に上る。そして、中小企業の再生手法として民事再生が必ずしも成功していないことは、再生手続を開始したものの計画成立まで至らなかった先の多さ、再生計画成立後の企業の二次破綻率の高さから、明らかとなっている[3]。事業基盤が脆弱であり、風評への耐性が乏しく、また民事再生によりいったん取引先に迷惑をかけることが事業継続を著しく困難とさせるという現実を踏まえると、中小企業こそ私的整理による再生が望ましいものといえる。しかし、これら膨

3）帝国データバンク2010年4月8日特別企画「民事再生法施行10年間の申請動向調査」。

大な中小企業の私的整理を、再生支援協議会だけで担うことは到底不可能である。「中小企業版私的整理ガイドライン」が制定されることにより、中小企業の私的整理手続の裾野が広がることが筆者の希望であり、本稿による提言の一番の理由である。

　もっとも、「中小企業版私的整理ガイドライン」の運用にあたっては、公正な倫理観を持った手続実施者（実施機関）の存在が不可欠である。この手続実施者としては、まず現在の再生支援協議会が実施機関として考えられるが、広く普及させるという観点からは、より多くの手続実施者の関与を可能とすべきであろう。ついては、手続実施者について、私的整理ガイドラインのアドバイザーの考え方や事業再生ADRにおける手続実施者の考え方、すなわち事業再生に係る認証紛争解決事業者の認定等に関する省令における要件や事業再生ADRの実施機関である事業再生実務家協会が定めている手続実施者に関する規程等も参考にしつつ、検討すべきであろう。そして、同時にその担い手の育成、確保がきわめて重要になってくることはいうまでもない。とはいえ、公正な倫理観をもった見識のある手続実施者の担い手を育成することは容易いことではないであろう。松嶋先生には、今後とも引き続き、かかる担い手の育成にご尽力いただけることを願ってやまない。

（ふじわら・けいぞう）

15 中小企業の早期事業再生
―― その夢のなか

弁護士 **中井康之**

　2013年2月終わりの日曜日、庭先の梅の蕾もだいぶ膨らみを感じるようになった昼下がり、娘のかつての「子供部屋」はやわらかな太陽の光をいっぱいに受けて、うたた寝に適した環境にある。その梅が一輪咲いたように感じた、その夢のなかから。

I 個人保証

　中小企業の経営者が、法的倒産手続の申立てを躊躇する一つの理由に、保証をお願いしていた親戚や友人に迷惑をかけられない、ということが指摘される。その躊躇する理由がなくなった、という夢。

　中小企業が金融機関から融資を得るには、保証人が必要である。通例は、経営者自らが保証人になることが多いが、二人以上の保証人を求められた場合には、頼みやすい親戚や友人にお願いすることが少なくない。「決して迷惑をかけない」、と言って頼み込む。頼まれた方は、むげに断れない。「友人から頼まれたことだから」、「決して迷惑をかけないと言っているから」、保証する段階では特に金銭の支出があるわけではなく、保証書に署名すれば足りる、彼のことだから信用してもいいだろう、実際に支払うようなことにはならないはずだ

……リスクをきちんと認識しないまま保証人になるケースもある。

　法的倒産手続によって、金融債務について一部の債権をカットしてもらえれば、事業の再生は十分に可能であるというとき、カットしてもらった金融債務についても保証人の責任は残る。免れることはない。そのときのための保証であったわけだから。「決して迷惑をかけない」と約束したのに、「迷惑をかけることになる」とすれば、そんな事態を招くような法的倒産手続の申立てはできないと思い、申立てを躊躇することになる。自然な流れであろう。

　そこで、経営者としては、当面の危機を乗り切るために、何とか資金繰りをつけようと無理をする。ここで資金ができれば、次の商売が取れる、そのあとは何とか資金が回る、難しいと感じながらも、何とかなる、何とかしなければならないと考え、社会保険料の支払いを止めて、懇意な仕入先の支払いを待ってもらい、高利であっても無理な資金調達を重ねて、法的倒産手続を回避しようとする。しかし、一時的に先延ばしができても、その間に手持ち資産が目減りし、事態は改善せず、結局、窮境状態に陥り、にっちもさっちもいかなくなる。

　このような光景は何度も見てきた。

　2013年2月18日、毎日新聞は、1面トップの5段抜きの大見出しで、「個人保証 原則認めず」「中小企業融資 民法改正検討 法制審」と報じた。夢に一歩近づいたのか。テレビ風に言えば、「夢の扉」が開いたのか。いま、まさに、法制審議会民法(債権関係)部会において民法改正の議論が進むなかで、個人保証の見直しが検討されている。2月26日には、民法改正中間試案が部会決定される見込みである、と報じられている。そこで、部会決定が予定されている中間試案のたたき台、つまり、法制審議会民法(債権関係)部会の部会資料58「民法（債権関係）の改正に関する中間試案のたたき台(1)(2)(3)」には、第17保証債務の6(1)に「個人保証の制限」と題して、次の提案が記載されている。

　　「次に掲げる保証契約は，保証人が主たる債務者の［いわゆる経営者］であるものを除き，無効とするかどうかについて，引き続き検討する。
　　　ア　貸金等根保証契約
　　　イ　債務者が事業者である貸金等債務を主たる債務とする保証契約で

あって、保証人が個人であるもの」

　この中間試案が、そのまま改正民法として成文化できれば、中小企業の金融債務について、親戚や友人が保証をしても、その効力は認められない、無効となる。そうすると、保証人となってくれた親戚や友人に迷惑をかけられない、という理由で法的倒産手続の申立てが躊躇される事態は回避できる。

　ただ、予断は許さない。中間試案で提案されているものの、「引き続き検討する」と、次のステージでの議論に持ち越しが決まったにとどまるようでもある。つまり、論点落ちを免れた、ということかもしれない。蕾は咲いてくれるのか、「夢の扉」は開くのか。

II　経営者保証

　親戚や友人に保証のお願いはできなくなった。とすれば、親戚や友人に迷惑をかけられない、だから、法的倒産手続はできない、という問題は解決するかもしれない。しかし、中間試案でも、経営者による保証は除く、とされており、経営者保証は残る。もし会社が破たんすれば、経営者は個人保証の履行を求められ、これまで築いてきた個人財産の提供が求められる、担保提供をしていない自宅も手放すことになる。それでは肩身が狭い。妻が、子供たちが、家を出なければならない、その地域では暮らしていけない、それは何としても避けたい、と思う経営者は少なくない。その気持ちも大いにわかる。

　そこで見た二つ目、経営者保証をしても生活の本拠である自宅は残すことができる、そんな夢。

　今、再建型法的倒産手続を申し立てると会社を立ち直すことができる、まだ資金繰りに余裕のある時に早期に申立てをした方が、確実に再生できる、確実といえなくても、申立後の手続選択の可能性は広がる。しかし、これまで経営に関与してきたものとしての自負がある。手続を取れば、会社の債務の圧縮は可能かもしれないが、経営者保証は現実化、顕在化する。やはり、それは避けたい、見栄もある。そこで、親戚・友人に迷惑をかけたくないと思うのと同じ

ように、家族を守るためにさらに一層かもしれないが、無理に無理を重ねてしまう。時間だけが経過し、明日の資金が足りないときに再建型法的倒産手続を申し立てても資金が続かない。結果的に、金融機関に対する迷惑も大きくなり、それだけ経営者はもっと厳しい状況に置かれることになる。そのような事例も数多く見てきた。

　民法改正の中間試案には、保証人保護の方策の拡充として、経営者保証以外の個人保証を禁止するほかに、許された経営者保証については、部会資料58の第17の(4)「その他の方策」として、次のような提案がある。すなわち、
　「保証人が個人である場合におけるその責任制限の方策として、次のような制度を設けるかどうかについて、引き続き検討する。
　　ア　裁判所は、主たる債務の内容、保証契約の締結に至る経緯やその後の経過、保証期間、保証人の支払能力その他一切の事情を考慮して、保証債務の額を減免することができるものとする。
　　イ　保証契約を締結した当時における保証債務の内容がその当時における保証人の財産・収入に照らして過大であったときは、債権者は、保証債務の履行を請求する時点におけるその内容がその時点における保証人の財産・収入に照らして過大でないときを除き、保証人に対し、保証債務の［過大な部分の］履行を請求することができないものとする。」

　この提案は、まだまだ練れてはいない。中間試案に対するパブリックコメント後も審議を尽くす必要がある。保証人の財産や収入の内容や額を考慮して、保証履行請求のできる範囲を制限しようとする考え方である。保証債務が顕在化しても、現在ある財産や収入を超えて責任を負担させても、実質的な意味はない。保証人の責任を、保証人の財産と収入の範囲に限定することは合理的であろう。それを実現する方法として、「身元保証ニ関スル法律」5条と同じような責任制限制度を設けるか、比例原則という考え方を導入するか、中間試案では、引き続き検討するものとして提案されている。
　比例原則は、保証債務の内容が、契約時における保証人の財産・収入に照ら

して過大であり、かつ、保証履行請求時においても、そのときの保証人の財産・収入に照らして過大である場合には、保証履行請求の全部ができないとする考え方で、フランス法にそのような考え方があるらしい。そうすると、保証契約時も保証履行時も、過大であれば、保証は全部無効になるのと変わらない。この考え方によると、中小企業における借入債務の額と経営者個人の所有する財産の額を比較すれば、借入債務が個人財産の額より何倍も過大であることは少なくないから、経営者保証が全部無効となる場面も十分にありうる。そうすると、比例原則は「劇薬」となりすぎる。[　　]マークの「過大な部分の」を残せば、履行請求時における財産と収入の額を超える過大部分のみ履行請求ができないこととなる。この考え方は責任制限に近い、現実的な提案になると思われる。

　それでも責任制限制度には反対論が強い。責任範囲を決めるとしても、経営者の個人財産の全容の把握がそもそも困難である。開示させても、それが全部かわからない。すでに家族名義に移転しているかもしれない。強制的探索はできないから、どうしても限界がある。だからこそ、破産手続できちんとしてほしいという要請が働く。責任制限を認めた後に、隠匿財産が見つかればどうするのか。いったん放棄した効力、または制限された責任を覆滅させることができるのか、隠し得とならないか。制度の運用上の問題の指摘として理解できる。これに対して、たとえば、財産・収入の範囲を超える保証債務を放棄しても、また、その責任を制限しても、後に事実と異なることが判明すれば、保証債務の放棄ないし責任制限の効果を覆滅させることが考えられよう。責任制限が、裁判所の判決の場合はどうか、判決の効果まで覆滅させることができるのか、更に検討を要するが、そうであるとしても、病理的現象のみを指摘して制度そのものを否定することは、ことの本質を見失うことにならないか。

　このような議論を経てなんとか、経営者保証は残し、責任制限を取り入れる、とした場合に、中小企業の経営者の持っている、法的倒産手続に対する心理的障害は除去しうるであろうか。保証人の責任範囲が、保証人の財産や収入の範囲に限られるのは、ある意味当然のことであり、その時点で存在する個人財産の全てを吐き出せというのであれば、現状と根本的な違いはない。ないも

のはそもそもとれないからである。確かに保証人は将来収入に対する過酷な取立てから逃れることができるかもしれない。しかし、倒産したときに保証債務が残れば、債務額が財産額を超える場合には、保証人の財産がある限りにおいてその提供が求められ、生活の本拠である自宅も処分せざるを得なくなる。とすれば、法的倒産手続はやはり回避したいと考えたくなる。それでは、元に戻って、比例原則の原則型である過大な保証は全部無効とするか。それは、やはり劇薬としてとりえないとすれば、さて、どうするか。

　責任制限の考え方を採用するとしても、問題は、制限される責任の範囲や程度である。責任を制限されることによって残る財産が、個人破産をした場合の自由財産の範囲と同じであるとすれば、経営者に対するインセンティブとはならない。保証債務に対する保証人の責任の内容・程度は、自らの債務に対するものと違うし、違ってよいように思われる。そのような考え方はありえないのであろうか。保証債務も借入債務も、いざというときには金銭債務としては同質であるが、その責任の内容、重さは違ってよいように思われる。それを民法に反映させることができないか。保証債務が過大である場合には、自らのした借入債務の場合と異なり、自由財産の範囲とは別の基準で、保証人に残す財産の範囲を拡張できないか。たとえば、普通の人として暮らしていくための生活の本拠を残せるようにできないか。贅沢な自宅を残すことを許す必要はないが、合理的な程度の自宅は残せるとしても、モラルハザードが生じるとも思えない。制度として構築できれば、金融機関としての善管注意義務違反の問題なども生じないし、それを前提とした債権放棄による無税償却も認めやすくなろう。そのためにも、生活の本拠を残せる仕組みを責任制限制度の枠組みの中で実現できないか。経営者も家庭に戻れば普通の人である、という法制審メンバーの発言を大事にしたい。

　民法改正中間試案は、平成25年4月以降に始まるパブリックコメントの手続を経て、さらに審議は続く。親戚や友人による個人保証を禁止するのか、経営者保証は残すのか、残すとして責任制限制度を設けるのか、責任制限制度を設けるとして、その責任制限の目安はどのあたりとするのか。これらが民法改正要綱に残るかどうか、具体化できるかどうかは、これからの審議次第であ

る。反対論も根強い。

　個人保証の原則禁止が立法化できるかどうかは、保証が許される「経営者」の範囲を条文化できるかどうかが、ひとつのポイント、「夢の扉の鍵」となろう。代表取締役社長が経営者であることは間違いがない。先代の会長が、事実上会社の経営に関与し大きな影響力を持っていることも少なくない。しかし、社長でも取締役でもないとすれば、そのような実権を有する者が「保証人適格のある経営者」でないとするのは不適切である。同様に、社長はじめ取締役は雇われ従業員にすぎず、実質はオーナー経営の場合に、そのオーナーも保証人適格のある経営者となろう。「経営者」の線引きをどのようにするのか。形式基準か、実質基準か、が問われる。そして、それを条文表現できるかが、次の課題となる。

　民法においては、実質基準でよいのではないか。経営に責任を負うもの、保証責任を負うに足りる実質的経営者に保証人適格を認めることになる。それは結論を要件とするものであるとの批判がありうるが、名目的取締役には適格がないし、先代の会長やオーナーには適格がある、それを条文として明文化する形式基準を探し出すのは困難であるし、容易に潜脱ができることにならないか。とすれば、経営責任を負う経営者に保証能力を認めるのが、直截である。中小企業に貸付けを行い、保証を求める金融機関に、その見極めを期待しても酷ではないであろう。

　また、第三者保証を禁止し、経営者保証に限るとした場合に、中小企業の資金調達にどのような影響が生じるのか、慎重に検討すべきとする意見もある。必要な資金が中小企業に流れない、中小企業の資金調達を阻害することを懸念する意見である。確かに、影響がないとはいえないであろう。経営者以外の保証人がいなければ融資実行できないとして、融資を得られない例が生じることは否定できないと思う。しかし、これまで指摘されてきた保証に基づく社会的弊害の質と量との比較で論じるべきであろうし、将来の健全な金融のあるべき姿を見据えて議論すべきであろう。第三者保証に頼らない融資慣行の確立は、目下の金融行政の方向性とも一致する。その意味で、金融界からも大きな反対はないように感じられるし、そのように信じたい。

Ⅲ　情報開示

　中小企業は、経営の状況や財務の内容が適切に開示されない。だから、経営者の個人保証が必要であるという。また、情報開示をすることにより経営状況に赤信号がつけば、必要な対策をとるべきことに気付く。だから、中小企業も適時開示、それが三つ目の夢、その蕾は、停止条件付保証契約かもしれない。

　中小企業は、確かに、個人と会社の資産がきちんと分別されず、会社資産が個人資産に流れていることがある。経営者一族との貸し借りが不明瞭で、経営者一族に対する高額の仮払いや貸付金が残っていることも少なくない。粉飾も、逆粉飾もありそうで、決算書もなかなか信用できない。だから、経営者保証を求めざるを得ないとされる。上場企業でも、借入債務に回収リスクのあることには変わりがないから、本来であれば、上場企業の役員に保証を求めてもおかしくない。しかし、上場企業は、そもそも債務超過ではないはずであるし、適切な会計処理がなされ、それを担保する制度が用意され、それを前提に、経営や財務の状況が開示されている。それを前提とすれば、与信管理もきちんとできるから、保証をとるまでもない。役員を保証人にしなくてもモラルハザードが生じるおそれが少ない。上場会社の借入債務を保証すれば、それこそ比例原則に反するものばかりとなるし、役員のなり手もいなくなりかねない。正しい情報の開示、透明性の確保が、保証に代わる仕組みといえる。

　中小企業も、仮に同じ内容・程度の情報開示ができていれば、経営者の個人保証は不要となるはずである。とすれば、保証による弊害は、経営者保証の場面でも存在するから、経営者保証も禁止する方向で考えると、経営や財務の状況を適時に正しく開示する制度を構築すればよいことになる。

　他方、経営や財務の状況を適切に把握しないと、開示もできない。経営状況を適切に把握すれば、経営状況の赤信号に早期に気付くことができる。赤信号がともれば、対策が必要となる。変化を分析すれば、赤信号の理由もわかるか

もしれない。そうすると、対策も立てることができる。上場企業にある制度は、本来、中小企業にあってもよいはずで、情報の適時開示は、早期対策、早期事業再生を進める方向にプラスに働くことは間違いがない。

とはいえ、中小企業に上場企業と同じ仕組みを求めることは全く非現実的である。人的にも、コスト的にも無理である。対費用効果があるとも思えない。とすれば、どの程度のことをすればよいのか、中小企業の身の丈に合った仕組みの構築ができないものか。会計参与の制度があるが、もっと使いやすくできないのか。中小企業の会計に関する指針や基本要領が公表されているが、うまく活用できないのか。中小企業であれ、税務申告はしているはずである。そこでは税理士が関与しているであろう。それら資源の活用も考えられないか。中小企業の身の丈に合った経営状況と財務内容の把握とその開示制度ができれば、と思っての夢であるが、その実現はまだ遠いようである。多少のいい加減さが、中小企業の潤滑油となっているのであろうが、そのままでよいということにはならないと思う。

そこで編み出された仕組みが、停止条件付保証契約であり、その活用の可能性はないのであろうか。夢の蕾であり、扉を開けるカギとなるか。それは、借入企業に事業及び財務状況に関して金融機関に対して正しい情報を提供することを義務付ける、もし虚偽の報告が行われると保証契約の効力が生じる、そのような保証契約のことである。経営者に会社の状況を自己申告させ、それに嘘がなければ、結果的に事業に失敗して借入債務の弁済ができなくなっても保証履行請求はできない、嘘をつかない限り、失敗した時のリスクを負わなくてよい。正直者は損をしない仕組みである。そして、嘘の報告をした場合に限り、保証の効力が生じ、失敗に対して、経営者は保証人としての責任を負う。中小企業にとって、人的にも外部専門家に多くを依存することなく、コスト的にも安価に実現できる方法として評価できる。また、その停止条件の内容（コベナンツ）をいろいろと工夫することにより、中小企業の規模や能力に適した仕組みに自由に組み替えることができるという柔軟性もある。保証をなくすとともに、他方でモラルハザードの発生を防止し、会社財産と個人財産の適正管理を

両立させる手法として積極的に取り組むことが期待される。将来的には、適切な中小企業向け情報開示制度の構築へと発展させることは、夢のまた夢であろうか。

Ⅳ 相談相手

「中小企業の経営者100人に聞きました。」、「会社の経営が苦しくなったとき、あなたは誰に相談しますか。」、とのアンケートの回答の第一位が、「弁護士に相談する」となった、というのは、とても見果てぬ夢か。

会社の経営が苦しくなった時に弁護士に相談すると、「破産してはどうか」とアドバイスされる。経営者は、生き残りをかけて戦っている、だから、そのためのアドバイスが欲しいのに、弁護士は、いとも簡単に破産を勧める。これでは、経営者のニーズに合わない。そのことに気付いていない弁護士も少なくない。かくして弁護士離れが加速する。

経営が苦しくなったときに、弁護士に相談するより、数字に強い、そして身近な存在であり、経営状況を知っている、毎年税務申告をしてもらう税理士に相談する場合が多いのではないか。それには一定の合理性がある。確かに、経営分析をしてもらうことにより役立つ情報が得られるかもしれない。しかも、弁護士のように四角四面のことを言わない。無理を承知で相談に乗ってくれる。弁護士は、建前が多い、これ以上事業を継続しても今ある資産が減るだけですね、債権者のためにも、早期破産がいい、となる。清算価値が日々減少しているとすれば、正しいアドバイスである。しかし、赤字ではない、赤字であるとしても適切な対策を迅速に講じれば黒字になる、しばらくの我慢だ、過剰債務をすべて払うことは到底できないが、一定額の減免を受けることができれば、事業の再生は可能である、それも早期に着手すべきであるという場合に、相談を受けた弁護士が適切に対応できているのか、自戒を込めて振り返る必要がある。

経営が苦しくなったときに、税理士に相談することに合理性があるとしても、税理士や中小企業診断士らの指導による経営改善で足りる場合だけではない。金融債権者との交渉により、時間を調達する必要がある場合も少なくない。次の手続、交渉もありうる。その手続、交渉は誰がするのか。本来、弁護士が登場してもよい。ところが、この点でも、弁護士は、経営者からも、そして債権者銀行からも敬遠されているように思われる。弁護士がやって来れば、破産ではないか、法的手続を取るのではないか、何か権利主張をするのではないか、一種クレーマーと同じ扱いとなる。中小企業の規模が小さくなればあるほど、そのような捉え方をされる傾向がある。このような関係、見方は、双方に不幸である。

中小企業の再生にはチームが必要である。会社経営者とともに、当該企業の数字に精通した税理士、会計士や、何を変えていくべきかをアドバイスできる民間コンサルらとともに、弁護士がそのチームの一員であるべきである。政府においても、中小企業政策審議会「小さな企業」未来部会の法制検討ワーキンググループで目下とりまとめが行われており、中小企業を支える専門家による支援策が検討されている。しかし、そこでも法律専門家の役割や地位は相対的に低い評価のように感じられる。つまり、法的倒産手続になれば法律専門家の出番であるが、その前段階での出番はあまり期待されていないかのようである。それでよいのか、それで足りるのか。固定費削減のひとつとして人員を減らすとなれば法的問題は避けられない、売掛金債権や在庫を担保化して緊急に資金調達する場合にも法的支援が不可欠であろう。得意先の支払いが遅延し下請法に反しているとすれば、その正常化も必要である。他社との業務提携もあるかもしれないし、第三者の出資を求めることもあろう。金融機関との交渉も避けられない場合がある。そして、何よりも公正と平等に対するバランス感覚が必要である。早期事業再生のためには、早い段階から法律専門家もチームに入れて一緒に再生の道を検討する、そのような仕組みが求められるとすれば、かかる需要に応えられる弁護士を供給できる体制が必要となる。それに十分に応えることができるようになれば、経営者に対するアンケートの回答は、「まずは弁護士に相談する」となる、夢に一歩近づく。

V 経営責任

　金融支援を受ける以上は、経営者は責任をとって退任すべきである、正論であろうが、中小企業の場合には、事案ごとに是々非々に考えるべきである。この点は、夢というよりは、現実性のある話と思う。

　仮に、金融支援を受ける場合には、常に、それまでの経営者が退任すべきとすれば、そのこと自体が再生手続を進めることの障害となりうる。経営者は、それは誤解かもしれないが、自分が辞めれば、取引も止まる、会社はつぶれると信じている場合がある。その時に退任を求めると、同じつぶれるのであれば、最後まで自分で頑張ろうと思うものである。再生に必須の経営者は引き続き残ることができる、そのメッセージは必要である。

　実際、私的整理ガイドラインは、「債権放棄を受ける企業の経営者は退任することを原則とする」と定め、退任は原則であるが、例外を予定する。事業再生ADRの場合も、その省令において、債権放棄を伴う事業再生計画案を提出する場合には、役員の退任を要件とするが、「事業の継続に著しい支障を来すおそれがある場合を除く」と例外のあることを明記している。法的倒産手続の場合には、法律上の定めはなく、従来の経営者が継続することを積極的には禁止していない。もし、従来の経営陣を残す計画とすれば、その計画に対する賛否を通じて債権者の意向が表示されることになろう。

　問題は、どのような場合に、経営者は退任しないで、経営に引き続き関与できるのか、である。その人なくして事業の継続ができないことが最低限必要である。それは本人の主観的認識では足りないことは言うまでもない。客観的にそうであることが必要である。経営悪化に対する責任の内容程度も問題となろう。その責任を負うべき経営者を残すことは原則としてできない。金融機関や取引先との信頼関係を維持できない場合も難しい。これらを総合考慮して判断すべきである。

　経営者として残るとしても、その経営者の所有する株式を消却したり、債権

者の債権を株式に転換したり、役員の報酬を減額したり、具体的状況に応じた対応が必要となる。

　大事なことは、この見通しを経営者に早期に伝えることができるか、である。経営者自身の将来の処遇が、早期事業再生に着手するか否かの懸念事項となることは少なくない。退任すべき場合にはその旨をきちんと伝えるべきであるし、将来も引き続き経営に関与してもらう必要があれば、その可能性について、それらの見通しを早期に伝えておくことが、その後のスムーズな手続の進捗のためにも肝要であろう。

　早期の事業再生、言うのはたやすいが、その実現には解決すべき課題が多い。しかし、その解決が夢であっていいはずがない。庭の梅の蕾は確実に一輪ずつ開きつつある。

　ご高名な松嶋先生にご指導を受けたきっかけを思い出すことができない。いつからか、地方の一弁護士にも気さくに話しかけていただくようになった。時に発せられる問いに、どのように答えるべきなのかと迷いながら、その問いの中に隠された何かを感じさせていただく、その居心地の良さに甘えてきたように思う。その甘えが、先生の傘寿か米寿のお祝いに「続く」というような、梅の蕾の開花と争う時期の夢物語となった。お許しを乞うとともに古稀のお祝いを申し上げます。

（なかい・やすゆき）

16 物語としての事業再生
―― 東日本大震災後の再生論

株式会社TGコンサルティング代表取締役社長　**玉井豊文**

はじめに

　松嶋英機先生には、神谷町に事務所があったころから親しくおつき合いを頂いて、本当に有難いことと思っている。興銀に勤めていたときに倒産会社のM&Aの関係でご指導頂いたのがご縁の始まりで、私はその後、事業再生ファンドを立ち上げたり、外資系投資ファンドに転職したり、経営コンサルタントとして独立するなど、転々と職を変えてきた。こうした人間はどこかで見切りをつけられるのが普通だが、松嶋先生はその間、終始変わらぬ温かい姿勢で接してくださっている。そうしたおつき合いの中で、先生とのご縁は東日本大震災を機にまた少し深くなった気がする。

　2011年3月11日の午後、松嶋先生と私は都内の永田町でたまたま同じセミナーに参加していて、大震災の当日を共に過ごすことになった。激しい揺れが3度あったものの、セミナー自体は最後まで続行した。終了後は身動きが取れず、一緒に砂防会館地下のレストランに籠城し、午後10時ころ動き出した地下鉄銀座線に乗って帰途についた。渋谷駅周辺はバスやタクシーを待つ人々であふれ、また国道246号線を徒歩で帰る人も多かった。その列に加わって先生のご自宅までお伴し、また30分ほど歩いて帰宅した。大きな衝撃を受けていたためか、途中、先生が何を話されたか記憶にないが、掛替えのない時間を共

有したという感覚は残っている。

　松嶋先生は、その後設立された株式会社東日本大震災事業者再生支援機構の社外取締役に就任された。同機構は、被災企業に大中小の区別はないという、従来の公的な再生支援機関には見られなかったスタンスで、草の根の零細企業も含めた多数の被災企業の再生支援に精力的に取り組んでいる。私も縁あって同機構の顧問となり、微力ながら実務面の応援をしている関係で、松嶋取締役の大所高所からの意見に接する立場となった。今般、松嶋先生の古稀を記念して編まれた本書のテーマは「時代をリードする再生論」であるが、東日本大震災のもたらした甚大な被害と惨状を人々が共有した後に語られる再生論は、これまでの平時のものとは少し違っていてもよいと思う。震災直後には「3.11で世界が変わった」という有識者の声を数多く聞いたが、世間はいつの間にか普段の温度に戻っているようだ。そうした揺り戻し現象は、日常的な時間を生きている我々にとって自然な心の動きかもしれないが、やはりもったいないことだと思う。大震災をめぐる動きの中で、我々日本人が持っている復活や再生に関する潜在的な能力が見えてきたのだから、それをじっくり見直し再評価すれば、困難な時代に希望を持って前に進む力が湧いてくるのではないだろうか。政権交代の前後から、わが国の「競争力強化」をめぐる議論が盛り上がり、「成長による富の創出」への政策転換に期待が高まっているが、対症療法的な施策の是非はともかくとして、長期的な安定と成長を求めるならば、今回の大震災で学んだことはきっと役に立つに違いない。

I　日本人の断面図

　大震災の後、そのショックを受け止めようとして多くの議論が沸きたった。被害を受けた人々が苦痛と悲しみにもかかわらず、整然と助け合いながら行動する姿や、現場で黙々と救援活動や事故の処理に当る人々の献身ぶりに世界的な称賛が寄せられる一方で、指導力を発揮し責任を負うべき「幹部」たち、すなわち政治家、官僚、電力会社のトップなどの対応には多くの批判が集まった。日本の組織はトップダウンの指導力で動いているのではなく、平均的な人

材の質の高さを前提に、現場の集団的・協同的な力によって機能を発揮することが、3.11によって改めて認識され、現代日本の断面図が見えたとも言える[1]。この断面図の持つ意味をもう少し掘り下げてみよう。

1　河合隼雄—— 一体感的人間関係

ユング派の深層心理学者・河合隼雄は1995年の阪神・淡路大震災の半年後に印象深い言葉を残した[2]。要旨は次の通りである。

> 神戸のような大都会で略奪・暴動が起きなかったことと、政府対応のあまりに遅いこととの２つの現象は、実は日本人の同一の傾向から生じている。人間は「感情的一体感を基礎にする人間関係」と「個人主義的人間関係」の２つを適当に混合しながら生きている。前者は母親と生まれたての赤ちゃんの関係のように、非言語的な交流も可能な、共に何かに包み込まれて一体化しているような関係であり、「家」とか「土地」などが包み込むものとしてある。後者はキリスト教における神と人との関係を支えとして西洋において発達した近代個人主義である。近代個人主義は日本にも強い影響を及ぼし、人々は相当に西洋流の個人主義によって生きているつもりだったのだが、今度の大震災によって、日本人はまだまだ感情的一体感を基礎にもって生きていたことが明らかになった。個人主義で生きていると思う人も、震災のような「いざ」というときになると地金が出てきて、言葉ではいえない一体感のようなものを感じ、この災害を全体として受け止める姿勢が強く出た。従って、自分だけの利益を狙って略奪・暴動などをする気が起らなかった。しかし、その半面で日本政府は何かを決定するにつけ様々な関係に縛られてしまった。日本という国では、一般の傾向と異なることをする、自立的に動くのは危険である。常に全体の中に自分を

---

1) 苅谷剛彦2011年４月20日付日経新聞「経済教室」参照。
2) 河合隼雄「震災と『一体感的人間関係』」『日本と日本人のゆくえ〔河合隼雄著作集 第Ⅱ期第11巻〕』（岩波書店、2002年）所収。

際立たせないように位置付けておかねばならない。一体感的つながりはメリットはあるものの、そればかり大切にしていると、決断力をもったリーダーが育たない。日本の組織の上層部は危機にリーダーとして活躍する素質のある者を排除する傾向を持っており、日本人が全体としてそのような組織を好んでいるのである。これからは、危機管理に適切な判断ができ、国際関係でも対等に交渉しうるようなリーダーの出現を許し、かつ危険性も少ない人間関係はどのようなもので、それをもつにはどんな努力が必要なのかを考えるところからはじめるべきだろう。

　残念ながら河合隼雄の指摘は東日本大震災でも再現されてしまった。津波と原発事故という阪神大震災のときにはなかった危機が加わり、中心的リーダーの不在は一段と深刻なものとなったが、他方で一体感的なつながりを支えに助け合う人々の姿もあらゆるところで見られた。河合隼雄のいう通り、我々は2種類の人間関係を両立させる道を探求すべきだろうが、その前に大震災を機に多くの日本人が感じ取った「感情的一体感を基礎にした人間関係」を日本人の自己認識のなかに正しく位置づけておくべきだろう。我々には欧米先進国の人々が失ってしまった太古からの人間関係の根っこが奇跡的に残っていて、それが良きにつけ悪しきにつけ、日本人のユニークな発想の源泉になっているのではないだろうか。

2　レヴィ＝ストロース——日本人の労働観

　東京電力福島第一原発の事故があり、消防庁の放水が始まった後に、フランスの新聞に、建屋に向って消防車が放水をしている写真が載せられて、記事の中には「これぞブリコラージュ！」と書いてあったそうである[3]。ブリコラージュとは「寄せ集めて自分で作る」「ものを自分で修繕する」ことで、「器用仕事」とも訳される。ブリコラージュは、理論や設計図に基づいて物を作る「エンジニアリング」とは対照的なもので、その場で手に入るものを寄せ集め、そ

3）内田樹＝中沢新一＝平川克美『大津波と原発』（朝日新聞出版、2011年）17頁。

れを部品として何が作れるか試行錯誤しながら、最終的に新しい物を作ることである[4]。フランス人には、日本人が原子力発電のメカニズムとか構造には少しも触れないで「とにかく冷やせ」と、太古から続く人類の知恵である「野性の思考」[5]を駆使して原発に対峙していると映ったようだ。フランスのメディアの底意地の悪さを感じると同時に、一流の鋭さがあるとも思う。私自身、原発施設内の水の流れを確認する作業に、従業員用のお風呂に使う入浴剤が使われたというニュースを聞いて、思わず頬が緩んでしまった。現場の技術者や作業員は必死で、周りにあるものを利用していたのである。日本人の発想の根底にブリコラージュがあることを見抜いたのは文化人類学者のレヴィ＝ストロースで、「日本人はブリコラージュを駆使しながら、ものづくりをする素晴らしい民」と言っている。そう聞けば、何やら誇らしくもなる。

レヴィ＝ストロースは、国際交流基金の招きにより1977年に来日し、6週間滞在した。その間相当精力的に、大工や杜氏、刀鍛冶、陶工、和菓子屋といった職業の人々に会っている。来日の目的（理由）は3つあった。一つは、西欧人が感嘆してきた日本人の仕事の完璧さ、完成度について、その背後にあるものを見て、どうしてこのような完璧さに達しうるのかを知ること。第2は、日本社会に独特な「地縁、血縁、社縁」という3種類のつながりのあいだに生ずる矛盾葛藤がどのように解決されているかを知ること。第3は、日本が過去をすっかり壊したりご破算にしたりしないで工業社会に移りえたことである。こうした問題関心から捉えた日本人の労働観について、レヴィ＝ストロースは次のように語っている[6]。

---

4) Wikipediaより。
5) レヴィ＝ストロースは『野生の思考』の中で、その思考方法を「具体の科学」と呼んで次のように評価した。「しかしながら具体の科学は、近代科学と同様に学問的である。その結果の真実性においても違いはない。精密科学自然科学より1万年も前に確立したその成果は、依然としていまのわれわれの文明の基層をなしているのである。」（レヴィ＝ストロース著＝大橋保夫訳『野生の思考』（みすず書房、1976年）22頁）
6) 大橋保夫編『クロード・レヴィ＝ストロース日本講演集 構造・神話・労働』（みすず書房、1979年）118〜119頁。

私が今までに見てわかったのは、日本の伝統的技術のいくらかのものが、そのある過程について聖なる感情というか、ほとんど宗教的な感情を保持していることです。ご一緒に見た杜氏もそうですし、刀鍛冶もそうでした。西欧の人間にとってこれはまったく驚きの種であり、示唆に富んでいます。労働の考え方がまったく違うのです。ユダヤ・キリスト教的視点からみると、労働とは人間が神との接触を失ったために額に汗して自らのパンを稼がねばならぬという一種の「罰」なのです。ところが日本では逆に、労働を通じて神との接触が成り立ち、維持され、保ちつづけられるのですね。（中略）日本では人が自分の仕事、働く企業への忠誠心を持っていますし、西欧のように働くということに対する潜在的敵意がまったくないように思えます。

　レヴィ＝ストロースが驚き、賛嘆した日本人の労働観は、先進国入りしたと言われる現代の日本社会において、うわべは変質しながらも実は根強く残っているのではないか。「職人」と呼ばれる専門家に対して、一人の人間としても敬意を抱く雰囲気が一般にあるし、専門的でなくとも一心に仕事に励む組織人や実務家を我々は心ひそかに応援しているところがある。ブリコラージュを駆使しながら原発事故と格闘した福島第一原発の従業員を含めて、現場で知恵を絞り、身体を張って頑張る人々が呼び起こす共感の源は、河合隼雄のいう「感情的一体感を基礎にした人間関係」とともに、相当古い日本人の精神構造にあるのではないだろうか[7]。

7）レヴィ＝ストロースは前掲5）書で「科学者が構造を用いて出来事を作る（世界を変える）のに対し、器用人（ブリコルール）は出来事を用いて構造を作る」（29頁）と述べているが、我々日本人が出来事を物語の形に編集し、それを語り伝えて世界を認識するという心的態度を保持してきたことは、日本人のユニークさを考えるうえで、とても重要な論点だと思われる。

II　苦難と復活の物語——柳田國男「青ヶ島還住記」より

　大昔に日本列島に住みついた我々の祖先たちが、いかにして自然災害を乗り越えてきたか、その一端は柳田國男が記した江戸時代のエピソードからも読み取ることができる。東日本大震災の後、多くの人が柳田國男の著作を手にしたようだが、私もその一人として、訳もなく読みたくなった心持がよくわかる。
　柳田は昭和8年に発表した『島の人生』の中で「青ヶ島還住記」と題して、青ヶ島という小さな島を襲った悲劇と復活の歴史を取り上げた[8]。青ヶ島は伊豆諸島の島で、東京の南358km、八丈島の南方65kmに位置する絶海の孤島である。周囲約9km、面積は6km²弱で、現在の人口は200人足らず。島は典型的な二重式カルデラ火山で、島の周囲は高さ50〜200mの直立する海食崖になっており、火山島そのものである。その島は、天明5年（1785年）の大噴火で、全島焦土と化した。130名が死亡、残った202名は辛うじて八丈島に逃れ、50年後に悲願の還住を果たしている。柳田は八丈島の流人・近藤富蔵が書き遺した『八丈実記』等に依りつつ、歴史の谷間に埋もれた庶民の苦闘を描き出した。柳田独特の文体で淡々と事実を追っているが、一離島の自然災害にかかわる史実を、被災した島民たちの努力を中心にすえて後世に残そうという強い意志を感じる名作である。そのあらましは以下のとおり[9]。

1　「青ヶ島還住記」のあらまし

　青ヶ島の大噴火（1785年）の前後は全国的に異常気象が続いており、1770〜71年は旱魃、1778年は伊豆大島（三原山）の噴火、翌79年は桜島の噴火があった。特に1783年の浅間山の噴火は5年間に及ぶ天明の大飢饉の原因となり、奥州では死者10万人を数えた。青ヶ島でも噴火は前後4回におよんでおり、1回目は安永9年（1780年）であった。6日間地震が続き、それがやむと今度

8）『定本柳田國男集　第1巻』（筑摩書房、1968年）所収。
9）あらましについては前田速夫『異界歴程』（晶文社、2003年）を参照した。

は火口湖の火穴から大量の湯が湧き出した。真水は塩辛い熱湯と化し、周囲の作物や草木を全滅させた。翌年（1781年）も噴火があり、3回目、天明3年（1783年）の噴火はさらに大きな打撃を与えた。島の北端、神子之浦の断崖が崩落し、耕作地はもとより、島の全草木が枯れてしまったのである。島民は八丈島にお救いの食糧を要請して急場を凌いだが、天明5年（1785年）に決定的な大災害が襲いかかった。3月10日朝、火炎が立ち昇るのを見た八丈島では早速船を出したが、あまりの凄まじさに船をつけることもできず、しばらくはどうすることもできなかった。それでも4月11日に45名を救出し、4月27日には3艘の救助船が着島して108名を救助したが、それ以上は船が小さくて乗船できず、泣き叫ぶ人々を置き去りにせざるを得なかった。その大噴火も天明7年（1787年）にはおさまったものの、八丈島に避難してからも島民の苦難は続いた。全国的な飢饉で八丈島も食糧が著しく欠乏していたので、彼らは招かれざる客だったのである。新しく名主となった佐々木三九郎は、代官所から復興のための資金を借り受け、幾度となく廃墟と化した島に帰ろうとしたが、そのたびに海が荒れ、最後は紀州二木島に漂着して、そこで疫病のために没した。やがて、大噴火のときは15歳の少年だった佐々木次郎大夫が成人して名主になった。次郎大夫は傑出した人物で、復興資金が尽きたなかでも綿密な計画を立て、不屈の精神で還住を成功に導いた。島民の先発隊が島に渡ったのは文化14年（1817年）。復興の努力の甲斐があって全島民が帰還を果たした翌年、天保6年（1835年）に幕府の検地を受けている。大噴火で避難してから、ちょうど50年後のことであった。

2 復興の成功要因

　この壮絶な復興の物語には歴史上の有名人物は一人も登場しない。柳田のいう「常民」の織りなした歴史の一コマにすぎないが、それゆえに東日本大震災を経験した現代の日本人から見て、読みとるべきポイントがいくつも含まれている。今日の視点から成功要因を次の4つに整理してみた。

時代をリードする再生論

(1) 政府の支援

　江戸時代のことだから非情な切り捨てがあっただろうと想像するのは現代人の偏見である。史実は全く逆で、幕府の代官所と島役人たちは1回目の噴火の直後から手厚い支援を惜しまなかった。罹災報告があった翌月、島役人は黒潮の激流のために2回に1回は難船する海域をわたって見分を行うと同時に、御用米を下賜した。2回目と3回目の噴火のときも、代官所の役人が危険を顧みず島を見舞いに訪れているが、天明3年の3回目の際には、帰路遭難し上総国に漂着したため、浦賀の番所のはからいで江戸表に出て、青ヶ島の惨状を幕府に直接報告し、天明4年以後の年貢諸役免除、お救い穀支出の沙汰を受けて帰ってきた。天明5年の大噴火のときは、見分の船が着船をあきらめて引き返した後、青ヶ島の名主が全島民を引き取ってほしいという嘆願書を持って現れたので、八丈島の名主らがお救い穀を積んで救助に向かい、45名を乗せて帰ってきた。その半月後に3艘の助け舟が出て108名を救助したが、舟が小さくて幾人かはどうしようもなかったのは前述の通りである。

　避難後の支援について目立った動きは、寛政元年に名主三九郎が復興の計画を立てた際に、金257両などの拝借を認めたことくらいであるが、八丈島の囲い穀の中に青ヶ島の預り分を置き、それを避難民が借りて食べるのを黙認するなど、表に出ない支援が続いていたことは想像に難くない。幕府の算盤勘定からすれば、青ヶ島を無租地として放置することが最も合理的であったが、国防・外交の重要性もない当時において、わずかばかりの年貢の絹を手に入れるために、下賜品や公用船の建造費用など巨額の経費を投じているのは何故だろうか。柳田は「無役の民として化外に放置することの出来なかったのは、言わば大義名分のごときものであった」「昔の貢物には別に又精神上の連鎖の如きものがあった」としている。

　天保6年に復興の証しとして検地が行われたが、その使者として臨んだのは八丈島の地役人高橋長左衛門で、彼は復興計画の当初から影になり表に立ってその実現を助けていた人物である。検地測量の結果は島民にとってかなり有利なもので、有租地の面積は災害前の半分以下となり、残りの未開地が後の楽しみとなった。その頃、幕府は傾いた財政を立て直すべく「寛政の改革」に取り組んでいたが、それでも小さな離島と200名程度の島民を見捨てることはな

かった。歴史学者は、儒教道徳に基づいて封建領主が領民を守っただけのことだという醒めた見方をするかもしれないが、私などは時代を超えた「行政官の良心」を想起してしまうし、またその奥に、その場にいる者がそこにあるものを使って困った状況を何とか打開しようとする「野生の思考」があるようにも思える。東日本大震災の際に力を発揮した、現地の公務員、自衛隊員、消防・警察の職員などもその伝統を正しく受け継いでいると言えよう。

(2) 民間人の支援

青ヶ島の避難民は八丈島に来てから、知人の家を頼った者以外は、島の南の浜に10数戸の仮小屋を作って住んでいたが、いずれも衣食に窮乏し、みすぼらしい暮らしを立てていた。唯一提供できる労力さえ八丈島では余っていたので対等の交易はできなかったが、「八丈人の同情と好意とは片務的なもので、しかもそれが十分に豊かであった」と柳田は記している。特筆されるのは、三根村の百姓高村三右衛門の資金拠出である。彼は祖父の代から通商によって得た富の500両を投げ出して、これを官府に預託してその利子をもって罹災民の救助にあてることを求めた。この基金の年利は12％で利息60両のうち、10両は訳あって一族に残し、残り50両を穀物に換えて青ヶ島の百姓に公平に分配して、余剰分が出れば復興費用に充てるという計画である。当時の代官所では、年貢免除と貯穀の支出以外にこれといった案もなかったので、この基金が青ヶ島復興を願う人々に大きな勇気を与えた。

東日本大震災でも多数の民間ボランティアが活躍し、また世界中から善意のお金が寄せられた。これが励みとなり、被災地の人々が復興にむけて気力を高めたことは間違いないだろう。しかし、こうした動きは何も豊かな現代社会だからこそなしえたわけではないのである。八丈島の百姓高村三右衛門は当時42歳で、後に幕府から「苗字永代御免、帯刀一代限り御免」などの顕彰を受けている。基金という形で200名の避難生活を支える仕組みを構築し、50年間も支え続けた民間人が前近代に存在したことを我々は誇っても良いと思う。50年もの寄食生活を受け入れ、支えた八丈島の人々の人情も同様である。やはり我々の祖先は、その場にいる者がそこにあるものを使って困った状況を何とか打開しようとする「野生の思考」を共有していたのではないだろうか。

(3) 当事者の熱意

　寛政9年（1797年）に一家で青ヶ島に帰ろうとして難破し、紀州で没した名主三九郎について、治療にあたった医者が次のようなコメントを残している。「一島皆焼け果てたる後へ、年経てただ一家のみ立帰りて、何を為して世のたつきとし、また何を楽しみともせんとにや。如何に故郷の恋しければとて、数百里離れたる沖の小島に、人も無く牛馬も無きに、我家内ばかり帰り住みたく思うは、外よりはいと不審なること也。其上いつか焼け出でんも測り難きに、あわれなる人心なりけり云々」。これを柳田は当事者の気持ちを理解していないと批判しているが、当時の世間一般の受け止め方を代表しているようにも読める。

　三九郎が没した翌々年、青ヶ島人33名が還住に挑戦したが、またしても海上で遭難した。これ以後、計画は長らく頓挫し、新しい名主佐々木次郎大夫の登場によって、18年後（最後の噴火から32年後）の文化14年（1817年）に復活する。帰還を決意した次郎大夫の心情を、柳田は次のように察している。「青ヶ島から来た者はどしどし死んで代が替り、生き残った者も次第に衰弱して自然と回復の志もくじけていく。このまま歳月が過ぎていくならば、後には故郷の島に帰る機会を捉えることもできなくなるであろう。また八丈島も以前と違って人口が増え、こういう仮住居では渡世にも難儀をする。いつまでもこのままではいられない。何としてでも還って行かねばならぬ。」（筆者が適宜現代文に修正）

　こうした思いは次郎大夫ひとりのものではなかったはずだ。避難後30年を過ぎてもなお自分たちの名主を避難先で推し頂くなど、青ヶ島人は結束力を維持していた。また希望の光が見えて以降、次郎大夫の還住計画を支えるために、仲間たちが余分の勤労に励み、また従来にもまして節約に努めたことが記録に残っているという。

　原発事故のために故郷を離れて、帰還の見通しが立たぬまま異郷で暮らす福島の人々の心情は察して余りある。情報化と流動化が進み、価値観も多様化した現代社会において、もとの地域住民の結束を維持することは大変な困難を伴うことだろう。ただ、みんなで故郷に帰ろうという思いが、人に気力と忍耐力

を与え、長期戦を可能にする源となるのではなかろうか。青ヶ島と福島を一緒にしてはいけないが、様々な支援はあっても運命を切り拓くのは当事者だという点では同じかもしれない。

(4) 現場のリーダーシップ

　文化14年（1817年）に次郎大夫の願い書が幕府に取り上げられ、江戸表に出て下知を受けた。渡島に先だって次郎大夫が仲間に言い渡した規約は、周到で誠意のこもったものだと柳田を驚嘆させている。今風に言えば、組織と役割分担を明確にして、各責任者に大きな権限を持たせたということになる。まず島民177名のうち27名を選抜し、うち7名を交通方（渡海船の船頭と水手）、20名を先発隊として、島の建設の仕事に就かせる。先発隊の中の役割分担も明確で、浜方普請棟梁と道普請棟梁をおき、浜と道路を島開発の最初の要件とした。次に伐開棟梁をおき、荒地の開墾、作物の選定、伐採した樹木の利用法の指図をさせる。次いで漁棟梁の職を設けて、作物ができるまでの間の補給食料とするだけでなく、魚油をとり夜の燈火とする一方、鰹節の貯蔵と厳格な管理を行った。鰹節は以前から青ヶ島の貨幣でもあったので、これを統制管理することによって自然に私心を排して公共心を高める効果があった。また各棟梁の上に現地の取りまとめ役として「取締役年寄」のポストを置いた。

　これと同時に、先発隊のチームワークを円滑にするため、明確な運営方針を打ち出している。「定めた役割に上下軽重はない。好みや善悪を言わず自分の役割を果たせ。今般の還住は先祖代々住んできた故郷への帰還なのであるから、名主からヒラの人まで一同、親子のように親しみ、喧嘩口論などあってはならない。また役付きの人はヒラの人に対し、無理を言ったり、私欲を構えたり、依怙贔屓の指示をしてはならない。食料を分ける際には、正しく分け与え、少しも疑わしくないようにしなさい」（筆者が適宜現代文に修正）と述べている。

　こうして始まった青ヶ島の「起こし返し」は、どういうわけかその後完了するまでに18年の歳月を費やしている。その間の経緯について記録は残っていないようだが、おそらく周到な次郎大夫の性格からして、先発隊を順次入れ替え増員し、慎重にことを進めたものと思われる。詳細なモニタリングに基づい

て、改善に改善を重ねて課題を一つずつ解決し、これなら大丈夫と確信を得たときに全島民の帰還を決定したのであろう。こうしたリーダーに天候も味方した。過去246年間に貢船が無事に八丈島に到達したのはたった一度きりだったという荒れた海域であったが、次郎太夫の復興計画が始まって以降、一度も海難にあうことなく、船は不思議なほど予定通りに往来できた。次郎太夫は天運を引き寄せる力も持っていたのかもしれない。

　次郎太夫はドラッカーにマネジメントを学んだわけではない。江戸時代の庶民の常識と良識と倫理観に基づいてこれだけのリーダーシップを発揮しているのである。河合隼雄が現代日本の課題とした「一体感的つながりを大切にすること」と「決断力をもったリーダーの存在」の両立は、200年ほど昔の絶海の孤島において実現していたと言えるのではないか。歴史を丹念にたどれば、おそらく日本の全国各地に「村の英雄」がいたことが明らかになるだろう。地縁、血縁、社縁のいずれであれ、ムラの仲間うちから輩出するリーダーの能力というレベルにおいて、我々日本人の素養は捨てたものではない。問題は、国家的レベルでのリーダーシップにあり、国際化と市場化の進展によって、従来型のムラのリーダーでは対処できない難問が次々と起きている時代だとも言えようか。

おわりに

　青ヶ島還住の成功要因として挙げた、政府の支援、民間人の支援、当事者の熱意および現場のリーダーシップの4つの要素は、考えてみるといずれも現在の事業再生に共通するものである。個々の事案によって力点の置き方に違いはあるものの、4つの要素を含んだ「苦難と復活の物語」[10]を実現していくプロセスである点は共通している。

　事業再生の手法は近年著しく進化し、各種法的手続や税制の整備が進み、事業再生専門の公的機関も設立されている。私的整理の制度もますます充実してきたし、事業会社による窮境企業を対象としたM&Aも増えており、官民のリスクマネーの存在感も増している。このように政府の支援と民間人の支援の枠組みが充実してきた昨今の環境下でも、今なお不足しているのは、当事者の熱

意と現場のリーダーシップの要素ではないだろうか。

　たとえば、投資ファンドや公的機関が大きな企業の事業再生に取り組むケースでは、精緻な改革プランを練ったうえで、一流の経歴をもつ実務家をターンアラウンドマネージャーとして連れてきて、新しいビジネスモデルを提示して、従業員のマインドセットを変えていく、といった「事業再生のテクノロジー」に依拠して経営改革を行うことが多いが、実際のところ、それのみでは越えられない壁があるように思われる。世界で通用するかどうかは別にして、少なくとも日本においては「苦難と再生の物語」を経営陣と従業員の間で共有することが、当事者の熱意を引き出すうえで大切であり、その中から優れたリーダーも現れてくるとイメージした方が成功確率は高くなるはずである。青ヶ島の故事を引くまでもなく、長い歴史の中で培われた「苦難と復活」に関する庶民の心性はそう簡単に変わるものではない。

　ところで、松嶋先生は著書『良い倒産 悪い倒産』の中で、「倒産によって、これまでの会社経営には存在しなかった業務が発生する。混乱した中での対外交渉、倒産手続きへの対応、はてはM&A交渉などである。この混乱の中にあって、水を得た魚のように活躍するビジネスマンがかならずいる。それはかならずしも役員や管理職にあった人ではない。この人たちは自分の能力を改めて認識し、一段落したところで惜しまれながら転職し、大活躍中の者もいる。」[11]と記している。これまで数多くの事業再生のドラマに携わってこられた先生ならではの指摘であり、現場を熟知する先生が密かに期待するのは、倒産の危機に際して奮起する内部のリーダーだとも読める。彼らが「水を得た魚

---

10) 宗教学者の町田宗鳳は『ニッポンの底力』（講談社、2011年）の中で、いずれの国にも長い年月にわたって、その土地の風土や民族の歴史に影響を受けながら形成された「文化の祖型」があるとして、日本については「追放と復活」がそれだとしている。それは日本列島に渡ってきた民族の記憶（原郷から追放され日本列島にたどり着いてそこで復活したという記憶）を背景として、例えば日本神話のスサノオの物語や「神武東征伝」、あるいは中世の説教節『小栗判官』などに「追放と復活」のモチーフが繰り返し表出しているという。試練の後には必ず栄光が待っていると希望を抱く日本人の心性を鋭く衝いていて、大変興味深い。

11) 松嶋英機『良い倒産 悪い倒産』（講談社、2002年）44頁。

のように」活躍できる理由は、個々人の思いとは別に、その場にいる者がそこにあるものを駆使して、なんとかやりくりし復活を遂げることに対するイメージを潜在的にもっているためではないだろうか。日本の中小・零細企業の再生は、歴史的に培われた現場力によるところが大きい。我々は文化として「苦難と復活の物語」を共有しており、それに由来するパワーを自らの内に持っているのだと自己認識しても間違いではないだろう。

　松嶋先生は、若い頃作家志望だったと聞いたことがある。もしかすると、物語を解する文学的センスこそ「松嶋流事業再生」の秘訣かもしれない。日本経済の「苦難と復活の物語」の行く末はまだ見えないが、グローバルな現代資本主義とわが国の文化的伝統の両方を吸収して育ったハイブリッド種の若者たちが、「水を得た魚のように」活躍してくれる日の来ることを信じたい。

（たまい・とよふみ）

17 時代の変化に伴う再建計画の類型

弁護士 柴原 多

I はじめに

　本論文集は「時代をリードする再生論」を取り扱う論文集であるが、再生論と再建計画は密接な関係にあるといえる。なぜならば、債務者（又は時には債権者）が作成した再建計画に対して、法的倒産手続であれば多数の債権者が、私的整理手続であれば全債権者が同意をすることにより、再建手続は1つの締めくくりを迎えるからである。

　ところで、この世に再建計画は多く存在し、かつ個々の再建計画は固有の特殊事情を有しているのが通常であるが、その一方で再建計画は各時代の世相を反映した内容を包含することがあるのも事実である。

　そこで本稿においては、将来における再建計画作成の端緒になることを期待して、過去から現在までの再建計画を時系列的に検証することとする。

II 長期分割弁済型・第二会社方式による計画案

1 長期分割弁済型

(1) 長期分割弁済型の概要と問題点

　伝統的な計画案においては、債務者が支払うべき負債を長期にわたり分割払

いする[1]というスタイルが取られることが多く、このスタイルは現在でも再建計画の基本形の1つといえる。

このようなスタイルが長年受け入れられた理由としては、①今ほど経済環境にスピードが求められない時代[2]であったとともに、②日本経済全体が右肩上がりであったため、長期の弁済計画を作っても達成が可能であり、③仮に予測よりも売上・利益等が伸びた場合には繰上弁済を実行することができる、という時代背景が存在したからだと思われる。

もっとも長期分割弁済型の計画に対しては、いくつかの批判が存在した。
第1に、長期分割弁済でありながら利息が付かない（法的倒産手続の場合は特に付かないことが多い）場合には、現在価値の観点から見ると、債権者にとっては実質的には表面上の債権放棄額以上の放棄を要請されるに等しい結果になる[3]。
第2に、会社更生手続においては事業継続価値に基づいて不動産の財産評定がなされるため、不動産の取引価格との乖離が生じる場合があり、その場合には担保権者が不測の損害を被る可能性が存在した。
第3に、長期の弁済計画になればなるほど、誰が弁済計画の履行を監督するのかという問題が生じた。

(2) 立法等による問題点の解消

以上の問題点を踏まえて、その後いくつかの立法改正がなされている。
まず第2の批判に対応して、新会社更生法においては、財産評定の基準は時

---

1) 特に私的整理においては10年以上の長期弁済計画にわたることもあり、また最近の事件でも20年を超える弁済計画となるものも見受けられる。
2) 債権者としても債権の現在価値という概念が重視されない時代においては、長期にわたる回収となろうと、額面弁済額の大きさが重視されることがあった。
3) 弁済期間が長期化することと現在価値の関係を問題視するものとしては寺沢達也ほか「ケース・スタディ会社更生企業その後——実・学共同による検証と提言」債権管理別冊1号（金融財政事情研究会、2002年）45頁以下参照のこと。

価概念に改められた[4]。

また第3の批判に対応して、和議法の後継である民事再生法においては監督委員が選任されることとなり、監督委員は再生計画認可後3年間は計画履行の監督を行うことが期待されている[5]。これに対し、私的整理手続においては監督委員等の法的制度担保はなされていないが、債権放棄型の計画による事業再生ADR手続においては手続実施者による監督が規定され[6]、その余の私的整理手続においてもモニタリングをどのように確保するかは議論が続いているところである[7]。

2 資産負債見合方式

また、伝統的な債権放棄額の算定方法としては、資産負債見合方式が用いられてきた。

資産負債見合方式とは、債務者の（時価）資産に見合った負債こそが適正規模の負債であるということを前提に、資産見合の負債額を超過した負債額を債権放棄額として算定する方法である。

もっとも実務的には、弁済金額を向上させる目的で利用可能な繰越欠損金見合い額を債権放棄額から控除する方法（実務上の資産負債見合方式）が採用される傾向にあった[8]。

---

4) もっとも、時価概念の内容自体は必ずしも明確になっているわけではない点に留意が必要である。なお、時価概念の内容については、事業再生研究機構財産評定委員会編『新しい会社更生手続の「時価」マニュアル』（商事法務、2003年）参照のこと。
5) 民事再生法は監督委員が選任されている場合、認可決定確定から3年経過時に再生手続が終結するとする（民再188条2項）。
6) 事業再生に係る認証紛争解決事業者の認定等に関する省令14条2項参照のこと。
7) たとえば、松嶋英機ほか「運用実務1年をふり返って」事業再生と債権管理128号（2010年）43頁、私的整理の実務Q&A100問267頁以下参照のこと
8) 資産負債見合方式については、野崎幸雄「更生計画における権利の取扱いをめぐる諸問題」新実務民事訴訟講座（13）201頁、内藤滋「最近の会社更生計画案における弁済額の動向」金法1712号（2004年）48頁以下、奥野善彦「更生計画の諸問題」門口正人編『現代裁判法体系（20）』（新日本法規、2000年）参照のこと。なお資産負債見合方式と事業再生

しかしながら、資産負債方式及び実務上の資産負債見合方式に対してもいくつかの批判・問題点が存在した。

たとえば、時価資産と当該企業の収益力は必ずしも一致しない以上、収益力を基準に弁済額を算定すべきとする意見や、買い手たるスポンサーからすれば債務超過が解消していない状態で、出資等の支援は行いにくいというものである。

3 第二会社方式

(1) 第二会社方式の概要と税務上の問題点

また、経済が右肩上がりの時代とはいえ、負債額が債務者の事業収益力をはるかに超えている場合には、多額の債務免除益の問題が発生する[9]。そこでこの問題に対応するために、第二会社方式が採用されることがあった。

たとえば、旧会社が著しい負債過多に陥っている場合には、旧会社の経営陣又はスポンサーが設立した新会社に事業譲渡を行い、旧会社の債権者には当該事業譲渡の代金を弁済原資として支払う代わりに残額の債権放棄を依頼する[10]スタイルが採用された。

ところで、第二会社方式を採用する場合にも幾つかの問題点が存在する。

第1に、旧会社の下で債権放棄を依頼する場合には、旧会社に免除益課税が生じないかが問題となる。この問題については、(ア)資産売却損を利用する方法、(イ)繰越欠損金を利用する方法、(ウ)特別清算手続の中で免除を受けることにより免除益の発生を回避する方法が検討された。しかしながら税法の改正によ

ADRの関係については事業再生ADRの実践115頁以下参照のこと。
9) たとえば、負債100億円に対して時価資産が80億円の場合免除益は20億円しか問題とならないが、事業収益力が50億円でこれに合わせた債権放棄を求める場合は50億円の免除益が問題となる。
10) 債権放棄を依頼する際には旧会社が特別清算手続を申し立てるケースが多かった。

り、現在は(ウ)の方法は使用できず[11]、(イ)の方法も一部制限されている点に留意が必要である[12]。

(2) 詐害行為取消権等の問題

第2に、私的整理手続において新会社に事業譲渡を行うこと（併せて取引債権者の債務を承継すること）が、詐害行為取消権又は否認権の対象にならないかが問題となった[13]。

この点、詐害行為取消権の判例上は、適正対価の売却も特段の事情がない限り詐害行為取消権の対象になりうる[14]が、事業再生上の必要性が存在する場合に、適正対価にてかつ債権者との協議を経て行う場合には、実務上致命的な支障とまではいえないと理解されてきた[15]。

その後、倒産法改正によって適正対価売買は隠匿の意思等がある場合を除き

---

11) 平成22年度税制改正にて、法人税等における清算所得課税が廃止され、通常の所得課税方式に移行した。
12) 平成23年度の繰越欠損金改正（繰越欠損期間が9年間になる反面、損金の額に算入できる金額が、その事業年度の控除前所得の金額の80％を限度額とする制限が付される旨の改正）については、金子宏『租税法〔第17版〕』（弘文堂、2012年）350頁以下参照のこと。
13) 現在でも濫用的会社分割においてこの問題と同様の問題が議論されている。なお、平成24年8月1日に発表された会社法制の見直しに関する要綱案では「吸収分割会社又は新設分割会社（以下「分割会社」という）が吸収分割承継会社又は新設分割設立会社（以下「承継会社等」という）に承継されない債務の債権者（以下「残存債権者」という）を害することを知って会社分割をした場合には、残存債権者は、承継会社等に対して、承継した財産の価額を限度として、当該債務の履行を請求することができるものとする」とされている（ただし、当該請求権は、分割会社について破産手続開始の決定、再生手続開始の決定又は更生手続開始の決定がされたときは、行使することができないものとされている）。
14) 最判昭和41・5・27民集20巻5号1004頁ほか参照のこと。
15) この点につき参考になるものとして、東京地判平成11・12・7判時1710号125頁は「債務者が、弁済その他の有益な目的を達するため、相当な代価をもって営業譲渡を行い、かつ、その営業譲渡代金をもって、実際に弁済に充て、あるいは有用な物の購入資金に充ててその物が現存しているときなどは、その営業譲渡は詐害性を有さないといえる」と判示する。

否認権の対象外[16]となり、民法改正においても適正対価売買を詐害行為取消権の対象外とするかが議論されている[17]。

(3) 分割弁済方式の問題点

第3に、第二会社方式を用いるとしても、スポンサー等が第二会社の譲渡代金を融資してくれない限り、事業譲渡代金の一括弁済は困難となることが多い。そこで、計画によっては、事業譲渡代金を分割払いとする方式又は旧会社の債務の一部を債務引受する方式が採用されることもあった[18]。

ただし、この方式に対しては事業譲渡によるメリットを第二会社が享受しておきながら、実質上の分割払いを実施することは債権者の権利を不当に害するとの批判も存在する[19]。

(4) 許認可承継上の問題点

第4に、事業譲渡を利用する第二会社方式においては、許認可の性格によっては、当該許認可が当然には承継されないという問題点が存在したが、この点の一部は産業活力の再生及び産業活動の革新に関する特別措置法に基づく「中小企業承継事業再生計画」制度によって解決されている[20]。

---

16) 破産法161条等参照のこと。
17) なお債務超過会社の会社分割が議論されているのは前述の通りである。この点に関し、倒産実務家からは、債務超過会社による会社分割が濫用的会社分割に該当しないための要件として、「債権者との協議の重要性」が唱えられているが、これらの点については、事業再生と債権管理132号（2011年）49頁、柴原多＝田中麻理恵「詐害的会社分割の実態と是正」金融781号（2012年）、藤原総一郎監修『企業再生の法務〔改訂版〕』（金融財政事情研究会、2012年）479頁参照のこと。
18) 具体的事例については新版再生計画事例集294頁参照のこと。
19) もっともこのような批判に対しては、分割弁済の現在価値が清算価値を上回っている場合には、債権者の権利を不当に害するものではないとの反論が考えられる。
20) 中小企業承継事業再生計画制度の詳細については、藤原監修・前掲注17）書256頁参照のこと。

III 早期弁済が求められる計画案の登場

1 新たな概念の登場

しかしながら1991年以降バブル経済の崩壊が進むにつれ、現在価値概念、DCF法、早期一括弁済といった概念が重視され、長期分割弁済方式の見直しがなされるに至った。

そこで以下では各概念の内容及び具体的な計画類型を見ていくこととする。

第1に、(割引)現在価値とは「貨幣で計った将来の価値(たとえばN年後のY円)が、現在どれだけの価値に相当するか評価した値のこと」[21]というが、債権者としては前述した長期分割弁済による実質的な債権放棄額の拡大につながることのアンチテーゼとして歓迎された。また(外資系ファンド等をはじめとする)スポンサーの立場からは、購入価格の適正化につながる概念として歓迎された。

第2に、DCF法とは、「将来に亘って事業より獲得されると考えられる現金ベースの収益を現在価値に引き直すことにより、その会社ないし事業の価値を算定しようとするもの」[22]というが、従前の資産評価方法へのアンチテーゼとして歓迎された。すなわち、従前は企業価値の算定方法としては(時価)純資産方式が、不動産の算定方法としては積算方式・取引事例方式が主流であったが、事業・不動産の本質はキャッシュフローであるとの認識の下、キャッシュフローの積重ねであるDCF方式が主流を占めるようになった。

第3に、早期一括弁済は、債権者にとっては不良債権処理の早期必要性から歓迎された。また買い手にとっても、計画成立後の変動リスクを回避することができるというメリットが存在した。

以上の概念を踏まえて、企業価値をDCF方式にて算定し、かつ、当該価値を早期一括弁済することによって解決する方法が登場するようになった。

---

[21] 金森久雄ほか編『有斐閣経済辞典〔第4版〕』(有斐閣、2002年)1380頁。
[22] 企業再生実務研究会『企業再生の実務』(金融財政事情研究会、2002年)150頁。

たとえば、ファーストクレジット株式会社（2001年12月債権者申立て）の更生計画案はこの考えが端的に現れており、企業価値相当額[23]を基準に定めた弁済額をスポンサーが貸付等することにより、早期一括弁済が実行されている[24]。

2　その他の手法の登場

もっとも現実には、これに加えて多種多様な手法が採用されている。具体的には、計画外事業譲渡、流動化による資金調達、Good・Bad方式（債務超過の会社分割）、処分連動方式、メイン寄せの再考等である。

(1) 計画外事業譲渡の活用

計画外事業譲渡は、法的倒産手続の申立てがなされた場合に風評等により事業価値が毀損されるのを可及的に防止する目的で、計画作成前に事業譲渡を実施する方法である。

この方式は株式会社日本リース（1998年9月申立て）の会社更生事件で最初に適用された[25]・[26]。

当時会社更生法には計画外事業譲渡は明示的には認められていなかったが、解釈上の手法として採用され、その後立法改正により計画外の事業譲渡は会社更生法及び民事再生法に採用されるに至った。

ちなみに民事再生事件においては、平成20年から平成22年の統計によると、東京地裁では736件中147件に約20％の事件につき事業譲渡の許可（計画による場合を含む）がなされているとのことである。

---

[23] 更生計画案によると財産評定額に営業権を加えた価額を企業価値評価額としたとされる。
[24] なお、株式会社ライフ（2000年5月申立て）の会社更生事件においては、流動化スキームを利用することで資金調達がなされている。
[25] かかる経緯については、宗田親彦『会社更生手続の新展開——旧「日本リース」再建の法理と実際』（商事法務、2002年）参照のこと。
[26] なお、事業譲渡＋清算型の計画案は、後者の部分については清算費用に応じて弁済率が変わってくるため、その意味では後述する変動型弁済方式といえる。

その後、計画外事業譲渡に触発されて（民事再生手続における）計画外会社分割の可否が議論されるようになった。

この点、企業価値の毀損を防止するためには計画外会社分割を許容する必要性が認められるが、濫用的会社分割への批判も有り、東京地裁民事第20部では会社分割には裁判所の許可を必要とし、かつ許可前に債権者説明会の開催を求めているとのことである[27]。

(2) Good・Bad方式の活用

さらに、Good・Bad方式と呼ばれる手法が一時期もてはやされた[28]。これは債務者企業の営む事業のうち将来性のあるコア事業（Good部門）と不採算なノンコア事業（Bad部門）を分離することによって、後者が前者に与える悪影響を排除する方式である。

この方式を実現する為に幅広く活用された手続が会社分割制度である[29]。

もっとも商法時代には債務超過会社の会社分割は認められないとの見解が通説であったため、債務超過会社の私的整理手続において会社分割を利用することには法律上の問題が存在した。そこで、1つの対策としては、分割の効力発生時点では債権放棄を行わないが、現実に分割対象会社に損失が生じた場合には、金融機関がその金額だけ債権放棄等を行うことを事前に金融機関団と合意する方式も採用されることがあった[30]。

その後、会社法改正により現在では債務超過会社の会社分割は認められていると解するのが通説である[31]・[32]。

---

[27] 以上、東京地裁民事第20部における民事再生手続内での事業譲渡の統計については民事再生の手引197頁、東京地裁民事第20部における会社分割の運用については同書215頁参照のこと。なお、会社更生法においては会社分割は更生計画に基づく必要があると規定されている（会更45条1項7号）。

[28] Good・Bad方式の問題点については、私的整理計画策定の実務186頁参照のこと。また近時はコア事業といえども将来性に問題がある会社の債務整理が問題となることも多い。

[29] 事業譲渡と会社分割の差異については江頭憲治郎『株式会社法〔第4版〕』（有斐閣、2011年）883頁参照のこと。

[30] 森・濱田松本法律事務所『企業再生の法務〔初版〕』225頁以下参照のこと。

(3) 処分連動方式の活用

処分連動方式とは、担保不動産の評価につき担保権者・債務者間で意見の相違が存在する場合、暫定的な評価額を取り決め、最終的には処分した価額に基づき担保権者に弁済を行う方式である[33]。

この方式は、担保権者・債務者間にて評価額をめぐる紛争を回避することで、コスト・時間等の削減が可能になるとのメリットが存在し、現在も活用されている方法である。

もっとも、会社更生法において処分連動方式を用いる場合、更生担保権者の必要議決権額をどのように捉えるかについては見解に争いがある。

一つの考えは、処分連動方式は処分時には処分価額を担保権者に弁済する以上、更生担保権の放棄にはあたらず、3分の2の議決権額（会更196条5項2号イ）の賛成で足りるとする見解である[34]。

これに対し、東京地裁民事第8部では現在、暫定的な更生担保権額を下回る可能性がある点で更生担保権の放棄にあたり、4分の3の議決権額（同号ウ）の賛成が必要であるとする見解を採用している[35]。

3 メイン行寄せに関する議論

最後にメイン行寄せに関する議論について言及する。

---

31) 立法担当者による解説は相澤哲ほか『論点解説 新・会社法 千問の道標』（商事法務）672頁以下参照のこと。
32) なお大成火災海上保険株式会社（2001年11月更生特例法申立て）の計画案は、事業分離方式に加え、訴訟債権者の峻別や信託等を加えた極めて複雑な内容になっており、今後の再建計画作成の参考になる。
33) たとえば担保権者が100億円を主張し債務者が60億円を主張した場合、暫定的に更生担保権の金額を100億円で合意し売却価額が70億円の場合は不足分の30億円が更生債権に転化する方式をいう。なお、処分連動方式は後述する変動型弁済方式と親和性があるといえる。
34) かかる見解については更生計画の実務と理論135頁以下参照のこと。
35) 最新実務会社更生262頁以下参照のこと。

伝統的に私的整理においてはメイン行の債権放棄率が高めに設定され（いわゆる「メイン行寄せ」）、法的整理においても漸増方式[36]を採用することで実質的にメイン行の債権放棄率が高めに設定されることがあった。

その根拠としては、メイン行は人的交流やビジネス上の関係を通じて最も債務者の情報に接触しやすい立場にあり最大貸出額を通じた数々のメリットを享受している以上、その反面として高めの債権放棄率を甘受することが債権者間の公平に適うとも考えられる[37]。

しかしながら、メイン行といってもその関与の度合いは企業ごとに異なるので個別の事情を勘案せずに一律にメイン行寄せを要求することは公平性に反すること及びメイン行寄せを慣習化することは結果として不良債権処理の進捗を遅らせる可能性があることから[38]、見直すべきとの批判がなされた。

かかる批判を受け、産業再生機構案件（同機構は2003年4月16日設立され、2007年6月5日に清算結了）においてはメイン行寄せの慣習が後退したが[39]、私的整理ガイドラインにおいてはメイン行寄せの傾向が再び強まった。その反省を踏まえて、事業再生ADRにおいてはメイン行寄せは原則として認めていないという立場を取っている[40]。もっとも、地銀間ではメイン行寄せへの期待は依然として強いものがあるため、この点の調整をどのように図るかは今後も問題と

---

36) 漸増方式とは、たとえば100万円までの部分は100％弁済、100万超1億円までの部分は20％弁済、1億円超の部分は5％弁済とすることで、少額債権を保護しつつ、形式的な平等を保つ方式である。

37) なお、米国でも親密取引債権の債権を劣後するディープロック法理が存在する。この点については竹内康二「更生計画における公正・衡平」倒産法判例百選4版170頁参照のこと。

38) たとえばA社の再生事案においてX銀行がY銀行に対するメイン行寄せを主張すると、他者（例えばB社の再生事件）の事案でX銀行がメイン行にあたる場合、報復的にY銀行からメイン行寄せが主張されることを恐れて、不良債権の処理が進まなくなる可能性が指摘された。

39) 産業再生機構におけるメイン行寄せに関する取扱いは、事業再生の実践（2）69頁以下参照のこと。

40) メイン行寄せについては私的整理の実務Q&A100問195頁以下および南賢一＝濱田芳貴「私的整理における対象債権者と主要債権者の実務」銀法21・749号（2012年）参照のこと。

なりえよう。

Ⅳ 変動型弁済計画案等の登場

1 その後の経済環境の影響

　ところが2007年頃になると、日本の金融機関の不良債権処理も一段落を迎えると共に、サブプライムローン崩壊の影響を踏まえ、外資系ファンドによる買収等が勢いを失うことになる[41]。この時代になると「時価評価という概念のもと企業価値評価が低すぎたのでないか」「マーケット環境の悪い状態で、不動産等も売り急ぐ必要があるのか」といった点が再考されることになった。

2 変動型弁済方式等の登場

　このような経済事情・考え方の変化を踏まえて、変動型弁済方式や暫定型弁済方式とも呼べる弁済方式が採用されるケースが現れた。

(1) 変動型弁済方式[42]

　この方式は、最低弁済率は決定するものの、それを上回る弁済額は計画成立後の売上等を踏まえて決定する方式である。たとえば、株式会社スルガコーポレーション（2008年6月申立て）の民事再生事件等で採用されている。
　変動型弁済方式が採用された理由は、不安定な経済環境においては、弁済率をコンサバに設定したい債務者側の要求と高めの弁済率を希望する債権者側の要求を満たすことにより、不要な摩擦を回避する点にある。

41）もっとも、外資系ファンドによる買収が減った背景には、マーケットの変化等も存在することが指摘されている。

42）なお変動型弁済方式の詳細については、金山伸宏＝柳田一宏「最新論点・事業再生 変動弁済方式の再生計画」事業再生と債権管理124号（2009年）120頁以下参照のこと。

加えて、消費者金融事業者の再生計画[43]においては、過払金返還請求権の額に応じて追加弁済を行う旨の条項が定められることも多いとされる。

もっとも、当該弁済方法のポイントは計画成立後の売上等を誰が適切にモニタリングするのかといった点にある。

この点、民事再生事件においては監督委員によるモニタリングもある程度は期待できるが、それ以上の抑止効果を働かすためには㋐公認会計士・監査法人の任意監査を受ける方法や㋑債権者団によるモニタリングの強化等の方法が考えられるところである。

また、変動型弁済方式の一手法としては、事業収益による固定額弁済と処分予定不動産の換価収益による変動額弁済がミックスされる方式が採用されることもある。これはいわゆる新旧分離勘定方式と呼ばれる方式を参考にしたものである[44]。かかる方式は、前述したGood・Bad方式と類似する概念であるが、現実に法人格を分割する方法がコスト・許認可等の関係で難しい場合には新旧分離方式が採用される場合もあろう。

さらに、純粋な変動型弁済方式ではないが日本綜合地所株式会社[45]の更生計画案は処分連動方式の修正型であり参考になるものと思われる。同更生計画案は最終的には、担保付き不動産を販売用不動産と非販売用不動産に分類し、前者をさらに完成物件（更生手続開始前、更生手続開始後）、事業化中止物件、事業化凍結物件に分類した上で、それぞれの不動産の特性に応じた組入額（3～7％）の設定、担保権者の同意の要否、裁判所の許可の要否を設定している。

---

43) 株式会社クレディアの民事再生手続申立て（2007年9月）以降、いくつかの消費者金融事業者が法的倒産手続の申立てを行っている。なお同社の民事再生手続については髙井章光「㈱クレディア再生事件について」事業再生と債権管理123号（2009年）93頁以下参照のこと。
44) 新旧分離勘定とは、金融再生プログラム（金融庁が平成14年10月30日付けにて発表）において取り入れられた「特別支援を受けるようになった金融機関においては『新勘定』と『再生勘定』に管理会計上分離し、適切に管理する」（同プログラム1(3)(イ)②参照のこと）という考え方である。
45) なお同更生事件は後述するDIP型会社更生事件である。

(2) 暫定型弁済方式
① 金融円滑化法[46]の影響

暫定型弁済方式は、1年間又は数年間はリスケを前提に弁済方法を暫定的に決定するが、その後の弁済方法は更新時の経済状況等を踏まえて改めて協議するという方式である。

この方式は金融円滑化法（2009年12月施行、2012年3月まで延長されたがその後2013年3月まで再延長されている）の施行により法的倒産手続の利用が減少する中、私的整理において立案されることが多くなった弁済計画である。

すなわち、金融円滑化法4条1項の規定[47]に基づき中小企業からのリスケ要請に対して、金融機関は極力これに応ずることが実務上の対応であった。

なお、リスケの具体的な方法は案件によって異なるが、概略的に述べると(ア)月々の約定返済額を減額して、当該減額分を最終弁済期日に乗せる方法[48]（いわゆるバルーン方式）と、(イ)返済期間自体を延長することで、月々の弁済金額も減額する方法[49]等が存在する。

もっとも、金融機関としては無限定にこれに応ずることはできないため、前述したように(ア)の方法を前提に暫定的に1年程度のリスケ要請に応じ、リスケ

---

46) 正式名称は「中小企業者等に対する金融の円滑化を図るための臨時措置に関する法律」である。金融円滑化法が施行・延長された背景としては、円高・株安・原油高等に基づく国内市場の不況・日本企業の競争力の低下等に加えて、欧州危機・東日本大震災の影響・電力危機・アジア諸外国の攻勢等さまざまな要素が挙げられよう。

47)「金融機関は、当該金融機関に対して事業資金の貸付けに係る債務を有する中小企業者であって、当該債務の弁済に支障を生じており、又は生ずるおそれがあるものから当該債務の弁済に係る負担の軽減の申込みがあった場合には、当該中小企業者の事業についての改善又は再生の可能性その他の状況を勘案しつつ、できる限り、当該貸付けの条件の変更、旧債の借換え、当該中小企業者の株式の取得であって当該債務を消滅させるためにするものその他の当該債務の弁済に係る負担の軽減に資する措置をとるよう努めるものとする」と規定している。

48) たとえば月100万の元本返済を50万に減額すると、年600万の減額になり、この分が最終弁済期日に増加することとなる。

49) たとえば月100万の元本返済を5年間かけて行う約定の場合、期間を倍にして元本返済金額をこれに応じて減額する場合には、月50万の元本返済を10年間かけて行うことになる。

期間終了後に経済状況・債務者の売上状況・リスケ期間中の資産処分状況を踏まえて、再リスケに応ずるかどうかの検証の機会を設けるという手法がとられるケースが多いように思われる。

② 金融円滑化法終了後の展望

しかしながら、金融円滑化法は2013年3月に終了するため、その後のEXIT方法が非常に注目を集めている。

第1に、政府はEXIT方法に関するいくつかの考え方を示しているが[50]その中でも重要なものは中小企業再生支援協議会の処理件数の増加であろう[51]。同協議会は従前年間300件程度の再建計画を作成してきたが、今後はDDを省略した簡易型の採用、標準処理期間の短縮に加え、年間3,000件程度の再建計画の作成を目指すとされる。もっとも従前よりも多くの件数を処理するにあたっては、それだけの人的資本が確保できるか、確保できるとして再建計画の内容がどの程度具体的なものになるかを注意してみていくことになろう[52]。

第2に、金融庁は資本性借入金の積極的活用を提唱しており（金融庁「『資本性借入金』の積極的活用について」参照のこと）、中小企業再生支援協議会本部も積極的活用を提唱している（「中小企業再生支援協議会版『資本的借入金』の取扱について」）[53]。

第3に、その他のEXIT方法としては、中小企業再生支援協議会以外の私的整理（事業再生ADR・純粋な私的整理）の活用、事業売却・再生ファンドの活用・法的整理手続の利用等が議論されている[54]。

---

50) 詳細については内閣府・金融庁・中小企業庁「中小企業金融円滑化法の最終延長を踏まえた中小企業の経営支援のための政策パッケージ」参照のこと。
51) 前掲パッケージは、併せて企業再生支援機構との連携も提唱している。
52) 中小企業再生支援協議会の考え方については、藤原敬三「金融円滑化法の出口に向けた中小企業再生支援協議会の対応」金法1950号（2012年）27頁以下が参考になる。
53) なお、DDSについては各指針が示す要件（償還条件、金利設定、劣後性といった観点から判断される）に該当する事例がどれだけ存在するかという問題点も存在する。
54) 詳細については、事業再生と債権管理138号（2012年）、金融財政事情2986号（2012年）、柴原多・中村広樹「中小企業金融円滑化法の出口戦略」（http://www.jurists.co.jp/ja/topics/docs/newsletter_201205_restructuring.pdf）及び日本経済新聞平成24年10月1日版参照のこと。

V 近時の大型事件の処理方法

1 はじめに

一方、近時の法的倒産事件においても重大な変化がみられる。

まず2008年12月以降、東京地方裁判所においてDIP型会社更生が認められるようになり、同地裁における会社更生事件の件数も増加傾向に転じた。

さらに2009年以降になっていくつかの大型事件の会社更生事件が申し立てられるようになっている。具体的には株式会社日本航空（2010年会社更生手続申立て）、株式会社ウィルコム（2010年会社更生手続申立て）、株式会社林原（2011年会社更生手続申立て）のケースが挙げられる[55]。

これらの事件が会社更生手続に移行した理由はさまざまだが、概括的に述べると、①債権者団の足並みが揃わないケース、②スポンサーによる支援の前提として手続の透明化が求められるケース、③債務超過の解消に必要な金融支援が私的整理の枠組みで求めうる金額を超えているケース、等が挙げられよう。

その上で、これらの事件は事業再生ADRから会社更生手続に移行する事例において商取引債権の保護が図られており、私的整理との近接化がみられるようになった。

このような商取引債権保護は、法的倒産手続と私的整理手続の近接化を表す事象ともいえ、今後とも私的整理手続の受け皿としての法的倒産手続の機能が注目される。

---

[55] ①日本航空の再建については片山英二＝河本茂行「日本航空の事業再生プロセスについて──支援機構が果たした機能と役割・新しい会社更生手続」事業再生と債権管理133号（2011年）152頁以下、②ウィルコムの再建については腰塚和男ほか「ウィルコムの会社更生手続──管財人団の立場から」事業再生と債権管理136号（2012年）82頁以下、③林原の再建については森倫洋ほか「林原グループの会社更生事件」金法1952号（2012年）6頁以下参照のこと。なお、2012年にはエルピーダメモリ株式会社も会社更生手続申立てを行っている。

2 事業再生ADRから会社更生手続への移行──商取引債権の保護

(1) 事業再生ADRに対する信頼保護

　前述した日本航空、ウィルコム[56]、林原は、いずれも事業再生ADRから会社更生に移行した事件であるが、これらの事件においては、いずれも商取引債権の保護が図られている。

　その理由は、会社更生手続に先立ち、私的整理である事業再生ADRが行われ、事業再生ADRにおいては商取引債権を保護することが原則となっているため、そのことを信頼して取引を継続した商取引債権者の信頼は、法的整理に移行した場合でも保護される必要性が高かったといえるからである。

(2) 商取引債権保護の法的根拠等

　もっとも、商取引債権といえども更生債権である以上、法的根拠がなければ支払うことができないのが会社更生法の大原則である。そのため、商取引債権の保護には、信頼の保護の必要性に加えて法的根拠等が必要となる。

　この点、日本航空事件では、商取引債権保護の法的根拠のほか、商取引債権保護を必要とする実質的理由が存在したことに留意する必要がある。

　まず、商取引債権を支払う根拠としては、会社更生法47条5項後段に基づき、金融債務の金額に比して（相対的に）少額であること等を理由とする裁判所の弁済許可が用いられている。また、商取引債権者の中には航空運行に必要となる債権者や海外債権者が多数存在するため、これらの債権者に対する支払いを禁止したときのトラブルを回避し、当該トラブルによる事業価値毀損を防止し、航空運行の安全を確保する必要性が存在し、また当該事業価値の毀損防止が弁済率の向上につながるとの背景事情が存在した。

　さらに、日本航空事件では企業再生支援機構によるバックアップ等の特有な事情も存在したようである[57]。

---

56) なお、日本航空、ウィルコムは企業再生支援機構の利用案件でもある。
57) 商取引債権の支払いに関する上申書をスポンサー的立場にある企業再生支援機構が提出していたという事情が存在する（片山・前掲注55）論文157頁参照）。

(3) 従前の取引条件の維持

なお、商取引債権の保護に係る裁判所の決定においては「従前の条件で取引を維持すること」という前提が付されることが多い[58]。これは、会社更生手続申立てという、明らかに信用状況が変化した後も、従前の条件に基づき取引を継続すること（支払サイトの維持）こそが企業価値の維持につながるものであり、そのことが弁済の対象とならない非取引債権との大きな違いとして挙げられるからである[59]。

Ⅵ　おわりに

1　暫定弁済方式への評価

以上見てきたことから明らかなように、再建計画は長期分割弁済型⇒早期一括弁済型⇒変動弁済率方式・暫定弁済方式など時々の要請を踏まえて形を変えてきている。

このような時代の要請に応じた計画案の作成は、ミクロ的には当然に必要な対応といえよう。しかしながら、マクロ的には現在主流ともいえる暫定弁済方式（金融円滑化法的対応）が日本企業の再生にとって好ましいかどうかは議論の余地があろう。

言い換えれば、現時点においては「（私的整理を前提に）暫定型弁済方式でやむを得ない」とする考えと「暫定型弁済方式は好ましくない」とする考えの両方が存在するのであろう。

前者の考え方は、早期一括弁済型等の背後にある創造的破壊ともいえる状態

---

58) なお、東京地裁民事第8部の運用としては、取引継続を約束しておきながらそれを反故にした場合には、不当利得返還請求を行う場合もあるとのことである（腰塚・前掲注55)論文92頁参照）。
59) もっとも、かかる前提をどこまで重要視するかについては議論がありえよう。

に比べて、金融円滑化法的対応は痛みの少ない対応方法であり、また日本的平等概念の実践ともいえる。他方で、前者の考え方には、右肩上がりの経済が終焉を迎えた現在でも真に有効な対応と言えるのか、先延ばしによる悪影響の方が（結果として）大きくならないかという疑念が存在する。

2 暫定弁済方式への留意点

しかしながら、前者が社会的に受け入れられている背景には、単に「物事を先延ばしにしたい」という事なかれ主義だけではなく、それなりの社会的理由が存在することに留意しないと金融機関側の理解も得られないであろう。

すなわち、①今回の金融円滑化法的対応は円高やデフレ経済という外的要因から中小企業を救済する必要から始まった方法であること、②それに対して地方銀行をはじめとする金融機関が金融円滑化法という国策に協力してきた結果として、金融円滑化法の対象債権が増加したというやむを得ない事情が存在すること、③金融機関側にも融資条件の緩和の際には、バルーンという形での支援を行っているという自負もあること、にも留意が必要であろう[60]。

したがって、企業の再建を進める（ひいては再建計画の作成）にあたっては、これらの諸事情にも配慮した対応が必要であろう。換言すれば、金融機関にも中小企業等にも一定の熟慮期間は必要であり[61]、そのためにもモニタリングやベンチマークを上手に活用していくこと[62]が重要なように思える。

---

[60] なお、金融庁も融資条件の緩和を行っても、実抜計画（実現可能性の高い抜本的な経営再建計画）があれば貸出条件緩和債権には該当しないとしている（中小企業等に対する金融円滑化対策の監督指針・金融検査マニュアル参照のこと）。

[61] これに対しては「熟慮期間はもう十分あったのではないか」という意見も当然にでようが、一方で東日本大震災やユーロ危機等近年生じた事情も存在することに留意が必要である。

[62] 金融機関にとってモニタリングは対象企業の再生可能性を見極める上では重要な行動であるし、対象企業にとっても金融機関と協議の上自らが設定したベンチマークを実現できるかどうかは再生可能性を検証する上で重要な行動であるといえる。

その意味で、金融円滑法化法終了後もある程度の期間は実質的延長ともいえる状況が続くであろうし、それがやむを得ない面も存在しよう。
　しかしながら、その実質的延長にも限度があり、その後抜本的対応が必要となった場合に[63]、どのような計画案が主流となるかはまだ見えない部分が存在するが、本稿で述べたように、各々の種類の計画案にはそれぞれの特長・問題点が存在するため、その点を踏まえた活発な議論がなされることを期待する。

　以上、長々と述べさせて頂いたことが読者の方の今後の参考になれば幸いである。

（しばはら・まさる）

---

63) なお、前述したように会社更生手続においてもDIP型事件や商取引債権の保護といった柔軟な取り扱いが認められるようになったことは、私的整理から法的倒産手続への移行可能性にとって重要なファクターとなりえよう。

18 非営利法人再生論
―― 今後の議論の捨石として

弁護士 濱田芳貴

I 非営利法人と事業再生の交点

1 非営利事業の今昔と非営利法人の昨今

　まず自慢にならない話から始めたい。法学部に入学し、はじめて「民法」というものに接した頃、「法人」には公益法人と営利法人とがあり、前者は「祭祀、宗教、慈善、学術、技芸其他公益ニ関スル社団又ハ財団ニシテ営利ヲ目的トセザルモノ」に限られ（かつての民法34条）、公益も営利も目的としない団体については、特にこれを法人とする法律（各種の協同組合法など）がある場合を除き、法人（いわゆる中間法人）となることができない旨、習ったものである。こうした公益目的事業のうち、教育機関、宗教団体、福祉経営については、別途、私立学校法、宗教法人法、社会福祉法（かつては社会福祉事業法）があり、病院や診療所については、医療法があり（それが公益法人における特例なのか中間法人の仲間なのかは判然としなかった）、その他いろいろあるようであったが、当時、それらについて立ち入って学ぼうとはしなかった。いまだバブル経済が泡と散る前の話、現に社会経済において数多く存立して重要な役割を果たしていたのは営利法人であり、「法人」という言葉から真っ先に思い浮かぶのは株式会社のことであった。いうまでもなく、ここにおける「営利性」のありなしは、

「事業活動に伴い獲得される経済的な利益について、その構成員（社員・株主など）に対して、当初の拠出額を超えた配分（剰余金の配当、持分の払戻し、残余財産の分配）をしてよいか否か」によるものであり、「非営利法人は利益を獲得できる活動をしてもよいのか」といった世間話とは視座が異なる旨、念のため注意を喚起されたような気もするのだが、こうした理屈をそれなりに理解できるようになったのは、相当に後になってからだったような気もする。要は、ぼんやりしていたのだ。

　古来より、悲田院や施薬院、綜芸種智院、加持祈祷、薬師如来に文殊菩薩、寺子屋、尼寺、駆込寺、あるいは、アッシジの聖フランチェスコでもいいのだが、信仰、医療、福祉、学問、芸術といった営みは、ときに地動説や進化論の「発見」といったかたちで、折々の「常識」との間にストレスを強いられつつも、相互に深い関わりを保ちながら、人間社会の基盤となり、その発展に寄与し続けてきたものである。科学的な思考や市場的な発想が重んぜられる今日においてもなお、自助や競争の原理に負けず劣らず、共助や互恵の持つ意義は失われていないし、むしろその情と理のバランスが再考され、期待されてもいる。世のつれづれにしたがい、公益（不特定かつ多数の人々の利益）の範囲（私益や共益、互助との境界）は変容していくものであるし、いくばくなりとも公益的ないし公共的な意義の見いだされる活動は、（厳密に公益と定義されなくとも）できるだけ幅広く制約なく柔軟かつ敏速に行われるべきであるし、そうした分野について、政府部門でも民間営利部門でもない民間非営利部門が、あるべきように役割を果たすことの重要性は、近時、社会学的にも経済学的にも否定されざるところかと思われる。この点、法制度としては、民法の公益法人に関する諸規定は、会社法の規定ぶりも参照されながら、一般社団法人及び一般財団法人に関する法律（一般法人法）や公益社団法人及び公益財団法人の認定等に関する法律（公益法人法）などに再構築され（その過程で、いっとき存在した中間法人法は発展的に解消され）、これとは別に、特定公益活動の促進に関する法律（NPO法）がその一歩先を行き、また、医療や社会保障などの分野における改革（規制緩和）の流れの中で、医療法や社会福祉法などの改正も進められてきたところであり（私立学校法も然り）、総じて、複雑かつ精緻に編み直された非営利法人の仕組み、その全容は、見方によって、わかりやすくなったような、わかりにく

くなったような、少なくとも、実務的な勉学の対象としては七面倒くさい様相となっているようである。

2　非営利法人にかかる窮境と再生

　ところで、その目的が営利であれ非営利であれ、そしてそれが公益に資するかどうかにかかわらず、およそ事業というものは、発展もすれば衰微もする可能性を秘めている。社会経済における役割が増せば増すほど、その活動の範囲も広がり、財政的な基盤も拡充するはずで、実際、市井の株式会社と変わらぬほどに資金が移動し、資産が集積し、そこで少なからぬ人々が就業や取引などの機会を通じて日々の生活の糧を得ている、という非営利目的の事業体・経済主体も、けっして珍しい存在ではない。しかし同時に、相当な規模まで事業を拡大していこうと思えば、よほどの集金力（有力な金主）でもない限り、それ相応の負債を背負わざるを得ないであろうし、その活動の歯車がひとたび狂えば、期せずして過剰債務の状態に陥ることもあるはずである。とはいえ、そうした経済的な窮境に立ち至ったとしても、その事業活動から生み出される何かについて、社会的に有意義な何か（それが資金創出能力であれば話は早そうだが、ここでは敢えてそれに限定しないでおきたい、そのような何か）が見いだされるならば、できるだけ破綻（解体と清算）は回避しなければならないし、なるべく関係者に混乱や悪影響を及ぼさないような手立てを講じながら再生させなければならない。ただ、実際上、あるいは建前として、営利を目的としない事業活動では、関係者が金銭面に鷹揚であったり、公益を目的とする事業活動では、関係者は金銭面に執着すべきでないとされたりして、そうした思念が、収支や損益の管理に対する甘さや甘えにつながり、経営（マネジメント）に対する疎さも手伝って、財務的な危機に対する「気づき」が遅れがちともなる。こうした事態に対処するための事業再生の技法としては、たとえば、私的整理によるか法的整理によるか、後者の場合には、民事再生手続によるか、ぎりぎり破産手続の中で事業譲渡を模索するか、また別の座標軸からは、自主再生で行くかスポンサー支援を仰ぐか、後者の場合には、事業譲渡その他どのような手法によるか、などが問題となる。とはいえ、先のような「気づき」の遅れは、そもそも私的整

理を選択する際の障害（あとの祭り）となるし、法的整理に組み込まれた事業再生の仕組みにしても、株主総会の特別決議の省略といった特則は、主に株式会社を念頭に置いたものといえ（もとより、会社更生手続や特別清算手続は株式会社しか利用できないものであり）、非営利法人への適用にあたり、思うに任せぬ制約や留意点も少なくない（実は営利法人であっても、近時まま見られる巨大な合同会社については、似たような心配事がないではない。別の意味で、弁護士法人や監査法人にも心配事はあるのだが、身近な存在ゆえ今は語りにくい）。

これまで、学校や病院の倒産と再生については、現実の事案もみられ、各所で各別に論じられてきたところであるが、本稿では、それらに固有の問題（事業特性や経営環境、各種の法規制や所轄庁との関係など）は敢えて捨象し、議論の抽象度を非営利法人の一般にまで一気に高め（そこで捨てきれない思いについては、本稿の末尾に図表など添付して慰んでいる）、その私的整理や法的整理との関係について検討してみたいと思う。ただ、そうは思うのだが、諸々の法人についてドーナツ状に議論されている、その穴のところを見つめるようなものであり、正直なところ、なかなか難しい。事業再生論への知見もまだ覚束ないのに、新たな法人制度の総攬までしようなどと、端から無謀というほかない。そこで、細部にまでわたる彩色については松嶋先生の白寿の祝賀までには何とかすることとして、このたびはとりあえず諸問題の白地図までということで、どうかお許しを願いたい。

II 非営利法人の事業構造

1 自生的な活動基盤の形成

回りくどくなりそうだが、ひとまず初山踏の裾野から一歩ずつ。あたりまえだが、何にせよ、本人のため、仲間のため、世間のため、何かしら意義のある活動をしようと思えば、その活動のための何らかの資源は不可欠である。もちろん、裸一貫、体が資本とばかり、自宅の一室か自室の一角でも拠点にして私的に始められる慈善や修養などの活動も種々あろうが、それでも雑費の類は出

て往くもので、その大方は手弁当となろう。やはり、ある程度まで時空の広がりのある活動をしようと思えば、その基盤の整備に向けた算段は必要であるし、いろいろしているうちに、理解者や同調者や受益者が増すこともあろう。たまたま有用な人脈に恵まれたならば、篤志や寸志のやり取りの中から必要な労務（知力・体力・人間力による諸活動）の提供を受けられるかもしれないし、たまたま誰かが必要な物資（活動拠点・什器備品・通信手段ほか諸々）を保持していれば、その現物をそのまま活動の用に供すれば足りるかもしれない。そうした輪や和が広がること自体は大変に結構なことではあるが、おのずと限界もあるはずで、資金の投下により必要な経営資源を確保していく方策についても視野に入れておくのが、たぶん大人というものである。

　非営利事業における資金調達にあたり理屈として端的そうなのは、広い意味での寄附を仰ぐことである。実際、活動の目的や実態において公益的ないし公共的な性格が認められるようならば、ひとまず、これに賛同する有志から助成を受けられるかもしれない（募金・献金・賛助金など名称を問わず）。しかし、事業活動の継続性という観点からすると、不特定の相手から不定期に不定額を募るばかりでは、いささか心許ない。この点、それが仲間内での互助的な活動であれば、互恵の関係に立つ参加者が（会員・社員・組合員など呼称を問わず）、皆で活動の経費（会費）を負担するという方向に進むことになりそうである。公益的ないし公共的な活動であっても、いつでも奉加帳を回せそうな賛助者を広く募り、その理解と結束を育むことができれば、やがて財源が安定化されていくかもしれない。また、活動の目的はどうあれ、その一環として物品や役務や情報などを提供することとし、その代価か謝金の類でも申し受けられるような仕組みが構築されると、実費や原価くらいは相応に賄えるようになるかもしれない。収支や損益の均衡、採算性といってもよい（ここで利幅を上げる方向にまで進むかは、また別論）。

　やや視点は異なるが、公的な財源との関係では、ある事業（法人）について、法定の公益性にかかる要件（所定の目的のほか、一定の内部統制の組織など）が備わる場合には、各種の補助金や助成金の交付を受けられるかもしれない（たとえば私学助成金など）。かつ、税制との関係では、事業収益に対する非（不）課税の特例や軽減税率が適用されることで、通常の場合よりも相対的に納税資金

が少なくて済んでいるかもしれない。また、寄附する側において所得控除（損金算入）や税額控除の特例が適用される仕組みがあれば、その反射的な効果として寄附が集まりやすくなるかもしれない。あるいは、政府系金融機関による制度融資などは、有利な資金調達への途を開くものであるのかもしれない（たとえば福祉医療機構など。なお、医療や福祉の分野については、診療報酬や介護報酬など公定価格により収入が抑制される面がある一方で、財政投入や財政調整のされた保険制度を介することにより回収不能リスクが回避されている面もあり、諸々、一概にはいえないところである）。こうした公的な制度や仕組みもまた、非営利事業における経営の安定性や採算性の確立にとって大事な意味を持つ場合があるかと思われる（なお、これらは政教分離を旨とする宗教法人とは無関係な話にも聞こえそうだが、実際上、広範な非課税の取扱いについて、何かの旨味のように受け止められる向きもあるのは、周知のとおりである）。

2 自覚的な目的財産の拠出

とはいいながら、世知辛い話ではあるが、事業の継続性や活動の発展性について真剣に考えていけば、おのずと、世間の荒波に揉まれても飲まれない程度には、基礎体力を備えておかねば危うい。さまざまな利害関係に取り込まれる相手先にとっても危ない。端的にいえば、「営利性」を求めようが控えようが禁じられようが、ある経済主体が所定の目的に向けて安定した活動を進めていくためには、ある程度まとまった元手が手元にあるに越したことはない（基金、基本金、基本財産、寄付行為、目的財産など、呼び名を問わず。営利目的であれば出資金や資本金などの名で呼ばれるような計数的な概念。これと表裏して法人に拠出される財産の実在）。なおかつ、それはただ当面あるというだけでなく（いわゆる借用としてではなく）、相当に長期にわたり、なるべく恒久的に返還や払戻しを求められないような態様であらねば、安泰とはいえず、さらには、それが拠出者の責任財産（債権者らの共同担保）から分離されないことには、安心もできない。これは、事業主体の法人化が企図されるゆえんでもある（ただ、信託という仕組みも考えられる）。

そして、そもそもの話、ここで財団法人という仕組みを用いることとするな

らば（一般財団法人に限らず、医療法人財団や学校法人なども財団型の法人である）、まず誰かが一定の事業目的のために何らかの財産を拠出しないことには、その設立すらできないし、しかも、そのようにして拠出された財産に対しては、後々、誰も返還請求権や持分払戻請求権などを有しない（解散後の残余財産は、同種の法人に寄附されるなどして整理されるのが基本である）。つまりそこには、ある目的に捧げられた法人財産こそあるが、設立された法人そのものは、誰のものでもないことになる。ところが、より馴染みのありそうな社団法人という仕組みを用いるとなると、その周囲の状況は一変する。この場合、一定の事業目的のために活動しようという誰かが現れたならば、まず、その人がみずから社員（構成員）となって法人を設立すべきことになるが、その目的に捧げられるのは人の務めや勤しみであって、少なくとも理念的には、目的財産の類が不可欠の構成要素となるものではない。ただ、すでに述べたとおり、財団でも社団でも、安定した活動の基盤として相応の目的財産が期待されることに何らの差異もない。そうした実際上の要請に応じて、現に社団に対して財産を拠出しようという者が現れた場合、その財産の拠出者という地位と社団の構成員という地位との間には、何か論理必然の関係があるのか、理論上、実務上、どのように整理される（べき）かが問われることになる。

　この点、いささか安易な比較ではあるが、まず身近に知る営利法人（会社）の仕組みを通じて眺めてみたい。実のところ、これは素直な参照例というよりも、無用な先入観の源かもしれない。すなわち、会社に対する出資は、観念的には、その持分割合などに応じた利益（剰余金）配当（分配）を受けるための投資として企図され、これと表裏して、出資者みずから、または他に経営専門家を任用して、会社における利益獲得に向けた活動（経営）を差配する。その経営支配の大小もまた、持分割合などにより定まり（資本多数決）、剰余金や残余財産の分配という契機から（営利性）、活動資源の拠出者が各自の利益を最大化するという動機に突き動かされる形で、経営の適正に対するコントロールが図られることになる。こうしたコントロールのあり方が、ステイクホルダーにとって最善か次善か窮余の策かは別として（企業の社会的責任論なども語られており）、また、法制度や定款自治において「所有と経営」を分離すべきか一致させておくか、といった課題もありはするが（株式会社と合同会社を対比してみれば

明らか)、ともかくも、法人の構成員として経営を支配する者の地位と、必要な経営資源を法人に拠出する者の地位とは、無意識のうちに同一視されるような仕組みとされている。

　こうした発想の延長線上において、非営利の社団法人について、その社員となろうとする者が、事業活動の経済的な基盤となるべき（なすべき）財産を拠出するという状況を想定してみた場合、感覚的には、出資をして社員となる、出資をしないと社員となれない、社員となれば出資持分を有する、しかし、利益配当は受けられない、ただ、持分の払戻や残余財産の分配にあたり出資額を超える返還を受けられるのかもしれない、といった先入観に囚われるが、必ずしもそうはならない。先に述べたところとも重なるが、非営利法人そのものの性格からして、事業活動に経営資源が投ぜられたことで生み出される経済的な価値（内部留保）を関係者に還元するにあたり、利益配当する先を想定する必要がない（してはいけない）という意味で、財産の拠出者を法人の構成員とすべき理由もなければ、法人の構成員を財産の拠出者に限る理由もない。法人の構成員は事業の目的に沿うように経営をすべきであるが、それを財産の拠出者がコントロールすべき必然性はない。実際、消費生活協同組合などの互助的な目的のために設立される法人では、財産を拠出した構成員の意思により共助的に経営され、その剰余的価値は、利益配当とは別の形で、構成員に便益的に還元される仕組みであるが、一般社団法人や医療法人社団（後述する旧法下からの経過措置型の法人を除く）などについては、社員の出資とか出資者の持分権といった概念がない。ここでは、法人に対して恒久的な財産的基盤を提供する仕組みとしては、「出資金」ではなく「基金」という制度が採用されており、その拠出者は法人に対して無利息かつ劣後的な返還請求権（債権）を有することになるが、これは法人の経営に対する支配権とは無関係とされており、理事者を選任するなどして法人の経営を差配するのは社員であり（1人1議決権の原則）、財産拠出が社員となるための要件ではないし、逆に、社員であることが財産拠出の際の要件でもない（実は、互助的な存在である相互会社でも、この基金の制度が採用されている）。

3　組織や制度の応用と濫用

　一般社団法人などにかかるこうした規律は、いうまでもなく「非営利性」のコロラリーではあるが（そして、持分（権）の概念がない以上、その払戻しも問題とならないが）、その思想が残余財産の分配についてまで貫徹されているかといえば、必ずしもそうではない。一般社団法人との関係で、（債務の弁済や基金の返還を経た後になお）残余財産がある場合、これを社員や設立者に帰属させる旨、あらかじめ定款に定めることは法律で規制されているが、清算法人となった後、その旨を社員総会で決議することは問題ないとする見解はあるし（ちなみに、公益社団法人では、類似の事業を目的とする他の公益法人に帰属させるなどしなければならない）、出資持分の定めのある医療法人社団については（ちなみに、平成19年3月以前に設立されていた法人の大半は、改正医療法の経過措置により、現在でもこうした体裁である）、さすがに利益配当こそ禁じられているものの、残余財産の分配や持分の払戻しにあたり、（理屈上、剰余金がある限り、その出資割合などに応じて）当初の出資額を超える返還を受けられることが、当然の前提とされてきたものである（ちなみに、現行法により設立された法人では、当然、出資持分の概念はなく、残余財産は他の医療法人などに帰属させる建前である）。こうなると、出資持分、出資者たる地位、財産拠出者たる地位は経済取引の対象としてみなされ得るであろうし、また、それらは、制度としては社員たる地位と一致しはしないが、実態として重なり合う部分が大きいとなれば、法人の経営支配権を移転するための手段として、そうした諸々の地位の承継などが模索されることにもなる。まったく内輪の組織であればともかく、その存在の公益性や公共的な色彩が強まるにつれ、そうしたことへの違和感も増すように感ぜられる（医療法の改正された趣旨も、そのあたりにあるようだが、むしろ逆の方向性として、病院経営の門戸を営利法人に解放すべしとの議論もみられるところであり、ここでは立ち入らない）。

　「非営利性」にかかる綻びは、他にも思い浮かぶ。ここまで述べてきたのが、剰余金の配分を規制するために設計されたはずの制度に内在する問題点であったとすれば、ここから述べようとするのは、そのように設計された制度から派生する問題点、すなわち、ガバナンスや内部統制の構造的な脆弱性に起因する不採算の放置、放漫・乱脈経営といった不始末についてである。先にも触

れたことではあるが、非営利目的の事業体であっても、それ自体として収支が均衡しなければ、その発展どころか継続すら覚束ない。将来に向けて事業の安定を保ち、さらに互助や公益の増進に貢献していくためには、基本財産や基金の存在も大事だが、加えて、多少なりとも内部留保を蓄積できるように遣り繰りし、いつか起こり得べき浮き沈みへの備えとすることが肝要である。この点、営利法人であれば、先にも述べたとおり、出資者兼構成員の利益の最大化という契機から、相応に経営がコントロールされていく建前である。他方、非営利法人の場合にも、一応、定款や寄付行為の定め、社員総会や評議員会での審議、あるいは監事による監査などを通じ、理事による業務執行が監督される仕組みではあるが、その業務執行の方向性を指し示す設立の理念や目標（創立、建学、伝導、奉仕、振興、啓発などの精神）は概して抽象的であるし、こうした理念や目標に対する自生的・自発的・自律的な献身（自利でなく利他の心）に委ねられている部分が大きい。互助的な組織はともかく、通例、財産拠出者からの功利的なコントロールが働きにくく、それが事業採算性や収益性、財務戦略などに対する感覚の甘さや甘えにつながる余地は、多分にあるように思われる（いったん財産が拠出さてしまうと、単に贈与がされたかのような状態となってしまい、負担付贈与契約の解除といった方法でのコントロールも困難）。結局のところ、活動の基本方針や具体的な行動計画のないままに財産拠出・資金投入をしてしまうと、その後は単なるばらまき、散財に終始するかもしれず、しかも、高い理想を実現すべく佳かれと思ってやりました、などと弁明されてしまえば、その責任の所在とて有耶無耶になりがちかもしれない。

　こうして、非営利法人だからということで採算性がないがしろにされるような場合もありそうなのだが、これとは正反対に、非営利法人ではあるが収益性がとことん追求されるような場合はどうであろうか。すなわち、非営利法人であっても相応の経済的自立は求められるわけあり、そのようにして蓄積される内部留保が、組織の理念や目標に向けて還元されていくならば、異論や論難もなかろうが、実際上の問題として、法で禁じられた利益配当とは異なる形で、損益や収支の中から最終的な剰余金や余剰金が形成される前段階において、これを過度に社外流出させる手段が駆使されて、関係者の懐に消えていくようなことがあるとすれば、それはどうか。もちろん、人員の就労に対する賃金や役

18　非営利法人再生論

非営利（公益的・互助的）事業体の構造（B／S・P／L 的な模式図）

資産的な部分

本業の遂行力（理念・信念の実現力）
　個々の受益者または社会・文化・経済一般に対して貢献できる能力や効能・存在価値（医療・介護・福祉・慈善、教育・研究・啓蒙、教義・御利益・供養など）
　人材や労務の獲得力（人脈や信用）
　財産的な支援（寄附や助成など）の獲得力
　非（不）課税特権（税制上の優遇措置）
　許認可・認定・認証・指定・既得権

物的な基盤
　事務所・設備、病院・福祉施設、学校・研究所、寺社・礼拝堂、本尊・聖体、墓地・霊園、文化財、記念物、美術工芸品、その他、不動産や動産の類（所有・賃借ほか）

本業による役務などの対価（的な何か）
　使用料・利用料・手数料・購読料、診療報酬・介護費、入学金・学費、入館料・拝観料、謝金・供養料、事業受託費、その他にかかる請求権
　（なお、寄附などについては「収益的な部分」参照）

副業（収益事業）

費用的な部分

公益的・互助的な事業の目的に沿って活動を展開する際の有形・無形の負担・負荷
（経済的な非効率性の部分的な甘受）
（行政的・社会的・倫理的な規制）

本業を遂行するための費用
　正規・臨時職員に対する人件費、各種物品の購買費、事業にかかる活動費や外注費、事務所などの賃借料、借入金に対する金利、租税公課、その他
（これらに関連する法的債務については「負債的な部分」参照）

負債的な部分

公益的・互助的な事業の目的に沿って活動を展開すべき有形・無形の責務
（贈与や寄附にかかる抽象的な「負担」）

本業を遂行する義務
　各種役務・情報提供、医療・介護・福祉、教育・研究、啓蒙、布教、儀式・祭礼、その他の事業活動（提供義務）

事業活動に伴う経済的負担
　借入・買掛・未払などにかかる法的債務
　事故・反社会的活動にかかる法的賠償責任

（医療法人債）

純資産的な部分

基金（拠出者は無利息劣後債権を保有）

内部保留（各種収益の集積）

剰余金的な部分

基本財産・寄付行為（財団）

出資金（拠出者が出資持分を保有）

収益的な部分

無償で取得する経済的価値
　正会費・賛助会費、寄附金（贈与・遺贈）、布施・献金・賽銭、募金・共同募金、補助金・助成金、その他
　ボランティア活動の受入れ（労務）
（なお、財団への基本財産の拠出・寄付行為については「剰余金的な部分」参照）

本業による役務などの対価（的な何か）
（その細目については「資産的な部分」参照）

保有資産（基本財産など）の運用益

副業の儲け

377

員報酬、物品や役務の提供を受ける際の対価、事務を外部委託する際の外注費、動産や不動産の賃借料、借入を起こした場合の金利など、事業活動に伴い必要な経費が生じるのは、法人の営利と非営利とを問わないが、とりわけ後者において、貯蓄へのコントロールが薄れると、高水準の人件費・人材派遣費・顧問料、過剰な福利厚生、割高な仕入・外注・賃借など、いろいろ見逃されがちともなる。そうした実態や実情に着眼し、財や益に執心し、関係者が傍らに営利法人を設立して業務を受託したり、その関係会社から物資や資金を貸与したり、非営利法人の側から事実上の名義貸しをさせたり、そうしたことが行き過ぎれば、公私混同による不正蓄財などと揶揄されることになってしまうかもしれない（もちろん医療法などには規制もあるのだが）。

マネジメントやガバナンスの欠如による行く末が、不適切な経営判断による無謀な事業展開、過剰投資に起因する過剰債務問題であるのもまた、その法人の営利と非営利とを問わない。ただ、収益力や資金創出能力を本務としない後者にあっては、その事業再生に向けた道筋や手立てが限定されることにもなるかもしれない。しかも、公益的ないし公共的な活動が衰弱し消失することは、人間社会にとって大いなる痛手ともなるのである。

III 非営利法人にかかる事業再生の技法と限界

1 自助努力と再生支援

過去に各所に書き付けてきた焼き直しとなり恐縮ながら、これも話の順序ゆえ、事業再生の手法や手続の選択について、ここで簡単に復誦しておきたい。ただ、本稿で念頭に置くべきは、事業採算性に問題があり、過剰債務の状態にあり、資金繰り難に陥りつつある、といったような非営利法人（医療法人、社会福祉法人、学校法人、宗教法人、その他さまざま）であり、営利法人について一般に語られていることが通じにくい特有の問題点にも、あえて踏み入る必要はあるだろう。法律実務家の癖からすると、まずは私的整理か法的整理か、といった手続選択論から入り、その手続内容の解説に特化したくもなるのだが、ここは

一呼吸おく。事業再生にとって根幹的なのは、経営改善計画なり事業再生計画なりを立案し実行できるかどうかであり、その際、周囲を取り巻く関係者の多様な利害に配慮しつつ、採算性や収益性を一定程度まで回復し、相応に健全な財務状態にまで回帰し、その後は自活していけるようにする、そのような施策や対策を見いだせることが何より重要といえる。この点、営利法人にかかる事業計画については「選択と集中」が強調される。自前の経営資源を基礎として、何かを残したり捨てたり得たりして、何らかの過不足を調整し、収支を均衡させるオペレーションを構築する手立てはあるか、自助努力でもって何をどこまで改善できるのか、といったあたりから考えることになる。しかし、非営利法人の場合、ある目標に特化した事業を本務とし、もともと成り行きベースでの収支や損益は赤字ベースであることを前提に、収益事業を副業としたり、各種の補助金を受給したり、幅広く寄付を募ったり、といった実態であるとすると、自力でできる選択の幅や集中の先は相当に限られるかもしれない。複数ある事業を再構築したくとも、会社分割や株式交換などの仕組みが整備されている株式会社の場合と比較すれば、法律上の組織再編の手段として合併や事業譲渡くらいしか規律されていない非営利法人の場合には、その柔軟性は相当に低そうでもある（これは後に述べるスポンサー支援の受け入れ手法にも影響する）。

何はどうあれ、はたして自力でどうにかなるものなのか。自助努力ばかりでは何ともならない弱点については、対外的に再生支援を要請していくほかないわけであるし、それが底なし沼や青天井の頼まれごとでは、常識的には誰もが応じかねるはずであるし、結局、事業の概要と現状、窮境に至る経緯と要因、財務状況の実態と資金繰りの実情、重要な契約や許認可の関係などについて、相応の調査、整理、仮説と検証、評価といった作業（それをデュー・ディリジェンスと呼ぶか反省というかは言葉の問題だが）をしてみないことには、当の本人すら、その先々を計り（測り、量り、図り）かねるであろう。ただ、非営利法人の場合、正味の資産価値や事業の採算性、債務償還能力を把握するにあたり、行政上の許認可、補助金の受給資格、税制上の特例措置、法的規制や除外例への該当性などが、その活動の将来にとって決定的な影響を及ぼすことがあり、しかも、その所轄先や監督先から、先々に関する確約の類を得られるとは限らず、そうしたことが、問題点の把握や問題性の評価を著しく難しくする要因となり

得る。そればかりか、保有する資産について無闇な処分（譲渡や貸与、担保設定、改造・転用、放置など）ができない制度に組み込まれている場合もある。あるいは、ある特定の経営者、理事者、責任者、関係者、後援者などの存在が、その資質や資力や経歴や人脈などのゆえに、事実上、各種の既得的な地位（立ち位置）と連動している可能性もある。非営利法人の事業分野ごとに、門外漢には知られない（ときに不合理と映るような）意外な事象があるものである。

2　スポンサー支援の手法と制約

　さて、仮に対外的に再生支援を要請すべきであるとして、では、的確な事業再生のためには具体的に何が必要とされるのか。事業面や資金面でのスポンサー支援なのか、財務改善に向けた債権放棄を含む金融支援なのか、その双方なのか、それらのバランスはどうか、自助の限界も含め何が中庸なのか、といった課題である。ひとまず自力でもって数年内に財務状態を改善して自活できる見通しならば、金融機関に期限の猶予（リスケジュール）を求める程度で済むかもしれない。しかしそうした場合であっても、自前の経営能力に懸念があれば、外部人材の招聘、あるいは運営や経営の外部委託を視野に入れるべきかもしれない。さらに、将来計画との関係でリストラや設備投資、協働などが所望される場合には、スポンサー支援を仰ぐことも検討した方がよい。

　こうした場合、営利法人とりわけ株式会社であれば、素朴に企業・事業の買収（M&A）という課題として位置づけられ、その手法としては、会社分割や事業譲渡、合併、募集株式の引受けをする者の募集（第三者割当増資）、全部取得条項付種類株式の取得と消却（100％減資）、株式交換などにより、出資者の入れ替え、経営（権）の移譲、経営者の交代、組織の再編、財務の再構築などを有機的に関連づけて、資本多数決を旨として、実行していくことが考えられる。しかし非営利法人の場合には、この同じ発想が通じにくい。先にも述べたとおり、法制上も合併や事業譲渡くらいしか組織再編の仕組みが整備されていない。社団型の非営利法人の事業再生を支援しようとする側から考えてみると、社員総会の法定多数（1人1議決権）をコントロールできなければ、その後の経営の舵取りはできないのだが、法人に対する財産拠出者としての地位と社

員の地位とは無関係であり、社員の顔ぶれを交替しようと思えば、個々の社員から了解を得て退社と入社の手続を踏むなどするほかない。その際、法人への財産拠出につき出資持分が観念され、その財産を社員や理事者が拠出していたりすると、実質的な価値がないにもかかわらず、その形式的な買取り（何らかの形での経済的な便宜の供与）を求められたりするかもしれない。持分概念のない基金の拠出であっても、駄々を捏ねられれば、話は暗礁に乗り上げるかもしれない（そうした過程で、法人に対する無利息劣後債権、その本業の遂行に咬む別会社の株式、その他の個人資産などに、法外な値が付くかもしれない）。また別の観点から、スポンサーが事業再生に向けたリストラや設備投資のために真水の資金を投入しようとする際にも、出資や配当という仕組みがない中で、投下資本の回収を図る術が限られることになる（貸付金利とするか、何かの取引関係を構築するかなど、先述の応用）。このことは、スポンサーとして、その投下する資金を他から調達する際の制約ともなるかもしれない。ことによっては、いかがわしいブローカーを暗躍させる余地となるかもしれない。あるいは、公益性ないし公共性が強調される事業との関係では、営利法人による事業再生投資の対象とされることが、規制されたり敬遠されたりする場合もある。

　つまるところ、非営利法人の場合には、同業や同門による救済という途のほか、なかなかスポンサー支援を仰ぐのも難しい。その利害関係者としては、自省、自覚、自重、自律、自浄などを旨として、総出で覚悟して再生に取りかかる必要があるということである。社員や評議員、理事者のうちの1人でも、利他を忘れて自利に執けば、残るは破産に至る途だけかもしれない。といってよいほどに、そのガバナンスが、体制でなく人に依存しているように思われる。

3　金融支援の手法と制約

　通例、資産処分や収益償還ばかりでは債務超過の解消に目途が立たないような場合には、債務免除（債権放棄）にまで踏み込んだ金融支援を要請せざるを得ない。出資という概念を持たない非営利法人では、債務の株式化（DES）という手法を採用し得ない点ですでに、一定の制約を伴うことになる。これまた通例、債権者の権利につき一定の毀損を求めるとなれば、法律上、その劣位

にある出資持分の類は少なくとも希釈化されるのが衡平といえようが、出資持分という概念がないと、その希釈化という手法をも欠くことになる。

それはさておき、より根幹に近い問題へ。窮境にある債務者が債務免除（債権放棄）を受けるための枠組みとしては、大きく私的整理と法的整理の別がある。事業再生計画に関する利害調整、その協議を進めて妥結に至るまでの段取りや仕組みにおいて、大きな違いがある。ここでその対比論に踏み込みはしないが（卑見については、法的整理と私的整理の定性的な相違点のほか、事業再生と金融実務の相互関係、法的整理から私的整理への移行に伴う不連続などを含め、かつて『私的整理計画策定の実務』（後掲）の第8章において嫌というほど論じたことがあり、思い出すと辛いこともあり、内容面は割愛するが）、以下、現行の法的整理の仕組みのもとでは非営利法人との関係で上手く機能しないのではないか、と懸念される局面について、そのいくつかを指摘しつつ、本稿の締め括りとしたい。

いうまでもなく、非営利法人の事業再生に利用できる法的整理は民事再生（ごく例外的に破産）に限られる。その手続に関する一般論は、大要、手続の開始後も再生債務者みずからが事業経営を継続し（管財人が選任されるのは例外）、手続の開始により一般債権者のみが再生債権者として個別的権利行使を禁じられ（担保権者との関係は手続外にて個別対応）、その法定多数決により成立する再生計画の定めにより再生債権にかかる権利変更（免除や猶予など）がされる、というものであり、株式会社との関係では、取締役がその地位に留まること、株主は手続外に置かれること、ただ、債務超過であるなど一定の要件を満たす場合には、会社法の手続を経ることなく、再生裁判所の許可を得るなどにより、事業譲渡のほか、いわゆる第三者割当増資や100％減資が可能とされていることなどが、特に語られるところである。とすると、すでに問題点のあらかたは見え隠れしているであろう。たとえば、社団型の非営利法人について、仮に債務超過状態にあるなどの事情が認められる場合であっても、もともと社員の地位と法人に対する財産拠出者としての地位は別個のものであるから、後者の地位については（無利息劣後債権の100％免除といった処遇でもって）再生債権者の法定多数決などにより処理することができても、法に特別の定めがない以上、前者の地位については処置のしようがない。社員総会や理事会のコントロールが効かなくなれば、事業再生の施策としての事業譲渡なども困難となる。このこと

は、社団の構成員（株主や社員といった存在）が手続の拘束下に入らない民事再生において、管財人が選任されたとしても、何らの解決にならない。この点、会社更生手続に入った株式会社について、更生計画の定めでもって大方の組織再編が可能とされ、かつ、債務超過であれば株主の議決権が排除されていることとは、著しく対照的である。

　ちなみに、相互会社などについては、「金融機関の更生手続の特例等に関する法律」の適用対象とされている。おそらく、非営利法人一般について、会社更生手続に準じた仕組みを備えた強力な制度を設けることが、立法技術として不可能なわけではない。ただ現状では、そうした制度を欠く中で、債権者に要請する金融支援の内容を法定多数決でもって実現しようとすれば、民事再生の手続によるほかない。しかも、株式会社の組織再編について会社法上の手続を一部省略できるなどの特例と同等の規律を欠く中で、できることに限界があることをも知らなければならない。もとより、これらは私的整理であれば解決されるという類の問題でもない。ここでまた、非営利法人の関係者における「浄き心」に対する一種の依存体質が垣間見えるわけである（なお、病院における入院患者や学校における在学生その他、各種の法人における特有の債権者ないし法律関係も想起されるわけであるが、許認可の承継といった問題も含め、ここでは捨象せざるを得ない）。

　以上、課題の山積を再認識したところまでで本稿を終えざるを得ないことにつき、あらためてご宥恕を請う次第である。

各種非営利法人(抄)の比較表

法人の種類	一般社団法人	一般財団法人	公益社団法人	公益財団法人	特定非営利活動法人
根拠法令など	一般法人法	同左	一般法人法(公益認定法)	同左	NPO法
設立の方式	準則主義	準則主義	(公益認定)	(公益認定)	認証主義
所轄庁・監督官庁	—	—	内閣総理大臣 都道府県知事	同左	内閣総理大臣 都道府県
法人の根本規範	定款その他の基本約款	定款その他(従前の寄附行為)	一般社団法人に同じ	一般財団法人に同じ	定款
会計基準	(一般に公正妥当と認められる会計の慣行)	(同左)	公益法人会計基準	同左	NPO法人会計基準
事業活動など	非営利(私益でも公益でも可)	同左	公益目的事業(収入・財産など制約事項あり)	同左	特定非営利活動
法人への拠出財産	基金(任意)	基本財産(従前の寄付行為)300万円以上	一般社団法人に同じ	一般財団法人に同じ	—
財産拠出する者	社員その他の者(任意)	設立者(必須)	一般社団法人に同じ	一般財団法人に同じ	—
財産拠出者の持分	なし(無利息後債権として存在)	—	一般社団法人に同じ	—	—
収益事業の位置づけ	—	—	公益目的事業の実施をおぼすおそれがない 公益目的事業費が1/2以上となる見込み 収益は公益目的事業に還元	同左	特定非営利活動に支障がない 収益は特定非営利活動に利用
税制上の優遇措置	原則なし (特定公益増進法人か否か)	同左	公益事業による所得は原則非課税。寄附金優遇あり。	同左	公益事業、所轄庁の認定を受けると公益法人と同等となる。事業による所得は原則非課税(注2)
補助金・助成金 行政の委託事業など	原則なし	原則なし	事業目的により諸々あり。	同左	事業目的により諸々あり(なお、社会福祉法人参照)。
機関・組織	社員総会・理事	評議員(会)・理事(会)・監事	社員総会(会)・理事(会)・監事	一般財団法人に同じ	社員総会・理事・監事
社員	2名以上(設立時)	—	一般社団法人に同じ	—	10人以上(入会制限不可)
社員総会	必置・最高意思決定機関	—	一般社団法人に同じ	—	必置
評議員	—	3名以上	—	一般財団法人に同じ	—
評議員会	—	必置	—	一般財団法人に同じ	—
理事	必置・理事会設置法人では3名以上	必置・3名以上	必置・3名以上(親族等の数は1/3以内)	同左	3人以上

	一般社団法人	一般財団法人	公益社団法人	公益財団法人	NPO法人
理事会（代表理事）	任意	必置	必置	同左	任意
監事	理事会設置又は大規模法人では必置	必置	必置（親族等の数は1/3以内）	同左	必置
会計監査人	任意・大規模法人では必置	同左	必置・小規模法人では任意	同左	―
構成員	社員	―	社員	―	社員
財産拠出義務	基金拠出義務なし（定款の定めによる）	（設立者の基本財産拠出義務）	一般社団法人に同じ	（設立者の基本財産拠出義務）	―
経費負担義務	可（定款の定めによる）	―	一般社団法人に同じ	―	―
持分の有無	なし	―	一般社団法人に同じ	―	―
持分の払戻し	なし	―	一般社団法人に同じ	―	―
剰余金の配当	不可（基金返還債務への付利も、基金の返還も不可）	―	一般社団法人に同じ	―	不可
残余財産の配分	設立者に帰属させる旨の定めは無効。ただし、帰属先の定めを欠く場合、社員総会でその帰属を決議できる（議論あり）。	設立者に帰属させる旨の定めは無効。ただし、帰属先の定めを欠く場合、評議員会でその帰属を決議できる（議論あり）。	類似の事業を目的とする他の公益法人などに帰属させる旨の定めでなければ無効	同左	特定非営利活動などに帰属させる旨の定款の定めは有効
議決権	原則1人1議決権	（原則1人1議決権（評議員））	一般社団法人に同じ（目的に照らし不当な差別は不可）	（一般財団法人に同じ）	1人1議決権
組織再編など					
事業（全部）譲渡	社員総会の特別決議	評議員会の特別決議	一般社団法人に同じ（行政庁への事前届出を要す）	一般財団法人に同じ（行政庁への事前届出を要す）	―
合併	社員総会の特別決議	評議員会の特別決議	一般社団法人に同じ（行政庁への事前届出を要す）	一般財団法人に同じ（行政庁への事前届出を要す）	社員総会の特別決議
社員の地位の譲渡	定款の定めにより可（議論あり）	―	（下記参照）	―	―
社員の退社・入社	退社の自由（入退社の要件や手続は定款の定めによる）	―	一般社団法人に同じ（目的に照らし不当な差別は不可）	―	（入退社に不当な条件を付さないこと）
法人の解散	定款の定め（存続期間、解散事由）、社員総会の特別決議、社員の欠乏、破産手続開始、ほか	定款の定め、事業目的の達成不能、純資産額300万円未満（2期連続）、破産手続開始、ほか	一般社団法人に同じ（公益目的事業の廃止は行政庁への事前届出を要す）	一般財団法人に同じ（公益目的事業の廃止は行政庁への事前届出を要す）	定款の定め、社員総会の特別決議、社員の欠乏、破産認可の取消、ほか
根本規範の変更	社員総会の特別決議	評議員会の特別決議（事業目的の変更は制約あり）	一般社団法人に同じ	一般財団法人に同じ	社員総会の特別決議

法人の種類	社会福祉法人	医療法人財団	医療法人社団	経過措置型医療法人（社団）	学校法人
根拠法令など	社会福祉法	医療法	同左	医療法（旧法・経過措置）	私立学校法
設立の方式	認可主義	認可主義	同左	同左	認可主義
所轄庁・監督官庁	都道府県知事 指定都市・中核市の長 厚生労働大臣	都道府県知事 厚生労働大臣	同左	同左	文部科学大臣 都道府県知事
法人の根本規範	定款	定款	定款	定款	寄附行為
会計基準	社会福祉法人会計基準	病院会計準則ほか	同左	同左	学校法人会計基準
事業活動など	社会福祉事業（注3）・公益事業	病院、診療所、介護老人保健施設の運営・支障のない限り附帯業務も可（注4）	同左	同左	私立学校の設置など
法人への拠出財産	（事業を行うに必要な資産を備えなければならない）	寄附行為	基金（任意）	出資金	（私立学校に必要な施設・設備、これらに要する資金、経営に必要な財産を有しなければならない）
財産拠出する者	（設立者）	設立者	社員その他の者（任意）	出資者（社員に限らず）	（設立者）
財産拠出者の持分	なし	—	なし（無利息劣後債権として存在）	あり（出資者につき）	（設置者）
収益事業の位置づけ	社会福祉事業は収益事業は社会福祉事業（か公益事業）の経営に充てる	（社会医療法人・特定医療法人は厚生労働大臣が定める収益業務を行うことができる）	同左（ただし、基金制度を採用している、社会医療法人・特定医療法人などの要件を満たさない）	同左（ただし、社員への残余財産の分配可能性を排除しない限り、社会医療法人・特定医療法人の要件を満たさない）	設置する学校の教育に支障のない限り、収益事業を学校の経営に充てるため
税制上の優遇措置	社会福祉・公益事業による所得は非課税	小規模法人に対する軽減。社会医療法人・特定医療法人に対する優遇策あり。	同上	同上	寄附金優遇あり。
補助金・助成金行政の委託事業など	各種補助金・融資渡・貸与（介護保険者への公的補填）	（健康保険者への公的補填）	同左	同左	私学助成金ほか
機関・組織	理事・監事	評議員（会）・理事（会）・監事	社員総会（1人社団許容）	同左	評議員（会）・理事（会）・監事
社員	—	—	必置	同左	—
社員総会	—	—	必置	同左	—
評議員	任意（運用上設置）	理事の定数の2倍超	—	—	理事の定数の2倍超
評議員会	必置	必置	—	—	必置
理事	3人以上（運用上6人以上）	原則3人以上（社会医療法人では6人以上）	同左	同左	5人以上

理事会（代表理事）	任意	（理事長は原則として医師・歯科医師）	—	同左	必置
監事	1人以上（運用上2人以上）	1人以上（社会医療法人は2人以上）	同左	同左	2人以上
会計監査人	—	（社会医療法人は会計監査義務付け）	同左	—	—
構成員	（設立者による財産拠出）	—	社員	社員（定款自治）	—
財産拠出義務	—	（設立者による寄附行為）	なし	—	（設立者による財産拠出）
経費負担義務	—	—	なし	あり（出資者）	—
持分の有無	—	—	不可	社員資格の喪失者は出資額に応じて払戻を請求できる	—
持分の払戻し	—	—	—	不可	—
剰余金の配当	—	—	不可	—	—
残余財産の分配	社会福祉法人などに帰属させる旨の定款の定めがなければ無効	医療法人などに帰属させる旨の定款の定めがなければ無効	同左	払込出資額に応じて配分する旨定款の定めも有効	学校法人などに帰属させる旨の定款の定めも有効
議決権	（1人1議決権）（評議員）	（1人1議決権）（評議員）	1人1議決権	1人1議決権（出資の有無を問わず）	（1人1議決権）（評議員）
組織再編など 事業（全部）譲渡	—	定款の定め 評議員2/3以上の同意 理事2/3以上の同意 所轄庁の認可	—	—	—
合併	所轄庁の認可（評議員会の決議）	—	総社員の同意 所轄庁の認可	同左	理事会の特別決議 所轄庁の認可
社員の地位の譲渡	—	—	—	（出資持分の譲渡）	—
社員の退社・入社	—	—	社員総会の決議	同左	—
法人の解散	理事（評議員）の多数決 定款の定め 事業目的の達成不能 破産手続開始 所轄庁の命令、ほか	寄附行為の定め 事業目的の達成不能 破産手続開始 認可の取消、ほか	定款の定め 事業目的の達成不能 破産手続開始 認可の取消、ほか	同左	寄附行為の定め 所轄庁の解散命令 事業目的の達成不能 破産手続開始
根本規範の変更	所轄庁の認可（評議員会の決議）	評議員会への意見聴取 定款の定める手続による 所轄庁の認可	定款の定める手続による 所轄庁の認可	同左	定款の定める手続による 所轄庁の認可

法人の種類	宗教法人	消費生活協同組合（参考）	相互会社（参考）	合同会社（参考）	株式会社（参考）
根拠法令など	宗教法人法	消費生活協同組合法	保険業法	会社法	同左
設立の方式	認証主義	認可主義	許可主義	準則主義	準則主義
所轄庁・監督官庁	都道府県知事 文部科学大臣	都道府県知事 厚生労働大臣	内閣総理大臣 金融庁	―	―
法人の根本規範	規則	定款	定款	定款	定款
会計基準	（宗教法人会計基準（案）） （文化庁・計算書類様式）	（一般に公正妥当と認められる会計の慣行）	（一般に公正妥当と認められる会計の慣行）	右同（かつ、中小企業の会計に関する指針）	企業会計原則ほか
事業活動など	宗教の教義をひろめ、儀式行事を行い、信者を教化育成する	組合員の生活の文化的経済的改善向上（注5）	相互保険	営利事業	営利事業
法人への拠出財産	（基本財産・特別財産（宝物など））	出資金	基金	資本金	資本金（なお、純資産300万円未満では剰余金配当等を規制）
財産拠出者	（設立者）	組合員 あり	拠出者（社員は保険契約者）なし（劣後債権として）	社員 あり	発起人・引受人（株主）あり
財産拠出者の持分	―	―	―	―	―
収益事業の位置づけ	目的に反しない限り（公益事業と）収益事業は可	組合の事業を営利を目的として行うことの禁止（組合員および組合への最大奉仕の原則）	―	―	（寄附その他の効力に関する議論あり）
税制上の優遇措置	宗教活動・公益事業によるる所得は非課税。収益事業には軽減税率。	一部あり。	（通常課税）	（通常課税）	（通常課税）
補助金・助成金 行政の委託事業など	（政教分離の原則）	―	―	―	―
機関・組織	責任役員・代表役員	理事・監事	社員総会（総代会）・監査役会（委員会）	社員	株主総会・取締役（執行役）
社員	（総代）	（組合員・20名以上）（総代会・大規模法人では総代）	（社員は保険契約者）（社員総会・大規模法人では総代会）	1名以上	（株主1名でも可）
社員総会	（総代）	―	（社員総会・大規模法人では総代会）	（定款自治）	（株主総会に相当）
評議員	（総代）	―	―	―	―
理事	責任役員・必置・3人以上	必置・5人以上	（取締役に相当）	（社員の業務執行権・執行社員の選任）	（取締役に相当）
理事会（代表理事）	責任役員会・必置・代表役員必置	必置・2人以上	（取締役会（代表取締役）に相当）	―	（取締役会（代表取締役）に相当）
監事	任意	必置・2人以上	（監査役に相当）	―	（監査役に相当）

会計監査人	—	(信者(?))				(会計監査人・会計参与)			(大会社にかかる会計監査人に相当)
構成員	(1人1議決権・総代会)		組合員		社員	社員	社員		株主
財産拠出義務	(設立者による財産拠出)	—	出資払込義務(1口以上)	—	—	(保険契約)	出資履行責任(価額が定まるものであれば金銭以外でも可)。	—	出資全額払込主義(資本充実原則)。追加拠出は義務付けうる定めは無効(株主間契約では規律可能)。
経費負担義務	—	—	(農協法などには定款で定とする規定あり)	—	(保険関係)	—	(定款自治)	—	なし(株主有限責任)
持分の有無	—	—	あり(出資)	—	—	—	あり(持分)	—	あり(株式)
持分の払戻し	—	—	脱退による払戻	—	(保険契約の解約)	—	退社による持分払戻	—	(自己株式の取得)
剰余金の配当	不可	—	出資額または利用分量に応じた割戻し	—	可(契約者配当)	—	可(定款自治)	—	可(下記参照)
残余財産の分配	規則の定めにより定めなければ国庫帰属など	—	可	—	可	—	可(定款自治)	—	(剰余金の配当・残余財産の分配のいずれにも認めない定款の定めは無効。一定割合を社員以外に分配する等不可)
議決権	(1人1議決権・総代会)	—	1人1議決権	—	1人1議決権	—	持分単一主義	—	資本多数決(1株1議決権の原則)
組織再編など	—	—	—	—	—	—	—	—	(会社分割・株式移転などあり)
事業(全部)譲渡	—	—	総会の特別決議	—	社員総会決議など(保険契約の包括移転)	—	(定款自治)	—	株主総会の特別決議
合併	責任役員の決議ほか所轄庁の認証	—	総会の特別決議 行政庁の認可	—	社員総会決議など	—	総社員の同意 定款に別段の定めは可	—	株主総会の特別決議
社員の地位の譲渡	—	—	(農協法などには原則制限の規定あり)	—	—	—	持分譲渡禁止の原則	—	株式の自由譲渡性
社員の退社・入社	(信教の自由)	—	あり(脱退) 加入(地域性・資格要件あり)	—	(保険契約)	—	退社(任意・法定ほか) 加入(定款変更・払込)	—	(自己株式の取得) (募集株式の引受)
法人の解散	定款の定め 所轄庁の認証取消 裁判所の解散命令 破産手続開始、ほか 行政庁の解散命令	—	定款の定め 事業目的の達成不能 破産手続開始、ほか 行政庁の解散命令	—	定款の定め 社員総会の決議 免許の欠乏 破産手続開始、ほか	—	定款の定め 総社員の同意 社員の欠亡 破産手続開始、ほか	—	株主総会の特別決議 破産手続開始、ほか
根本規範の変更	規則の定めによる手続による 所轄庁の認証	—	総会の特別決議 行政庁の認可	—	社員総会決議など	—	総社員の同意 定款に別段の定めは可	—	株主総会の特別決議 定款に別段の定めは可

(注1) 公益社団法人及び公益財団法人の認定等に関する法律施行令・別表
1 学術及び科学技術の振興を目的とする事業
2 文化及び芸術の振興を目的とする事業
3 障害者若しくは生活困窮者又は事故、災害若しくは犯罪による被害者の支援を目的とする事業
4 高齢者の福祉の増進を目的とする事業
5 勤労意欲のある者に対する就労の支援を目的とする事業
6 公衆衛生の向上を目的とする事業
7 児童又は青少年の健全な育成を目的とする事業
8 勤労者の福祉の向上を目的とする事業
9 教育、スポーツ等を通じて国民の心身の健全な発達に寄与し、又は豊かな人間性を涵（かん）養することを目的とする事業
10 犯罪の防止又は治安の維持を目的とする事業
11 事故又は災害の防止を目的とする事業
12 人種、性別その他の事由による不当な差別又は偏見の防止及び根絶を目的とする事業
13 思想及び良心の自由、信教の自由又は表現の自由の尊重又は擁護を目的とする事業
14 男女共同参画社会の形成その他のより良い社会の形成の推進を目的とする事業
15 国際相互理解の促進及び開発途上にある海外の地域に対する経済協力を目的とする事業
16 地球環境の保全又は自然環境の保護及び整備を目的とする事業
17 国土の利用、整備又は保全を目的とする事業
18 国政の健全な運営の確保に資することを目的とする事業
19 地域社会の健全な発展を目的とする事業
20 公正かつ自由な経済活動の機会の確保及び促進並びにその活性化による国民生活の安定向上を目的とする事業
21 国民生活に不可欠な物資、エネルギー等の安定供給の確保を目的とする事業
22 一般消費者の理恵の擁護又は増進を目的とする事業
23 前各号に掲げるもののほか、公益に関する事業として政令で定めるもの

(注2) 特定非営利活動促進法・別表
1 保険、医療又は福祉の増進を図る活動
2 社会教育の推進を図る活動
3 まちづくりの推進を図る活動
4 観光の振興を図る活動
5 農山漁村又は中山間地域の振興を図る活動
6 学術、文化、芸術又はスポーツの振興を図る活動
7 環境の保全を図る活動
8 災害救援活動
9 地域安全活動
10 人権の擁護又は平和の推進を図る活動

11　国際協力の活動
12　男女共同参画社会の形成の促進を図る活動
13　子どもの健全育成を図る活動
14　情報化社会の発展を図る活動
15　科学技術の振興を図る活動
16　経済活動の活性化を図る活動
17　職業能力の開発又は雇用機会の拡充を支援する活動
18　消費者の保護を図る活動
19　前各号に掲げる活動を行う団体の運営又は活動に関する連絡、助言又は援助の活動
20　前各号に掲げる活動に準ずる活動として都道府県または指定都市の条例で定める活動

(注3) 社会福祉法2条
I　第1種社会福祉事業
 1　生活保護法に規定する救護施設、更生施設その他生活困窮者を無料又は低額な料金で入所させて生活の扶助を行うことを目的とする施設を経営する事業及び生活困窮者に対して助葬を行う事業
 2　児童福祉法に規定する乳児院、母子生活支援施設、児童養護施設、知的障害児施設、盲ろうあ児施設、肢体不自由児施設、重症心身障害児施設、情緒障害児施設又は児童自立支援施設を経営する事業
 3　老人福祉法に規定する養護老人ホーム、特別養護老人ホーム又は軽費老人ホームを経営する事業
 4　障害者自立支援法に規定する障害者支援施設を経営する事業
 5　削除
 6　売春防止法に規定する布陣保護施設を経営する事業
 7　授産施設を経営する事業及び生活困窮者に対して無利子又は低利で資金を融通する事業
II　第2種社会福祉事業
 1　生活困窮者に対して、その住居で衣食その他日常の生活必需品若しくはこれに要する金銭を与え、又は生活に関する相談に応ずる事業
 2　児童福祉法に規定する児童自立生活援助事業、放課後児童健全育成事業又は子育て短期支援事業、同法に規定する助産施設、保育所、児童厚生施設又は児童家庭支援センターを経営する事業及び児童の福祉の増進について相談に応ずる事業
 3　母子及び寡婦福祉法に規定する母子家庭等日常生活支援事業又は寡婦日常生活支援事業及び同法に規定する母子福祉施設を経営する事業
 4　老人福祉法に規定する老人居宅介護等事業、老人デイサービス事業、老人短期入所事業、小規模多機能型居宅介護事業又は認知症対応型老人共同生活援助事業及び同法に規定する老人デイサービスセンター、老人短期入所施設、老人福祉センター又は老人介護支援センターを経営する事業
 4の2　障害者自立支援法に規定する障害福祉サービス事業、相談支援事業又は移動支援事業及び同法に規定する地域活動支援センター又は福祉ホームを経営する事業

5 身体障害者福祉法に規定する身体障害者生活訓練等事業、手話通訳事業又は介助犬訓練事業若しくは聴導犬訓練事業、同法に規定する身体障害者福祉センター、補装具製作施設、盲導犬訓練施設又は視聴覚障害者情報提供施設を経営する事業及び身体障害者の更生相談に応ずる事業
6 知的障害者福祉法に規定する知的障害者の更生相談に応ずる事業
7 削除
8 生活困難者のために、無料又は低額な料金で、簡易住宅を貸し付け、又は宿泊所その他の施設を利用させる事業
9 生活困窮者のために、無料又は低額な料金で診療を行う事業
10 生活困窮者に対して、無料又は低額な費用で介護保険法に規定する介護老人保健施設を利用させる事業
11 隣保事業
12 福祉サービス利用援助事業
13 前項各号及び前各号の事業に関連する連絡又は助成を行う事業

(注4) 医療法42条
1 医療関係者の養成又は再教育
2 医学又は歯学に関する研究所の設置
3 診療所の開設
4 疾病予防のために有酸素運動を行わせる施設であって、診療所が附置され、かつ、その職員、設備及び運営方法が厚生労働大臣の定める基準に適合するものの設置
5 疾病予防のために温泉を利用させる施設であって、有酸素運動を行う場所を有し、かつ、その職員、設備及び運営方法が厚生労働大臣の定める基準に適合するものの設置
6 前各号に掲げるもののほか、保健衛生に関する業務(衛生事業、介護事業、社会福祉関係、高齢者支援、患者の送迎)
7 社会福祉法に掲げる社会福祉事業のうち厚生労働大臣が定めるものの施設
8 老人福祉法に規定する優良老人ホームの設置

(注5) 消費生活協同組合法10条
1 組合員の生活に必要な物資を購入し、これを加工し若しくは加工しないで、又は生産して組合員に供給する事業
2 組合員の生活に有用な協同施設を設置し、組合員に利用させる事業
3 組合員の生活の改善及び文化の向上を図る事業
4 組合員の生活の共済を図る事業
5 組合員及び組合従業員の組合事業に関する知識の向上を図る事業
6 組合員に対する医療に関する事業
7 高齢者、障害者等の福祉に関する事業
8 前各号の事業に附帯する事業

参考文献・関連文献〈抄〉

安倍賢則＝あさひ・狛法律事務所『病院再生 戦略と法務』日経メディカル開発（2005）

雨森孝悦『テキストブックNPO〔第2版〕』東洋経済新報社（2012）

伊藤眞『破産法・民事再生法〔第2版〕』有斐閣（2009）、同『会社更生法』有斐閣（2012）

池上直己『ベーシック医療問題〔第4版〕』日本経済新聞出版社（2010）

井関友伸『まちの病院がなくなる』時事通信社（2007）、同『地域医療 再生への処方箋』ぎょうせい（2009）

井上暉堂『仏教ビジネスのからくり』朝日新聞出版（新書）（2010）

今川嘉文『会社法に見る法人役員の責任』日本加除出版（2012）

岩崎保道『私立大学倒産時代における再建手法と破産処理についての研究』ジアース教育新社（2005）

江頭憲治郎『株式会社法〔第4版〕』有斐閣（2011）

遠藤信一郎「特殊な債権者を擁する破産事件(V) 学校の破産」園尾隆司＝西謙二＝中島肇＝中山孝雄＝多比羅誠編著『新・裁判実務体系28 新版 破産法』青林書院（2007）所収

勝圭子『いいお坊さん わるいお坊さん』ベストセラーズ（新書）（2011）

木内宜彦『企業法総論』勁草書房（1979）

銀行法務21別冊『病院経営の再生と実務』経済法令研究会（2003）

金融法務事情1949号「特集＝各種法人との金融取引上の留意点」金融財政事情研究会（2012）

小町谷育子＝藤原家康＝牧田潤一朗＝秋山淳著『Q&A 一般法人法・公益法人法解説』三省堂（2008）

櫻井義秀『霊と金 スピリチュアル・ビジネスの構造』新潮社（新書）（2009）

佐藤鉄男「病院倒産」高木新二郎＝伊藤眞編集代表『講座 倒産の法システム 第4巻』日本評論社（2006）所収

実藤秀志『宗教法人ハンドブック〔9訂版〕』税務経理協会（平成23年）、同『学校法人ハンドブック 6訂版』税務経理協会（2012）

塩井勝『公益法人の合併・解散と営利転換』かんき出版（1999）

塩谷満『よくわかる医療法人制度Q&A』同文館出版（2010）

事業再生と債権管理139号『特集 医療機関の再編・再生と債権管理上の諸問題』金融財政事情研究会（2013）

四宮和夫『民法総則〔第4版〕』弘文堂（1986）

四宮和夫＝能見善久『民法総則〔第8版〕』弘文堂（2010）

島田裕巳『金融恐慌とユダヤ・キリスト教』文藝春秋（新書）（2009）

島田亘『非営利法人マネジメント 使命・責任・成果 新版』東洋経済新報社（2007）
社会福祉法人経営研究会編『社会福祉法人経営の現状と課題』全国社会福祉協議会（2006）
新公益法人制度研究会編著『一問一答公益法人関連三法』商事法務（2006）
新日本監査法人『プロが教える病院再生プロジェクト』ぱる出版（2005）
鈴木克己『Q&A 医療機関M&Aの実務と税務〔第2版〕』経済詳報社（2011）
生活衛生法規研究会監修『新版 逐条解説 墓地、埋葬等に関する法律〔第2版〕』第一法規（2012）
武田久義『生命保険会社の経営破綻』成文堂（2008）
舘澤貢次『宗教経営学』双葉社（2004）
俵正市『私学の経営合理化と経営破綻の法律〔全訂版〕』法友社（2007）
ドラッカー，P．F．（上田惇生訳）『非営利組織の経営』ダイヤモンド社（2009）
中島隆信『お寺の経済学』東洋経済新報社（2005）
長島正春「特殊な債権者を擁する破産事件(Ⅵ) 病院の破産」園尾隆司＝西謙二＝中島肇＝中山孝雄＝多比羅誠編著『新・裁判実務体系28 新版 破産法』青林書院（2007）所収
猶本良夫＝水越康介編著『病院組織のマネジメント』中央経済社（2010）
西村あさひ法律事務所＝フロンティア・マネジメント株式会社編『私的整理計画策定の実務』商事法務（2011）
日本の医療を守る市民の会編『なぜ、病院が大赤字になり、医師たちは疲れ果ててしまうのか』合同出版（2010）
野中郁江＝山口不二夫＝梅田守彦『私立学校の財務分析ができる本』大月書店（2011）
長谷川英裕『働かないアリに意義がある』メディアファクトリー（新書）（2010）
長谷川正浩編著『寺院の法律知識』新日本法規（2012）
羽生正宗『Q&A 社会福祉法人の「事業承継・M&A」実務ハンドブック』セルバ出版（2012）
林容子『進化するアートマネージメント』レイライン（2004）
福島達也『改訂版 すぐわかる！新公益法人制度』学陽書房（2008）
松嶋英機＝花井正志＝濱田芳貴編著『企業倒産・事業再生の上手な対処法〔全訂2版〕』民事法研究会（2011）
松嶋英機＝濱田芳貴「合同会社」江頭憲治郎＝門口正人編集代表『会社法大系1』青林書院（2008）所収
南直哉『恐山 死者のいる場所』新潮社（新書）（2012）
村井幸三『お坊さんが隠すお寺の話』新潮社（新書）（2010）
村松謙一「体験的病院再建の実務」清水直編著『企業再建の真髄』商事法務

（2005）所収

森泉章『新・法人法入門』有斐閣（2004）

守永誠治『非営利組織体会計の研究』慶應通信（1989）

諸星裕『消える大学 残る大学』集英社（2008）、同『大学破綻』角川書店（新書）（2010）

山本和彦「保険会社に対する更生特例法適用の諸問題」民商法雑誌125巻3号（2001）所収

結城康博『介護 現場からの検証』岩波書店（新書）（2008）

凜次郎『介護崩壊』晋遊舎（新書）（2007）

YNI総合コンサルティンググループ編『施設トップのためのわかりやすい福祉経営』中央法規出版（2009）

分林保弘監修『病医院・介護施設のM＆A成功の法則』日本医療企画（2012）

渡部翕『最新 逐条解説宗教法人法』ぎょうせい（2001）

吉村仁『強い者は生き残れない』新潮社（2009）

（はまだ・よしたか）

19 事業再生の変遷とこれからの立法的・実務的課題
——我が師匠 松嶋英機先生の古稀に捧ぐ

弁護士　南　賢一

I　はじめに

　小職が弁護士登録を行い、師匠松嶋英機先生に弟子入りした日は平成9年4月1日である。その日は、日本債券信用銀行の子会社のノンバンクであるクラウンリーシングほか2社が破産申立てを行った日でもあった。長信銀の1つであり、日本の金融界の一翼を担う大銀行が、自らの子会社を破産という法的整理手続で破綻させることは、当時の金融慣行ではあり得ないことであり、非常にショッキングなニュースであったことを今でも記憶している。
　そうでなくても、当時はいわゆる住専処理がようやく落ち着きつつあった頃ではあるものの、ノンバンクの多くは瀕死の状態で、事業会社も数多くの企業が極めて深刻な財務状況に陥っており、その年の1月には持ち帰り寿司の京樽が会社更生法を申請するなど大倒産時代の予兆も感じられた。振り返れば、この年はそれ以降、当時の都市銀行であった北海道拓殖銀行（営業継続断念）、三洋証券（会社更生法）や山一證券（自主廃業。後に破産手続に移行）が破綻し、食品商社の東食、大手ゼネコンの東海興業、大都工業、多田建設、スーパーのヤオハンジャパンなどの東証一部上場会社も相次いで倒産するなど、当時戦後最悪といわれる大倒産時代への幕開けとなる年であった。
　その後は、ご承知のとおり、日本長期信用銀行、日本債券信用銀行が金融再

生法に基づく特別公的管理、すなわち、事実上破綻に陥り、千代田生命、協栄生命、大成火災海上などの生損保も相次いで破綻する大倒産時代に突入し、事業再生を取り巻く環境は大きなうねりの如き変革を遂げていくこととなる。

尊敬する松嶋英機先生の弟子たる小職ら倒産弁護士は、先生が常にそうあり続けてきたように、日々変化する経済社会を前に、従前の枠組みに拘泥することなく叡知を結集し、新たな事業再生の潮流を創り出し、目の前の難局に直面している会社の再生に取り組んでいかなければならない。本稿が、松嶋英機先生の古稀に捧ぐるものであることから、まずは、小職が松嶋英機先生の門を叩いてから、今日に至るまでの事業再生の変遷、換言すれば、松嶋英機先生が、常にオピニオンリーダーとして、最先端の実務をリードしてきたこの時代における事業再生の変遷を改めて振り返り、続けて今後の事業再生の課題について、愚考をめぐらせることとしたい。

Ⅱ 事業再生を取り巻く法と実務の変遷[1]

1 小職が倒産弁護士として駆け出しの頃は、「詐欺法」と揶揄されていた和議法が再生型法的整理の中心であり、したがって、司法による倒産処理に対する世間の信頼感も低く、まだ倒産の現場にはいわゆる整理屋などが跋扈していた時代であった。弁護士の仕事もそれらの関係者を含めた利害関係人の調整が主で、それが倒産弁護士のスキル、いわば職人芸であり、小職もそれを身につけることが倒産弁護士への第一歩であると思い、必死に松嶋先生をはじめとする先達から学び取ろうと努力したものである。唯一、世間からの信頼感があったと思われる会社更生手続も、申立てから開始決定までが相当の長期間にわたっていたり、管財人に就任した弁護士がスポンサーを業界の内外から連れてくるといった慣行があったり、現在の会社更生実務とはかなり違った風景での運用であった。ましてや、私的整理に至っては、不透明な倒産処理の代名詞であり、整理屋などの跋扈の温床であると評する向きもあり、私的整理は今日

---

[1] 本章全体につき、新倒産法制10年参照。

のように事業再生のツールとして法的整理と並んだ位置づけを与えられていなかった。かような環境下においては、金融機関（生損保を含む）の破綻処理は、司法による倒産処理ではなく行政主導で行われていた。

　もっとも、その後、会社更生法を申請する企業が増大し実務が成熟すると、生損保や証券会社を含む広義の金融機関の破綻処理は、金融機関等の更生手続の特例等に関する法律（平成8年制定。以下、「更生特例法」という。）に基づく更生手続によることとなり、平成12年以降、先に掲げた千代田生命、協栄生命、大成火災海上などが、司法の手により、再生処理が施された[2]。以後、事業再生[3]は、新たなステージに向かうことになる。

2　事業再生法制という側面でいえば、平成11年のいわゆるサービサー法[4]の施行により、金融機関の不良債権処理の促進が後押しされたことも一つの契機であるが、なんといっても、平成12年の民事再生法の施行と和議法の廃止が事業再生におけるエポックメーキング的な出来事であろう。のみならず、時の東京地方裁判所民事第20部の園尾隆司部長による、迅速で柔軟でありながら、標準スケジュールの設定、全件監督委員選任主義などの透明性と信頼性の両面をも兼ね備えた予測可能性の高い運用により、あっという間に、民事再生手続は、和議時代とは比較にならない信頼のできる事業再生の一つのツールとして位置づけられることとなった。

　その後、改正会社更生法が平成15年に施行され、後を追うように、新破産法も平成17年に施行され、法的整理手続に関する法整備がすべからく整うこととなった[5]。

3　法整備と並行して、上記の民事再生手続の運用に代表されるように、法

---

2) もちろん、山一證券（平成11年破産）や三洋証券（平成9年会社更生法）の破綻処理も法的整理手続による処理ではある。
3) そもそも、「事業再生」なる言葉もその頃以降にポピュラーになった言葉であって、当時は耳慣れない言葉だった。
4) 正確には「債権管理回収業に関する特別措置法」。
5) 会社法も全面改正され、平成18年に新会社法が施行された。

的整理をめぐる実務も迅速化、柔軟化が図られた。

　和議手続は、開始決定までに相当期間を要していたし[6]、会社更生手続においても開始決定までの期間は数ヶ月を要していた。現在は、東京地裁の運用によれば、民事再生手続で1週間程度、会社更生手続でも1ヶ月程度で開始決定に至っており、かなりの迅速化が図られている。

　その間、アメリカのプラクティスを範とするプレパッケージ型民事再生[7]、一定の要件の下、経営陣がそのまま管財人に着任することを認めるいわゆるDIP型会社更生手続[8]、上場維持型民事再生[9]、企業再生支援機構によるプレアレンジド型を組み合わせた商取引債権を一定の要件の下全面的に保護する会社更生手続[10]など、裁判所や手続に携わる実務家の創意工夫によって、企業価値毀損の回避に向けた新しい実務の潮流が生み出された。

4　私的整理の位置づけも大きな変革を遂げた。

---

6) 小職が、平成9年に申立代理人として担当した和議事件では、開始決定まで約6ヶ月間を要した。保全期間があまりに長期であったため、開始決定の報に、計画の認可決定と同じかそれ以上の喜びを覚えたことを今でも鮮明に記憶している。

7) プレパッケージ型の有用性とスポンサー選定の公正さ、公平誠実義務との関係をめぐり、多くの議論が展開された。議論の詳細につき、須藤英章「プレパッケージ型事業再生に関する提言」事業再生研究機構編『プレパッケージ型事業再生』（商事法務、2004年）101頁以下、松嶋英機＝濱田芳貴「日本におけるプレパッケージ型申立ての問題点」銀法631号（2004年）6頁以下、深山雅也「プレパッケージ型民事再生における支援企業の保護をめぐる考察」民事再生の実務と理論181頁以下ほか参照。

8) 詳細につき、難波孝一ほか「会社更生事件の最近の実情と今後の新たな展開」金法1853号（2008年）24頁以下、菅野博之ほか「東京地裁におけるDIP型会社更生手続の運用」事業再生と債権管理127号（2010年）26頁以下ほか参照。

9) プロパストの事例。詳細につき、鈴木学＝森浩志＝大西雄太「企業が上場したまま民事再生手続を進めた初めての事例」金法1909号（2010年）60頁以下参照。

10) 日本航空の事例。商取引債権保護に関しては、林原やウィルコムの会社更生手続においても（日本航空の事例より範囲は限定されてはいるものの）商取引債権保護が図られた。商取引債権保護につき、伊藤眞「新倒産法制10年の成果と課題――商取引債権保護の光と影」新倒産法制10年2頁以下、杉本和士「再生手続における少額債権弁済許可制度に関する試論」民事再生の実務と理論389頁以下ほか参照。

平成13年に全国銀行協会をはじめとする金融界、学者、実務家などが寄り添い「産業の再生」と「金融の再生」を旗印として「私的整理に関するガイドライン（以下、「私的整理ガイドライン」という。）」を策定し、企業の私的整理における準則を普及させた。私的整理ガイドラインは、準則であって法そのものではないものの、私的整理をある意味制度化したようなものであって、私的整理ガイドラインの策定によって、私的整理が、金融界はもとより、経済社会からの信任を獲得し、法的整理に匹敵する事業再生のツールとして定着する契機となった。

　平成15年には、産業活力の再生及び産業活動の革新に関する特別措置法（以下「産活法」という。）に基づき、中小企業再生支援協議会が設置され、中小企業に対しても制度化された私的整理という再生ツールが準備されることとなった。

　同時期には、預金保険機構を主要株主として産業再生機構が発足し、私的整理を原則とする企業再生を取り進めた。カネボウ、ダイエー、三井鉱山などの大会社の再生を（官主導ではあるものの）私的整理にて再生させることに成功し、その後の私的整理のプラクティスや再生のあり方に大きな影響を与えた。

　私的整理ガイドラインは、その後、平成19年に産活法の改正により創設されたいわゆる事業再生ADR（以下「事業再生ADR」という。）の範となり、また、産業再生機構は、これも平成21年に創設された企業再生支援機構のプラクティスの範となり、現在もその精神は生き続けている。

　私的整理ガイドラインの功績は、申請、一時停止、債権者会議の開催、再建計画の成立に至るまでの一連の手続を明定し、手続的な安定性を図った点にあると解されるが、実体面では、従前のメインバンク中心の私的整理においては常識化していたいわゆるメイン寄せを当然の前提とせず、いわゆる完全プロラタ[11]に道筋をつけた点に功績が認められよう[12]。その後の産業再生機構による

11）債権のカット率を原則メインバンクであろうとそうでない金融機関であろうと、残高の多寡にかかわらず、同率に定める原則をいう。また、弁済方法として、債権残高に応じて計画による約定弁済額を定めるいわゆる残高プロラタを含めて用いる場合もある。
12）「私的整理に関するガイドライン」7(6)、「私的整理に関するガイドラインQ＆A」Q42及びQ43の各回答参照。

私的整理、事業再生ADR、中小企業再生支援協議会による私的整理においては、完全プロラタの原則は定着したと評価できるだろう。

現在は、事業再生ADR、企業再生支援機構による私的整理、中小企業再生支援協議会による私的整理、整理回収機構による私的整理が、いわゆる制度化された私的整理として整理され、これらを利用しない私的整理[13]とは一線を画した存在となっている[14]。

5 法的整理や私的整理の周辺分野における実務も相当の変化を遂げた。

大倒産時代以降、当時「ハゲタカ」と評された外資系投資銀行やファンドなどのプレイヤーが事業再生マーケットに参入してくることとなり、日本の金融機関の不良債権処理とサービサー法の施行が相俟って、債権を束にして売却するバルクセールなる手法によって、金融機関が保有している貸付債権が、外資系プレイヤーを中心とした投資家に売却されることとなり、事業再生とこれらのプレイヤーは切っても切れない関係となった。また、平成11年に住宅金融債権管理機構と整理回収銀行が合併して誕生した整理回収機構（RCC）が破綻金融機関からの不良債権買取のみならず、平成13年からは健全金融機関からの不良債権買取も行うこととなり[15]、債権のオリジネーターではないプレイヤーが大口債権者となる状況が常態化していった。そのことにより、金融村では半ば禁じ手とされていた破産や会社更生の債権者申立ても数多く行われることとなり、それに対抗して債務者が民事再生を申し立てるなどの申立競合事案の実務も発展を遂げた。

外資系投資銀行やファンドの事業再生マーケットへの参入とほぼ時を同じく

---

[13] 時に、純粋私的整理という言葉で表現されている。
[14] もっとも近時は、これらの制度化された私的整理を利用しない純粋私的整理も、事業再生ADRや私的整理ガイドラインによって示されている手続や計画の策定方針に沿って、再生に通じた専門家が関与して執り行われることが多い。そのため、制度化された私的整理のみを過度に評価し、それ以外の私的整理について理解しない論調には若干の違和感を覚えることもある。綾克己・本論文集464頁以下参照。
[15] 当時の金融機能の再生のための緊急措置に関する法律（金融再生法）53条による買取りを指す。

して、事業再生とM&Aは切っても切れない関係となった。平成10年に会社更生を申し立てた日本リースが、アメリカのゼネラルエレクトリック（GE）にリース事業を、同じくアメリカのゼネラルモータース（GM）の100％子会社であったGMACに不動産・ローン事業をそれぞれ事業譲渡したが[16]、これらはまさしくクロスオーバーのM&Aそのものであり、日本の会社更生をはじめとする法的整理の実務に新たな時代の到来を告げる象徴的な案件であったといっても過言ではない[17]。以降、法的整理はもとより私的整理においても、事業再生の実務において日常的にM&Aが行われることとなった。M&Aのプラクティスも、いわゆる欧米的なそれに変化を遂げ、契約書なども、完全に欧米型の契約書フォーマットが主流となっている[18]。また、会社法の改正により、日本のM&Aも事業譲渡や合併、株式の買い取りなど伝統的なものに加え、株式交換、株式移転、会社分割はもとより、三角合併、全部取得条項付株式を用いたいわゆる100％減資などの手法も用いることができるようになり、事業再生に携わる実務家としては、これらの知識と実務を当然に身につけていることが要請されるようになった。

　ファイナンスについても、通常のコーポレートローンかせいぜい協調融資[19]が存在する程度であったが、現在では、コーポレートローンの多くはシンジケートローンであり、その契約に定められている各種の義務等についての分析とそれに基づいた対応が不可欠となった。また、（後ほど課題として取り上げることになるが）平成8年の社債の発行に関する適債基準と財務制限条項の撤廃、21世紀に入ってからの直接金融ブーム、MBO事案におけるLBOローンから公

---

16) 前者のリース事業の譲渡は、当時の会社更生法においては明記されていなかった計画外の事業譲渡の方式で行われた。
17) 幸いなことに小職は、松嶋英機先生の命を受け、奥野善彦管財人の管財人補佐として日本リースのこの2つのディールに関与する機会を得ることができた、その後の事業再生実務を考える上で、大変貴重な経験となった。
18) たとえば、表明保証、誓約事項（コベナンツ）、実行条件（Condition president）、補償などを規定するプラクティスは日本の契約実務においては存在しなかったが、現在は、ごく普通のプラクティスとして定着しているといってよい。
19) 現在のシンジケートローンとはかなり趣を異にする内容であった。

募社債への切り替えなどにより、事業再生の対象となる企業が多額の公募社債を発行しているケースが徐々に多くなり、公募社債と私的整理との関係や社債のリストラクチャリングが課題となった。さらに、いわゆるストラクチャードファイナンス（証券化、流動化）、LBOローンやMBOローンなどのファイナンスも、事業再生の局面で頻繁に見かけるばかりでなく、それらを利用した再生に取り組むことも必要とされるようになった[20]。加えて、近時は、デリバティブ取引[21]やCDS（クレジットデフォルトスワップ）[22]と事業再生という問題も避けては通れなくなっている。

非常時の資金調達という観点では、DIPファイナンスの実務も発展を遂げた。法的整理局面におけるスポンサーの資金提供という枠組みを大きく超え、その種のリスクマネーを供給するプレイヤーも登場し、法的整理の場面ではなく、私的整理、そして、それよりもっと早い段階でのDIPファイナンスも行われるようになってきている。

資本との関係でいえば、DES（Debt equity swap）やDDS（Debt debt swap）といった手法がポピュラーであるが、このようなもはや現在では、事業再生に携わる実務家としては基本中の基本の実務でさえ、大倒産時代前はポピュラーではなかった。今日においては、ハイブリッド証券、すなわち、債権としての性格と株式としての性格を併有している証券、を利用した自己資本の増強策にまで、目配せが必要となっている。

さらにいえば、20世紀の時代とは、企業に対する法令遵守の要請が格段に

---

20) たとえば、小職が下河邉和彦管財人の管財人代理として関与した㈱ライフの会社更生案件においては、ローン債権を流動化することによりキャッシュ化し、一括弁済の原資の一部を調達した。

21) 事業再生の場面で深刻な問題となっている為替デリバティブだけでなく、金利スワップやキャップ取引などのデリバティブ取引も、私的整理をはじめとする事業再生の場面において、その取扱いについて難しい問題を提供している。これらにつき、私的整理計画策定の実務644頁〜645頁、658頁〜659頁〔濱田芳貴〕、上野保「デリバティブ取引」実務解説一問一答民事再生法294頁以下参照。

22) 事業再生ADRにおいてCDSが問題となったアイフルの事案につき、大西正一郎「事業再生ADRのアイフルのCDSに関する実務上の論点」新倒産法制10年384頁以下参照。

異なっており、企業不祥事が即倒産につながるという事象も発生するようになっている[23]。

Ⅲ 今日の日本経済を取り巻く環境と事業再生の方向性

1 Ⅱで概観したように、この約15年間の間に事業再生に関する法と実務は、考えられないほど飛躍的な発展を遂げた。

しかしながら、日本経済を取り巻く環境は、その発展のスピードを遙かに超えるスピードで日々動き続けている。事業再生は、いうまでもなく、日本経済を支える企業の再生を果たすことにその存在意義があるのだから、もちろん、その法や実務は、日々刻々と変化する日本経済を取り巻く環境の変化に追いつき、また時には一歩先を見据えて変化し続けなければならない。

2 環境の変化として、まず念頭におくべきは、もはや改めて言及するまでもない事象であるが、日本経済のグローバル化であろう。もともと資源の乏しい我が国は、資源を輸入し、それを元に物を製造し、製造した商品を世界に供給するという形で経済が回っていたのであるから、ある意味においてもともとグローバル化しているといえばその通りであるが、現代的意味におけるグローバル化は、単純にそういう文脈におけるグローバル化を指しているのではない。

世界経済における日本の国際的地位の低下と、中国、韓国、台湾、ブラジル、インドなどの新興国の著しい台頭、東南アジアの経済発展とが相俟って、世界経済は完全にボーダレス化している。そういう意味では、グローバル化というよりボーダレス化といった方が正確なのかもしれない。

当初は、アジア各国への進出も、生産コスト低減のために、国力の差を背景にした生産拠点の移転という色彩が強かったが、最近では、販売マーケットと

---

[23] スルガコーポレーションの事案（民事再生）が典型例であるが、（倒産という表現が適当かどうかという問題はあるが）雪印や、最近ではオリンパスも不祥事により一時事業再生的局面に直面している。

して位置づけた上での戦略的進出という色彩が極めて色濃くなってきている。また、中国や韓国、台湾などの一部企業は、もはや優秀なサプライヤーではなく、むしろ、対等な提携先、あるいは、技術的・資金的援助を求める先にまで育ってきている。

　事業再生実務も当然その影響を受けており、中小企業であっても、たとえば中国やベトナムに工場があり、シンガポールや香港に販売会社があるのは、ごく当たり前の姿であり、そういった在外工場の閉鎖、在外関連子会社の売却や清算、日本に拠点のない債権者や債務者への対応などは、既に日常茶飯事となっている。

　また、スポンサー候補や資金援助先として、中国、韓国、台湾などの資本家が登場するのもそろそろ見慣れた姿になりつつあり、それらの国々の企業等との再生局面でのM&A交渉も数多くなってきている。

　加えて、もともとグローバル化、ボーダレス化の進んでいる金融マーケットの世界においては、公募社債（外債含む）のホルダーの多くが在外資本であることも、ある意味ごく普通の事態と受け止められるようになっている。

　小職も、ここ数年の間に、破産管財人として破産会社の事業を中国資本に売却したり、海外のヘッジファンドを中心とした社債権者を相手とするリストラクチャリングを行ったり、日本に全く拠点のない在外債権者と交渉するためにアジアやオセアニアに赴いたり、在外子会社を清算するために現地に赴いてその子会社の現地従業員に解雇せざるを得ない旨通告するなど、これまで、ここ約15年間で日本において培われたプラクティスを、そのまま海外において展開することを余儀なくされる事態に直面することが極めて多くなってきている。

　したがって、事業再生の今後の実務的・立法的課題も検討するに当たっては、このようなグローバル化、ボーダレス化を念頭におくことが極めて重要な課題であると認識する必要があろう。

3　次に特徴的な事業再生に関連する近時の事象としては、行政主導の事業再生への回帰現象である。事業再生マーケットにおいて、○▲機構という官制の機関が主力プレイヤーとして活躍している事実がそれを如実に物語っている。日本航空の再生における企業再生支援機構、東京電力の再生における原子

力損害賠償支援機構、ルネサスエレクトロニクスの再生における産業革新機構は、いずれも結論としてそれらの企業に多額の資本を注入し、それらの企業の価値を認め、ある意味国益を守るという役割を果たしている[24)・25)]。

他方において、金融機関の中でも、銀行については唯一頑なに行政主導の破綻処理が行われてきたが、日本振興銀行という銀行の破綻処理に際しては、ペイオフを前提に、初めて民事再生手続という法的整理による再生というドラスティックな手法を用いている。

このことからうかがい知ることができるのは、局面局面において事業再生を図るためにどういう制度を用いるのがよいかという点が重要なのであって、法的整理が良い・悪い、制度化された私的整理は良いが純粋私的整理はだめ、私的整理より法的整理が良い、行政主導の事業再生は良い・悪いなど、単なる制度の抽象的な優劣は重要ではなく、これらの制度は極論すれば事業再生のためのツールに過ぎないという点である。これと同じ文脈で、DIP型会社更生と管理型民事再生に見られるような手続の相対化の議論、私的整理と法的整理の連続性確保やコラボレーションの議論、私的整理から法的整理に移行した場合の商取引債権保護の議論などは、ツール同士の融通と調整をどう図るのが、事業再生のために有益かという視点から、制度論、解釈論、そして立法論を考えていく姿勢が大切なのではないかと考える[26)]。

4 第3に特徴的な事象としては、最近トピックとなっている社債の問題が

---

24) その他に、東日本大震災による被災企業のための官制ファンドである東日本大震災事業者再生支援機構があるが、本文で言及した機構とは趣の異なる機構であり、あえて本文では割愛させていただいた。
25) 他方、製造業で最大の倒産といわれた半導体事業を営むエルピーダメモリの事案においては、これらの機構が最終的に関与することなく、会社更生手続による再生が取り進められた結果、海外の会社がスポンサーとなり、俗な言い方をすれば、企業価値の海外流出を許す結果を招いている。
26) 伊藤眞教授は、事業再生ADR申請後のプレDIPファイナンスの優先性を獲得するために、あえて事業再生ADRを先行させ、その後会社更生の申請に至った日本航空の事案を積極的に評価しているものと拝察する。伊藤眞「民事再生・会社更生との協働を――一時停止機能の機能再考」事業再生と債権管理128号（2010年）12頁参照。

ある。

　先に述べたように、平成8年の適債基準と財務制限条項が撤廃され、以後、日本において発行される社債は、ほぼすべて無担保社債となったこと、加えて、21世紀に入ってからのマーケットからの直接金融の励行やMBO時のファイナンスの切り替えを社債で行う事案が散見されたことなどにより、金融債務のほとんどが公募社債であり、金融機関からの借入金がごくわずかである企業の数が相当数存在するようになった[27]。しかしながら、それらの企業が何らかの理由により、財務的な窮境に陥るケースが相当数見られるようになったため、公募社債と事業再生、ことに私的整理における社債のリストラクチャリングの問題が脚光を浴びるようになった。

　社債のリストラクチャリングについては、いろいろな問題点が山積しており、立法論も展開されているところであるが[28]、金融機関からの借り入れがなく、金融債務は社債だけというケース[29]や、そうでなくとも、その割合比が圧倒的に社債に偏っているケースを視野に入れた検討を行っていくべきであろう。

IV　今後の事業再生の立法的・実務的課題

1　グローバル化・ボーダレス化への対応と問題点

(1)　私的整理の課題

　我が国における私的整理の発展と展開については、IIで概観したとおりであるが、こと国内に関しては、制度化された私的整理である事業再生ADRを中心に、私的整理全体が一つの重要な事業再生のツールとして、極めて上手に

---

27) もちろん、ユーロ債など海外での起債が多いケースも存在している。
28) 事業再生研究機構編『事業再生と社債』（商事法務、2012年）200頁以下参照。
29) 昨年、小職らも関与したコバレントマテリアル社の社債のリストラクチャリングは、金融機関のエクスポージャーが事実上ゼロの事案であり、社債のリストラクチャリングが財務リストラクチャリングのほとんどすべてであった。

ワークしているものと考えられる。

　もっとも、グローバルに大きく展開している企業の場合、債権者に日本には全く拠点のない海外債権者が数多く存在していることも十分に想定され、そのような場合において、果たして、日本国内のルールである事業再生ADR（あるいは他の私的整理）だけで、対応できるかどうか、大変心許ない[30]。

　この点に関し、高木新二郎先生が、「世界的私的整理ガイドラインの必要性」（NBL981号（2012年）32頁以下）というご論考にて、インソル8原則[31]と「アジアにおける会社再建を促進するための私的整理ガイドライン」[32]を参考に世界版私的整理ガイドラインの制定の必要性を説いておられる。各国の文化や慣習、金融慣行や金融関連法や担保法の違いなど乗り越えなければならないハードルは高いが、高木先生がおっしゃっておられる形での世界の金融機関の紳士協定を策定するか、インソル8原則をモディファイしたガイドラインを私的整理の準則が存在しない国に導入させる試みを模索するか、いずれが容易かつ実効性のある方法なのか小職の能力では計り知ることはできないが、何らかの形で、Out of Court Work Outについて、共通の理解が得られるような施策に取り組むべきであろうと考える。

　ただ、私的整理という枠組みであれば、当然全員同意が原則となるが、国内における私的整理と異なり、その合意形成には相当の困難が伴うであろうことは想像に難くない。その意味では、すでにイギリスやフランスなどの諸外国において制度化されていると聞き[33]、一定の法定多数の賛成（たとえば債権額の4分の3以上、かつ頭数4分の3以上の同意）と計画の合理性（手続実施者等の機関により確認されていることにより推定させてもよい）を充足した私的整理計画を一部の反対

---

30) 実際、昨年三光汽船が、世界的にはインソル8原則（脚注31）に則ったout of court work outを目指して、日本国内のレンダーに対して、事業再生ADRを用いた私的整理を試みたが、残念ながら頓挫し、会社更生手続への移行を余儀なくされている。

31) INSOL 8 Principles.<http://insol.org/page/57/statement-of-principles>.

32) Asian Banker's Association Informal Workout Guidelines-Promoting Corporate Restructuring in Asiaを指す。<http://www.aba.org.tw/images/upload/files/06-AppendixB-InfWkOutGuidelines.pdf>.

33) 高木新二郎「私的整理の沿革と課題」私的整理計画策定の実務9頁以下参照。

債権者の存在にかかわらず成立させる法制度の創設を真剣に検討すべきではないだろうか[34]。

(2) 法的整理の課題

法的整理においては、主として、国内法人において法的整理を行う場合に、在外資産ないし事業を個別の執行からプロテクトするためにどのような方策をとるかという点と海外子会社をどうするかという点が、最も頭の痛い問題である。

日本の在外資産をプロテクトするためには、①当該外国において外国倒産手続の承認手続を取るか[35]、②当該外国の法的整理手続を申請するか[36]のいずれかの手続が必要である。いずれの手続が妥当かどうかは、各債務者ごとの事情によるが、一般的には手続の主催者が異ならない承認手続の方が統一的な処理が図られる可能性が高い[37]。

問題は外国倒産手続の承認手続が存在しない、または/および、法的整理手続の整備も整っていないか法律はあるもののワークしていない、という場合である。

日本を起点にしてみた場合、東南アジア諸国との関係が最も問題となりそうであるが、(きっちりして調査に基づいてはいないが) 両者がすべて整っている国の数の方がそうでない数より少ないものと思われる。

立法論というより政治レベルの話になることを承知の上で申し述べれば、世界的私的整理ガイドライン同様、東南アジア諸国にかかる立法や実務の定着を啓蒙していく活動が必要となろう。

もっとも、実際の事案を受任した一実務家としては、立法を待っている暇は

---

34) 南賢一「私的整理の存在意義と課題」私的整理計画策定の実務45頁参照。私的整理の不成立を既存の法的整理制度との連続性の議論で解決するのは極めて難しく、私的整理のバックアップは新しい制度の創設によるほかないと考える。
35) 代表的な倒産承認手続としては、アメリカのchapter 15がある。
36) 当該手続に個別執行禁止効があることを大前提とする。
37) 最近では、日本航空、エルピーダメモリ、三光汽船の各更生手続において、chapter 15が申請され承認されている。

ないため、現地の弁護士等と連携をとり、可能な限り偏頗な回収が起こらないような施策を打てるよう最大限尽力するほかない。

逆に、外国承認手続の承認が得られた場合や当該国の法的整理手続が開始したときには、当該手続や命令の内容を良く理解し、それに反する行動を起こすことのないよう、十分に注意することも肝要であろう。

また、全く別の問題として、（特に社債権者のような）海外債権者に対する、手続や会社の財務内容等についての情報開示と債権者委員会の設置の要求にどう対応していくかという問題がある。

確かに、日本の法的整理における情報開示は、債権者にとって見れば物足りない程度でしか行われていなかったことは事実であろう[38]。債務者には、企業秘密やM&Aを取り進めていくために秘匿しておくべき情報など、企業価値や手続の円滑な遂行に支障を来す情報も存在するが、海外債権者から日本の法的整理手続に信頼感を持ってもらうためにも、私的整理において行われている程度の情報は提供しなければ納得を得られない時代にさしかかってきているようにも考えられる。

したがって、もう少し情報開示についてはオープンな姿勢をとるべきだとは思うものの、だからといって、債権者委員会（更生手続においては更生担保権者委員会を含む）を必要的な機関とする立法論には与し得ない。裁判所や、裁判所の選任した管財人や監督委員に対する信頼の厚い我が国においては、当事者がお互い共有した情報に基づきディスカスして手続を進行させるアメリカ型のプラクティスを全面的に受け容れる素地に乏しいし、監督委員や調査委員といった裁判所が選任した機関と債権者委員会の権限のコンフリクトの問題も残るため、アメリカ型のプラクティスを前提とする債権者委員会（担保付債権者含む）を必要的な機関とする必要はないものと考える。

---

[38] 私的整理における情報開示が法的整理のそれより進んでいる点につき、南・前掲注34)論文38頁参照。

2 アーリーステージにおける事業再生と問題点

(1) 総　論

Ⅲの3において言及した○▲機構主導型再生は、要するに既存の法的整理や私的整理の枠組みでは意図した結果が導き出せない場合において、その企業が有する価値が国益保護に合致すると判断した場合に、○▲機構を設立する法律を立法し（東電ケース）、または既に存在する○○機構を利用して（ルネサスケース）、その枠組みの中で事業再生を行うというものである。

これは、何も機構主導型事業再生に限った話ではなく、既存の法的整理や私的整理の枠組みで事業再生を行った場合の企業価値の毀損等の観点から不都合が大きすぎる場合や、それらによったとしても問題点の解決にならない場合（典型的な例としては、金融債権者が社債権者しか存在しない場合）には、これらを用いない事業再生を行うことを選択せざるを得ない。また、制度化された私的整理や法的整理に持ち込むにはまだ早いが、このまま放置すると企業価値がどんどん毀損していくことが明らかで、この段階で何らかのリストラクチャリングが必要なケースも存在する。

これらの場合、事業再生を行うといっても、倒産法も私的整理の準則も使わないため、いわば平場の法律と知恵を使った事業再生に取り組まざるを得ないこととなる。

このような事業再生に取り組む実務家は、事業再生プロパーの実務、たとえば、資金調達や資金繰り対策、資本政策といった実務のみならず、会社に起こりうるありとあらゆる事象、たとえば、監査法人決算対応（ゴーイングコンサーン注記、減損・債務超過リスクへの対応など）、（上場会社の場合）各種開示の対応、信用収縮に伴う取引先対応、従業員のリストラ対応などの事象にすべて対応することが求められる。

以下では、コア実務である資金調達に関する事項、具体的にはDIPファイナンス（Debtの調達）の問題点と第三者割当増資（Equityの調達）に係る問題点について考察を加える。

(2) DIPファイナンス

　制度化された私的整理や法的整理手続の申請は行っていないものの窮境に陥っている企業が、Debtにより資金を調達する手段としては、従前の取引金融機関、とりわけ、メインバンクから新たな資金を調達するのが最も手っ取り早い。メインバンクは、当該企業の事業再生の成否に大きなステークを有しているから、既存の債権の保全のためにも、追加で資金を供与せざるを得ないと考える場合も少なくない。

　このようなアーリーステージにおけるDIPファイナンスで問題となるのは、かなりリスクのあるお金を提供しているにもかかわらず、万が一その後当該企業が法的整理に入った場合に、既存の債権や他の一般債権と同列に取り扱われ毀損してしまうという点である[39]。これは、何もメインバンクに限った問題ではなく、いわゆるDIPファイナンスプレイヤーが共通に抱えている問題意識である。

　法的整理に入る前のDIPファイナンスの保全について、現状存在する法制度は、唯一産活法に存在している。すなわち、事業再生ADRにおいて、当該DIPファイナンスが、産活法52条各号の要件を充足した借入れであることにつき、特定認証紛争解決事業者の確認を受けて貸付けを行った場合、後行する民事再生手続や会社更生手続における計画案に当該貸付金と他の再生債権又は更生債権との間に権利変更の内容に差を設け、その計画案が可決されたときには、裁判所は、当該貸付金が事業再生ADRで確認を受けた貸付金であることを考慮して、権利の変更に差を設けても衡平を害しない場合に該当するかどうかの判断をするものとする、という規定である（産活法53条、54条）[40]。

　事業再生ADRにおいて、当該貸付金の借り入れに同意を与えたのは事業再生ADRの対象債権者だけであり、会社更生における更生債権者と一致するわ

---

[39] その他に、このようなDIPファイナンスを行うと同時に行った担保権設定行為の否認リスクという問題があるが、紙面の関係もあり割愛する。結論においては、既存債権のための担保になっていない限り、否認には該当しないと考えている。

[40] 日本航空の事案では、日本政策投資銀行が事業再生ADRにて産活法52条の確認を受けた上でDIPファイナンスを提供し、その後会社更生手続が開始になったが、産活法54条の規定によることなく、和解により当該借入金は共益債権化されている。

けではないから、法律としてはこの程度が限界なのかもしれないが、この規定振りではDIPファイナンスのレンダーに安心して資金供与をしてくれとお願いしても土台無理な話である。また、この程度の効果を得るためだけに、必要性も低いのに事業再生ADRを申請しなければならないというのも本末転倒である。

　立法論としては、同じ産活法によるのであれば、事業再生ADRの場合に加えて、事業再構築計画に必要不可欠なDIPファイナンスが組み込まれている場合にも同種の規定を設けることも考えられるが、効果が低い点は改善されない。そうであるなら、会社更生法や民事再生法にある申立後開始前の借入金に関する裁判所の共益債権化の許可の制度（会更128条2項、民再120条1項）を立法により申立前まで範囲を拡張するという方法が考えられる[41]。この場合、許可の要件が問題となるが、当該借入時の他の金融債権者全員の同意と当該融資の事業継続不可欠要件ということになろうか。なかなかの難問であるが、なんとか解決の糸口を探り、アーリーステージにおけるDIPファイナンスの実務の円滑化を図る必要があろう。

(3)　第三者割当増資[42]

　エクイティを調達する方法を単純に分類すれば、公募増資、株主割当ないしライツオファリング、第三者割当増資の三つに分けられる。

　これらの中で、このような局面で最も用いられる調達方法は、なんといっても第三者割当増資である。第三者割当増資によれば、引き受けを行う第三者と合意に至りさえすれば、確実に合意した金額の資金調達が可能となるが、財務的に窮境に陥っている状況下では、他の方法では必要な金額の資金調達が達成できないリスクが払拭できないからである。

---

41)　平成25年1月17日に弁護士会クレオにて開催された、東京三会シンポジウム「倒産と金融」における進士肇氏、三上二郎氏、高橋太氏による「第2部　DIPファイナンス」の講演およびそのレジュメが大変参考になった（その当日の議論につき、「倒産と金融」実務研究会編『倒産と金融』（商事法務、2013年5月刊行予定）。もっとも私見は、制度化された私的整理により対象債権者全員の同意を得た借入れである必要はないという立場である。
42)　以下公開会社を前提として、議論を展開している。

会社法によれば、いわゆる有利発行に該当しない限り、取締役会の決議によって募集株式の募集が可能であるから（会社201条1項）、機動的にかつ確実に資金調達できる。

ところが、特に新興市場において、第三者割当増資の濫用事例が散見されるようになり、既存株主の意思確認もなく、株式が（少なくとも持ち分割合は）稀釈化され、しかも、その後割当先が発行会社を食い物にするなどの事例まで報告されるようになったことから、平成21年に東京証券取引所が有価証券上場規程および規則を改正し、第三者割当増資についての開示規制強化や一定の場合の上場廃止などを定め、また翌平成22年には企業内容の開示に関する内閣府令等を改正し有価証券届出書の記載事項を増やすなどの対応を行った。会社法の改正要綱案においても、第三者が議決権の過半数を獲得する第三者割当増資について、10％以上の株主が反対した場合には、「緊急の場合を除き」株主総会を必要としているなど更なる規制強化を図っている[43]。

既存株主にとってあずかり知らぬところであまりに簡単に議決権ベースでの稀釈化が起こる現行会社法に難点があることは否めない事実であり、濫用事例を見るとこの程度の規制はやむを得ない部分もあるのは承知しているが、現に事業再生の局面では、必要な資金調達を機動的に行う手段として機能している部分もあり、真摯に事業再生を試みている場合にまで怪しい事例の基準を前提とした運用が行われないよう望むほかない。今般策定された会社法の改正要綱案においても、一定の場合に株主総会決議を要求するなど、第三者割当増資の規制を強化している。その要件を見ればある程度致し方ない面もあるが、要綱案にある「財産の状況が著しく悪化している場合」「存立を維持するため緊急の必要があるとき」という要件解釈をそれなりに明確化しておく必要があると考えられる。

また、これらの第三者割当増資は、優先株式の形式で行われるケースも多く、たとえば債権者である銀行がデット・エクイティ・スワップ（DES）を行う場合も優先株式であることがほとんどである。優先株式を発行するために

43）詳細につき、森本大介「第三者割当増資に関する規律および子会社株式等の譲渡に関する改正」商事1985号（2012年）23頁以下参照。

は、剰余金の配当、残余財産の分配に関する取扱いの内容、発行可能種類株式総数を定款で定めなければならない（会社108条1項・2項）とされており、定款変更が株主総会の特別決議事項（会社309条2項11号）であることが実務上足かせとなり、機動的な資金調達の障害になることが多い。会社法は、優先株式に関し、定款に定める事項を実はそれほど詳細に定めておらず、また、配当財産・残余財産の種類以外は取締役会等への授権事項としてよい規定になっているから（会社108条3項、会施20条1項1号・2号）、本来は機動的な資金調達ができるよう予め定款で発行する予定の優先株式の内容を定めておけばよいと思われるが、現実には予め定款でこのような形で優先株の規定をおいている会社はほとんど見あたらない。また、優先株式の内容を定める定款も、実務上は法の要請より相当程度詳細に行われているように思われる。定款において定めるべき内容を限定し、機動的な資金調達との調和を図っている会社法の趣旨に則り、必要最小限度の内容を定款に定め、後は有利発行かどうか、という観点からの規制にとどめるべきというスタンスは、あまりに事業再生実務の円滑さに軸足を置きすぎた偏向な意見であろうか。

3　社債のリストラクチャリングと問題点

(1)　問題意識

社債のリストラクチャリングの方法としては、①社債権者集会による償還期限その他の権利変更、②交換募集（エクスチェンジオファー）、③ディスカウント価格での買入消却の3つの方法がある。

社債のリストラクチャリング全般についての問題点については、すでに多方面で詳細な分析がなされており[44]、紙幅の関係もあり詳細は割愛し、特に問題提起しておきたい点について、論じることとしたい。

---

[44] 特に、事業再生研究機構編・前掲注28)書は、日本における社債のリストラクチャリングの実例と問題点を詳細に分析した大変参考になる書籍である。

(2) 私的整理と社債

　私的整理はそもそも金融機関のみを対象債権者とするのが原則であり、公募社債を発行している会社であっても、社債を私的整理の対象債権とはせず、金融機関が保有する貸付債権のみを対象債権とするプラクティスが通常であった[45]。

　しかしながら、金融機関の貸付残高と公募社債の発行残高との比率が限りなく1対1に近づいたり、Ⅲの4にて言及したように、場合によっては、後者が前者を上回るような状況になると、金融機関としても衡平の観点や法的整理における回収額との比較という経済合理性の観点から、社債に手をつけない私的整理に賛同することができないことになる。また、実態としても、社債の発行残高が多額に上れば上るほど、それらに手をつけずに事業再生を達成することが困難であることも明らかである。そうすると、勢い、多額の社債を発行している会社の再生は、私的整理ではなく法的整理で、というデジタルな議論に行きがちであった。このようなデジタルな議論だけでは、社債を発行する会社の事業再生がおぼつかない場合もあるため、我が国においても社債のリストラクチャリングの必要性についての認識が高まってきたものと推察される。

(3) 社債権者集会による権利の減免と裁判所の認可

　従前は、社債権者集会の特別決議事項を定める会社法706条に、社債の償還金額の減免が規定されておらず、減免より権利変更の程度の軽い支払いの猶予のみ定められているのだから、法は多数決によって償還金額を減免することを禁じているという立場が有力であった[46]。

　これに対して、歴史的には会社法706条1項1号と同文言であった明治38年制定の担保付社債信託法下において、金融恐慌下に社債を株式に交換する社債権者集会が行われたことを一つの理由として、「和解」によれば減免が可能であるとの積極説も唱えられている[47]。

　しかしながら、問題は、「和解」で減免が可能だとして、当該決議内容が会

---

45) 2009年のアイフルの事業再生ADRの事例など。
46) たとえば、須藤英章「私的整理か民事再生か」民事再生の実務と理論285頁。
47) 江頭憲治郎「社債権者集会による社債の償還金額の減免等」NBL985号（2012年）1頁。

社法733条の不認可事由に該当しないか、具体的には同条4号の「社債権者の一般の利益に反するとき」に該当しないかどうかである。

　おそらく、商取引債権者を含むすべての債権者が同じ内容の権利変更を受けているのであれば問題ないと解されるが、実務上これを法的整理以外で実現することはほぼ不可能であろう。商取引債権者以外の他の金融債権者が同じであればどうか、といえば、たとえばリース債権者を原則対象債権者としない私的整理と同じ発想で「金融債権者」を定義付けしてよいのかどうかも不明であり、一概に「一般の利益」に反しないと断じることはできない。また、償還期限の異なる社債を別途発行していたときに、それについても同内容の権利変更を行わなければならないのかどうかという点も極めて難しい問題である。そうだとすると、結局、会社法706条の特別決議により減免が可能だとしても、裁判所の認可が得られるかどうかは不明確、ということになり、責任ある事業再生の実務家としては、社債権者集会で償還金額の減免等を行うことをメインシナリオとした再生の青写真を描くことを断念せざるを得なくなる。

　現在、企業再生支援機構法の改正において、機構が事業再生のために社債の減免が欠くことができないと確認したときに、裁判所はその事実を考慮して一般の利益の有無を判断しなければならないという立法を検討しているようであるが、その守備範囲が機構による私的整理だけだとすれば、アーリーステージでの社債のリストラクチャリングの手法としては結局使えない、ということになる。会社法733条4号「一般の利益に反するとき」の解釈をより精緻化し、制度化された私的整理の枠組み外であっても、合理的な計画に基づいた減免であれば、たとえ他の債権者の権利の変更内容と違いがあろうが、認可には影響しないというプラクティスを確立するほかないものと解される。

(4) 交換募集（エクスチェンジオファー）

　欧米ではしばしば行われているようであるが、日本においても、交換募集（エクスチェンジオファー）の手法を活用し、社債の償還負担の軽減を図った事例がある（ケネディクスの事例[48]）。

---

48) 坪山昌司＝門田正行「交換募集（Exchange Offer）」前掲注28)書133頁以下に詳しい。

その詳細は、割愛するが、ケネディクスの事例は海外で発行されたユーロCBに対してエクスチェンジオファーを行ったものであり、国内で発行された社債における事例がなく、果たして同様のエクスチェンジオファーがワークするのかどうかが未知数であるとのことである[49]。

法的にもいろいろな論点が存在するが、仮に社債権者集会による償還金額の減免等が難しいというのであれば、エクスチェンジオファーは、社債のリストラクチャリングの切り札的存在であり、実務的、法的論点をつぶし、きっちりワークさせることを目指すべきであろう。

(5) 実務上の諸問題

社債権者集会により期限の猶予ないし延長を行う場合、金利のアップや約定返済期限の悪化等を防ぐため、社債権者に担保を差し出すということも考えうるが、現在の担保付社債信託法（以下「担信法」という。）下においては、受託者である信託会社が、担信法上の諸々の制約を受けるため受託に消極的であり事実上担保権の設定が不可能であることから、リストラクチャリングの局面で、担保権を差し出すというカードが事実上奪われているという状況にある。担信法は昨年の改正を受け、かなり使い勝手もよくなったこともあり、事業再生の観点からは、担保設定が実務上可能になることを願ってやまない。

また、適債基準撤廃後の社債要項は極めてシンプルであり、ユーロ債のように、権利の減免等に関する手続にまで言及しているものは見あたらない。社債権者集会による減免の可否が上記のように不安定な状況下においては、社債の多様化という観点からも、発行実務の充実を望むものである。

V 最後に

以上、小職が松嶋英機先生の門を叩いてから今日に至るまでの事業再生の変遷につき雑観し、現状と今後の実務的・立法的課題について論じてみたが、実

---

49) 坪山＝門田・前掲注48)論文160頁。

力不足により、甚だ不十分な分析しかできず、師匠の古稀に捧げる論考としては極めて物足りない内容になってしまったことにつき恥じ入るばかりである。

　最近、事業再生弁護士は、究極のゼネコ（General corporate）弁護士でなければならないと感じるようになった。我々事業再生弁護士は、事業再生を完遂させることが仕事であるが、生身の会社は倒産法をいくら駆使しても再生するわけではない。ましてや、アーリーステージを含む、平場の世界においては、あらゆる法的なあるいはビジネス面における難局を乗り越え、再生に向けて一歩一歩努力する会社をサポートしなければならない。その意味では、倒産法は当然のことながら、会社法や金融関連法を含め、あらゆる法知識を踏まえた適切なジャッジを行えるスキルを身につけた究極のゼネコ弁護士こそが、一流の事業再生弁護士ではないかという思いに至ったのである。JALの整理解雇判決を機に労働法と倒産法のコラボレーションが図られるようになったのと同じように、あらゆる法分野を事業再生という切り口からもう一度勉強し、体系立てていく必要があるように感じる。

　もはや、日本の事業再生弁護士も、国内の狭い世界だけでとどまっていられるほど甘い世界ではない。松嶋英機先生は常々再生を司るにはいろんなことを知っていなければならないし、大きな仕事は決して一人ではできない、だから、いろいろな分野の専門家がいるこの事務所で事業再生をやる価値がある、おっしゃっておられる。語学力を含め、これからも更なる高みを目指してブラッシュアップし、一歩でも師匠松嶋英機先生に近づけるよう日々精進を重ねていきたいと思っている。

（みなみ・けんいち）

20 会社更生手続と株主持分
―――上場会社の事例を中心として

公認会計士 　横瀬元治

はじめに

　現会社更生法は2003年4月1日施行されたので、来年で10年の節目を迎えることになる。私は、1984年の株式会社マミヤ光機の会社更生事件以来公認会計士として約30年の間、継続して事業再生業務に関わってきた。振り返ってみると事業再生の業務も最初のうちは法的再生手続、特に会社更生手続が多かった。その後、2000年に民事再生法が施行され、法的再生手続は大きく拡大した。一方、2001年に私的整理ガイドラインが公表されたのをはじめとして中小企業再生支援協議会手続、整理回収機構手続、事業再生ADR手続として私的整理手続も一気に拡大した。さらに私的整理手続と法的手続とが融合的に併用されるなどメニューの充実ぶりとこれに携わる専門家の拡充は驚くばかりである。これらの事業再生手続は会社更生法の運用改正などと影響し合って、債務者企業にとっては、選択肢の多様化にとどまらない使い勝手のよい手続群への進化を図る方向にある。

　さて、先日株式会社日本航空が再上場を果たした。会社更生法の申立てからわずか2年8か月、既存の株主権が消滅し、新たな株主の下に再建、再上場を果たした。続いて2012年2月半導体メーカであるエルピーダメモリ株式会社の会社更生手続が発生した。このケースは、更生手続申立直前に公表した四半期決算で自己資本比率が約37％、純資産は2,828億円（総資産は7,646億円）存在

した。しかし、このケースにおいても株主権は消滅した。筆者自身も株式市場の参加者としてこの2つの手続は、会社更生手続と株主の権利について改めて考えてみたいという契機となった。

　もとより私は実務家であり、アカデミックな議論を得意とはしていないが、自分自身の整理のために改めて考えることとしたい。単なる感想程度になることもあるかもしれないが、その点はお許し願うとしよう。以下上場会社の会社更生手続に関連して株主権の扱いを中心にいくつかのテーマを考えてみたい。

I　継続企業の前提に関する注記

　上場会社にとって継続企業の前提に関する注記は事業再生手続に入る端緒となる場合が多い。まず、このテーマを考えてみたい。

　上場会社の決算は、企業の事業活動が決算後も継続して行われるという前提で作成されている。すなわち、その前提では貸借対照表の資産は通常の事業サイクルで回収でき、負債は決済されるという状況が想定されている。しかしながら事業継続が危ぶまれる重要な事象が存在する場合は、財務諸表にその旨の注記をしなければならないこととなっている。この注記を「継続企業の前提に関する注記」（以下、「継続企業注記」という）といい、利害関係人はこの注記で事業活動の継続性に黄色信号が点滅していることがわかる仕組みとなっている。

1　最近の事例

　最近の事例としてエルピーダメモリ株式会社の事例を時系列で見てみよう（同社ホームページのニュースリリースより作成）。

年月日	ニュースリリースの内容
平成24年2月2日	平成24年3月期第3四半期決算短信発表　　（筆者注　継続企業注記はされていない）

同	2月14日	同決算短信を訂正、継続企業注記を追加記載する
同	2月14日	継続企業の前提に関する事項の注記についてのお知らせを発表
同	2月14日	平成24年3月期第3四半期報告書発表　（筆者注　継続企業注記はされている）
同	2月27日	当社と子会社の会社更生手続開始の申立て

　この例でみると、継続企業注記をした日（2月14日）からわずか2週間で更生手続の申立てに至っている。株価の動きを見ると、2月14日の継続企業注記の開示の翌日は前日の終値374円から320円と急落し、その後約2週間急落後の水準で推移した後、更生手続開始の申立て（2月27日）により無価値となっている。このように株式市場は、明らかに継続企業注記を深刻かつ重要な兆候として受け止めていることがわかる。

　したがって、財政的に窮境にある企業はこの注記をできるだけ避けたいと考え、回避しようとする傾向にある。しかし監査人は監査責任があるところ、監査基準の要請に従って監査意見を表明することになるので、この注記をめぐって会計監査人と企業の間でしばしば意見の相違が問題になる。ここでは、この継続企業の前提に関する注記に関してその前提、その内容、監査上の取扱いを見ることにしよう。

2　企業継続注記の概要

　まず、どのような内容の注記が要請されているかであるが、この注記の根拠は、会社計算規則100条および財務諸表等規則第8条の27である。同じ内容の規定であるので会社計算規則の条文を記す。

会社計算規則第100条
　継続企業の前提に関する注記は、事業年度の末日において、当該株式会社が将来にわたって事業を継続するとの前提（以下この条において「継続企業の前提」という。）に重要な疑義を生じさせるような事象又は状況が存在する場合であって、当該事象又は状況を解消し、又は改善するための対応をしてもなお継続企業の前提に関する重要な不確実性が認められるとき（当該事業年度の末日後に当該重要な不確実性が認められなくなった場合を除く。）における次に掲げる事項とする。
　一　当該事象又は状況が存在する旨及びその内容
　二　当該事象又は状況を解消し、又は改善するための対応策
　三　当該重要な不確実性が認められる旨及びその理由
　四　当該重要な不確実性の影響を計算書類（連結注記表にあっては、連結計算書類）に反映しているか否かの別

　注記に至る判断の過程を順（下記①から③）に示すと次のとおりである（企業会計審議会第19回監査部会資料より作成）。

① 事業年度の末日において、継続企業の前提に重要な疑義を生じさせるような事象又は状況が存在するかどうか
　　⇒　存在する場合は②へ、存在しなければ注記は要しない。
② 当該事象又は状況を解消し、又は改善するための対応をしてもなお継続企業の前提に関する重要な不確実性が認められるかどうか
　　⇒　認められる場合は③へ、認められない場合は注記を要しない。
③ 当該事業年度の末日後においても当該重要な不確実性が認められるか
　　⇒認められる場合は注記する。認められない場合は注記を要しない。

3　前提となる考え方

　この企業継続注記に関する規定をよりよく理解するためいくつかのポイントを説明する。以下の説明は、主に日本公認会計士協会　監査・保証実務委員会報告第74号「継続企業の前提に関する開示について」によっている。

① 　会計原則には明示されていないが、通常財務諸表は企業が継続するという前提で作成され、その前提に立った会計基準で作成されている[1]。
② 　財務諸表の作成者である経営者はそのため、継続企業の前提が適切かどうかを評価することが求められている。
③ 　経営者が評価する継続企業の前提は事業年度末の翌日から1年間（通常次回の決算日）とする。少なくとも翌年の事業年度末までは継続企業の前提が有効であることが求められている。
④ 　事業年度末日において継続企業の前提に重要な不確実性が認められたとしても、貸借対照表日後において対応策を講じたこと等により当該重要な不確実性が認められなくなれば注記は不要である。
⑤ 　このような企業活動の継続が損なわれるような重要な事象又は状況は突然生起することは稀であると考えられる。そのため継続企業の前提に関する開示の検討に際しては、継続企業の前提に重要な疑義を生じさせるような事象又は状況につながる虞のある重要な事項を幅広く検討することが必要であり、継続企業の前提に関する重要な不確実性が認められるまでには至らない場合であっても、有価証券報告書等（事業報告を含む）における財務諸表以外の箇所において適切に開示する必要がある。継続企業の前提に重要な疑義を生じさせるような事象又は状況が存在する場合には、有価証券報告書の「事業等のリスク」及び「財政状態、経営成績及びキャッシュ・フローの状況の分析」にその旨及びその内容等を開示することを求めている。

---

1 ）したがって、経営者に当該企業の清算若しくは事業停止の意図があるか、又はそれ以外に現実的な代替案がない場合は、企業継続の前提には立てないので企業継続の前提で適用される通常の会計原則を適用することは適当でない、とされている。

4 継続企業の前提に重要な疑義を生じさせるような事象又は状況の例示

　例示として以下のような項目が考えられる。これらの項目は通常単独で該当することもあるが、むしろ複数の事象または状況が関連して発現することが多いので、経営者はその評価にあたっては総合的に判断する必要がある。

＜財務指標関係＞
- 売上高の著しい減少
- 継続的な営業損失の発生又は営業キャッシュ・フローのマイナス
- 重要な営業損失、経常損失又は当期純損失の計上
- 重要なマイナスの営業キャッシュ・フローの計上
- 債務超過[2]

＜財務活動関係＞
- 営業債務の返済の困難性
- 借入金の返済条項の不履行又は履行の困難性
- 社債等の償還の困難性
- 新たな資金調達の困難性
- 債務免除の要請
- 売却を予定している重要な資産の処分の困難性
- 配当優先株式に対する配当の遅延又は中止

＜営業活動関係＞
- 主要な仕入先からの与信又は取引継続の拒絶
- 重要な市場又は得意先の喪失
- 事業活動に不可欠な重要な権利の失効
- 事業活動に不可欠な人材の流出
- 事業活動に不可欠な重要な資産の毀損、喪失又は処分
- 法令に基づく重要な事業の制約

---

[2] 財務諸表上の債務超過を指す、事業再生のいわゆる実態貸借対照表によるものではない。

＜その他＞
- 巨額な損害賠償金の負担の可能性
- ブランド・イメージの著しい悪化

5　監査人の判断

　上記に述べたように、財務諸表の作成責任は経営者にあり、経営者は上記に述べた考え方にしたがって財務諸表を作成しなければならない。一方、監査人は、経営者が継続企業を前提として財務諸表を作成することの適切性について十分かつ適切な監査証拠を入手し、継続企業の前提に関する重要な不確実性が認められるか否かを結論付ける責任がある。

　監査人の判断の留意点等を述べると次のとおりである（日本公認会計士協会監査基準委員会報告書570「継続企業」より作成）

① 　監査人は、入手した監査証拠に基づき、単独で又は複合して継続企業の前提に重要な疑義を生じさせるような事象又は状況に関する重要な不確実性が認められるか否かについて実態に即して判断し、結論付けなければならない。

② 　監査人は、その状況において継続企業を前提として財務諸表を作成することが適切であるが、重要不確実性が認められると結論付ける場合は以下の措置をとる。
- 財務諸表における注記が適切であるかどうか検討する。
- 監査報告書に強調事項の区分を設け、この注記が記載されていることに読者の注意を喚起する。

③ 　財務諸表における注記が適切でない場合、監査人は、状況に応じて限定意見又は否定的意見を表明しなければならない。

④ 　監査人は、経営者が継続企業を前提として財務諸表を作成されているが、継続企業を前提として財務諸表を作成することが適切でないと判断したときには、否定的意見を表明しなければならない。

⑤ 　経営者が進めている対応策又は改善するその他の要因の存在についての監査証拠等、継続企業を前提として財務諸表を作成することに関する十分

かつ適切な監査証拠を入手することができない場合には、監査意見の限定または意見不表明とすることが適切な場合がある。

6 継続企業の前提に関する監査人の監査意見と東証適時開示の取り扱い

財務諸表等に添付される監査報告書又は四半期財務諸表等に添付される四半期レビュー報告書について、継続企業の前提に関する事項を除外事項として公認会計士等の「除外事項を付した限定付適正意見」若しくは「除外事項を付した限定付結論」又は公認会計士等の「不適正意見」若しくは「否定的結論」若しくは「意見の表明をしない」若しくは「結論の表明をしない」旨が記載されることとなった場合には、当該企業は、適時開示の要請によりその旨などを開示しなければならないこととされている（東証　有価証券上場規程第402条）。

すなわち、継続企業注記に関して監査人が限定意見、意見不表明などの意見を付した場合は、開示が求められることとなっている点留意が必要である。

7　結　語

この項の初めにも述べたが、一般的に窮境にある企業は継続企業注記をできるだけ避けたいと考え、回避しようとする傾向にある。しかし既に見たように監査人も監査基準の要請から適正な判断を行わざるを得ない。認識すべきは、財務諸表の作成責任は企業にあることである。注記をすべき時期にこれを省略した場合は、その時点で財務諸表の虚偽記載にあたることに留意することが必要であろう。

Ⅱ　上場会社の会社更生手続と株主権に関する情報開示（ディスクロージャー）

一般に事業再生手続終了後の速やかな上場、または上場を維持しながらの再生手続について関心は高い。上場会社には、債権者とともに多くの株主が存在する。更生手続ではともに利害関係人であるが（会更1条）、株主は会社更生手

続において、終結まで参加できるケースはほとんどないためか、あるいはそもそも債権者に劣後して取り扱われる（会更168条1項・3項）ためか、債権者対する情報開示と比較すると株主に対しての情報開示は不足しているという印象がある。筆者の問題意識は、株主に対する現行の情報開示は必要な都度十分に行われているのかどうかという点にある。株式市場における個人投資家はそれほど多くはない。今後㈱日本航空のような再上場の事例が多くなれば、なおさら株式市場から退出の時に株主に対する情報提供をきちんとしておくことがその後の信頼の醸成につながると思うのである。

現行の制度に不足している点があればそれは何か、また、改善すべき点はあるのかを検討して見たいのである。

1　会社更生手続における株主権の扱い

現行会社更生法における株主権の扱いは次のようになっている。

(1) 概　要

株主は、所有する株式をもって更生手続に参加できる（会更165条1項）。ただし、更生会社が更生手続開始の時においてその財産をもって債務を完済することができない状態にあるときは、株主は、議決権を有しない（会更166条2項）とされている。また、更生手続きが開始された場合は、その旨や管財人の氏名などを公告することになっており、公告すべき事項については債権者や株主に対し個別に通知がなされることになっている（会更43条3項2号）が、更生会社がその財産をもって債務を完済することができない状態にあることが明らかである場合には、知れている株主に対しての更生手続開始決定の個別の通知は不要とされている（会更43条4項2号）。また、議決権のない株主は関係人集会に出席を要請されない（会更115条2項）。すなわち、債務超過の場合には、株主たる権限がないので、個別の通知や関係人集会への出席が制限されるのである。

それでは、債務超過であると判断する時点や基準はなんだろうか。またそれはどのように株主に知らされるのであろうか。

(2) 債務超過の判断の時点、基準

　管財人は、更生手続開始後遅滞なく、更生会社に属する一切の財産につき、その価額を評定しなければならないとされており、その基準は、更生手続開始の時における時価による（会更83条1項2号）ものとされている。また、管財人は、評定を完了したときは、直ちに更生手続開始の時における貸借対照表及び財産目録を作成し、これらを裁判所に提出しなければならない（会更83条3項）とされている。更生手続において、更生手続開始の時において更生会社が債務超過であるかどうかを判断する時点はまさにこの財産評定の結果によるものと考えられる。しかしこの財産評定が終了するのは、手続開始後数か月後である。会社更生手続開始決定の個別通知は、上記に述べたとおり更生会社がその財産をもって債務を完済することができない状態にあることが明らかである場合には不要とされている。しかしながら、株式会社の清算人が更生手続開始の申立をしたようなケースを除けば財産評定前の段階で何を持って債務超過を判断するかは明確でないし、そもそも上場会社の規模において財産評定手続以外の手続で債務超過であることを判断することは困難を伴うと考えられる[3]。

(3) 株主権の消滅

　債務超過であることは直ちに株主権の消滅を意味するものではない。株主権は、更生計画で100％減資が決定された段階で消滅するのであり、それまでは株主としての更生手続参加は本来可能である。しかし上記でみたとおり、財産評定で債務超過であることが判明した後は、更生手続への関与は制限されている。もっとも財産評定の結果債務超過であっても、更生計画で100％減資しな

---

[3] 申立書類に更生手続開始の原因として、資金繰りの要因すなわち弁済期にある債務を弁済することとすれば、その事業の継続に著しい支障を来すおそれがある場合のみが記載されている場合は当然として、債務超過であるおそれがあげられている場合であっても、それは更生手続に入るための要件の一つであって、いずれも財産評定前の段階で債務超過と判断することはできないと考えられる。一方上場会社の場合は、株主数が多く株式の流動性も高いので手続の煩雑さやコストの面から個別通知を行うことは困難である。しかし上場会社の場合は次項に述べるように証券取引所による適時開示制度の利用や任意の情報提供を受けることができれば個別通知を省略しても実際は不都合はないものと考えられる。

ければ株主権が残る。しかしながら新たに株主として資金拠出を行う者や更生債権者の立場からすれば、経営責任の一端として旧株主の権利の消滅を求めることはむしろ当然のことであるから、債務超過の場合に株主権が残ることは困難であろう。事実、債務超過の場合は、実例の多くは100％減資となっており株主権は消滅している。

(4) 更生法による株主への開示、通知

主に財産の状況に関係する事項の株主への開示、通知の法的な扱いを見てみよう。できるだけ時系列に記載する。

① 開始決定前に会社説明会が開催される場合における会社又は保全管理人からの会社業務及び財産の状況に関する説明（会更規16条）
② 会社更生手続の開始決定の公告（会更43条1項）
③ 会社更生手続の開始決定の公告と同じ内容を知れている株主に通知する。ただし、更生会社がその財産をもって債務を完済することができない状態にあることが明らかである場合はしないことができる（同43条4項2号）。
④ 更生会社の財産状況を報告するために関係人集会が裁判所により開かれる場合における報告（同85条）。開催されない場合は、管財人が更生法84条1項の報告書の要旨を周知させる為、書面の送付、説明会の開催などの措置を採る必要がある（会更規25条1項）。ただし、更生会社がその財産をもって債務を完済することができない状態にあることが明らかであるときは、株主に対しては、同措置を執ることを要しないとされている（同）。
⑤ 管財人は、財産評定を完了したときは更生手続き開始の時における貸借対照表及び財産目録を作成し、これらを裁判所に提出しなければならない（会更83条3項）。さらに、裁判所は、管財人に対し、次に掲げる書類であって更生手続の円滑な進行を図るため利害関係人の閲覧に供する必要性が高いと認めるものを提出させることができる。（会更規23条）。
一 法第八十三条第一項の規定による評定の基礎となった資料
二 前号の評定において用いた資産の評価の方法その他の評定の方法を記載した書面

また、管財人は、これらの裁判所に提出した資料を更生債権者等又は株主が更生会社の主たる営業所において閲覧することができる状態に置く措置を執らなければならない（会更規24条）。さらに、管財人は、更生会社の主たる営業所以外の営業所おいても同様の措置をとること、その他周知させるための適当な措置）をとることができると規定されている（会更規24条2項）[4]。

　株主は、裁判所または会社の主たる営業所においてこの資料を閲覧でき、さらに裁判所書記官に対し、文書等の謄写、その正本、謄本もしくは抄本の交付または事件に関する事項の証明書の交付を請求することができる（会更11条1項・2項）。

　以上、会社更生手続においては債務超過である場合は株主が情報開示を通知される機会は制限されていることが多いと言ってよいだろう。更生法上の手続として株主が債務超過であることおよびその関連資料を確認するためには、管財人がインターネットなどにより任意に情報提供をしない限り、自ら裁判所または会社営業所に赴き、財産評定に関する資料を閲覧することがほぼ唯一の方法であるが、上場会社の株主に特別の行動を必要とするこの方法は、通常リアルタイムで簡便的に情報開示を受けている投資家にとってはあまり適切な方法とはいえないだろう。しかし、会社更生法が上場会社の株主に対するすべての情報開示を担うものでもないと考えられる。次にその他の制度による情報開示を検討する。

(5) 適時開示制度（東京証券取引所）

　適時開示とは、有価証券の投資判断に重要な影響を与える会社の業務、運営または業績等に関する情報を「有価証券上場規程」等証券取引所の規則に従い公表することである。上場会社には、重要な会社情報が生じた場合などに、直ちに適切な公表措置（具体的な方法としてはTDnetへの登録）をとることが義務づけられている。TDnet（Timely Disclosure network：適時情報開示システム）は、全国の上場会社等の適時開示情報を一元的に集め、インターネット経由でリアルタイ

---

4) 当該任意の措置は、インターネットなどの利用を想定したものであるが、財産評定に関する資料についてはあまり実践されている様子はない。

ム配信するサービスであり、上場会社の株主をはじめとした利用者には一般的な制度として確立している。開示する事項は決定事実と、発生事実及びその他がある（東京証券取引所上場規程402条）。決定事実とは、上場会社の業務執行を決定する機関（取締役会）が決定した重要な事項をいい、破産手続開始、民事再生手続開始または会社更生手続開始の会社申立てはこれに該当する。

　開示すべき内容は、原則として、下記①ないし④に掲げる内容である（有価証券上場規程施行規則第402条の2）。

① 当該「決定事実」を決定した理由又は当該「発生事実」が発生した経緯
② 決定事実又は発生事実の概要
③ 決定事実又は発生事実に関する今後の見通し
④ その他当取引所が投資判断上重要と認める事項

ほとんどの会社更生手続の場合、上場会社における最初の公表は会社更生手続開始の申立てに関する開示である。このほか、事業再生手続に関連しそうな適時開示事項としては、「債権者による債務の免除若しくは返済期限の延長または第三者による債務の引受け若しくは弁済」という事項が例示として挙げられていて、更生手続開始に至る前に該当があれば開示されることとなっている。さらに、有価証券上場規程には、「（本規程は、）会社情報の適時開示等について上場会社が遵守すべき最低限の要件、方法等を定めたものであり、上場会社は、同節の規定を理由としてより適時、適切な会社情報の開示を怠ってはならない（第411条の2）」とされていて、積極的な開示を心がけるよう規定されている。

　ここでは、法的手続等に入る前の段階として私的再生手続をとった場合の開示事例を2例挙げておきたい。

　いずれも株式会社日本航空の事例である。

① 　株式会社企業再生支援機構に対する再生支援の事前相談の実施について
　2009年10月29日

主な内容は次のとおりである。

・発表日において株式会社企業再生支援機構に対し、当社グループの再生支援を依頼し、再生支援に関する事前相談を開始した旨。

② 　事業再生ADR手続の正式申請及び受理に関するお知らせ　2009年11月

13日

主な内容は以下のとおりである。
- 発表日において産業再生ADR手続の正式申請を行い、同日受理された旨。
- 取引金融機関等に対して支援を要請している旨。
- ADR手続は、金融機関等を対象としているので他の取引先には影響を与えない旨。
- ①の企業再生支援機構に対する事前相談との関係は、企業再生支援機構による支援決定に先立って取引金融機関等との協議・調整を進める必要がある旨の説明

このように、上場会社において私的再生手続を進める場合は、実施機関から正式な受理を受けた事実が適時開示の対象になると考えられ、そのような実務の運用が広がっている傾向が読み取れる。

(6) 金融商品取引法（以下金商法）による開示

上場会社は金商法の規定により有価証券報告書を作成し公表している。上場会社が、会社更生手続を必要とするに至った場合又はこれに準ずる状態になった場合は、原則として上場廃止となる（有価証券上場規程601条1項7号）[5]。上場廃止となった場合でも、金商法上は有価証券報告書の提出義務は残っている。これは更生計画で株主権が消滅するまでは不特定多数の株主がまだ存在しているので当然の義務と思われる。しかし、会社更生法の場合は特例が存在している。それは、当該会社の申請により、「その者が更生手続開始の決定を受けた者であり、かつ、当該申請が当該更生手続開始の決定があつた日後3月以内に行われた場合には、当該更生手続開始の決定があつた日の属する事業年度に係る有価証券報告書については、その提出を要しない旨の承認をするものとする（金商法施行令第4条4項）」というものである。そのため事実上更生手続開始事

---

5) この場合において、上場規程施行規則で定める再建計画の開示を行った場合には、当該再建計画を開示した日の翌日から起算して1か月間の時価総額が10億円以上とならないときを除き、上場は維持されるが、当該手続は上場会社の申請により東証の審査を経て決定されることとなっている（上場規程第605条1項）。

業年度の財務諸表が開示されることはない。金商法では、更生手続開始後において株主が更生会社の財産の状況を知る機会はなくなっている。

(7) 株主への開示・小括

以上、会社更生法、東証規則、および金商法の開示について述べた。ここまでの要約を述べる。

① 更生手続の申立てについて

株式市場の要請による適時開示制度で株主は知ることができる。

② 会社更生手続きの開始

更生法上の公告（会更43条1項）により知ることはできる。その後、会社からその内容につき知らせが送付される場合もある（同43条4項2号）。

③ 株主権を行使することができるかどうか、すなわち財産調査の結果、更生会社が債務超過であるか否か

これについては、上記に述べたように裁判所または会社の主たる営業所において閲覧できることとなっている（会更規23条）が、東証規則及び金商法の開示要請はない。裁判所の閲覧制度が、上場会社の一般株主に対する開示方法として十分とは言えないこととそもそも会社更生法が上場会社の株主に対する一般的な開示を担うものでもないと考えられることはすでに述べた。

④ 更生計画の中で株主権が残るかどうか。100%減資が行われたかどうかを知る機会

更生計画案の内容及び更生計画の決定については債務超過により議決権がない場合は通知する必要はないこととなっている。つまり必ずしも株主はその事実を制度上は知り得ない。

さて、時系列に情報開示の担い手を整理すれば、上場廃止までの間は、会社更生法、東証規則および金商法が情報開示の担い手となり、上場廃止後株主権が消滅するまでは更生法および金商法がその役割を担う必要があろう。

開示とは、企業がその活動状況や経営の現状などに関する情報を、広く開示する行為をいい、株主は、特別面倒な手段を用いないで、いわばごく一般的な生活の中で情報を入手できることが必要ではないだろうか。その意味で、更生

会社の株主が裁判所または会社に赴かなければならない会社更生法上の閲覧や官報公告は株主に対する開示制度としては今一歩ではないかと述べたのである。現在の、株式市場に参加する投資家、特に個人投資家は多くはない。東証規則にもあるとおり、当該上場会社の運営、業務若しくは財産又は当該上場株券等に関する重要な事項であって投資者の投資判断に著しい影響を及ぼすものは積極的に開示をする姿勢が何より求められているのではないか。その意味では上記③、④については管財人は任意にその内容を会社ホームページなどで開示することが望まれる。

(8) **改善の提案**
① 財産評定の結果（債務超過であるかどうか）

債務超過かどうかは株主にとって極めて重要な情報である。制度上この情報は適時に株主に周知することが必要である。

財産評定の結果を株主に対して知らしめる方法として考えられるのは、次の２つの方法である。まず、会社更生法83条３項によって管財人は更生手続開始の時における貸借対照表及び財産目録を作成し、これらを裁判所に提出しなければならない、とされているのでこれを公告する方法がある。さらに、裁判所が管財人に対しインターネットなどの方法で周知させることを命ずることは可能な方法であろう。

金商法による開示としては、更生手続開始の時における貸借対照表を臨時報告書として提出させることが考えられる。この臨時報告書の提出は、上記(6)に述べたように金商法上は更生手続開始の決定があつた日の属する事業年度に係る有価証券報告書は、会社の申請によりその提出を要しない旨の承認をするものとする（金商法施行令４条４項）となっていて、株主は情報が途切れることとなっているが、この有価証券報告書に代替するものとして考えられないだろうか。

② 更生計画における既存株主権の扱いの周知方法

株主にとっては最も重要な株主権の消滅に関する情報であるが、株主に議決権がない場合法制度上は、更生計画案の内容および決議の有無は知らされることはない。しかし、これについても①と同様に、公告するか、さらには裁判所

が管財人に対しインターネットなどの方法で周知させることを命ずることは可能な方法であろう。また、金商法上は臨時報告書の提出が考えられる。

(9) 株主への任意の開示

　これらの法的な要請の不足を補う手段として、実践されている方法がある。最近では、会社更生手続が開始されると会社のホームページ上で株主に対する任意の開示を掲載する実務が行われている。しかしながらこの開示はすべて規則や法律により要請されているものではないので必ずしもすべての更生会社で同じ水準で実践されているとはいえない。しかしながら、現状十分とは言えない制度上の開示を補う有効な実務である。

　事例として株式会社クリードの例を時系列に記載する。ホームページに記載された、会社更生法に関する開示のすべてである。

年月日	◎内容　及び　適時開示要請事項（適）か任意記載事項（任）の別 並びに記載内容のうち株主の権利に関する事項（・）
09.01.09	◎　会社更生手続開始の申立てに関するお知らせ（適） ・有価証券上場規程第695条第1項に規定する再建計画等の審査に係る申請がない旨、すなわち上記5）の注に記載した上場維持のための審査の申請はしない旨の記載
09.01.31	◎　会社更生手続開始決定のお知らせ（会更規19条2項） ・株主を含む利害関係人が、管財人の選任について書面により意見を述べることができる期間 ・株主が更生計画案を提出することができる期間
09.02.12	◎　会社更生手続開始決定に伴うご説明（任） ・株主様のみに関係する質問と回答を掲載、質問④、⑥、⑦については本論に関係するので回答の要旨を補足的に記載する。 　質問①　いつ時点での株主に対して（会社更生手続き開始決定のお知らせを）送付しているのでしょうか。

質問②　株主は、更生債権の届出の必要はないのでしょうか。

質問③　現在保有している株式の未受領の配当金がありますが、こちらについてはいただけるのでしょうか。

質問④　今後株主総会を開催するのでしょうか。

【回答】現時点で株主総会を開催する予定はありません。なお、株主の皆様につきましては、<u>今後の調査の結果、当社が債務超過であると認められるに至った場合は</u>、誠に遺憾ながら、<u>会社更生手続において議決権が認められないこととなり、その場合にはその後の手続についてのご連絡も差し控えさせていただく取扱いとなります</u>ので、その点につき予めご理解賜りますようあわせてお願い申し上げます。（下線は筆者）

質問⑤　今後保有している株式の価値や株主の権利はどうなるのでしょうか。

質問⑥　更生計画で減資となる予定なのでしょうか。

【回答】現時点では、減資を行うかどうかも含めてどのような計画を策定するか決まっていません。

質問⑦　株主の権利に関する変更（例えば財産評定の結果、議決権が失われるなど）が生じた場合の個別に通知は来るのでしょうか。

【回答】株主様に会社更生手続において議決権が認められる場合には個別の通知の対象となりますが、<u>議決権が認められない場合（今後の調査の結果、当社が債務超過であると認められるに至った場合）には、個別の通知は行われない取扱いとなります</u>。（下線は筆者）

質問⑧　既に株式は譲渡してしまっていますが、未受領の配当金がある場合には、更生債権の届出はできるのでしょうか。

	（筆者 注：このようにポイントの1つは、債務超過であるかどうかであり、次に株主権の存続すなわち減資の問題である。）
09.02.12	◎　スポンサー選定手続の開始決定に伴うご説明（任）
09.03.13	◎　株主名簿管理（株式の名義書換等の取扱い）に関するお知らせ（任） ・09年2月18日をもって、従来の株主名簿管理人委託契約を解除したので、今後は当社にて名義書換手続を行う。 　（筆者 注：ちなみに、同社の上場廃止は09年2月10日である。）
09.03.30	◎　会社更生法84条1項所定の事項に関する報告のお知らせ（任） ・株式の取扱いについては未定であるが、今後行う予定の財産評定において、更生会社が実質債務超過に陥っていることが判明した場合には、100％減資をすることが見込まれる。 　（筆者 注：なお、直近期08年5月期における純資産は23,490百万円であり、総資産98,832百万円に占める割合は24％弱であった。）
09.06.08	◎　更生計画案の提出期間の伸長に関するお知らせ（任）
09.07.08	◎　更生計画案の提出に関するお知らせ（任） ・<u>財産評定手続の結果、弊社はその財産をもって債務を完済することができない状態（債務超過）であること。</u> ・<u>更生計画認可決定後、更生計画に基づき、当社の全株式の無償取得・消却及び資本金全額の減少（100％減資）が行われる予定である。</u> ・<u>今後の手続等についての案内は行われない。</u>（下線は筆者）
09.08.31	◎　更生計画認可決定のお知らせ（任） ・7月8日提出の更生計画案が書面投票の結果同意され、東京地方裁判所から更生計画認可の決定があった。
10.01.13	◎　更生手続終結のお知らせ

　上記一連の開示、特に2月の会社更生手続開始決定に伴うご説明、3月の会

社更生法84条1項所定の事項に関する報告のお知らせおよび7月・8月の更生計画案の提出、認可決定のお知らせは、株主が株権利の変更の過程がそれぞれの時点においてわかるようになっていて適時かつ必要な開示となっている。

　上場会社の会社更生手続において株主に対する開示についての1つの適切な開示例となっている。このような情報開示の実践がいずれの事例においてもなされることを望むものである。

III　最近の上場会社の会社更生手続と株主持分

　上場会社の株主は、会社更生法の申立てが行われるまで、上場会社に通常適用される会計基準すなわち、一般に公正妥当と認められた会計基準で作成された財務諸表で会社の財政内容等を把握している。上場会社では監査済みの財務諸表を開示してはいるが、その財務諸表上の債務超過と更生手続上の債務超過とはまったくの別物である。その主な要因は、資産負債の評価基準の相違である[6]。

　冒頭にも記載したが、更生手続に入る直前まではある程度の純資産があった会社が財産評定を経て株主持分が消滅する例が散見されている[7]。これらの会

---

6) 一般の上場会社の評価基準は、金融商品は時価で評価され、その他の資産負債はおおむね取得原価基準（この修正としての減損処理を含む）を基礎として作成されているといってよい。一方更生法の財産評定基準はすべての資産負債を更生法上の時価によって評価している。更生法上の時価は、法文上どこにも具体的な内容は規定されていないが、更生手続き開始時点で、株主から債権者に資産負債が譲渡されると観念されることから、広い意味では会計上の取引価額を構成するものであり、したがって、更生会社および以降手続き終結後の通常の会社に戻った後もこの時価が会計の基礎となるものと定められているものと思われる（会施1条2項）。更生法上の時価が具体的に定められないのは、更生手続開始後の会社は、通常の会社と同じように事業継続を前提としているものの信用毀損が客観的になる結果それぞれ個別の会社の既存の程度や債権者の状況などその他の事情により時価の適用に選択の幅があるからであろう。
7) 株式会社クリードの例では、更生手続申立日（平成21年1月9日）直前の公表決算である平成20年8月までの第1四半期では自己資本は227億円（総資産は1,078億円）、自己資

社はともに申立ての理由として資金繰りの窮境のみを記載している。

このような事例の場合、株主はおそらく狐につままれた想いだろう。過去の会計監査上の問題、特に資産の減損の不足は指摘されていなかったし、会社の窮境は資金繰りが要因とばかりと思っていたところ、ふたを開けたら債務超過になるほど資産状況が悪いとは……というのが正直な感想ではないか。一般の株主としては、評価基準の相違についての認識はほとんどなく、従来の基準すなわち一般に公正妥当と認められた基準で財産評定をしたとしたら株主持分が残るかどうかいうことが開始決定の後も頭に残っているのである。株式市場の一般株主としては当然の声であろう。

さて、一方において早期再生という声が多い、場合によっては上場したままで再生が可能ではないかということもある。上記の例のように直近の決算においては、ある程度の自己資本は存在しているケースでは、粉飾でもしていなければ会社更生法の申立てを財政面ではある程度の余裕をもって行ったということができる。このような場合でも、実例が示すとおり、更生法上の時価で開始時点の財産評定をすれば債務超過となってしまうだろう[8],[9]。しかしながら、公表直前の財務状況が示すとおり従来の会計基準では株主持分は存在するのである。重く見るべきはこの点ではないだろうか。上場会社に早期再生を実践する方向性では、株式市場における参加者の債務超過の認識と会社更生法上における債務超過の認識との調整をとる必要があると考える。

早期に事業再生に着手する場合は、事業価値の毀損が相対的に小さい。事業再生が成功する確率もそれだけ大きく、かつ、債権者の負担する損失も小さいはずである。その損失が減じられた金額を株主へも配分することは、窮境にあ

本比率は約21％であった。エルピーダメモリ株式会社のケースでは、更生手続申立日（平成24年2月27日）直前の公表である平成23年12月31日までの第3四半期決算で自己資本は2,828億円（総資産は7,646億円）、自己資本比率は約37％存在した。

8) 一般に公正妥当と認められた会計基準においても金融商品は時価の概念が用いられており、固定資産は減損会計が実施されている。両者の差異は会社更生法の改正（2003年）以前ほど大きくはない、と筆者は考えているが、実例の詳細な分析は今後の課題としたい。

9) さらに、管財人としては事業再生の確実性を重視する立場から、財産評定はどちらかと言えば保守的にしたいというインセンティブが働くこともある。

る株式会社について、更生計画の策定及びその遂行に関する手続を定めること等により、債権者、株主その他の利害関係人の利害を適切に調整し、もって当該株式会社の事業の維持更生を図る会社更生法の目的（会更1条）にかなうのではないだろうか。

　このように株式市場における更生手続のケースで直前まである程度の自己資本が残っているようなケースでは、更生計画で一定割合の株主権を残すことが必要なのではないか。事業価値の毀損の少ない状況での早期の再建は、株主と債権者の共同で行う再建事業といった面がある。貸借対照表で考えれば、更生会社の資産を構成する事業価値を、債権者である他人資本と株主である自己資本がともに支援するイメージを描いてもらえばよい。

　現在の株式市場における会社更生手続のように、既存株主権が消滅し、新株主の下で短期間の上場がなされる例が続くとしたら、一般の株主の株式市場および会社更生法への信頼が損なわれる状況も生じかねない[10]・[11]。

　早期再生とともにこのような株主権利を残すような実務の採用を強く望むものである。

おわりに

　最後に松嶋先生との出会いを振り返ってみたい。

　昭和59年2月29日、東証一部上場会社大沢商会は、会社更生法に基づく更生手続の開始の申立てを行った。同社と多額の取引があった東証第2部上場の株式会社マミヤ光機も、これに伴い同3月5日同じく更生手続開始の申立てを行った。この事件は、私にとっては初めての更生事件との出会いであり、右も左もわからないまま夢中でやり遂げた仕事であった。

　松嶋先生とはこの事件でご一緒したのが初めての出会いである。以来、先生

---

10) 高木新二郎著『事業再生』（岩波新書、2006年）216頁では、「『100％減資』により旧株式は全部消滅させられ、同時に行われる新株発行増資により株主が入れ替わってしまう。会社更生が『合法的乗っ取りの制度』であるといわれるゆえんである」と述べておられる。

11) 更生計画で既存株主の株式をいったん100％減資をするとしても、新たな株式の割り当てを既存株主に対して与えることも考えられる。

が手掛ける会社更生手続に関しては、利害関係があってできない仕事を除きご一緒した機会は多かった。松嶋先生の人となりは皆様が言われる通り、直球勝負ときにスローな変化球、まったくの自由自在、独り天を飛ぶ風がある。何とか事業再生業務で筆者に声が掛かるのは、ひとえに先生の教えのたまものと深く感謝申し上げる次第である。

　古稀を迎えられたとのこと、正直そんな言葉が似つかわしくないほどのお元気さをいつも感じています。これからも大いに活躍されることを心より期待しております。

（よこせ・もとはる）

21 事業再生と税制

税理士 **中村慈美**

　事業再生に関して税務の分野でもその促進を図る目的で、関連する法人税法の改正や制度の創設が行われているが、倒産法等とは異なり、法人税法等の規定の多くは、通常適用されている規定であり、それらの規定は一箇所にまとまっているわけでもなく、また、一つの規定の適用によりすべてが解決するようなものでもないことから、総合力が求められることになる。

　近年、事業再生等の分野でも、急速に税務の重要性が認知され、税制上の取扱いを考慮しない再生計画は考えられないといっても過言ではない。もし、税制上の取扱いを考慮しない再生計画であるならば、その実行段階で予想外の資金流失を招き、ひいては再生自体が破綻することにもなりかねない。

　本稿では、本職が実務において重要と考える、①貸倒損失、②貸倒引当金、③子会社等の再建における支援措置、④DES（デット・エクイティ・スワップ）、⑤保証人問題、⑥欠損金の繰戻し還付請求、⑦第二会社方式の選択と移転コスト、⑧清算法人の株主における投資損失について、それらの制度等の概要を解説するとともに、留意点、問題点を明らかにしていくことにする[1]。

---

1) 本稿は、平成25年2月27日現在の情報等に基づいて執筆している。

I 法的整理等と貸倒損失

貸倒損失の計上に関しては、「一般に公正妥当と認められる会計処理の基準に従って計算される」ものではあるが、実務上の便宜のため、法人税基本通達において具体的な取扱いが定められている[2]。

1 法律上の貸倒れ

金銭債権が法的に滅失した場合には、その滅失した時点において貸倒損失として損金の額に算入することとされている（法基通9-6-1）[3]。

具体的には、次に掲げる事実が発生した時点において、その金銭債権の額のうち次に掲げる金額を、その事実の発生した日の属する事業年度において貸倒れとして損金の額に算入する。

(1) 更生計画認可の決定又は再生計画認可の決定があった場合において、これらの決定により切り捨てられることとなった部分の金額

(2) 特別清算に係る協定の認可の決定があった場合において、この決定により切り捨てられることとなった部分の金額

(3) 法令の規定による整理手続によらない関係者の協議決定で次に掲げるものにより切り捨てられることとなった部分の金額[4]

---

2) 平成23年11月の税制改正において、法人税率の引下げに伴う財源確保措置の一環として、所要の経過措置が講じられた上で、貸倒引当金制度の適用法人が資本金の額が1億円以下である中小法人、銀行等及びリース債権等を有する一定の法人に限定された（法法52条1項、2項）ことから、ますます貸倒損失の適用の可否が重要となっている。

3) 本通達は、平成22年6月に改正（課法2-1他）されているが、その内容は表現を改めるものであり、実質的な改正ではない。

4) 平成23年7月に公表された「個人債務者の私的整理に関するガイドライン」に基づき作成された弁済計画に従い債権放棄が行われた場合には、債権者におけるその債権放棄により生じた損失は、法人税基本通達9-6-1(3)ロの要件に該当することから、貸倒れとして損金の額に算入されることが明らかにされている（「『個人債務者の私的整理に関するガイドライン』に基づき作成された弁済計画に従い債権放棄が行われた場合の課税関係について」

① 債権者集会の協議決定で合理的な基準により債務者の負債整理を定めているもの

② 行政機関又は金融機関その他の第三者のあっせんによる当事者間の協議により締結された契約でその内容が①に準ずるもの

⑷ 債務者の債務超過の状態が相当期間継続し、その金銭債権の弁済を受けることができないと認められる場合において、その債務者に対し書面により明らかにされた債務免除額

ところで、この通達（法基通9-6-1）では、会社更生法、民事再生法、会社法の手続による場合が定められているが、破産法の手続による場合は定められていないことから、破産法の場合の取扱いがどのようになるか疑問が生じていた[5]。

会社更生法、民事再生法、会社法においては、法的に債権を消滅させる手続が定められているのに対して、破産法における法人の破産手続では配当されない部分の債権を消滅させる手続がないことによるものと考えられる。

法人の破産手続においては、裁判所は破産法人の財産がない場合には廃止決定（破216条１項、217条１項）又は終結決定（破220条１項）を出すこととされており、当該破産法人の登記も閉鎖されることになっている（破257条７項）。このように、この決定がなされた時点で当該破産法人は消滅することからすると、この時点において、当然、破産法人に分配可能な財産はないのであり、当該決定等により破産債権者が破産法人に対して有する金銭債権もその全額が滅失したと考えられることから、破産手続の廃止決定又は終結決定を理由に貸倒処理することができるとされている（平成20年６月26日国税不服審判所裁決）[6]。

なお、破産手続の終結前であっても、破産管財人から配当がゼロであることの証明がある場合や、その証明が受けられない場合であっても債務者の資産処分が終了し、今後の回収が見込まれないまま破産終結までに相当期間かかると

（平成23年８月16日付国税庁課税部長文書回答））。また、同文書回答においては、その債権放棄に係る債務免除益は所得税基本通達36-17に該当することから、債権放棄を受けた債務者の所得金額の計算上収入金額に算入されないことも明らかにされている。

5）法人税基本通達9-6-2によるとする解説が散見される。
6）事業再生研究機構は、法人税基本通達9-6-1に廃止決定又は終結決定があった場合を含めるよう法人税基本通達の改正要望を行っている。

きは、法人税基本通達9-6-2を適用して、貸倒損失として損金経理を行い、損金の額に算入することが認められている（平成11年3月30日付全銀協通達、平成13年12月17日付国税速報での貸倒損失の計上についての国税当局者による解説、平成20年6月26日国税不服審判所裁決)[7]。

　ところで、個人の破産手続については、免責許可決定[8]があるまでは債権が消滅したことにはならない（破253条1項）ことから、免責許可決定前の破産者に対して有する金銭債権については、法人税基本通達9-6-1の適用ではなく、同9-6-2の適用が考えられる。

2　事実上の貸倒れ

　金銭債権が法的には滅失していなくとも、金銭債権の全額が回収不能であることが明らかになった場合において、事実上の貸倒れとして損金の額に算入することとされている（法基通9-6-2前段）。この場合において、当該金銭債権について担保物があるときは、その担保物を処分した後でなければ貸倒れとして損金経理をすることはできない（法基通9-6-2後段）。

　法人税基本通達9-6-2では、「貸倒れとして損金経理をすることができる」とされており、損金経理が要件とみるべきか否かという問題がある。一部の解説書には、損金経理が要件であるという記述も見受けられる。

　仮に、損金経理が要件とすると、回収不能となった事業年度に損金経理していなかった場合、回収不能となった事業年度において損金経理していないためその事業年度において貸倒損失として損金算入することは認められず、その後の事業年度において損金経理したとしてもその事業年度に回収不能となったのではないため否認されることとなり、永久に損金算入できないことになる。

7）事業再生研究機構は、貸倒引当金制度の適用が縮減されたことから、破産手続開始の申立てを貸倒損失計上事由とする税制改正又は法人税基本通達の改正要望を行っている。
8）免責決定は、個人の破産者に対する手続であり、法人の破産者に対してそのような手続はない。したがって、破産法人に免責許可決定がないから貸倒れ処理できないというのは誤りである。

また、会計上、貸倒損失として計上したものの未だ回収不能とはいえないため自己否認していた金銭債権について、その後に回収不能となった場合に貸倒損失として損金算入するためには、申告調整だけでは適用要件を満たさないのではないかという疑問も生じることになる[9]。

　この点について、税理士山本守之氏は、現行の通達の文言になった昭和55年の通達改正の経緯等からみて損金経理要件とみるのは誤りである旨を述べており[10]、課税当局も、「回収不能債権の帳簿貸倒処理の時期であるが、回収不能が明確になった限りにおいては、直ちに貸倒処理を行うというのが会社法ないしは企業会計上の考え方であり（会社計算規則5条4項）、いやしくもこれを利益操作に利用するようなことは公正妥当な会計処理とは認められないというべきである」と解説している[11]。

　過年度に有税償却した貸付金等に対する貸倒損失の処理方法について、税理士成松洋一氏が東京地方税理士協同組合セミナーで解説された内容が実務対応として有効と考える。

　その概要は、法人税基本通達9-6-2には、損金経理要件が必要かどうかには議論があるが、いったん簿外貸付金を帳簿に受け入れて、改めて貸倒損失として損金経理するのが無難であるものの、このような会計処理は企業会計上問題があると考えられるので、次善の方法として

(借方) 貸付金　　×××　／　(貸方) 前期損益修正益（繰越利益剰余金）×××
(借方) 貸倒損失　×××　／　(貸方) 貸付金　×××

のような経理処理をした仕訳伝票を起こしておいて、損益計算書上は計上せず、計算書類等に注記することで対処するというものである[12]。

---

9) 資産の評価損については、自己否認していた評価損を事後に評価損の計上事由が生じたために損金算入する場合には、申告調整のみで足りることが明らかにされている（法基通9-1-2）。
10) 税務事例研究2009年5月、税経通信2009年8月。
11) 森文人編著『法人税基本通達逐条解説』918～919頁（税務研究会出版局、2011年）。
12) この方法は、従前、役員退職給与に損金経理要件が付されている場合に、過年度計上した役員退職給与引当金の取り崩しで支払った場合の否認リスクを回避する方法として課税実務で認められていたものと同様の方法である。

次に、担保物件がある場合に、回収不能額が確定しないことから、その処分をする前に法人税基本通達9-6-2を根拠に貸倒損失として損金の額に算入することはできないとされている。

しかし、この点に関しては、担保物の回収が見込まれず、抵当権が名目的なものにすぎないような場合には、法人税基本通達9-6-2による貸倒損失を認めるという弾力的な取扱い（全銀協通達）がなされている[13]。

ところが、この取扱い（全銀協通達）は、銀行等の金融機関に対するものであるが、全銀協通達の発出後の、国税当局者（東京国税局税務相談官）による解説[14]及び国税庁の質疑応答事例[15]において、金融機関ということではなく、一般論として同様の質疑応答がされており、このことからも、全銀協通達で示された弾力的な取扱いが一般事業会社にも適用できるものと考えられる。

II　貸倒引当金と法律上の貸倒れとの連携等

貸倒引当金とは、未だ貸倒れとはなっていないが、将来の貸倒れによる損失の見込額をいい、債務者ごとに個別に損失見込額を計算する個別評価金銭債権に係る貸倒引当金と、金銭債権全般に対して過去の貸倒実績率を乗じて計算する一括評価金銭債権に係る貸倒引当金とがある（法法52条1項、2項）。

個別評価金銭債権に係る貸倒引当金については、債務者につき、更生計画認可の決定等の法的整理の認可決定があった場合や合理的な私的整理による債権者集会等の協議決定があった場合において、賦払などにより弁済されることとなった場合の損金算入限度額（繰入限度額）は、5年以内に弁済されることとなっている金額以外の金額が繰入れされることとなる（法令96条1項1号）。この場合の計上事由が、法律上の貸倒れ（前記Iの1）と同じ事由[16]となっている

---

13) 平成11年3月30日付全銀協通達。
14) 国税速報（平成13年12月17日付第5386号：読者の相談コーナー）。
15) 平成24年11月に公開された国税庁の質疑応答事例（貸倒損失）2「担保物がある場合の貸倒れ」。

ことに留意する必要がある。

なお、貸倒引当金勘定の金額は、翌事業年度の所得の金額の計算上益金の額に算入することとされていることから（法法52条10項）、必要に応じて再度貸倒引当金勘定を繰り入れ（洗替処理）、又は貸倒処理することとなる。

ところで、貸倒引当金制度の適用法人については、平成23年11月30日に成立した「経済社会の構造の変化に対応した税制の構築を図るための所得税法等の一部を改正する法律」による税制改正による法人税率の引下げに伴う財源確保措置の一環として、所要の経過措置が講じられた上で、貸倒引当金制度の適用法人が資本金の額が1億円以下の中小法人（資本金の額が5億円以上である大法人等による完全支配関係等がある法人を除く。）、銀行等及びリース債権等を有する一定の法人に限定されている。

すなわち、卸売業、小売業、製造業等の一般事業を営む法人で中小法人に該当しないものについては、経過措置により認められるものを除き、貸倒引当金繰入額の損金算入（無税処理）ができないこととなっている[17]。

したがって、卸売業、小売業、製造業等の一般事業を営む法人で中小法人に該当しないものについては、上記の改正によりこの取扱いも受けられなくなる。このため、資本金の額の減少手続により、貸倒引当金制度の適用法人である資本金の額が1億円以下の中小法人にすることも検討しなければならない[18]。

III 子会社等の再建（私的整理）における支援措置

法人がその子会社等に対して金銭の無償若しくは通常の利率よりも低い利率

---

16) 書面による債務免除の場合を除く。
17) 事業再生研究機構は、貸倒引当金制度を改正前の制度に復活するように税制改正要望を行っている。
18) 平成23年11月の改正では、資本金の額が1億円を超える法人については、繰越欠損金の控除額がその適用前の所得金額の80％を限度とする改正等も行われている。また、法人事業税の外形標準課税適用法人の判定も資本金の額が1億円超か否かで判断される（後記IV3参照）。

での貸付け又は債権放棄等（無利息貸付け等）をした場合において、その無利息貸付け等がたとえば業績不振の子会社等の倒産を防止するためにやむを得ず行われるもので合理的な再建計画に基づくものである等その無利息貸付け等をしたことについて相当な理由があると認められるときは、その無利息貸付け等により供与する経済的利益の額は、寄附金の額に該当しないものとされている（法基通9-4-2）。

次の①から⑤に掲げる再建計画は、この取扱いの適用により債権放棄等をした債権者において債権放棄等による損失の損金算入が認められる合理的な再建計画であることが国税庁の文書回答により明らかにされている[19]。

① 「私的整理に関するガイドライン」に基づき策定された再建計画
② 「中小企業再生支援協議会の支援による再生計画の策定手順（再生計画検討委員会が再生計画案の調査・報告を行う場合）」に従って策定された再生計画
③ 「RCC企業再生スキーム」に基づき策定された再生計画
④ 特定認証紛争解決手続に従って策定された事業再生計画
⑤ 株式会社企業再生支援機構[20]が買取決定等を行った債権の債務者に係る事業再生計画

ところで、平成22年度税制改正において、グループ法人税制が導入され、内国法人が各事業年度においてその内国法人との間に完全支配関係（法人による完全支配関係に限る。）がある他の内国法人に対して支出した寄附金の額（下記の受贈益の益金不算入の規定を適用しないとした場合に当該他の内国法人の各事業年度の所得の金額の計算上益金の額に算入される受贈益の額に対応するものに限る。）は、その内国法人の各事業年度の所得の金額の計算上、損金の額に算入しないこととされている[21]（法法37条2項）。

---

19) これらの再建計画は、債務免除を受けた債務者において設立当初からの欠損金の損金算入及び資産の評価損益の計上も認められている。
20) 平成25年度税制改正において、株式会社企業再生支援機構の改組に伴い、同機構に係る貸倒引当金制度及び企業再生税制（設立当初からの欠損金の損金算入及び資産の評価損益の計上）について、改組後の株式会社地域経済活性化支援機構においても引き続きその対象とする改正が予定されている（平成25年1月29日閣議決定「平成25年度税制改正の大綱」）。

他方、完全支配関係（法人による完全支配関係に限る。）がある他の内国法人から受けた受贈益の額（上記の寄附金の損金不算入の規定を適用しないとした場合に当該他の内国法人の各事業年度の所得の金額の計算上損金の額に算入される寄附金の額に対応するものに限る。）は、その内国法人の各事業年度の所得の金額の計算上、益金の額に算入しないこととされている（法法25条の2第1項）。

この取扱いは、寄附した法人の寄附金の額と寄附を受けた法人の受贈益の額に対応関係が生じる場合が前提であることから、寄附した法人において寄附金の額が生じない場合には、適用されないことになる。

そうすると、完全支配関係がある法人間で再建のための一定の経済的利益の供与（法基通9-4-2）があった場合[22]には、その一定の経済的利益の供与は寄附金に該当しないものとして取り扱われる限り、損金の額に算入することが認められ、経済的利益を受けた側においても従前どおり全額益金の額に算入することになる（法基通4-2-5）。

反面、法人税基本通達9-4-2に該当しない場合には、支援者の寄附金を全額損金の額に算入しないこととされ、被支援者は受贈益の額を益金の額に算入しないことになる[23]。

また、完全支配関係がある法人間で無利息貸付けがあった場合にも、債権者側で寄附金の額を全額損金の額に算入しないこととされ、債務者側で受贈益の額を益金の額に算入しないことになる（法基通4-2-6）。

Ⅳ DES（デット・エクイティ・スワップ）の影響

デット（債務）をエクイティ（資本）へスワップ（交換）することをいい、「債

---

21) この場合、損金算入限度額の計算は行われず、その全額が損金の額に算入されないことになる。
22) 法人税基本通達9-4-1の場合も同様である。
23) 受贈者は、会計上、その支援により欠損金が減少することになるが、税務上は、益金不算入になることから、税務上の繰越欠損金は減少しないことになる。

務の資本化（株式化）」と呼ばれている。現在行われているDESには、現物出資型（債権者が債権を債務者に現物出資し、新株の割当を受ける方法をいう。）と、現金振替型（債権者が現金を払い込んで債務者から第三者割当増資を受け、債務者は払い込まれた現金により直ちに債務を弁済する方法をいい、疑似DESとも呼ばれる。）[24]の主に2種類の手法がとられている[25]。

1 現物出資型

(1) 債権者の取扱い

合理的な再建計画等に基づいて行われるものである場合には、その取得した株式の取得価額は、給付をした債権の価額とされ、現物出資した債権と取得株式の時価との差額は譲渡損として処理されることになると考えられ（法基通2-3-14）、合理的な再建計画等に基づいて行われたものでない場合には、譲渡損部分が寄附金に該当するものと考えられる[26]。

この場合の「合理的な再建計画」とは、DESが債権放棄等と経済的実態が同じことから、法人税基本通達9-4-2に定める「合理的な再建計画」と同様と考えられる[27]。

また、現物出資が適格現物出資に該当する場合には、債権の帳簿価額による譲渡が行われたものとされている（法法62条の4第1項）ため、譲渡損は生じな

---

[24] 現金振替型DESの参考事例として、相互タクシー事件（福井地判平成13・1・17税務訴訟資料250号8815順号、名古屋高判平成14・5・15税務訴訟資料252号9121順号、最判平成14・10・15税務訴訟資料252号9123順号）と日本スリーエス事件（東京地判平成12・11・30税務訴訟資料249号884頁、東京高判平成13・7・5税務訴訟資料251号8943順号）がある。

[25] これ以外に会社更生法等のDESがあり、その法人税法上の取扱いが法人税基本通達14-3-6に定められている。

[26] 森文人・前掲書244頁。

[27] ちなみに、再生計画認可の決定に準ずる事実があった場合における私的整理計画においてDESが行われた場合の債権の時価の評価方法等については、合理的に見積もられた回収可能額に基づいて評価することが妥当であると考えられる（「企業再生税制適用場面においてDESが行われた場合の債権等の評価に係る税務上の取扱いについて」（平成22年2月22日国税庁課税部長文書回答））。

いことになる。

　しかし、現物出資をした債権については一般的に前事業年度において貸倒引当金を繰り入れていることから、当期にはDESにより債権回収が行われ、債権が存在しなくなるため、洗替えによるその債権に係る貸倒引当金を繰り入れることができず、貸倒引当金の戻入れによる利益が生じることになる（法法52条10項）。非適格現物出資の場合には、DESによる譲渡損失が生じることから、貸倒引当金の戻入れによる利益を相殺できることとなる。

　なお、適格現物出資又は非適格現物出資のいずれを行うかによって、債務者にも課税所得に影響が生じることになる。

(2) 債務者の取扱い

　現物出資により増加する資本金等の額は、払込み金銭の額及び給付資産の価額（時価）であり（法令8条1項1号）、一般的にDESが行われた場合には消滅する債務額より受け入れた債権の時価のほうが小さいことから債務者側には債務消滅益が生じることになる。

　なお、この場合の債務消滅益は、設立当初からの欠損金の損金算入制度の対象とされている（法法59条、法基通12-3-6）。

　また、現物出資が適格現物出資に該当する場合には、債権の帳簿価額による取得が行われたものとされている（法法62条の4第2項、法令123条の5）ため、同額の資本金等の額が増加し、債務消滅益は生じないことになる（法令8条1項8号）[28]・[29]。

　このように債務者においては適格現物出資により、債務消滅益の発生を回避することができるが、その分相当の資本金等の額が増加することから、後述する資本金等の額を課税標準とする法人住民税の均等割額や法人事業税（外形標準課税）の資本割額が増加することになり、事業再生過程において継続して資

---

[28] 二次債権者による適格現物出資においては、債務消滅益が発生する場合がある（東京地判平成21・4・28、東京高判平成22・9・15）。

[29] いわゆる券面額説（増加する資本金等の額を消滅する債務の額とするもの）による場合も同様の結果となると考えられる。

金負担が生じることになる。

2 現金振替型

(1) 債権者の取扱い

　金銭の払込みにより取得した有価証券の取得価額は、その払込みをした金銭の額（及びその付随費用の金額の合計額）とされている（法令119条1項2号）。

　増資の直前において債務超過の状態にあり、かつ、その増資後においてなお債務超過の状態が解消していないとしても、その増資後においては、相当期間が経過するまで有価証券の評価損の計上はできないこととされている（法基通9-1-12）。

　このため、上記の適格現物出資の場合と同様に、前事業年度の貸倒引当金の戻入れによる利益が生じることになる（法法52条10項）。

(2) 債務者の取扱い

　金銭の払込みにより、その払い込まれた金額相当の資本金等の額が増加することになる。

　この場合、上記の適格現物出資の場合と同様の問題が生じることになる。

3 DESの地方税への影響

(1) 法人住民税の均等割額

　通常の増資と同じく、資本金等の額が増加するため、資本金等の額の規模に応じて負担額が定められている法人住民税均等割額の負担は増加する（地法52条、312条）[30]。

---

30) 法人住民税は、法人税の所得金額の計算上、損金不算入とされる（法法38条2項）。

(2) 法人事業税の外形標準課税

　各事業年度終了の時の資本金の額が１億円超である場合には、外形標準課税の対象法人となることとされ（地法72条の２）、所得割額、付加価値割額、資本割額による法人事業税を納付することになる。

　この場合の資本割額は、法人の各事業年度終了の時の資本金等の額[31]を課税標準として計算することとされており（地法72条の12）、その資本金等の額は、法人税法における資本金等の額を用いるが、資本金又は資本準備金を減少（会社447条、448条）させて計上した資本剰余金をもって損失の処理に充てた場合（会社452条）のその金額については、資本金等の額から控除することとされている（地法72条の21第１項３号）[32]・[33]。

　また、いわゆる利益の資本組入れ（会社450、448条１項２号）が行われた場合の資本金の増加額は、資本割額の計算上、資本金等の額に加算することとされている（地法72条の21第１項１号）[34]。

　なお、このように法人税法の資本金等の額と異なる取扱いは、法人事業税に限ったものであり、前述の法人住民税の均等割額の課税標準となる資本金等の額には適用されない[35]。

---

31) 外形標準課税の対象法人となるのは会社法上の<u>資本金</u>の額が１億円超であり、課税標準は法人税法上の<u>資本金等</u>の額である。

32) 平成13年４月１日から平成18年４月30日までの間に資本又は出資の減少等による資本の欠損の填補を行っていた場合の欠損填補額も同様の取扱いとされている（地法72条の21第１項２号）。

33) 資本金の減少手続によって、その他資本剰余金が増加することになるが、法人税法上は、資本金もその他資本剰余金も資本金等であり、資本金等の額の変動は生じないことになる。このため、法人税法の資本金等の額を準用する地方税法では、特別の規定により資本金等の額を増減させることとしている。

34) 利益の資本組入れは、資本金等の額の増加に該当しないことから、法人税法上は資本金等の額は増加しないことになる（法令８条１項13号）。

35) 事業再生研究機構は、法人住民税の均等割額の場合についても、法人事業税と同様の適用を受けるよう税制改正要望を行っている。なお、法人住民税は所得計算上損金不算入であるのに対し、法人事業税は損金算入である点が両者の取扱いの違いとなっているのではないかと考えている。

Ⅴ 保証人問題への対応等

保証債務を履行するための資産の譲渡があった場合において、その履行に伴う求償権の全部又は一部を行使することができないこと[36]となったときは、その部分の金額を資産の譲渡による収入金額のうち、「回収することができなかった部分の金額」とみなして、その金額に対応する部分の所得はなかったものとみなすこととされている(所法64条2項)[37]。

この制度の要件は、次のとおりである。

① 保証債務の履行であること
② この履行のための資産を譲渡したこと
③ 資産の譲渡価額をもって、保証債務の履行をしたこと
④ 履行に伴う求償権の全部又は一部を行使することができないこととなったこと

ところで、中小企業の多くは、その工場等の事業用資産が代表者等役員の個人資産であり、ほとんどが金融機関等からの借り入れの担保になっている。しかし、工場等事業用資産は、企業の経営に不可欠の資産であるため、第三者への売却を回避するため、譲渡先を債務者企業とし、債務者企業は別の銀行から経営者の求償権放棄及びその本社工場を担保提供することを条件に新規融資[38]を受け、その本社工場の譲渡代金を代表者等役員に対して支払い、代表者等役員は、その譲渡代金をもって債権者である銀行への保証債務の履行を行い、同

---

[36] 法人の代表者等が保証履行した場合における求償権行使の能否判定等については、国税庁から個別照会事例として公表されている(平成14年12月25日付照会回答「保証債務の特例における求償権の行使不能に係る税務上の取扱いについて(通知)」)。

[37] 資力を喪失して債務を弁済することが著しく困難な場合で、滞納処分強制執行等の手続で資産が強制換価され、又は強制換価手続の執行が不可避の状況下で資産を任意譲渡し、対価が債務の弁済に充てられるときは、その譲渡による所得は非課税とされている(所法9条1項10号、所令26条)。

[38] 返済条件は債権者である銀行からの融資よりも大幅に緩和されている。

時に債務者企業に対する求償権を放棄することが考えられる[39]。

このような場合、この特例が受けられるかについては、従前は債務者企業の弁済能力があるのではないか、すなわち、上記要件の④を充たさないのではないかとの懸念があった。

しかし、国税庁から個別照会事例として公表されている平成21年11月6日付「株式会社企業再生支援機構が買取決定等を行った債権の債務者に係る事業再生計画に基づき債権放棄等が行われた場合の税務上の取扱いについて」では、上記の保証債務を履行するための資産譲渡の適用を容認する旨の回答がされている[40]。

また、平成25年度税制改正において、中小企業者に該当する内国法人の取締役等である個人でその内国法人の保証人であるものが、現にその内国法人の事業の用に供されている資産（有価証券は除く。）でその個人が所有しているものを、その内国法人に係る合理的な再生計画[41]に基づき、平成25年4月1日から平成28年3月31日までの間にその内国法人に贈与した場合には、次に掲げる要件を満たしているときに限り、一定の手続の下でその贈与によるみなし譲渡課税（所法59条1項1号）を適用しないこととされる改正が予定されている（平成25年1月29日閣議決定「平成25年度税制改正の大綱」）。

① その個人が、再生計画に基づき、その内国法人の債務の保証に係る保証債務の一部を履行していること

---

[39] 債務者会社は、大幅な実質債務超過であり代表者等役員による求償権放棄を受けても解消できない状態である。

[40] 担保権の消滅等に関する照会に対しても、担保権の消滅や個人保証の解除による代表者等に対する利益供与はないことから、所得税法第36条に規定する収入の実現はなく、原則として代表者等に所得税の課税関係は生じないと考えられることからすれば、原則として機構法上の金融機関等（いわゆる普通の銀行、商工組合中央金庫、日本政策投資銀行、整理回収機構、信用保証協会等をいう。）、債権を買い取った株式会社企業再生支援機構及び当該支援対象者において法人税法第37条に規定する寄附金課税の対象となることはない旨の回答がされている。

[41] 一般に公表された債務処理を行うための手続についての準則に則り作成された計画（前記Ⅲ①～⑤参照）をいう（金融庁「平成25年度税制改正について－税制改正大綱における金融庁関係の主要項目－」）。

② その再生計画に基づいて行われたその内国法人に対する資産の贈与及び保証債務の一部の履行後においても、その個人がその内国法人の債務の保証に係る保証債務を有していることが、その再生計画において見込まれていること

VI 欠損金の繰戻し還付請求（急激な業績悪化への対応）

　欠損金が生じた場合には、繰越欠損金として翌事業年度以降の所得金額から控除することとされている（法法57条1項）が、欠損金が生じた事業年度（欠損事業年度）の前1年以内の事業年度（還付所得事業年度）に法人税の納税額があった場合には、還付所得事業年度の所得に対する法人税の額に還付所得事業年度の所得金額のうちに占める欠損事業年度の欠損金の割合を乗じて計算した金額の法人税の還付を請求することができることとされ、その請求期限は欠損事業年度の青色申告書である確定申告書の提出期限とされている（法法80条1項、3項）。

　ただし、厳しい財政状況の下、この制度は平成4年以降、現在までその適用は凍結されており（措法66条の13）[42]、この制度は全く利用できないと理解されている向きがある。

　しかしながら、資本金の額が1億円以下の中小法人（資本金の額が5億円以上である大法人等による完全支配関係等がある法人を除く。）については、その凍結措置から除外されており、適用可能とされているのである（措法66条の13第1項、法法66条6項2号、3号）。

　また、次に掲げる一定の事実が生じた場合には、欠損金の繰越控除の適用を受ける機会がほとんどないことが考慮され、例外的にその事実が生じた日以後1年以内は繰戻し還付請求をすることができることとされている（法法80条4項、法令154条の3[43]）。

---

[42] 同様の措置は、昭和59年に創設され、昭和63年に一旦廃止されていた。
[43] 法人住民税及び法人事業税には、地方税法に欠損金の繰戻し還付に相当する規定が存在

① 解散（適格合併による解散を除く。）
② 事業の全部の譲渡
③ 更生手続の開始[44]
④ 事業の全部の相当期間の休止又は重要部分の譲渡で、欠損金の繰越控除を受けることが困難となると認められるもの
⑤ 再生手続開始の決定

この例外的請求については、大法人等による完全支配関係等があるか否かやその法人の資本金の額にかかわらず、繰戻し還付請求をすることができることに留意が必要である。

VII 第二会社方式の選択と移転コスト

事業再生にあっては、過剰債務企業の自力再生が困難な場合に存続する価値のある事業もしくは整理・撤退する事業を分離すること（いわゆる第二会社方式）により、「事業」の再生を図るという取り組みがなされることが多いことから、事業譲渡と会社分割が代表的な手法となる。したがって、ここでは、それら手法の移転コストの比較検討を行うことにする。

1 消費税

消費税の課税の対象は、「国内において事業者が行った資産の譲渡等」とされている（消法4条1項）。事業譲渡は資産の譲渡であるため、原則として消費税法上の資産の譲渡等に該当し、土地の譲渡など非課税取引に該当するものを

しないため、法人住民税及び法人事業税の納税額の還付を受けることはできない。法人住民税については、還付を受けた法人税額（控除対象還付法人税額）を欠損事業年度後の事業年度の法人税割の課税標準である法人税額から9年間にわたって繰越控除することとされている（地法53条12項、14項、同法321条の8第12項、14項）。法人事業税については、繰戻し還付による繰越欠損金の減少がなかったものとして所得割を計算することとされている（地令21条）。

44) 更生手続の開始とは、更生手続開始の申立てがあったことをいう（法基通17-2-3）。

除き、消費税の課税対象（課税取引）となる。

　譲渡の多くは資産とともに負債も一括して譲渡するため、譲渡代金の決済額は資産と負債のネット後の金額となるが、消費税は課税資産の譲渡等の対価の総額に対して課されるため、負債を控除しないグロスの金額が課税対象となる。

　会社分割による資産の譲渡は、法人税法上の適格分割か否かにかかわらず、合併における被合併法人の権利義務の承継と同様の法的性格を有する包括承継であり、上記「資産の譲渡等」に該当しないため、消費税の課税対象外取引（不課税取引）となる[45]。

　不課税取引については、消費税の納税額を計算する際の仕入税額控除額の計算には影響しないが、非課税取引の場合には仕入税額控除額を小さくする効果をもたらすことになり、その分納税額が増加することになる点に留意が必要である[46]。

2　流通税

　事業譲渡の場合には、通常税率による課税となり、不動産取得税については、本則による4.0％（地法73条の15）、土地・住宅については特例[47]による3.0％（～平成27年3月31日まで。地法附則11条の2第1項）となり、登録免許税については[48]、本則による2.0％（登免法9条、別表第1第1号）、土地の売買については特例による1.5％（平成24年4月1日～平成25年3月31日まで[49]。措法72条1項）、

---

45)『平成13年版 改正税法のすべて』511頁（大蔵財務協会、2001年）。
46) 仕入税額控除額を算定する際の課税売上割合相当額の分母には、非課税取引は含まれるが、不課税取引は含まれない。
47) 宅地、宅地比準土地についての課税標準は、その土地の価格の2分の1の額とされている（～平成27年3月31日まで。地法附則11条の5第1項）。また、課税標準となる不動産の価格は、原則として固定資産課税台帳に登録された価格とされている（地法73条の21第1項）。
48) 課税標準となる不動産の価額は、固定資産課税台帳に登録された価格とされている（登免法附則7条）。
49) 平成25年度税制改正において、土地の売買による所有権の移転登記等に対する登録免許税の税率の軽減措置の適用期限を2年延長する改正が予定されている（平成25年1月29日

産活法の特例[50]の場合は1.6%[51]（措法80条1項4号）となる。

　会社分割の場合は、軽減措置等が設けられており、不動産取得税については、法人税法上の適格分割か否かにかかわらず、次の要件[52]をすべて満たす分割は非課税とされている（地法73条の7第2号、地令37条の14）。

① 分割承継法人株式以外の資産が交付されない分割であること
② 非按分型の分割でないこと
③ 主要な資産及び負債が移転していること
④ 事業の継続見込みがあること
⑤ 従業者のおおむね80%以上の移転見込みがあること

　また、登録免許税については、不動産登記が本則で2.0%（登免法9条、別表第1第1号）であるが、特例により1.5%（平成24年4月1日～平成26年3月31日まで。措法81条1項）、1.8%（平成26年4月1日～平成27年3月31日まで。措法81条1項）とされ、産活法の特例[53]の場合には0.4%（平成24年4月1日～平成26年3月31日まで。措法81条5項）とされている。商業登記についても本則で0.7%（最低3万円）（登免法9条、別表第1第24号）、産活法の特例で0.5%。ただし、資本金の額の純増部分のうち、3,000億円超の部分については本則の税率を適用することとされている（措法80条1項3号）。

　このように、会社分割の手法によるほうが、事業譲渡による手法より有利で、買収者（スポンサー）側の負担が軽くなる。また、会社分割の手法の場合、多くの場合に法人税法上の非適格分割になると考えられるが、消費税法、地方

　　閣議決定「平成25年度税制改正の大綱」）。
50) 産活法に規定する認定中小企業承継事業再生計画等に基づき行う登記であって、平成21年6月22日から平成26年3月31日までの間にされた認定に係るものであり、かつ、その認定の日から1年以内に登記を受けるものに限る。
51) 土地の登記については、この特例による1.6%の税率よりも売買の特例の税率の方が有利となるため、その税率が適用されることとなる。したがって、この税率が適用されるのは、建物の登記の場合である。
52) 法人税法上の適格・非適格に関係ないが、この要件は、法人税法の支配関係（50%超の資本関係）の場合の適格要件と類似する。
53) 脚注50)と同じ。

税法の軽減措置等は、法人税法上の適格分割か否かにかかわらず適用が認められることがあることに留意する必要がある。

なお、中小企業の場合、従業者の数がもともと少ないことから、人員整理によっては上記の不動産取得税非課税要件の⑤を充たさないおそれがあることにも留意が必要である。

VIII 清算法人の株主における投資損失

子法人につき残余財産の分配を受けないことが確定した場合には、その子法人株式の帳簿価額を損失計上することになるが、グループ法人税制の導入により、完全支配関係がある子法人につき残余財産の分配を受けないことが確定した場合には、その子法人株式を帳簿価額で譲渡したものとして、譲渡損益は生じないこととされ（法法61条の2第16項）、譲渡損益に相当する金額は、資本金等の額を調整することとされている（法令8条1項19号）。

したがって、完全支配関係がある子法人株式について損失計上ができないこととなることに留意が必要である。

なお、別途、株主等法人との間に完全支配関係がある子法人の残余財産が確定した場合には、その子法人のその残余財産の確定の日の翌日前9年[54]以内に開始した各事業年度（前9年内事業年度）において生じた未処理欠損金額[55]があるときのその残余財産の確定の日の翌日の属する事業年度以後の各事業年度における青色欠損金の繰越控除の適用については、その前9年内事業年度において生じた未処理欠損金額は、それぞれその未処理欠損金額の生じた前9年内事

---

54) 平成20年4月1日前に終了した事業年度において生じた未処理欠損金額については、7年となる（平成23年度第二次税制改正改正法附則14条1項）。

55) その子法人がその欠損金額（その子法人の欠損金額とみなされたものを含み、ないものとされたものを除く。）の生じた前9年内事業年度について青色申告書である確定申告書を提出していること等の要件を満たしている場合におけるその欠損金額に限るものとし、その子法人の前9年内事業年度の所得の金額の計算上損金の額に算入されたもの及び還付を受けるべき金額の計算の基礎となったものを除く。

業年度開始の日の属するその株主等法人の各事業年度において生じた欠損金額とみなすこととされている（法法57条2項)[56]。

　この制度により、実質的に子法人株式の損失の計上が認められたのと同様の効果を得られたことになると思われるが、繰越期間に違いがあることに留意が必要である。

（なかむら・よしみ）

---

[56] 繰越欠損金額を利用した租税回避を防止する観点から、一定の制限措置が設けられている。

22 純粋私的再建手続の準則の策定の必要性とその提言
――「私的整理ガイドライン」の再構築

弁護士　綾　克己

I　はじめに

　私は、平成元年に弁護士になり松嶋英機先生の事務所に入所させて頂き、その後15年間松嶋先生の下で倒産処理手続をご指導頂いた。その後も、引き続き倒産処理手続を間断なく行ってきたいわゆる倒産弁護士である。
　倒産処理手続には、一応法的倒産処理手続と私的倒産処理手続があり、いずれの手続にも再建型と清算型があるといわれている。私が平成24年に扱った再建型の手続についていえば、法的再建手続と私的再建手続の割合は1対2位である。また、私的再建手続の中で、事業再生ADRや再生支援協議会などの制度化された私的再建手続を利用している案件と制度化されていない純粋私的再建手続を使用している案件の割合は1対3位である。
　もちろん、再建型の手続の中でもこれらの手続の利用は流動的で、純粋私的再建手続から制度化された私的再建手続や法的再建手続に移行することもよくあることであり、また、あくまでも現時点におけるきわめて大雑把な比率ではあるが、純粋私的再建手続が多いと感じられるのではないだろうか。
　本稿においては、このような純粋私的再建手続に関与する利害関係者の共通認識として、緩やかな準則を策定する必要性とその提言を行うものである。

Ⅱ 私的再建手続とは

1 「私的」再建手続とは

　「私的」倒産処理手続というのは「法的」倒産処理手続に対する言葉であり、法的倒産処理手続が民事再生法、会社更生法、破産法、会社法第9章2節の特別清算の規定等が適用されることにより処理される倒産処理手続であるとすれば、私的倒産処理手続はこれらの規定の適用を受けないで行われる倒産処理手続の全てということになる。その中で再建型の手続が私的再建手続ということになろう。「私的」という表現が、「法的」に対する言葉として適切かどうか甚だ疑わしいが、これまで慣例として使用されているためそのような表現を使用することとする。

2 私的「再建」手続とは

　倒産処理手続については、法的整理と私的整理という言葉が一般的に使われてきたが、「整理」という言語は法曹関係者以外の方々には「清算」というイメージで受け取られることが多く、私は何度かクレームをいわれたことがある。したがって、あえて「法的倒産処理手続」と「私的倒産処理手続」という言葉を使用し、そのうち再建型の手続を「法的再建手続」と「私的再建手続」、清算型の手続を「法的清算手続」と「私的清算手続」と呼ぶこととする。なお、「私的整理ガイドライン」手続については、すでに整理という言葉が専門用語として使われているため、そのまま使用することとする。

　また、「再建」という言葉に対しては、和議法の改正により立法化された民事再生法が再建型の手続の一般法として利用されていることから、「再生」という言葉を使った方がよいのかもしれないが[1]、私人と法人の双方を対象とする民事再生法と異なり、本稿では法人の営む事業を対象とした手続について検

---

1) 伊藤・破産法民事再生法2版19頁。

討するため、引き続き「再建」という言葉を使用することとする。

ところで、私的再建手続という場合に、何を「再建」する手続なのかということであるが、法的再建手続である会社更生法によれば「当該株式会社の事業の維持更生を図ることを目的とする」（会更1条）と規定されており、民事再生法においても「当該債務者の事業又は経済生活の再生を図ることを目的とする」（民再1条）と規定されていることからすれば、法人自体を再建するのではなく法人の営む事業の全部または一部を再建する手続であることは問題がないであろう。

3　私的再建「手続」とは

私的再建手続は、その外縁がはっきりしない概念である。

たとえば、多重債務者の債務整理について依頼を受けた弁護士が、債権者ごとに異なった内容の和解をして引き続き債務者の経済生活の維持をしようとする処理を行うことがあり、法人においても同様の処理をすることが考えられるが、このような処理は私的再建手続といえるのであろうか。

私はこのような処理は私的再建手続の範疇には入らないと考える。私的再建手続が倒産処理手続の一種として位置付けられるのであれば、制度である以上は基本的な価値観に基づく原理原則に則って進められなければならないし、手続である以上は一定の必要な履践すべき手順が定められていなければならないはずである。

私的倒産処理手続の法律構成については議論があり、伝統的議論では債務者と債権者との間の個別的和解契約または総債権者との間の集団的和解契約であると説かれることが多いとされる[2]。しかし、私的倒産処理手続が、単なる債務者と債権者との間の個別和解契約の集積にすぎないとすれば、それは倒産処理制度とはいえないであろう。やはり制度である以上は、一定のルールが必要なはずである。倒産処理手続が制度であるためには、倒産処理手続における基本的価値は何なのか、それを踏まえた最低限履践すべき手順は何なのかという

2）伊藤・破産法民事再生法2版39頁。

ことを検討しなければならない。

　法的再建手続においては、民事再生法及び会社更生法の規定等により、倒産処理制度の基本的価値に基づき原理原則が定められその手順が法定されているが、私的再建手続についても、倒産処理手続の一種である以上そのようなことを踏まえた手続でなければならず、多重債務者の債務整理について、債権者ごとに異なった内容の和解をして引き続き債務者の経済生活や事業活動の維持をしようとする処理は、単なる債権者と債務者との間の個別的和解であり、私的再建手続の範疇には入らないものと考える。

III　倒産処理制度の基本的価値

　私は、倒産処理手続の基本的価値は、「公平性」と「透明性」であると考えている。

　法的再建手続である民事再生法21条によれば、民事再生手続開始の申立てができるのは、①債務者に破産手続開始の原因となる事実の生ずるおそれがあるときと、②債務者が事業の継続に著しい支障を来すことなく弁済期にある債務を弁済することができないときとされており、会社更生法17条においても同様に規定されている。破産手続開始の原因となる事実とは、支払不能（破15条1項）と法人の場合は債務超過（破16条）であり、債務者の支払の停止は支払不能と推定されている（破15条2項）。支払不能は弁済期にある債務を一般的かつ継続的に弁済することができない客観的状態であり、支払停止はそのような状態にあることを示す債務者の行為であり、債務超過は事業を継続する前提で計算上消極財産（負債）が積極財産（資産）を上回っている客観的経済状態のことをいうとされている。

　私的再建手続がどのような場合に開始されるかについても、債務者が法的再建手続と同様の状態にあるときに開始されるものと考えてよいであろう。したがって、私的再建手続が開始されるのは、債務者が債権者に対して約定どおりの弁済ができなくなった状態であり、事業を停止して資産を換価し債務を弁済しようとしても債権者の100パーセントの満足が得られない可能性が高い状態

ということができる。

　およそ経済社会においては、経済取引をするということは現物取引でなければお互いに信用を供与することであるから、債務者がそのような状態になると債務者に信用がなくなり正常な経済取引が継続できなくなるばかりか、債権者としては債権の回収に不安が生じるため、我先にと回収行為を行ったり追加担保の要求をしたりすることになる。そうすると、債務者の事業は早晩破綻することになり、早期に回収ないし保全を強化した債権者とそうでない債権者との間に不公平が生じてしまう。そのような事態は、債務者にとっても、債権者にとっても、また債務者の事業をめぐるその他の利害関係者である従業員や得意先その他にとっても不都合な状態であり、社会経済的にも損失であることは明らかである。したがって、そのような状態を回避するために、債権者への債務の支払を一定のルールに従って一時棚上げし、返済案を策定し、債権者の同意を得た返済案に従って秩序だった弁済を行うことにより、信用不安を回避して債務者の事業を維持存続させることが必要となる。

　その際に最も重要なことは、一時棚上げをされることにより債権の充分な満足が得られなくなる債権者の間に不公平な状態を生じさせないということである。約定弁済ができなくなり一時棚上げをされる債権者からすれば、そうでなくても債務者に対する信用に疑問を感じているわけであるから、早急に回収して自己の債権の満足を得るか、保全を強化して債権の満足が得られる裏付けを確保しようとするのは当然の成り行きである。しかし、債務者が特定の債権者に対して弁済をしたり、担保を設定するなどの不公平な行為をすれば、それ以外の債権者は、自らの債権の劣化が急激に進行することになるため債務者の一時棚上げ要請にはとても協力できなくなる。したがって、債務者が抜け駆け的に特定の債権者だけに弁済をしたり、担保を供与したりすることはないという安心がなければ債権者は協力しない。また、返済案を策定して債権者の同意を得るといっても、特定の債権者を有利に扱ったり、特定の債権者を不利に扱ったりする返済案であれば、他の債権者は同意しないであろう。中国古典の論語にいう「不患寡而患不均、不患貧而患不安」（寡きを患えずして均しからざるを患う、貧しきを患えずして安からざるを患う）（少ないことが不満なのではなく平等でないことが不満なのだ、貧しいことが不満なのではなく安心できないことが不満なのだ）というこ

とである[3]。したがって、「公平性」を確保することが倒産処理手続の基本的価値である。

　また、債務者が債権者に対して約定どおりの弁済ができなくなったため一時棚上げの要請をしたとしても、要請をされた債権者からすれば、債務者が何故そのような状態になったのか、一時棚上げの要請に応じても早晩二次破綻のおそれはないのか、他の債権者が抜け駆け的に回収したり保全を強化したりすることはないのか等々について充分な説明をしなければ、一時停止の要請にすら応じることはできない。また、返済案を提案されても、債務者が弁済の早期化と極大化について真摯に検討したのか、何故そのような案になったのか、返済案は実行可能なのか、他の債権者と比べて不公平な扱いをされていないのか等々について充分な説明がなければ、返済案に同意することもできない。したがって、債務者は一時停止の要請をする債権者に対して情報提供をして、債権者が納得いくまで懇切丁寧に説明する必要がある。その意味で、「透明性」を確保することが倒産処理手続の基本的価値であるといえる。

IV 「私的整理ガイドライン」の制定と私的再建手続の制度化の試み

1 「私的整理ガイドライン」制定の経緯

　私的再建手続は、法的再建手続と異なり民事再生法及び会社更生法等の法律の規定の埒外にある手続であるから、本来は債務者と債権者間で話し合いをし、経済合理性に基づいて判断をして、当事者間の合意により手続を進めるべきものと思われる。しかるに何らのルールもなければ手続は進められないのであって、もともとは法的再建手続を模範としながら、弁護士が債務者の代理人として私的再建手続を遂行するのが通常であった。しかしながら、何らの法的ガードもない中で疑心暗鬼になっている債権者が、強く債権の回収や保全の強

---

3) 難波孝一「会社分割の濫用を巡る諸問題──『不患貧、患不均』の精神に立脚して」判タ1337号（2011年）20〜37頁。

化を要求して債務者がこれに応じざるを得なくなったり、中には反社会的組織を背景にしたいわゆる事件屋が倒産処理に関与するなど、「私的整理」といえば胡散臭いとの印象も拭えなかった。

　戦後の日本経済は基本的には右肩上がりの成長を続け、いわば経済の影の部分である企業倒産や事業再生ということにはあまり重きを置いてこなかったため、私的再建手続についての制度化やルール化について検討されることもなかった。しかしながら、平成2年3月の不動産融資の総量規制以降バブル経済が崩壊し、日本経済が長期低迷期に入って企業倒産が続出するようになり、ついには企業経営における血液ともいえる資金の川上にある金融機関までが倒産する状態にまで至った。平成9年11月には三洋証券、山一証券、北海道拓殖銀行等の破綻が相次ぎ、平成10年10月には日本長期信用銀行が破綻するなどして日本に金融危機が発生した。

　そのような状況に至り、法的倒産処理手続においては平成11年12月の和議法から民事再生法への改正をはじめとして、会社更生法改正、破産法改正、商法から会社法への改正が行われた。そして、私的倒産処理手続の中の私的再建手続においても制度化の試みがなされることになった。

　また、金融機関の不良債権処理の促進と企業の過剰債務問題の解消が喫緊の課題とされ、平成13年4月には政府が緊急経済対策を発表し、その中で「企業の再建の円滑化」が掲げられ、そのために経営困難企業の再建およびそれに伴う債権放棄に関する原則の確立が必要であるとされた。これを受けて、同年6月に私的整理に関するガイドライン研究会が発足し、全銀協他の金融界5団体、経団連、学者、弁護士、公認会計士等が集まり、同年9月には私的整理を公正かつ迅速に行うための準則として「私的整理に関するガイドライン」が採択された[4]。

　「私的整理ガイドライン」手続は、「私的整理に関するガイドライン」と「私的整理に関するガイドライン」Q&Aにおいて定められている。

4）私的整理ガイドラインの実務2頁。

2 「私的整理ガイドライン」手続とは

「私的整理ガイドライン」手続は、「法的拘束力はないものの、金融機関等である主要債権者及び対象債権者、企業である債務者、並びにその他の利害関係者によって、自発的に尊重され遵守されることが期待されている。いわば、真に再建に値する企業の私的整理に関する金融界・産業界の経営者間の一般的コンセンサスである。」とされる。

そして、主要債権者は、「債務者からそのガイドラインによる私的整理を行いたいとの真摯な申し出があったときは、誠実かつ迅速にこれに対応し」なければならず、また、対象債権者もこの準則による私的整理に誠実に協力するとされている。対象債権者と債務者は、手続の過程において共有した情報につき相互に守秘義務を負う。

この手続は、公正衡平を旨とし透明性を尊重するものとされる。

3 「私的整理ガイドライン」手続の概要

対象となる私的整理については、多数の金融機関等が主要債権者又は対象債権者として関わることを前提としており、私的整理の全部を対象としていない限定的なものであり、企業の再建は会社更生法や民事再生法などの手続によるのが本来であるが、これらの法的再建手続によったのでは事業価値が著しく毀損されて再建に支障が生じるおそれがあり、私的整理によった方が経済合理性ある場合にのみ行われるとされる。

対象債務者となりうる企業としては、次の要件を備えている場合にのみ申し出ることができる。(i)過剰債務を主因として経営困難な状況に陥っており自力による再建が困難であること、(ii)事業価値があり、重要な事業部門で営業利益を計上しているなど債権者の支援により再建の可能性があること、(iii)法的整理を申し立てることにより当該債務者の信用力が低下し、事業価値が著しく毀損されるなど、事業再建に支障が生じるおそれがあること、(iv)破産的清算はもとより、会社更生法や民事再生法などの手続によるよりも多い回収を得られる見込みが確実であるなど、債権者にとっても経済的な合理性が期待できることで

ある。

「私的整理ガイドライン」手続は、次のような手順により行われる。

(1) 私的整理手続の開始

要件を備える債務者が主要債権者に対し、このガイドラインによる私的整理を申し出る。申出にあたっては、債務者は主要債権者に対して、過去と現在の資産負債と損益の状況、及び経営困難状況に陥った原因、並びに再建計画案とその内容などを説明するに足りる資料を提出するものとされている。

申出を受けた主要債権者は、債務者が提出した資料を精査し、債務者の説明を受けた上で、「一時停止」の通知を発するのが相当かどうかを判断する。判断にあたっては、債務者が対象債務者となりうる企業としての要件を備えるかどうか、再建計画案につき対象債権者の同意を得られる見込みがあるかどうか、再建計画案の実行可能性があるかどうかについて検討する。

一時停止の通知を発するのが相当であると判断したときは、主要債権者と債務者は連名にて、対象債権者全員に対してその通知を発する。対象債権者としては、金融機関債権者が通常であるが、相当と認められるときはその他の大口債権者などを含めることができる。

一時停止の通知は、第1回債権者会議の招集通知を兼ねて書面により発するが、債務者の資産負債の状況や再建計画案などの第1回債権者会議における説明資料を添付することとされている。

(2) 第1回債権者会議と債権者委員会

一時停止の通知を発した日から2週間以内の日を開催日として、第1回債権者会議が開催される。

債権者会議の冒頭において原則として主要債権者の中から議長を選任し、議長が債権者会議を主催する。

第1回債権者会議においては、次のとおり決議等を行う。

(i) 債務者による過去と現在の資産負債と損益の状況と再建計画案の内容の説明、及びそれらに対する質疑応答、並びに出席した対象債権者間における意見の交換

(ii) 資産負債や損益の状況及び再建計画案の正確性、相当性、実行可能性などを調査検証するために専門家アドバイザーを選任するかどうか等の決定
(iii) 一時停止の期間の決定
(iv) 第2回債権者会議の開催日時場所の決定
(v) 債権者委員会を設置するかどうか等の決定
(vi) その他の必要な事項の決定

　債権者会議の決定は出席した対象債権者全員の同意によって成立するが、対象債権者の権利義務にかかわらない手続的な事項は、対象債権者の過半数によって決定することができる。

　債権者委員会が設置されたときは、債権者委員会は、再建計画案の相当性や実行可能性を調査しその結果を対象債権者に報告し、債権者会議から付託されたその他の事項を処理する他、「私的整理ガイドライン」に則り私的整理の円滑な進行のために必要な行為を行う。

(3) 一時停止の効力

　一時停止期間中においては、対象債権者全員と債務者は、次の行為等を差し控えるものとする。なお、一時停止の通知があったことのみをもって、銀行取引約定書等の期限の利益喪失事由としては扱わないものとされる。
(i) 債務者は、通常の営業過程によるものの他、原則として資産を処分してはならず、新債務を負担してはならない。法的再建手続における処分禁止の保全処分に相当するものである。
(ii) 債務者は、一部対象債権者に対する弁済その他の債務消滅行為や担保の供与などを行ってはならない。弁済禁止の保全処分に相当するものである。
(iii) 対象債権者は、一時停止日の与信残高を維持し、他の対象債権者との関係における債務者に対する相対的地位の改善をしてはならず、弁済等の債務消滅に関する行為をなし、追加担保の供与を求め、担保権を実行し、強制執行や仮差押・仮処分や法的倒産処理手続の申立てをしてはならない。

　一時停止の期間は、一時停止の通知を発した日から第1回債権者会議の終了時まで、第1回債権者会議においてその開催日から3か月を超えない範囲内で延長を定めたときはその日までである。ただし、第2回債権者会議及びその続

行期日において、必要があるときは一時停止期間の延長期間の定めることができる。

一時停止期間中の追加融資について、債権者会議の決議または債権者委員会の決定により定めた金額の範囲内で、その定めた方法により、必要に応じて行われる場合は、追加融資による債権は対象債権者が有する債権に優先して随時弁済される。

(4) 再建計画案の内容

再建計画案の内容は、債務者の自助努力が十分に反映されたものであり、以下の内容を記載することを原則とする。
(ⅰ) 経営が困難になった原因
(ⅱ) 事業再構築計画の具体的内容（経営困難に陥った原因の除去を含む）
(ⅲ) 新資本の投入による支援や債務の株式化（デッドエクイティスワップ）などを含む自己資本の増強策
(ⅳ) 資産・負債、損益の今後の見通し（10年間程度）
(ⅴ) 資金調達計画
(ⅵ) 債務弁済計画等

また、実質債務超過であるときは再建計画成立後最初に到来する事業年度開始の日から3年以内を目処に実質的債務超過を解消すること、経常利益が赤字であるときは同様の時期に黒字に転換することを内容とするとされる。

対象債権者より債権放棄を受けることを内容とするときは、支配株主の権利を消滅させ、減増資により既存株主の割合的地位を減少または消滅させることを原則とするとともに、経営者は退任することを原則とするとされる。

さらに、再建計画案における権利関係の調整は、債権者間で平等であることを旨とし、債権者間の負担割合については衡平の観点から個別に検討するものとし、破産的清算の場合はもとより、法的再建手続による場合よりも多い回収を得られる見込みが確実であるなど、対象債権者にとって経済的な合理性が期待できることを内容とするものとする。

(5) 再建計画の成立

　主要債権者（債権者委員会が設置されたときは債権者委員会）は、第2回債権者会議に先立ち、対象債権者全員に対し、再建計画の相当性と実行可能性などについての調査検討結果を報告する。実際には、第1回債権者会議で選任される専門家アドバイザーが、債務者が提出した財務諸表の内容が正しいかどうか、再建計画案の内容が相当かどうか、その実現可能性があるかどうかなどを調査し、調査報告書を作成して専門家アドバイザー説明会を開催し、対象債権者に報告するという形で行われる。専門家アドバイザー説明会は一時停止から2か月後位に行われる。

　第2回債権者会議においては、対象債権者が書面により再建計画案に対する同意不同意を表明すべき期限を定めるとされるが、実際には専門家アドバイザー説明会後、債務者は対象債権者に対して同意の要請に奔走し、第2回債権者会議までに各対象債権者の稟議決裁を経て、第2回債権者集会において同意書を提出してもらうことになる。第2回債権者会議は一時停止から3か月後位に開催される。

　対象債権者全員が再建計画案に対する同意書を提出すれば再建計画は成立し、債務者は再建計画を実行する義務を負担し、対象債権者の権利は成立した再建計画に従って変更されることになる。対象債権者全員の同意書が揃わない場合には、続行期日を開催するなどして債務者は同意書の取り付けに努力をし、それでも同意書が揃わない場合は、ガイドラインによる私的整理は終了し、債務者は法的倒産処理手続開始の申立てなど適宜な措置をとらなければならない。

(6) 再建計画の履行他

　債務者は、相当な方法により、再建計画の概要を公表するが、公表により再建に著しい支障が生じるおそれがあるときは公表しなくてもよい。

　債務者は対象債権者に対し、成立後定期に開催される債権者会議などにおいて、再建計画の実施状況を報告しなければならず、再建計画を履行できないときは、変更再建計画案について対象債権者全員の同意が得られる場合を除き、法的倒産処理手続開始の申立てをするなど適宜の措置をとらなければならず、

放置してはならない。

V その後の私的再建手続の制度化の試み

1 産業再生機構

　株式会社産業再生機構（以下「産業再生機構」という。）は、平成14年10月に策定された金融庁の「金融再生プログラム」において企業と産業の再生に取り組むため新たな機構を創設するとされ、平成15年4月2日成立の株式会社産業再生機構法に基づき同年5月に業務を開始した。産業再生機構は、私的再建手続の主催者としての立場も有しながら、メイン行以外の対象事業者に対する金融債権を買い取るとともに、対象事業者に対して新たな融資や出資をする機能を有し、役職員の派遣等により人的支援も行うものであった。
　産業再生機構の手続については、①事前相談、②産業再生機構によるデューデリジェンス及び事業再生計画案の作成支援、③支援決定と金融機関交渉、④買取決定、⑤事業再生計画の実施、⑥産業再生機構による事業再生支援とエグジットという過程を経て行われる。
　もともと、株式会社産業再生機構法によれば、その存続期間は5年とされており、ダイエー、カネボウ、三井鉱山等41件について支援案件の処理を終えて平成19年3月に存続期間1年を残して解散をした。
　産業再生機構は、その主要株主は預金保険機構であり、債権買取資金等は政府保証により金融機関からの調達によるものであり、私的再建手続の一種と位置づけられるにしても、きわめて公的性格が強く、我が国の特殊な経済状況の中で産業の再生と金融機関等の不良債権の処理を強力に推進するための一時的な制度であった。

2 事業再生ADR手続

　平成19年4月に裁判外紛争解決手続の利用の促進に関する法律（以下「ADR

法」という。）が施行され、これを債権債務関係の調整にも利用するため産業活力再生特別措置法（現「産業活力の再生及び産業活動の革新に関する特別措置法」、以下「産活法」という。）を改正して平成19年8月から認証紛争解決事業者の認定制度が設けられるようになり、法務大臣の認証と経済産業大臣（以下「経産大臣」という。）の認定を受けた特定認証紛争解決事業者が事業再生にかかる紛争解決手続を行うことが可能となった。現在、事業再生実務家協会（松嶋英機代表理事、以下「JATP（Japanese Association of Turnaround Professionals）」という。）が、平成20年11月26日から唯一の認証紛争解決事業者として事業再生ADR手続を行っている。

　事業再生ADR手続は、「私的整理ガイドライン」手続をモデルとした手続でその概要はほとんど同じであるが、「私的整理ガイドライン」手続は債務者が主要債権者に対して申出をし、主要債権者が一時停止の通知を発するのが相当と判断したときは、主要債権者と債務者が連名で対象債権者に対し一時停止の通知を発していたのに対し、事業再生ADR手続では債務者はJATPに手続利用申請をして、正式申込後すみやかに、JATPと債務者の連名で対象債権者に一時停止の通知が発送される。このことは、その後の手続の遂行を誰が事実上主体的に行っていくかということと関係し、「私的整理ガイドライン」においては主要債権者が前面に出て手続を事実上遂行せざるを得なかったために、再建計画案においては全対象債権者の同意を取り付けるために主要債権者が大幅な譲歩を強いられることとなり（いわゆる「メイン寄せ」である。）、結果的に「私的整理ガイドライン」手続が利用されなくなったことの反省からきている。

　事業再生ADR手続は、①事前相談と手続利用申請、②仮受理と手続実施予定者の選任、③正式申込みと一時停止の通知、④事業再生計画案の概要説明のための債権者会議、⑤事業再生計画案の協議のための債権者会議、⑥事業再生計画案の決議のための債権者会議、⑦事業再生計画案不成立の場合の措置という過程を経て行われる。

　事業再生ADR手続については、法的再建手続と異なり原則として商取引債権者を対象債権者としないことや非公開の手続であることから私的再建手続におけるメリットである事業価値の毀損が少ないという点に加えて、法務大臣の認証や経産大臣の認定を受けたJATPという第三者機関が関与することによる透明性の確保や、専門家である手続実施者が関与することによる調整力の発揮

等が期待できるというメリットがある。また、厳しい資産査定や債務超過解消及び経常黒字の3年以内の達成による実行可能で抜本的な事業再生計画の作成による債権放棄の損金算入の可能性や、金融機関における債務者区分の上位遷移の可能性などのメリットもある。しかしながら、第三者機関である手続実施者が債務者の資産査定や事業再生計画案の策定についてアドバイスはできるにしても立場上自ら債務者の代理人として行動することはできず、そもそも債務者がそのような厳しい審査機関に手続利用申請をし、一時停止の通知を発してもらうためには、事業再生に通じた法務及び会計の専門家である弁護士や会計士等が債務者代理人として関与することが必要となる。そうすると事業再生に通じた弁護士や会計士の債務者代理人としての関与に加え、さらにJATPの選任する手続実施者である弁護士及び会計士並びにコンサルが二重チェックをすることになり手続がきわめて重厚なものとなる。そのことは専門家費用が二重にかかるということであり、JATPに納める手続費用だけでも1,000万円以上、対象債権者が20先以上の場合は4,000万円から5,000万円かかることになり[5]、債務者代理人の専門家費用を合わせるとその約2倍となり、手続費用だけで数千万円の費用がかかるため、その手続利用に耐えられる企業は大企業等の限られた企業のみである。

3　中小企業再生支援協議会

　中小企業再生支援協議会（以下「再生支援協議会」という。）は、中小企業再生支援業務を行うために経産大臣から認定を受けた商工会等の認定支援機関に置かれている会議体であり、認定支援機関が行う中小企業再生支援業務の具体的内容、実施体制の確保その他の中小企業再生支援業務の遂行に関する重要事項を審議し、決定するほか、認定支援機関に対する専門的な助言を行う機関である（産活法41条・42条）。実際に、中小企業の再生支援業務を行うのは、商工会等の認定支援機関における支援業務部門である。また、各地の再生支援協議会の活動を支援するため、独立行政法人中小企業基盤整備機構に再生支援全国本部と

---

[5] 住田昌弘編著『事業再生ADRの実務』（金融財政事情研究会、2011年）7頁、17頁および18頁。

いう機関が設置されている。

　再生支援協議会の指導する各地の認定支援機関は、窮境にある中小企業者から申出を受けて常駐する専門家である統括責任者（プロジェクトマネージャー）または統括責任者補佐（サブマネージャー）が窓口相談（第一次対応）を受ける。プロジェクトマネージャーまたはサブマネージャーは、相談企業が持参する過去３期分の税務申告書等の資料の分析やヒヤリングによって相談企業の経営状況や財務状況を把握し、経営課題に対する助言を行うとともに、事業の収益性等を確認し、再生計画策定支援（第二次対応）への移行の要件を満たすか否か判断する。再生計画策定支援に移行できない相談企業に対しては、適宜、事業改善の方法や金融機関への対応方法、または弁護士へ相談することなどを助言する。

　再生計画策定支援（第二次対応）とは、事業の収益性等の要件を満たし再生計画策定支援を行うことが適当であると判断された相談企業に対し、私的再建手続により再生計画案に対する全対象債権者の同意による再生計画の成立を目指す手続である。再生計画策定支援の手順は、①再生計画策定支援の開始、②個別支援チームの編成、③財務及び事業のデューデリジェンスの実施、④再生計画案の作成、⑤再生計画案の調査報告、⑥債権者会議の開催と再生計画の成立の過程を経て行われる。なお、私的整理ガイドラインや事業再生ADRと異なり、債権者会議の開催や一時停止の通知は義務付けられておらず、スケジュールについても、ある程度の目途はあるものの案件ごとの運用が行われているようである。

　再生支援協議会を利用できる相談企業は中小企業者に限定されており、大企業や医療法人、学校法人などは利用できない。支援対象となる数値基準については、中小企業の特性に鑑み、①実質債務超過の解消年数は、再生計画成立後最初に到来する事業年度開始の日から３年から５年を目途とし、②３年以内を目途に経常黒字化すること、③実質的な債務超過を解消する年度に有利子負債が対キャッシュフロー比率でおおむね10倍以下となる内容であれば足りるものとされている[6]。

　再生支援協議会手続固有の特徴としては、私的再建手続のメリットに加え

6）私的整理の実務Q&A100問15頁以下〔加藤寛史〕。

て、費用が割安となっていること等による手続利用の容易性や手続運用の柔軟性が挙げられているが、他方、手続自体が明確ではなく手続のスケジュールに縛りはないため、手続の予測可能性や迅速な処理が図りにくいとされている。

4 企業再生支援機構

平成21年6月に成立した株式会社企業再生支援機構法に基づき、同年10月に認可法人として設立された。もともと時限的な組織であり、支援決定は成立後2年以内に行い、支援完了は支援決定から3年以内に行われる予定であったが、その後の改正で支援決定の期間は平成25年3月までと延長されている。

産業再生機構と同様の仕組みであり、もともと地域における総合的な経済力の向上を通じて地域経済の再建を図ること等を目的とし、中堅事業者や中小企業その他の事業者を対象としていたが、日本航空やウイルコム等の大企業も対象として手続を行っている。

平成25年3月に中小企業金融円滑化法の期限が到来するため、特に地方の中小企業の倒産が増加する懸念もあり、同年3月に支援決定期限が終わる企業再生支援機構を同年4月から「地域活性化支援機構」（仮称）に改組し、3年から5年間同様の機能を持たせる予定とのことである。

VI 私的再建手続の制度化の試みとその評価

平成2年のバブル経済崩壊による日本経済の長期低迷と平成9年の金融危機は、日本の倒産法制度の改正と私的再建手続の倒産処理手続における必要性を再認識させ、私的再建手続の制度化の試みをもたらしたが、その試みは現時点において完結されていないと思われる。

「私的整理ガイドライン」の制定は、それまで倒産処理手続の一つの制度として認識されていたか否か疑わしい私的再建手続を有用な制度として認識させ、一定のルールを定め倒産処理手続の一つの制度にまで高めた画期的なものであったといえる。しかしながら、その制度は私的再建手続を網羅するものと

して設計されたものではなく、また、主要債権者の過度な協力を前提としていたものであることからメイン寄せの弊害を招き、やがては利用されなくなりその役割は事業再生ADR手続へと受け継がれることになった。しかしながら、事業再生ADR手続もその重厚な制度ゆえコストがかかり過ぎその利用に耐えうるのは一部の大企業に過ぎず、私的再建手続を網羅するにはほど遠いものである。また、筆者の意見であるが、紛争解決手続である任意再建手続の主導する手続実施者の要件は法律専門家ではない者が主流であるが（事業再生にかかる認証紛争解決事業者の認定等に関する省令4条）、「公平性」と「透明性」を基本的価値とし、本来司法の機能に属する私的再建手続という制度を運用していく者としては歪であると思われる。

　また、中小企業を対象にした中小企業再生支援協議会の手続も、その制度設計がはっきりしないところがあり、第一次対応と第二次対応といわれているものは種類の異なる別物であって、第二次対応といわれているものが私的再建手続に相当するものと思われるが、第二次対応においてはきちんとした手順もスケジュールも定められていないものであるから、倒産処理制度といえるのか疑わしいものである。また、紛争解決手続であり本来司法の機能に属する任意再建手続を、行政機関が認定した支援機関である商工会等に任せ、法律専門家ではない常駐する専門家（金融機関出身者、税理士、公認会計士、中小企業診断士等）が第二次対応を主導するのも制度設計としていかがなものかと思われる。

　なお、企業再生支援機構についていえば、私的再建手続の制度化という観点からすれば産業再生機構と同様であるが、そのときの時代背景により一時的かつ特殊な機関としての位置づけしかできないであろう。

Ⅶ　私的再建手続一般に適用される準則の必要性

　倒産処理が債務者と債権者及び債権者相互間の債権債務の調整であり、法人をめぐる利害関係者の利害調整であって、その本質が紛争解決にある以上、倒産処理手続の基本は法的倒産処理手続であるといわざるをえない。

　私的倒産処理手続が、民事再生法、会社更生法、破産法、会社法第9章第2

節の特別清算の規定が適用され裁判所が関与する以外の倒産処理手続であるということであれば、倒産処理制度の基本価値である「公平性」と「透明性」を確保し、制度として最低限履践すべき手続を定めるためには、裁判所に代わる第三者機関を設置することではなく、私的再建手続の準則を見直し、その準則に従って適正に利害調整を行うことにより紛争を解決することではないかと思われる。そして、それはあまり技術的・技巧的なものではなく、法的再建手続を参考にし、その中から倒産処理制度の基本的価値を実現するために最低限必要なものと履践すべき手続を抽出してそれを私的再建手続の準則として再構築し、私的再建手続を行おうとする場合にすべての利害関係者がそれを守るべきものとしての裏付けを与えることが必要であると思われる。

VIII 「私的整理ガイドライン」の再構築についての提言

詳細な検討はできていないので、現段階では修正の方向性についてのイメージを記載する。

1 私的再建手続のすべてを対象とする

すべての私的再建手続を含むものとし、対象債権者は金融機関を主な対象とするが、金融機関に限らず公租公課、リース債権者、大口取引債権者（事業継続上必要な場合は大口債権者でなくても可。）等、事案に応じて対象債務者が必要と思われる債権者を指定することができ、対象債務者もその業種や法人の種類及び経営困難に陥った事情等を問わない。

事業価値があり重要な事業部門で営業利益を計上しているなど債権者の支援により再建の可能性があることは必要であるが（その判断は情報開示を前提にした対象債務者と対象債権者の判断に委ねてよいと思われる。）、必ずしも法的再建手続により事業再建に支障が生じる場合に限られない。そもそも、私的再建手続と法的再建手続は並列的な制度であり、むしろ機能的には当事者間の合意による債権債務関係の調整が困難であり紛争解決機能が働かない場合に法的紛争解決機能

である法的再建手続によると考えるべきである。

2　私的再建手続の開始

　私的再建手続の開始は、対象債務者が対象債権者に対し任意再建手続の申出と一時停止の通知を発送し、対象債権者に到達することにより行われる。私的再建手続の申出及び一時停止の通知は、法的再建手続の申立てと同様に法律専門家である弁護士が対象債務者を代理して行う。一時停止の通知の内容は、「私的整理ガイドライン」における一時停止の効力と同じ内容を含むものとする。対象債権者は、一時停止の通知に一応の合理性があると判断した場合には、個別契約の期間延長についての条件変更に応じるものとする。一時停止の期間は、とりあえず3か月とし、必要に応じて対象債権者に説明の上伸長できるものとするが、一時停止の通知の日から1年を超えて伸長できないものとする。

　純粋私的再建手続においては、対象債務者が約定返済ができなくなりメイン行他の主要債権者にお願いをしても新規貸出や返済期日の書替に応じてくれなくなって初めて弁護士等に相談する場合がほとんどであり、とりあえず一定のルールに従って約定弁済を停止せざるをえないのが通常である。一時停止の通知に対して、個別契約の期間延長についての条件変更に応じる金融機関もあれば、事実上の期流れ状態にして様子を見る金融機関もある。中にはとりあえず期限の利益喪失通知だけ送ってくる金融機関もあるが、担保権の実行等の権利行使をしてこなければ私的再建手続を遂行するための土俵はできたものと考えてよい。定期預金について解約をさせて相殺しようとしてくる金融機関があるが、対象債務者がこれに応じることは、特定の債権者に対する弁済を行うに等しく、一時停止の要請を自ら放棄することになるため、これに応じてはならない。普通預金について一方的に相殺された場合は、一時停止の通知に反して特定の債権者が回収行為を行ったことになるため、私的再建手続を遂行するための土俵は崩れたものと解せざるを得ないが、そのような状況を第1回債権者説明会において全対象債権者に説明をした上で、私的再建手続を遂行することについて反対がなければ、そのまま手続を遂行して差し支えない。特定の債権者

が相殺した額について、再建計画案の中で他の債権者に不平等にならないように修正することは可能だからである。なお、このような事態を生じる可能性がある場合には、必要に応じて事前にメイン行等に説明をし、普通預金等の通常運転資金はメイン行に移動する等の措置をとる。

　いずれにしても、一時停止の通知に対する各行の対応状況については、第一回債権者説明会において全対象債権者に開示する必要がある。

3　第1回債権者説明会（経過およびスケジュール説明のための説明会）

　私的再建手続の申出及び一時停止の通知から2週間以内に、第1回債権者説明会を開催しなければならない。第1回債権者説明会は、弁護士が対象債務者を代理して主催する。第1回債権者説明会においては、次の通り説明等を行う。
(i)　私的再建手続の申出及び一時停止の通知をするに至った事情の説明
(ii)　一時停止の通知に対する各対象債権者の対応状況の説明
(iii)　過去と現在の資産負債と損益の状況の説明
(iv)　一時停止をしなかった場合（成り行き）の資金繰りと一時停止前提での資金繰りの説明
(v)　今後のスケジュールの説明
(vi)　その他の必要な事項の説明
(vii)　質疑応答

　私的再建手続の申出及び一時停止の通知から第1回債権者説明会までに、対象債務者及び代理人弁護士は、全対象債権者を個別に訪問し、任意再建手続の申出及び一時停止の通知をするに至った事情を簡単に説明してお詫びをするとともに第1回債権者説明会に出席してもらうようお願いをする。特に、メイン行及び主要債権者には事前に説明をし、手続について協力されるよう依頼をしておく。主要債権者と事前に相談し、債権者委員会を設置した方が任意再建手続がスムーズに進行するようであれば、第1回債権者説明会までに債権者委員会を組織し、手続全般について相談しアドバイスを受けるものとする。

4 第2回債権者説明会（調査報告のための説明会）

　一時停止の通知から約1か月後を目途に第2回債権者説明会を開催する。第2回債権者説明会までの間に、対象債務者は公認会計士または税理士等の会計専門家に依頼をして会計デューデリジェンスを実施し、実態貸借対照表を作成して実態債務超過有無等について報告するため財務調査報告書を作成する。また、資金の社外流出等法務面での調査の必要があるときは、代理人弁護士による法務デューデリジェンスを行い法務調査報告書も作成する。なお、対象債務者の規模等により必要があるときはコンサル等の専門家に依頼をして事業デューデリジェンスを行い、事業調査報告書を作成する。

　第2回債権者説明会においては、各専門家により作成された財務調査報告書等を各対象債権者に配布し、その調査結果について報告するとともに、質疑応答を行う。また、質問等シートを配布し、一定期間の間に質問等があれば質問等シートに記入の上メール等で送付してもらい、対象債務者及び各専門家から回答するようにする。

5 第3回債権者説明会（計画案説明のための説明会）

　一時停止の通知から約2か月後を目途に第3回債権者説明会を開催する。第3回債権者説明会までの間に、対象債務者は各専門家と相談し、各専門家の助力を得て、事業再建計画案と返済計画案を策定する。事業再建計画案には「私的整理ガイドライン」における再建計画案の内容と同様の内容を記載する。事業再建計画案等の内容は、計画期間初年度から3年を目途とした経常黒字化と3年から5年内の実態債務超過解消を内容とするものでなければならない。また、返済計画案の内容は権利の性質に応じて平等でなければならず債権者間の衡平を害するものであってはならない。

　対象債務者及び代理人弁護士は、事業再建計画案等を作成するにあたりメイン行他の主要債権者と協議をし、また各対象債権者を訪問するなどして、全対象債権者が同意することができるような事業再建計画案を策定するよう努めなければならない。

第3回債権者説明会においては、対象債権者に対して事業再建計画案及び返済計画案を提出し、対象債務者及び各専門家よりその内容を説明し、質疑応答を行う。また、一定期間内に質問等シートに記入の上メール等で送付してもらい、対象債務者及び各専門家から回答するようにする。

対象債務者は、各対象債権者に対し、返済計画案に対する同意の書面を配布し第4回債権者説明会までに提出するよう依頼をする。

6 第4回債権者説明会（計画案決議のための説明会）

一時停止の通知から3か月後までに第4回債権者説明会を開催する。諸事情により各債権者説明会の開催が間に合わないようであれば、対象債権者に説明の上一時停止の期間を伸長し、各債権者説明会の開催時期を遅らせることができる。

第4回債権者説明会までに、対象債権者は返済計画案に対する同意書を提出するか否か回答するものとする。

全対象債権者の同意書が提出されれば、返済計画は成立する。

同意書未提出の対象債権者がいる場合に、当該対象債権者が同意書を提出する可能性がないとはいえない場合は、一時停止の期間内において続会とすることができる。

一時停止の期間内に全対象債権者の同意書が提出されない場合は、対象債権者は特定調停の申立てその他の法的倒産処理手続の申立てを検討しなければならない。

7 再建計画等の履行他

対象債権者が成立した再建計画等の履行をモニタリングできるようにするため、対象債務者は、月次決算の報告をし、履行状況報告のための債権者説明会を適宜開催し、モニタリング機関を設置する等の適切な方法をとらなければならない。

IX おわりに

　松嶋英機先生の古稀記念論文としては甚だ雑駁なものではあるが、現段階での筆者の考えを述べさせて頂いた。できれば、今後各位のご意見を賜りながら利害関係者が尊重しかつ遵守すべきものとして認知される、私的再建手続の準則を策定していきたいと思う。

（あや・かつみ）

〈対　談〉
松嶋弁護士、銀行会長と事業再生を語る

株式会社鹿児島銀行取締役会長　**永田文治**
西村あさひ法律事務所代表パートナー　弁護士　**松嶋英機**
（聞き手）公益社団法人商事法務研究会専務理事　**松澤三男**

はじめに

松澤　本日は、永田会長には大変お忙しいところをわざわざ鹿児島からお越しいただきまして、ありがとうございました。松嶋英機先生が、平成25年4月19日に古稀をお迎えになりますが、本日は、先生が長年にわたって取り組んでこられた事業再生について、先生のお話をうかがうとともに、先生と企業の倒産・再生を通して長年にわたって親しくお付き合いされてこられた永田会長に地域金融機関としての役割と申しますか、事業再生に対するポリシーのようなお話をおうかがいできればと思っております。

早速ですが、永田会長と松嶋先生の、そもそものご関係を少しお話いただけないでしょうか。

永田会長と松嶋弁護士の出会い——照国郵船の会社更生事件

永田　私は、鹿児島銀行に入行以来、各営業店、支店をずっと回っていまして、本部と呼ばれる審査部に来たのが昭和58年3月初めのことでした。審査部の債権管理班にある管理課という債権回収を行う部署に配属されましたが、配属されて間もなく、「照国郵船という更生会社の債権者集会があるから出てくれ」と上司にいわれ、その債権者集会に出たのが松嶋先生との邂逅ということになります。

松澤 照国郵船が経営破綻したのが昭和50年の12月のことでした。照国海運が倒産して会社更生の申立をしたのが昭和50年8月で、鹿児島の子会社の照国郵船が会社更生を申し立てたのがその年の暮れの12月ですね。

松嶋 そうです。そして、照国郵船が更生手続開始決定になったのが翌昭和51年3月29日です。私は、それまでは清水直先生と一緒に照国海運の申立代理人の1人として、東京地裁に係属していた同社の更生事件と関係がありました。そうしているうちに、照国海運と照国郵船が債権債務をめぐって争いがあることが明るみになったわけです。争いがあるのに同じ清水事務所で両方の代理人をやるのはおかしいではないかということで、私は翌年の3月29日に照国郵船の管財人代理人になったのですが、その直前に清水直法律事務所から独立したわけです。

永田 私はそのとき福岡支店におりました。照国郵船は鹿児島、奄美大島列島を通って沖縄まで運航しております。文字どおり地元民の足となっている会社が2社あるのですが、そのうちの1社である照国郵船の経営がおかしくなったものですから、地元では、島民の足がなくなってしまうと騒ぎ始めたわけです。国は過剰輸送だからという理由で、便数を削減する方向で検討していたのですが、それに対して地元の離島から反対が出たのです。「やはり2隻2隻体制にして毎日運航してもらいたい」というのですね。そのときの債権者集会では、「そういう反対があるので、船をつくるか」という話だったのですが、それを松嶋先生は決められたのです。

そのとき、東京の金融機関は、満足にまだ計画も進んでいないのになぜ新しい船を建造するのかといって猛反対しておりました。私は、「いや、それは違う。地元の足なのだから船はつくるべきだ」と主張しました。松嶋先生も、船はつくるべきだといって、債権者を一生懸命説得したのです。先生の迫力ある論理の展開を聞いておりますと、金融機関は自分の都合だけを考えて反対しているように思えました。「弁護士の先生というのは、やはり真剣に世の中のこと、人々のことを考えておられる」と感服したのですが、それが松嶋先生とお付き合いさせていただくきっかけでした。

松澤 照国郵船の会社更生事件を契機にしてお付き合いが始まって、今日まで続いているということですね。

ながた・ふみはる氏

松嶋　そうです。私と鹿児島との関係は、昭和51年3月29日に始まり、そこからずっと現在まで続いているのです。

松澤　永田会長とのお付き合いが現在まで続いているというのは、主に倒産事件を通してなのでしょうか。

松嶋　以前はそうでしたが、今は、たとえば鹿児島銀行さんがかかえておられるいろいろな問題のいくつかについては、私どもの事務所が相談にあずかっております。

永田　とてもいいアドバイスをいただいております。

　ところで、話は戻りますが、照国郵船の倒産は、昭和48年に第一次オイルショックがあり、翌昭和49年には狂乱物価に見舞われ、燃料費がかなり高騰したことに原因があるのです。燃料費が暴騰したにもかかわらず、生活航路ということで、運賃を抑えられ、インフレの影響をまともに受けて、みるみる会社が傷んでいったわけです。

松澤　照国郵船の倒産もやはりオイルショックが原因だったのですね。

松嶋　昭和48年12月に第一次オイルショックが起こって、船の燃料代が暴騰していました。私が聞くところによると、昭和48年以前は1バレル当たり5ドル台だったらしいのですが、それが3倍、4倍に高騰したわけです。日本の海運会社はほとんどこのときにおかしくなったのですね。三光汽船が倒産したのもこの頃です。

永田　あの頃は、石油というものは使い放題であるという風潮があったように思います。そこに第一次中東戦争が起こり、オイルショックになり、日本でもトイレットペーパー騒ぎが起こりましたね。

　まだあの頃は、十分な航空網が発達していませんでしたから、食料品や生活物資はすべて船で運ばざるをえませんでした。だから、鹿児島県の離島の方々にとっては、船の航路はすなわち生活航路であり、本当に大事な足でした。

永田会長と鹿児島銀行

松澤 離島の方々の足である照国郵船が倒産に追い込まれ、松嶋先生や永田会長のお力で再生して今日に至っているわけですね。

　ところで、先ほど照国郵船が倒産した時は、永田会長は福岡支店にいらっしゃったということでしたが、鹿児島銀行に入行されて会長になられるまでの大体の経歴をお聞かせいただけませんか。

永田 私は、鹿児島大学を卒業して、昭和47年4月に鹿児島銀行に入りました。当初、私は大学に進学するつもりはありませんでしたが、一浪して鹿児島大学の法文学部に入学しました。父は、私が9歳のときに亡くなりました。兄弟が5人おり、一番上の兄は大変優秀だったのですが、経済的に余裕がなくて防衛大学校に行きました。私は兄よりも成績がずっと悪かったので、高校を卒業したら公務員にでもなろうかと思っていたのです。そうしたところ、高校3年のときに、受けるつもりはなかったのですが、九州大学を受けないかと周囲に勧められまして受験したものの不合格になりました。

　その後、電電公社でアルバイトをしたり、保険外交員をしていた母の手伝いをしていたのですが、秋頃になって高校の担任の先生が訪ねて来られて、やはり大学は出ておいたほうがいいぞといわれたわけです。私は、大学に行こうなどと考えてもおりませんでしたので、まったく勉強もしていなかったのですが、鹿児島におりました叔父が下宿させてくれるというので、鹿児島大学へ行こうと思ったわけです。

　鹿児島大学に入学して、1年、2年はラグビーやサッカーに熱中しており、勉強はしておりませんでした。しかし、3年の秋頃になって、このままではいけないと思って図書館に通い始め、卒業するまで本をよく読みました。主に経済学の勉強をしましたが、法律の勉強も少しだけしました。このときに少しだけ法律をかじっていたのが、松嶋先生とのご縁に繋がったのではないかと思っております。

まつしま・ひでき氏

まつざわ・みつお氏

鹿児島銀行に入行して営業からスタートしたのですが、入行間もないある日、当時の支店長から融資係をしなさいといわれました。普通、融資係というのは入行3年目、4年目の仕事です。当時は、高度成長時代でしたから、預金を集めることが主流で、預金を集めさえすればそのお金を貸すところはたくさんありました。当時は、今、思い返しますと、大学で勉強したことはあまり役に立ちませんでしたが、一生懸命仕事をしましたね。

その後は、福岡支店、寿支店等で長い間営業と融資の仕事をいたしました。いわゆる貸付事務ですね。寿支店のときは、延滞を1件も出しませんでした。私の上司にあたる鬼丸さんという人の下について仕事をしていたのですが、後になって、おそらく彼が審査部の債権管理班という部署に呼んでくれたのではないかと思っております。

その最初の仕事が照国郵船の倒産事件だったわけです。右も左もわからず、まだ本店の組織がどうなっているかもわからないまま、鬼丸さんから、「債権者集会というものを肌身で感じてこい。債権者集会に行けば、松嶋英機先生という弁護士の先生がおられるからいろいろ教えてもらってこい」といわれたわけです。

松嶋 鬼丸さんは、審査部の主でしたからね。

永田 そうですね。鹿児島銀行の債権回収の主でしたね。

松澤 鬼丸さんは、現在何をしておられるのですか。

永田 残念ながら、平成22年に70歳で亡くなりました。当時の頭取が新しく債権管理部という部をつくって鬼丸さんを部長にしまして、取締役になりました。その後、営業統括部といって、融資推進の元締めの部長になりました。本当にうるさくて厳しい変な人でしたが、大変おもしろい人でしたね。松嶋先生とはまた違う正義感がある人で、書類を突き返されたことが何回もありました。

松嶋 かなり豪快な人でしたね。

奄美大島での経験

永田　その後、鬼丸さんが部長になりまして、私は、奄美大島の名瀬市にある大島支店に配属になりました。2年間、大島に行ってこいといわれたわけです。というのは、大島紬がだめになってしまったからです。昭和45年頃の最盛期には43万反生産して販売していたのですが、それが10万反を切るぐらいまで落ち込んでしまい、紬業者がばたばた倒れ始めたのです。

　ちなみに私は大島に行く前に審査部で紬の担当をしていた時期があります。おそらく琉球との貿易があったからだと思いますが、当時は紬を譲渡担保としてとっておりまして、当行の営業店には、紬の柄を見て、これはどのぐらいの価値があると判断する目利きが昔からおりました。物を担保にとる、今でいうアセット・ベースド・レンディング（ABL）ですね。あの頃から決して珍しいことではありませんでした。

　大島支店に行った頃は「ゼロシーリング」といって、建設業の予算が抑えられていました。奄美大島は建設業と大島紬と観光から成り立っている島ですが、そのうちの2つがだめになってしまったわけです。奄美大島は平野部が少なく、谷あいにぎゅっと詰まった町ですので、地価が高い。鹿児島県で鹿児島市の次に地価が高いのは、奄美大島の名瀬市だったのです。ところが、それが半値になり買い手がいなくなってしまいました。そこで、強力なデフレを経験しました。デフレが起こると、いろいろな業種が破綻していきます。そこで、当時の副頭取から、大島支店へ行って事業再生をしながら、島の主要取引先を立て直してこいという辞令を受けたのです。そして、奄美大島へ行って松嶋先生の友人である海運業の里見さんにお目にかかりました。

松嶋　里見海運社長の里見さんですね。

永田　はい、荷受業者です。私は里見さんのことは少しだけ存じ上げていたので、すぐ奄美大島に行って松嶋先生のことを申し上げたところ、島の皆さんが歓迎してくれました。離島の人というのは本土から来た人を敬遠するのですが、すんなり溶け込めたわけです。そこでも、松嶋先生のお人柄に助けられました。

松澤　松嶋先生と里見さんとはどういうご関係だったのですか。

松嶋 先ほどもお話ししましたが、照国郵船の会社更生事件を昭和51年3月29日の開始決定と同時に始めたのですが、船会社というのは各島に代理店があるのですね。鹿児島に中川運輸という総代理店があり、その南の奄美大島には里見海運という代理店がある。徳之島、沖永良部島、与論島、沖縄本島、すべてに代理店があるのです。その代理店に私はしょっちゅう行かなければならない。なぜかといいますと、各島の市町村に支払うべき固定資産税の未払があるものですから、更生計画や更生手続の説明をしに行かなければならないわけです。同時に代理店にも説明しなければならない。奄美大島の有力な代理店が里見海運で、その社長が里見さんで、今でも里見さんとは付き合いがあります。

永田 松嶋先生のことを本当に神様のように尊敬しておられるのですね。里見さんはもちろん、松嶋先生とお付き合いのある代理店、荷受業者の方は皆さんすばらしい方ばかりです。

　その大島支店で2年間大変苦労して、一時体も壊しましたが、行員として一生懸命仕事をしました。死にものぐるいで仕事をしましたね。今では労基法違反になりますが、夜中の1時ぐらいまで毎日仕事をしました。融資係7名のうち2人は新婚さんでしたが、彼らに気を使う暇がまったくなくて、悪いことをしたと今では深く反省しております（笑）。

　離島に唯一の支店ですから、取引先の数はかなりありました。主要産業の紬がだめになってしまったものですから、住宅ローンの延滞等もたくさんありました。延滞率は40％ぐらいあったのではないかと思います。当時の頭取がしびれを切らして、「何とかしろ」ということで、その役回りが私に来るだろうと覚悟はしておりました。というのは、審査と債権回収の両方を経験しているのは、当時の審査部で私1人でしたからね。「奄美大島の大島支店は大変だ。人をくれと言っているが、これは自分に回って来るだろうな」と思いましたので、半年前には女房に、次は大島支店勤務だといっておきました。そのとおりの辞令が出て、赴任してみたところ、本当に仕事は地獄でした。ただ、若い行員が多くて楽しい支店でしたね。育てがいがある人たちばかりで、私の部下だった連中は、その後、みんな支店長になりました。

　余談ですが、お客様に気持ちよく利用していただくためには、営業店その

ものを盛り上げないといけないのです。大島支店には55〜56人の行員がおりましたが、私が赴任したときは沈滞ムードでした。これではいけないと思いまして、行員の家族も入れて運動会を催したりしました。子供も入れて、総勢100人ちょっとの運動会でしたが、その頃から店の雰囲気が大きく変わってきましたね。ある意味、雰囲気が沈滞している企業というのは、誰かが旗振り役になれば、あるいは経営者自身が変われば、ひょっとしたら大化けするのではないかと、今でも思っております。

本店での活躍

松澤 永田会長は、大島支店に2年間おられて、その後、本店の審査課長になられたのですね。

永田 そうです。本店では、いわゆる大口の審査担当をしました。このなかに、後ほどお話する城山観光ホテルがありました。実は、私が担当したときからどうも何かがおかしいと思っておりました。そこで、融資限度額は120億円を超えてはならないというルールをつくったのです。

そして、平成3年7月1日に営業推進部という部署ができました。この部署は、M&Aや企業再生、株式公開といった新しい業務を行う部署でしたが、審査部時代からそうした業務も一部行っておりました。このときの副頭取は日銀から来られた大野さんという若い方でしたが、ある日大野さんに呼ばれて、「銀行がお金を貸しておけばよいという時代は終わり、企業まわりを全部みなければならない時代になりました。だからそれにふさわしい部署をつくります。部長は自分が選びますが、スタッフは全員あなたが選んで下さい」といわれました。私はそこの主任課長になったのですが、実質的な部長として実務を動かしてもらいたいということでした。

そうしているうちに、平成6年に、林田産業交通という案件が出てきました。私はすでに審査部を離れていたのですが、当時の審査部長がこれを整理できるのは私しかいないと役員室にいったようで、当時の常務が私のところに来られて、「あなたが主体になって整理してもらいたい」といわれました。

松澤 林田産業交通の整理というのは、どのような案件だったのですか。

永田 ある金融機関が貸し渋りをしたことが引き金となり、また、その社長が

心臓病で亡くなり会社を代表する人がいなくなってしまったことから、会社自体が漂流状態になっていたという案件です。民間あるいは政府系の金融機関がかなりの融資をしており、バス事業やホテル事業、ゴルフ事業等、経営も多角化していました。そこで私はいろいろ考えた末、特別清算を選びました。一般的には、債権者が多数いる場合は特別清算は不向きであると考えられていると思いますが、従業員の引受けと事業の譲渡先として名乗りをあげてくれたところがあり、資産の切り離しを適切に行い、金融機関に債権放棄をしてもらえればうまくいくのではないかと考えたわけです。結果的にはうまく整理できました。

その後、平成9年8月に営業推進部長になり、平成11年に取締役営業推進部長になりました。そして、平成11年6月に営業推進部は営業支援部と名称を変えまして、私は、営業支援部長になりました。このとき私は50歳でした。その後、平成12年6月に取締役審査部長を拝命し、平成15年6月に常務取締役、平成18年6月に頭取、平成22年6月に会長になり、現在に至っております。

倒産を手がけるということ

松澤 ありがとうございました。ここで、照国郵船の更生事件での、松嶋先生の苦労話を少しお聞かせいただけませんか。

松嶋 先ほど永田会長が、奄美大島の大島支店でいろいろご苦労されたというお話をされましたが、鹿児島という土地柄は、どうしても外から来た者を排除するような風土があるのですね。私が担当するまでの間管財人でおられた弁護士の先生は、従業員の士気を高めるといったことにはまったく向かない人でしたから、私は、会社更生手続というのはこういうもので、今後こうなるから一丸となって頑張ろう、それをいうのは自分の仕事であると思ったのです。

前日にちょっと会社に顔を出してみたところ、従業員の皆さんはうつむいているのですね。そこで私は、翌朝3時に起床しまして、何をどう話そうかと考えたわけです。私が熊本県出身なものですから、鹿児島の人もある程度は安心感があったようにも思いますが、よそ者が来て会社更生をやるという

ことで非常に警戒していますし、今後会社はどうなるのだろうかという不安感もあることがよくわかりました。それで私は、「皆さんが熱意をもって会社再建に取り組むのであれば、われわれも手伝います。しかし、皆さんが頑張らなければ会社再建はとてもできません」とハッパをかけたのです。そして、私が、あらゆることを即断即決したものですから、そこから会社が動き出し始めたのですね。誰も何も決断しないから、会社が止まったままだったわけです。

松澤　清水先生の事務所にいらっしゃったときは、松嶋先生はかなりの件数の倒産事件をご経験されていたのですか。そもそも先生が倒産事件に携わるようになったきっかけは何だったのですか。

松嶋　私は、倒産事件に携わりたくて弁護士になったわけではありません。修習を終えて清水直先生の事務所に入所したところ、清水先生が倒産事件を主に手がけていたので、それをお手伝いしていたというのがきっかけなのです。倒産事件といっても、一刻を争うような事件ばかりでしたから、有無をいわせず、夜中でも事務所に行って仕事をさせられていたのです。

松澤　以前、清水直先生から、倒産事件をやるということは人を救うということであり、正義を実現することである、だから倒産弁護士は絶対に必要なのだというようなお話をうかがったことがあります。倒産会社には、取引先があり、従業員がおり、その家族もおります。倒産会社の周りにいる多くの人を救い、そうしたことを通して正義を実現していくのが倒産弁護士なのだというようなお話ではなかったかと思うのですね。松嶋先生も清水先生から、そのようなご指導を受けて倒産事件にかかわるようになったのでしょうね。

松嶋　そうですね。私もまったくそう思うのですが、私は、あの頃、もちろん今でもそうですが、人が自分を信頼して期待してくれるなら、それに応えなければいけないという気持ちが非常に強くありましたね。

　弁護士だからといって法律のことばかり、理屈ばかりいっていたのでは、人はついてこないし、人から信頼してもらうことはできません。特に離島の人たちはそうですね。だから、現地に行って、一緒に倒れるまで焼酎を飲んで、そこで仲間に入れてもらって、何でも話せる仲にならなくてはいけない、信頼関係を築かなければ倒産事件などできないと思っておりました。

永田 弁護士の先生のなかには、本当に謹厳実直な方もおられますね。そうした先生は、離島に行って現地の方と一緒に酒を酌み交わしながらあれこれお話するというようなことはしませんね。そういうタイプの弁護士の先生には、私どもがいろいろなことを聞きに行きましても、お叱りを受けるのではないかと、いつも緊張してしまうのです。しかし、松嶋先生は、そうした先生とはまったく違うのですね。お人柄なのかどうかわかりませんが明るいのです。そして、誠実であり、熱い情熱があるのですね。

松澤 先ほど永田会長が大島支店に赴任されたさいに、支店の従業員とご家族の皆さんを集めて運動会を催したというお話をして下さいましたが、松嶋先生が、現地の皆さんと一緒に倒れるまで焼酎を飲むというのも同じなのですね。きわめて容易なこと、些細なことかもしれませんが、そうしたことから信頼関係を築いていく、そして皆さんと一緒に会社を再建していく、それがきわめて大事なのでしょうね。

永田 そうかもしれませんね。これは大島という離島に限った話ではなく、全国どこに行っても同じだと思います。松嶋先生は、北は北海道から南は沖縄まで、全国でたくさんの倒産事件を手がけておられますが、どこでもそうされておられると思います。

　昭和50年代といえば高度経済成長の真っ盛りで、大きな経済変動があると、さまざまな種類の倒産事件が起こりました。そうした事件に直面して、不安な状態にある従業員の皆さんに現状をきちんと説明して、これまで以上に真剣に仕事に取り組んでもらうようにするためには、相当な情熱をもってお話をしなければならないわけですが、松嶋先生はそれを実行されてこられたのですね。それはやはり松嶋先生ならではの力だったと思うのです。私はそこに強く惹かれたわけです。

松澤 永田会長が松嶋先生に惚れ込んだ理由は、松嶋先生の事件処理ばかりにあるのではなくお人柄にもあるということがよくわかりましたが（笑）、松嶋先生、照国郵船の事件でご苦労されたことは他に何かございませんか。

松嶋 そもそも船会社というのは、手持ちの船をつくりかえていかなければ、徐々に競争力が落ちてきてしまいます。ところが、つくり変えるのには何十億円もの資金が必要です。その資金をどう調達するか、これには相当な度

胸が要るわけです。照国郵船の場合は、親会社である照国海運も倒産してしまいましたから、もはや頼みの綱もない。当初担当されていた弁護士は慎重な方でしたから、何十億円もの借金をするのが怖くて途中でやめてしまいました。それから、事業面の苦労もありましたね。法律面の苦労は私ができるわけです。裁判所も会社更生法にあまり精通しておりませんので、私のいうとおりに手続を進めていただいたのでまったく心配はなかったのですが、事業面をどうするかはかなり悩みました。

松嶋先生の「原点」

松澤 照国郵船の案件にも当然永田会長がかなりご関係されていたのですね。

松嶋 照国郵船をはじめとして、鹿児島での事件については、鹿児島銀行はいつも債権者として関与してきます。鹿児島銀行の重鎮が先ほどもお名前が出ました審査部の鬼丸さんでした。永田会長は鬼丸課長の下におられたわけですが、鬼丸さんという方は、口は悪く、機関銃のごとくお話をされるので、永田会長などは一言も話せなかったですね（笑）。

永田 そうでしたね（笑）。

松嶋 そういう方でしたが、結果としては、やはり私どもの願いごともたくさん聞いてもらいましたね。そういった関係がしばらく続いて、その後、日銀から来られた大野頭取と私がお会いするときはいつも永田会長が隣に座っておられて、3人で話したりしていました。その頃から、私は、この人は将来偉くなるのではないかと思っておりました。大野頭取という方は大変立派な人で、日銀出身ということをひけらかしたことなどありませんでしたね。東京の最新の情報も欲しいものですから、私が、鹿児島に行くと、いつも時間を割いていただき、お会いしておりました。

松澤 永田会長はその当時から将来の頭取候補だったわけですね。

松嶋 それは間違いないでしょうね。時間があるときは、永田さんともよく酒を飲んでいたのですが、びっくりしたことがありました。それは、永田さんはラグビー部の監督だということをお聞きしたときです（笑）。現在もラグビーに関係しておられるようですね。

永田 私は、あの照国郵船の事件で松嶋先生に頑張っていただいたお陰で、景

気が悪い今でも離島の方々が豊かに暮らしておられるのだと思っております。奄美大島に転勤したときに、船の旅というのはこれほど快適なのかと何度も感じましたが、それができたのは、船の運航体制がきちんと確立されていたからだと思っております。鹿児島港を夕方の5時に出た船は、奄美大島に翌朝5時ぐらいに着いて、それから沖縄まで行きます。鹿児島港から沖縄まであわせて24時間かかることを考えると、それにふさわしい船数がなければならない。昭和53年以降ずっと物流が盛んになってきましたが、それを担っていたのはいわゆる生活航路であり、その生活航路を守られたのが松嶋先生です。私は、奄美大島に赴任してもずっとそう思っておりました。奄美大島は、物資のほぼ100％が鹿児島港から船で運ばれていますからね。

　船や港で働いている人は離島にはたくさんおります。港というのは離島にとりまして非常に重要な設備ですから、雇用も多いわけです。しかし、特に東京あたりからみると、離島航路の大切さについてわからない人がたくさんおります。ある金融機関の方の話をうかがったとき、この人は離島の実情をご存じないと思いました。松嶋先生のように現地に行ってみればすぐわかるはずなのですが、なぜ同じようにわかろうとしないのだろうかと思ったわけです。あのとき松嶋先生がきちんと再建された会社は、現在も立派に頑張っております。あれから30年以上たって、離島の方も大きく変わった部分がありますが、ここまでやってこれたのは、あのとききちんと生活航路の体制が確立されたからだと思います。そのことをよくご存知の多くの方々は、今でも松嶋先生を慕っているのです。

松嶋　ちょっとまた話は戻りますが、私が所属していた清水直先生の事務所は照国海運の申立代理人でありましたので、照国郵船の事件は私がやらなければやる人がいないということになりました。そんな折りに、照国海運が照国郵船に5億円を貸しているといって東京地裁に届出をしたわけです。ところが、照国郵船のほうは寝耳に水の話で、借りた覚えがないといっている。これは将来争いになると感じたものですから、もう独立しないといけないと思って昭和51年3月に独立したわけです。しかし、独立はしたものの、あまりに一生懸命この事件ばかりにかかりすぎ、会社からいただくお金がわずかだったものですから、私自身、翌年の2月頃には破産しそうになってしま

いました（笑）。独立するにあたって、めぼしい財産は全部売り払いましたし、借金もしました。照国郵船の案件だけあれば大丈夫だろうと思って、とにかくほかの仕事をする時間的余裕がありませんでしたので、照国郵船の案件に没頭しておりました。債権者は、東京にも、鹿児島にも、沖縄にもいるものですから、長距離出張ばかりしておりました。いよいよこのままだとお金が足りなくなるということで、先輩弁護士に仕事を回してもらおうと頼みにいこうと思っていたところに、違う先輩弁護士が仕事を紹介してくれたので助かったのですね。そこまで私も、実際に追い込まれておりました。

　私は、こういう人間ですから、借金をしたり、頭を下げて仕事をもらいにいくことは、実はあまり苦にならないのですが、女房はあの頃のことをよく覚えていて、それがいまだにトラウマになっています。何しろお金が出ていく一方で収入がありませんでしたからね（笑）。

松澤　しかし、松嶋先生が一生懸命事件を処理されたお陰で、救われた方々が大勢いらっしゃるわけですから、そうした皆さんは松嶋先生に感謝していると思いますね。

永田　東京からですと交通費だけでも膨大にかかるところですからね。鹿児島から奄美大島まで600キロ、そこからまた沖縄まで500キロですからね。鹿児島から東京までが1,100キロですものね。

松嶋　会社更生事件でこれほど勉強した事件はありませんね。それこそ本当に倒産法の勉強をしました。倒産法の勉強ばかりではありません。「人はどうすれば動くのか」といったことも勉強させてもらいました。この照国郵船の事件は、弁護士としての私の原点なのですね。

安楽酒造の会社整理事件

松澤　照国郵船の事件についてはこの程度にいたしまして、次に、安楽酒造の事件についておうかがいしたいと思います。これは会社整理事件でしたね。

松嶋　安楽酒造については、鹿児島銀行はメイン行ではありませんでしたが、債権者でした。この会社は昭和52年4月に倒産したのですが、私は途中から関与しました。すでに地元の弁護士が手がけていましたが、金融機関と話がつかなくなってしまい、途中から私がやることになったわけです。本件

は、もともと鹿児島銀行と取引のある建設会社に最終的に事業を譲り受けてもらったのですが、これには焼酎業界が猛反対しました。

松澤 どうして焼酎業界が反対したのですか。

松嶋 そもそも法的に再建すること自体について、酒造組合の連合会が反対の上申書を裁判所に提出したのです。反対の理由は、焼酎業界は過当競争なので再建しないでほしいというのですね。それを聞いて私も驚きました。鹿児島に地盤がある焼酎業界なので、皆さんが助け合って協力するのかと思いきや、「助けてくれるな」というわけですからね。

永田 この会社は焼酎業界をひっかき回した会社でもあったのですね。多少アウトサイダー的なところがありましたので、当行はメインを控えていたのです。

　いろいろな事件に関与しておりますと、あの会社はなぜ潰さなかったのか、なぜ再生させたのかという批判を銀行としては受けることがあります。「競争相手が1社でもなくなればよいのに」というのが本音なのですね。ですから、表向きは業界仲間というと美しいのですが、それはテーブルの上の話でして、テーブルの下ではお互いに足の引っ張り合いをしているのですね（笑）。

松嶋 焼酎業界というのは、ほとんどの会社が明治時代に酒造免許をとっています。古くは江戸時代から焼酎をつくっているのですが、酒造免許を正式にとったのは明治になってからです。ですから、ほとんどの会社が100年以上の歴史があります。本坊酒造とか安楽酒造といった古い会社は100年以上の歴史があります。そのなかで、この安楽酒造の社長は販売価格を下げて乱売合戦をして、業界の顰蹙を買ったのです。そこで、あのような会社はもう潰してしまえということになったわけです。

　そのようなわけで、業界が鹿児島県の重鎮である弁護士に協力しないものですから、ほとほと困って私に相談に来たのです。焼酎の製造工場に、ある都市銀行が音頭をとって、協議して一斉に了解をとって抵当権を同順位でつけていたのですが、これを抹消すべしとする弁護士との間で膠着状態に陥って、暗礁に乗り上げてしまったのですね。

　私が一切を引き継いで、金融機関と交渉をし、事業譲渡でもさんざん揉め

て、最終的には前田組というゼネコンに引き受けてもらうことにしたのです。

永田 前田組の会長である前田忠二さんは86歳になりますが、今でもあのときのことを鮮明に覚えていらっしゃいます。

松澤 前田組というゼネコンが、どうして畑違いの焼酎業界に入ったのですか。

永田 前田さんは、高等農林学校という、今の鹿児島大学の農学部の前身をご卒業されたのですが、そのとき醸造学を学んでおられたのです。ですから、いつか学んだことを生かしてみたいと考えていらっしゃったようです。それから、前田さんは、その当時から建設業には将来がないので、事業の柱をもう一つつくっておかなければならないということも考えておられたようです。地元の有力者も前田さんに奨めたこともあって、決断されたのだと思います。ただ、「あれほど紛糾するとは思わなかった。松嶋先生に間に立っていただいたからまとまった」とおっしゃっておりましたね。

　ところで、安楽酒造は最初から粉飾しているかもしれないということでしたので、私どもでは、樽ごと譲渡担保にとっていました。安楽酒造が会社整理を申し立てたとき、この譲渡担保を実行して債権を回収したのです。先ほど紬のお話をしましたが、今でいうABLですね。

松嶋 今の倒産法では、「ABL」とか「DES」とか、もっともらしいことをいっておりますね。私は、照国郵船の事件ですでにDESをやっております。

松澤 現在、横文字でいっていることも、結構昔から実務の知恵として行われていたのですね。

松嶋 そういう意味では、鹿児島銀行は大分進んでいますね。たとえば、昔から牛や豚を担保にとったりしています。もちろん成功もあれば失敗もあると思うのですが、そういうことに非常に熱心に取り組んでおられます。

松澤 その熱心さからでしょうか、永田会長は、アグリクラスターという画期的なお考えをお持ちですね。

永田 アグリクラスターというのは、恥ずかしながら私がつくった造語です。

松嶋 えっ、あれは造語なのですか。

永田 はい。ですから、「英和辞書を見ても載っていないが、何語なのか」とよく聞かれるのですが、実は、私が勝手につくった造語なのです（笑）。

松澤 アグリクラスターについては、後ほど詳しくご紹介いただくことにし

て、安楽酒造の顛末をもう少しお話いただけませんか。

法律のことだけでは事業再生はできない

永田　安楽酒造については、私が大島から帰ってきたら前田さんが買っておられたので大変驚きました。あれほど揉めていたのに、どうして前田さんが買われたのだろうと思いました。地元や周辺の小さな醸造会社もこぞって反対していましたからね。大体、あの頃は焼酎の製造会社は、鹿児島には200社ぐらいありました。峠を越えたところで水が湧き出るところには必ずといってよいほど焼酎会社がありました。

松嶋　この安楽酒造の焼酎の売る先に困ったわけです。それで、私と倒産後に頼まれて社長に就任した新門さんは、結局、小売りには売れないものですから、焼酎会社に売ることにしたのです。つまり、焼酎会社でつくったものをほかの焼酎会社に売るわけです。宮崎の雲海酒造というところに新門社長と運転手と私の3人で泊りがけで売りにいきました。私は、営業マンです（笑）。そのとき、雲海酒造の中島社長が、東京から松嶋がわざわざ来るというので、高千穂の山中の本社工場に来られました。そして、中島社長に安楽酒造から定期的に一定の量の焼酎を購入してもらえないかと頼み込んだのです。

永田　未納税酒といいまして、焼酎をつくって出荷したときは税金がかかりません。相手がブレンドしたときに税金がかかるのですね。われわれは桶ごと売るため「桶売り」と呼んでいますが、桶以外には何もお金がかからない。

松嶋　このように、私は法律だけで動いているわけではないのですね（笑）。企業が活動する以上、売上げをあげなければならない、売上げをあげるには、社長一人で売りに行っても、「会社整理って何ですか」、「そんな会社から買っても大丈夫なのですか」といわれたときに、「会社整理というのは商法に基づいたこういう手続なので大丈夫です」と説明をしなければならないわけです。そこでは人間性がむき出しになるわけですね。雲海酒造という飛ぶ鳥を落とす勢いの会社の社長である中島さんが、「わかった、買いましょう」といってくれたときは本当に嬉しかったですね。

余談ですが、鹿児島から山の中を通って熊本を経て宮崎に行くというの

は、関東の人ではピンとこないかもしれませんが、ものすごく遠いのですね。ですから途中の水俣の温泉に１泊しました。温泉に入って浴衣に着替えて、新門社長と運転手と私の３人で町をうろうろしておりましたら、そこにストリップ劇場がありました。他に見るところもないので、社長が私の慰労のためと思ったのか、ちょっと冷やかしてみようということで入ったところ、客は４、５人しかいないのですね（笑）。それで、次から次に踊り子が出てくるのですが、よく見ますと同じ娘が何回も出てくるわけです（笑）。私も酔っ払っていたものですから、「まじめにやれ」と旅館のスリッパを舞台に投げたわけです。そうしたら、それが踊り子に当たってしまったのです（笑）。これは大変なことになったというわけで、誠に申し訳ないと支配人に平謝りしました（笑）。そういう思い出もありますね（笑）。

松澤　それは愉快な想い出ですね。

　ここで、永田会長に地域の金融機関として事業再生に対するポリシーについてうかがいたいのですが、城山観光ホテルの再生についてお話いただけませんか。

城山観光ホテルのこと

永田　鹿児島銀行は、かつて城山観光ホテルに対しては第４位の融資額をもっておりました。先ほどお話しましたが、私が課長のときに融資限度額を120億円と決めたのですが、その後もその限度額は守られていました。ただ、経理の不透明さといいますか、粉飾性が強いのではないかと思っていました。

　平成16年のある日、当時の社長が「助けてもらいたい」といって来店したのですが、そのときはもう、何が起こっているかについて、大体の予想はついていました。

　私は、当時の島津の当主にお会いしました。その方は第32代の当主です。城山観光ホテルの実情についてお話しましたら、「永田さん、青い目の人だけにはあのホテルは売らないで下さい。あの地は鹿児島の人間にとって、西郷隆盛が亡くなった聖地です。それを守るのが地方銀行の役割ではないのですか」とおっしゃられたのですね。私は、それはそのとおりだと思いまして、その話を城山観光ホテルの社長にいたしました。社長に対しては、

「債権カットをして従業員は必ず守ります。しかし、あなたは身を引いて下さい。保証債務があるから、あなたは破産を申し立てて下さい」と諭しましたところ、聞き入れてくれたのです。

それから、ホテルの従業員が暗い顔をしていてはいけませんので、3月31日に私的整理ガイドラインによる整理が成立して4月1日当時の大野頭取と2人で城山観光ホテルに行きまして、60～70人の幹部社員を集めてもらい、そこで大野さんにお話をしてもらった後、私から従業員の皆さんに対してお話をさせてもらいました。「あなた方の誰一人も人員整理はいたしませんので、安心して働いて下さい。われわれ金融機関は、250億円の債権を放棄しました。それも各行員が汗を流して集めた預金や、稼いだ資金のなかからそれを捨てたのです。このことを思いながら一生懸命仕事をして下さい。5年後には新幹線が全通することになっています。皆さんで知恵を出しあって、オーナー会社ではなく、株式会社として、頑張りましょう」といったようなことをお話したのです。

城山観光ホテルの株式は当行の取引先にもってもらいました。城山観光ホテルを立て直すから出資してもらいたいと取引先を1軒1軒訪問して、完全な地元資本の会社になりました。そうしたところ、従業員の顔つきがみるみる変わってきたのですね。その2年後に、野村證券におられて上海の花園ホテルをオペレーティングされた方を新社長としてお迎えして、現在に至っております。

かつての城山観光ホテルは宿泊がメインでした。結婚式も年間で900組ぐらいありましたが、宿泊と結婚式ではどうしても収益率が落ちてしまいます。結婚式もだんだん少なくなってきますので、とにかく、地元の皆様に愛されるホテルをつくろう、皆様に食事に来てもらい賑わいをつくろうというのを合言葉にして頑張ろうということを従業員に伝えたわけです。以前から残っている従業員が非常に頑張ってくれまして、この前「週刊ダイヤモンド」にも載りましたが、「泊まりたいホテル」の全国3位にランクされるようになりました。新社長を迎えてからは、銀行としては、人事をはじめとしてホテル経営にはまったく口を出しておりません。

松澤 城山観光ホテルには、松嶋先生もかかわっておられたのでしょうか。

松嶋　永田会長からいろいろご相談はされましたが、直接的にはかかわっておりません。客として、鹿児島に行ったときに泊まったり、飲食をしたりするだけです。

　最近も利用させてもらいましたが、お料理が本当においしくなりましたね（笑）。

松澤　今のお話をうかがっておりますと、地域金融機関の役割というのは本当に大きいですね。地域の企業を育て、雇用を守り、それによって町全体を活性化させる。大いに参考になりますね。

永田　そうですね。南日本新聞という地方紙がありまして、先日、500万円かけて、一面広告を出してもらいました。そうしたところ、納入業者や取引先も一緒に広告を載せたのですね。こちらから頼んだわけではありません。「これまでも、これからも、城山は輝き続けます」という表題の広告に、みずから進んで広告を載せてくれたのです。

松澤　いいキャッチコピーですね。城山観光ホテルの従業員の皆さんも喜んだでしょうね。自信がついたのではないでしょうか。

永田　そうですね。鹿児島の人たちも、当然に鹿児島銀行がメイン行だと思っていたでしょうから、当行の出方を見ていたのではないかと思います。

松澤　先ほどの大島の話といい、今の城山観光ホテルの話といい、地域金融機関の役割というのは非常に大きいのですね。

永田　地域再生のキーワードは、金融機関もそうですし、相手側の企業もそうですが、トップの熱情だと思いますね。「これで潰れてたまるか」という熱情でしょうね。

松澤　そういう危機に瀕したときに、その企業の熱情はもちろんですが、適切なアドバイスをしてくれる松嶋先生のような弁護士がいて、取引銀行が地域の経済や雇用について真剣に考えていてくれれば、間違いなく再生できるのでしょうね。

　そこで、地域金融機関の役割の話に移りたいのですが、先ほど永田会長がアグリクラスター構想を推進しておられるというお話がありましたが、そのアグリクラスター構想についてご紹介いただけませんか。

これからの地域金融機関の役割——アグリクラスター構想

松嶋 私も地域金融機関の経営のあり方や、地域経済をどうするかという問題については大いに関心があります。最近では、地方では比較的人件費が安いこともあって、多くの企業がこぞってコールセンターを置いたりしていますが、今後は、農業をどのように企業化していくかというのが、1つのポイントであるといえるでしょうね。これについては永田会長が最初に実践されて、鹿児島県が取り組んで成功しているものですから、多くの金融機関が同じことをいい出しているようですね。

永田 先ほど企業再生というのは地域金融機関と相手方企業のトップの情熱であるといいましたが、これに加えて、地域金融機関の長たる者は、地域をどうするのかというビジョンを持たないといけないと思いますね。この点、鹿児島は割合に簡単で、産業があまりありませんから、農業一本に絞りやすかったのです。農業には潜在力はありますが、近代化が遅れていると思いました。

　私が鹿児島銀行に入行して鹿児島県で働き始めた昭和50年代は、アパレルメーカーの下請として縫製工場が賑わっていて、400人規模の従業員を使っているところもありました。現在の中国で見かけるような労働集約型でしたね。そうした情況をみまして、このままでは鹿児島から産業がどこかに行ってしまうのではないかという危惧をいだいておりましたが、ものの見事に的中してしまいました。そして、平成に入ると、今度はIT産業の下請業者が増えましたが、平成12年にITバブルが崩壊しますと、その影響をもろに受けて、壊滅的な打撃を受けました。

　そのとき、私は、こういうことを繰り返していてはいけないと思いました。グローバルな視野のもとで、鹿児島でしかできないものをつくらなければいけない、そのために地方銀行として何をすればよいのかを考えました。その結果、やはり農業しかないのではないかと考えたわけです。農業から食品加工業、そして、輸出あるいは販売へと広げていったらどうかと考えたわけです。それが、私の造語ですが、「アグリクラスター構想」でした。

　「アグリ」というのは農業を中心にという意味で、「クラスター」という

のは産業集積という意味です。農業を素材だけで出すとまったく付加価値を生みませんが、そこにいろいろな産業を絡めていくと付加価値が出てきます。普通は65歳定年ですが、しっかりした農業法人をつくっていけば、75歳でも、80歳でも働ける人は働けるのではないかと考えたのです。

　私が部長であった頃、この構想を銀行内の部長会に1回提案しました。そうしたところ、先輩方の部長から、農業はリスクがあるからだめだという一言でけられてしまいました（笑）。内心では、リスクがない貸出などあるのかと思ったのですが、ITバブルが崩壊したとき、反対されてもやはりこの構想は進めなければいけないと思いました。すべてはそこから始まったのです。

　私のこの構想を進めるにあたっては忘れることができない人がおります。経済産業省から鹿児島県の商工労働部長として出向されていた松尾さんという方です。私よりも10歳ぐらい若い方ですが、この方と食事をしているとき、「永田さん、なぜ農業にもっと関心をもたないのですか」といわれたのですね。私が、「どうしてですか」と聞きますと、「北緯31度線というのが植物のリカバリーが最も早いことをご存じですか。世界地図で北緯31度線を見てください。上海があります。カイロがあります。カイロで紙の文明が発生したのは、パピルスのリカバリーが早いからです。日本でいえば、ここ鹿児島です。鹿児島も農業を中心として新しいことはできませんか。何か銀行でやるべきではないですか」といわれたのです。

　そこで私は意を強くして、自分が考えてきた構想に「アグリクラスター」と名前をつけたわけです。どれだけ安いものが輸入されてきても脅かされないような、そういう農業をつくろうと思いました。

　多くの銀行は、今、お客様の利便性について思いをめぐらせており、それはそれで正しい道だと思います。ただ、もう1つ、地域金融機関には地域の産業をいかにして育てるかという使命があります。そのためのビジョンが描けなければ存在意義がないと思うのですね。

松澤　日本の農業をどうするかというのは、鹿児島だけの問題ではないと思うのですね。このアグリクラスター構想が、全国的にもう少し広まっていってくれるとよいのではないかと思うのですが、いかがなものでしょうかね。

松嶋 私は、金融機関に公的資金を注入して資本不足をカバーするという、金融庁の仕事も経験しました。資本を注入しようとするときには、銀行の頭取が事業計画の説明をするわけです。審査員がそれを聞いて注入の是非を決めるのですが、このとき必ず農業のことをいうわけですね。しかし、農業で地域の活性化を図るためにどのようなオリジナルなプランを持っているのかと尋ねますと、具体的なプランも持っていないのです。海外に輸出するといったお話もよくお聞きするのですが、その前提として産業を集積していこうという発想はお持ちではないのですね。だから、鹿児島のアグリクラスター構想を参考にしながら全国的な取組みを広げていくことができれば、地域経済の活性化に大いに役立つのではないかと思いますね。

永田 ここまで来るのに、私は、主に3つのことを考えていました。銀行内でアグリクラスター構想を打ち出したところ、3,000万円までは使途自由の制度融資を供与したらどうだろうかという意見が出たのですね。これに対して、私はノーといいました。「そのようなことをすれば、今の農業を延長するだけに終わってしまう。安易に銀行の融資額を増やすのではなく、われわれは基幹産業を育てていくのだ。1件1件、農業者とひざを突き合わせながら強い農業を育てていくにはどうするかを考えていくのだ」と主張したのです。このことをスローガンとして、制度融資はすべて拒否しました。

次に、食品加工業を大きくしました。東京、大阪といった主要都市では、目下デフレのなかで値段の叩き合いをしています。そうではなく、私が販売先として考えているのは海外です。

私は時間を見つけては積極的に海外に出るようにしています。行き先は主に東南アジアやオーストラリアですが、そこへ行ってマーケットを見てきます。たとえばシンガポールや香港に行き、同じスーパーマーケットを何度も回ります。中国製品が入っているのか、韓国製品が入っているのか、それともヨーロッパの製品が入っているのかを見るのです。シンガポールや香港は「農業ゼロ」の都市ですから、世界中から商品を集めています。そのなかには安くてそれなりのものがある一方、多少値段は高くてもよいものもあり、鹿児島の農業はここに照準を合わせなければいけないだろうと感じています。

それから、私は、「産地のブランド」に甘えていてはいけないとも思って

います。たとえば100人の生産者がおられるとすると、どうしても5人ぐらいは手抜きをします。そうしますと、手抜きをした悪いものに当たったお客様は、もう二度と買わないですから、他のみんなが迷惑するのですね。そこで、私は、ブランド名ではなく責任をもって企業名を表に出すべきであるといっております。お客様からの苦情に対してもきちんと対応して品質向上の礎にしていかねばならないと思うのです。

松澤 日本では、今、TPPに参加するかどうかといった議論がなされていますが、永田会長のアグリクラスター構想はこれからの農業を考えるうえで、大変参考になるのではないでしょうかね。本当にいいお話をうかがいました。

そろそろ時間になってしまったのですが、最後に一言ずつお願いいたします。

おわりに

松嶋 関連してですが、私は、地域経済を活性化させるためにはベンチャー企業を地方で育てるのが一番重要だと思っています。大企業を誘致しても、誘致した結果、競争して外国企業に負けてしまえば、撤退してしまうのですね。ですから、ベンチャーをその地域で育てるなど、その地域独自のやり方をしていかなければ、活性化しないのではないかと思います。

永田 そこに日本が競争力を取り戻すためのカギがあるような気がします。

何か大きなことに挑んで1回で成功するというのはむずかしいですね。今の社会は、1回失敗したら債務やら保証やらでがんじがらめになってしまいますね。1回失敗して忍従の生活をしながら、しかしもう1回チャレンジできるという世の中にならなければいけないと思います。

松澤 本日は、お忙しいところ、長時間にわたって、大変熱いお話をうかがうことができました。どうもありがとうございました。

（平成24年12月6日開催）

松嶋英機　略歴

昭和18年　4月19日熊本県生まれ
昭和41年　中央大学法学部法律学科卒業
昭和43年　司法試験合格
昭和44年　司法修習生採用（23期）
昭和46年　弁護士登録／東京弁護士会（登録No.12639）、清水直法律事務所入所
昭和51年　独立事務所（松嶋法律事務所）開設
昭和53年　東京弁護士会沖縄問題調査特別委員会副委員長
　　　　　日本弁護士連合会沖縄調査委員会委員
昭和59年　東京弁護士会法律研究部倒産法部会副部長
昭和61年　日本弁護士連合会代議員
昭和62年　東京弁護士会司法研修委員会合同講義講師（倒産法）
平成3年　東京弁護士会法律研究部倒産法部会部長
平成8年　東京弁護士会法律研究部倒産法部会部長
平成9年　日本弁護士連合会倒産法改正問題検討委員会委員
　　　　　東京弁護士会倒産法改正対策協議会委員
平成10年　通商産業省倒産法制研究会委員
平成14年　事業再生研究機構理事
平成15年　事業再生実務家協会代表理事
　　　　　全国倒産処理弁護士ネットワーク理事
平成16年　事務所合併　（旧 西村ときわ法律事務所）
　　　　　東京地方裁判所調停委員
　　　　　新潟大学大学院実務法学研究会（法科大学院）非常勤講師
平成17年　沖縄事業再生研究会理事
平成18年　中小企業再生の今後の政策的課題に関する研究会座長（中小企業庁）
　　　　　足利銀行の受皿選定に関するワーキンググループ委員（金融庁）
　　　　　事業再生人材育成促進事業第三分科会委員（経済産業省）
平成19年　事務所合併　（現 西村あさひ法律事務所）
　　　　　地域力再生機構（仮称）研究会委員（内閣府）
　　　　　中小企業再生支援全国本部アドバイザリーボード委員（中小企業庁）
平成20年　金融機能強化審査会委員（金融庁）
平成21年　地域建設業支援緊急対策調査事業委員会委員長（国土交通省）
平成22年　中小企業の再生を促す個人保証等の在り方研究会座長（中小企業庁）
平成23年　個人債務者の私的整理に関するガイドライン研究会委員（金融庁）
　　　　　金融機能強化審査会会長（金融庁）

個人版私的整理ガイドライン運営協議会委員（一般社団法人個人版私的整理ガイドライン運営委員会）
平成24年　株式会社東日本大震災事業者再生支援機構社外取締役
　　　　　事業再生関連手続研究会顧問（経済産業省）
平成25年　中小企業における個人保証等の在り方研究会委員（中小企業庁・金融庁）

手がけた主要事件

昭和51年　照國郵船㈱（会社更生事件、保全管理人代理、管財人代理）
昭和59年　マミヤ光機㈱外3社（会社更生事件、保全管理人代理、管財人代理）
平成3年　　静信リース㈱（会社更生事件、保全管理人、管財人）
　　　　　㈱マルコー（会社更生申立代理人）
平成7年　　三和建物㈱（会社更生申立代理人）
平成9年　　㈱興英コーポレーション（特別清算申立人、代表清算人）
　　　　　多田建設㈱（会社更生申立代理人）
平成10年　㈱第一コーポレーション（特別清算申立人、清算人）
平成11年　佐藤工業㈱（債権放棄交渉、1100億円）
　　　　　佐々木硝子㈱（会社更生申立代理人）
　　　　　㈱国民銀行（金融整理管財人）
　　　　　山一證券㈱（破産管財人）
　　　　　有村産業㈱（会社更生管財人）
平成12年　そごうグループ13社（監督委員）
　　　　　そごうグループ9社（破産管財人）
平成13年　エルゴテック㈱外2社（民事再生申立代理人）
平成14年　東京シティファイナンス（債権放棄交渉、2100億円）
　　　　　㈱川奈ホテル（民事再生申立代理人）
　　　　　第一家庭電器㈱（監督委員）
平成15年　ハウステンボス㈱（会社更生申立代理人）
　　　　　東日本フェリー㈱外4社（会社更生申立代理人）
　　　　　㈱ヴィッセル神戸（監督委員）
平成16年　㈱キャッツ（監督委員）
　　　　　㈱コクド（西武グループ経営改革委員会 委員）
　　　　　ムービーテレビジョン㈱（民事再生申立代理人）
　　　　　秀和㈱（私的整理ガイドライン債務者代理人）
平成18年　マミヤ・オーピー㈱（特定調停申立代理人）
平成19年　㈱不二家（代理人）
平成20年　熊本電気鉄道㈱（中小企業再生支援協議会申立代理人）

	福島交通㈱および福交整備㈱（会社更生申立代理人）
	㈱オークス（民事再生申立代理人）
	辻産業㈱外4社（会社更生申立代理人）
平成21年	㈱ジョイント・コーポレーション外1社（会社更生申立代理人）
	㈱穴吹工務店外2社（会社更生申立代理人）
	㈱泉精器製作所（民事再生申立代理人）
	ルートインジャパン㈱（事業再生ADR手続利用申請代理人）
平成23年	㈱林原外3社（会社更生事件、保全管理人、管財人）

著書・論文

昭和61年	シンガポールにおける会社清算—各国倒産法の最近の発展について—IBA（SBL）シンガポール大会報告（法律実務研究No,1、P162-166）
	会社更生手続と担保(1)〜(6完)（共著　金融法務事情No,1119・1121・1123・1125・1127・1129）
昭和62年	倒産処理手続と担保権（キンザイ選書）（共著　金融財政事情研究会）
	欧米人ロイヤーの日本法への関心度—彼らは何を求めているのか（NBL No,387、P30-31）
昭和63年	倒産処理手続と担保権（共著　『弁護士研修講座—昭和62年度講義録』所収、P325-349）
	詐害行為取消権・否認権と銀行取引—特集 詐害行為取消権・否認権と債権保全—（共著　金融法務事情No,1200、P16-35）
平成3年	最近の倒産事例の特徴—会社更生事案の法務上、実務上の焦眉のテーマから〈座談会〉（共著　月刊債権管理No,50、P8〜31）
	実務相談Q&Aシリーズ（月刊債権管理No,44〜54）
	『金融取引実務ハンドブック』（共著、金融財政事情研究会）
平成4年	最近の大型倒産における法的諸問題（企業法務）（共著　JICPAジャーナル4-4、P34-36）
	開始決定前における債権者の対応（『裁判実務体系〔21〕—会社訴訟・会社非訟・会社整理・特別清算』所収、青林書院、P303-314）
	『企業倒産の上手な対処法—バブル倒産から本業倒産までの実践策』（共著　民事法研究会）
平成5年	リース料債権と倒産法上の取扱い—最近の企業倒産をめぐる法律問題〈特集〉—（ジュリストNo.1036 P32-37）
	不動産投資と抗弁権の接続—バブル崩壊の後遺症(1)（金融商事の目）（金融・商事判例No,918、P2）

不動産投資と提携ローンにおける抗弁権の接続（〈Q&A〉倒産会社からの債権回収の法務相談）（特集　倒産会社からの債権回収）（金融法務事情No1359（債権管理67）、P123-125）

脱税の損得―バブル崩壊の後遺症(2)（金融商事の目）（金融・商事判例No,924、P2）

営業譲渡方式による会社再建（特集　会社再建とリストラの法務問題）（金融法務事情No,1367（債権管理68）、P24-27）

債権譲渡と対抗要件否認―バブル崩壊の後遺症(3)（金融商事の目）（金融・商事判例No,929、P2）

リース料債権と倒産法上の取扱い（特集　最近の企業倒産をめぐる法律問題）（ジュリストNo,1036、P32-37）

平成6年　更生手続と不動産評価―バブル崩壊の後遺症（4・完）（金融商事の目）（金融・商事判例No,935、P2）

指名債権質設定承諾における質権者特定の要否（昭和58.6.30最高一小判）（『担保法の判例〔1〕〔ジュリスト増刊〕』所収、P291-293）

平成7年　再建型倒産事件に関与する場合の注意点―弁護士の立場から―（『破産に変わる倒産処理手続〔専門講座講義録〕〔研修叢書23〕』所収、P11-64）

会社更生手続における転根抵当権の取扱い（NBLNo,579、P13-18）

静信リースと転根抵当権（第3部　倒産法と不動産）（共著　『現代倒産法・会社法をめぐる諸問題〔今中利昭先生還暦記念論文集〕』所収、P491-507）

平成8年　顧客から見た金融法務―相殺権の濫用（特集　顧客志向の金融法務）（金融法務事情No,1439、P33）

住専処理―法的整理の可能性を探る〈緊急座談会〉（共著　NBLNo,588、P6-24）

〈座談会〉ノンバンクの破綻処理と債権管理上の諸問題―特集　住専・ノンバンクの破綻と債権管理―（金融法務事情No,1462、P59-74）

リース会社の倒産と債権管理上の諸問題―特集　住専・ノンバンクの破綻と債権管理―（共著　金融法務事情No,1462、P42-48）

平成9年　ノンバンク倒産と倒産法改正（マキシマムロー・ミニマムロー）（NBLNo,609、P3）

特別清算実務の現状と問題点―特集　倒産処理実務の現状と問題点―（金融法務事情No,1475、P95-101）

債権者集会と債権者の対応　債権者集会に臨む心得（クレジット&ローNo,91、P6-19）

倒産法改正に何を望むか〈座談会〉（特集　倒産法制見直しの課題）（共著　ジュリストNo,1111、P6-P28）

平成10年	ゼネコン倒産処理をめぐる法的諸問題〈座談会〉（特集　ゼネコン破綻と債権管理）（共著　金融法務事情No,1508（債権管理81）、P31-48）
	ゼネコン倒産と会社更生手続〈OPINION〉（特集　ゼネコン破綻と債権管理）（共著　金融法務事情No,1508（債権管理81）、P4-5）
	破産と手形の商事留置権に関する最高裁平成10年7月14日判決を読んで（金融法務事情No,1522、P12-13）
	『銀行窓口の法務対策2800講』（共著、金融財政事情研究会）
平成11年	会社更生手続と転根抵当権（第1部　倒産手続における担保権の処遇をめぐる問題）（『倒産手続と担保権・否認権・相殺権の諸問題〔金融・商事判例増刊1060〕』所収、P42-45）
	倒産法改正と営業譲渡（法務時評）（銀行法務21No,562、P1）
	銀行と債権放棄（法務時評）（銀行法務21No,565、P1）
	金融整理管財人と更生・破産管財人（法務時評）（銀行法務21No,569、P1）
	企業倒産と融資実務（特集～企業倒産）（地銀協月報No,473、P9-13）
	『生損保融資の実務』（監修、金融財政事情研究会）
平成12年	〔逐条解説〕民事再生法(1)―第1条～第83条（共著　金融法務事情No,1571、P37-113）
	企業倒産と監査法人の責任（法務時評）（銀行法務21No,572、P1）
	『民事再生法入門』（編著　商事法務）
	再建型の倒産（現代法律実務の諸問題〈平成11年版〉〔日弁連研修叢書〕）所収、P525-552）
	否認権(2)（『破産法〔新・裁判実務大系10〕』所収、青林書院、P329-336）
平成13年	緊急経済対策による不良債権の直接償却と民事再生申立て（特集　緊急経済対策下！不良債権の直接償却と民事再生）（銀行法務21No,595、P29-33）
	再生計画と金融機関―同意・不同意の判断基準をめぐって〈座談会〉（特集緊急経済対策下！不良債権の直接償却と民事再生）（銀行法務21No,595、P4-28）
平成14年	『良い倒産・悪い倒産』（講談社）
	第2章再生手続の開始　第2節再生手続開始の決定　第42条　営業等の譲渡、第43条営業の譲渡に関する株主総会の決議に代わる許可（『注釈 民事再生法〔上〕新版』所収、共著、金融財政事情研究会、P137-145）
	『民事再生法入門〈改訂〉』（編著　商事法務）
	取引先の経営支援と金融機関のコンプライアンス（銀行法務21No,599、P6-12）
	会社再建と利害関係人の協力―倒産債務者からの視点(1)―金融機関に対する「勝手なお願い」（金融法務事情No,1655、P34-38）

	会社再建と利害関係人の協力—倒産債務者からの視点(2)—経営者・従業員および労働組合に対する「勝手なお願い」（金融法務事情No,1656、P56-59）
	会社再建と利害関係人の協力—倒産債務者からの視点（3・完）—裁判所および監督官庁に対する「勝手なお願い」（金融法務事情No,1659、P38-41）
	再生計画の事例分析（上）〈座談会〉（共著　NBLNo,749、P8-20）
	再生計画の事例分析（下）〈座談会〉（共著　NBLNo,750、P50-56）
平成15年	不良債権処理と事業再生の実際 債務者からみた事業再生策（特集　金融・事業再生と不良債権処理；不良債権とはどういうことか）（銀行法務21No,616、122-127）
	事業再生におけるスポンサー選定等をめぐる諸問題（上）〈特別座談会〉（銀行法務21No,619、P4-19）
	事業再生におけるスポンサー選定等をめぐる諸問題（下）〈特別座談会〉（銀行法務21No,620、P10-27）
	更生手続開始の申立て（『新会社更生法の理論と実務〔判例タイムズ臨時増刊1132〕』所収、P43-47）
平成16年	プレパッケージに関する議論の問題点（法務時評）（銀行法務21No,628、P1）
	事業再生の焦点 日本におけるプレパッケージ型申立ての問題点（共著　銀行法務21No,631、P6-15）
	今月の特別記事　早期事業再生着手と迅速再生（日経研月報No,311、P2-14）
	倒産事件の実務（『現代法律実務の諸問題〔平成15年版〕〔日弁連研修叢書〕』所収、第一法規、P279-303）
	金融機関の法的再建手続（『会社更生法・民事再生法〔新・裁判実務大系21〕』所収、青林書院、P512-521）
	沖縄発の事業再生シンポジウムによせて〈NBL-Times7　事業再生の今〉（NBL Square）（NBLNo,799、P20-21）
	法律行為に関する倒産手続の効力1—賃貸借契約（『入門 破産法—新しい破産手続の理論と実務（下）』所収、ぎょうせい、P83-95）
平成17年	「現場的」事業再生の課題と志（800号記念特集　明日の企業法務を考える）（共著　NBLNo,800、P94-99）
	地方における中小企業再生の基本テーゼ（特集 事業再生実務の出口戦略と今後の課題；事業再生市場——その軌跡と展望）（事業再生と債権管理No,108、P34-37）
	地方における事業再生をめぐる諸問題（『最新倒産法・会社法をめぐる実務上の諸問題—今中利昭先生古稀記念』所収、民事法研究会、P347-355）

地方における中小企業の事業再生とそのポイント（HOT/COOL Player）（NBLNo,815、P1）

あえて「少額債権」概念不要論―私的再建から法的再建への移行問題（法務時評）（銀行法務21No,654、P1）

民事再生手続における債務者の公平誠実義務と申立代理人（『企業再建の真髄』所収、商事法務、P243-253）

平成18年　『企業倒産・事業再生の上手な対処法 全訂新版』（共著　民事法研究会、2006）

『民事再生法入門〔改訂第2版〕』（編著　商事法務）

『ファイナンス法大全アップデート』（共著　商事法務）

日本におけるプレパッケージ型申立ての諸問題（『民事手続法と商事法務』所収、商事法務、P61-73）

平成19年　第7章再生計画 第1節再生計画の条項 第154〜157条（『条解 民事再生法〔第2版〕』所収、共著、弘文堂、P727-745）

否認権(2)（『破産法〔新版〕（新・裁判実務大系28）』所収、青林書院、P466-476）

『地域力の再生―三セク・地域交通・自治体病院の再生モデル』（共著、金融財政事情研究会）

破産管財人のコンプライアンス（特集　破産管財人の注意義務―2つの最一判平成18.2.21を読んで）（NBLNo,851、P52-54）

平成20年　事業再生実務家協会の特定認証ADR構想と特定調停の実務上の注意点〈倒産・再生法実務研究会報告　特定認証ADR手続と特定調停〉（事業再生と債権管理No119、59-64）

事業再生実務家協会における事業再生ADRの概要（金融法務事情No,1852、P10-14）

『会社法大系(1)〔会社法制・会社概論・設立〕』（共著　青林書院）

平成21年　『事業再生ADRの実践』（共著　商事法務）

『民事再生法入門〔改訂第3版〕』（編著　商事法務）

『銀行窓口の法務対策3800講(V)―回収・担保権の実行・事業再生編』（共著、金融財政事情研究会）

事業再生ADR手続の概要とその運用について（NBLNo,897、P10-14）

中小企業の倒産・再生と司法書士の役割〈大論公論〉（市民と法No,56、P1）

円滑な手続促進のために　事業再生ADR申請上の諸問題と展望（事業再生と債権管理No,125、P4-6）

Hot Issue　国際金融危機への処方箋　金融のパラダイムの転換と地域企業再生のポイント（事業再生と債権管理No,126、P4-15）

| 平成22年 | 銀行が倒産すると何が起こるのか（特集　「つぶせない企業」の根拠）（金融財政事情No,2872、P23-26）
シンポジウム　運用実務1年をふり返って（特集　事業再生ADRの展開と課題）（事業再生と債権管理No,128、P18-46）
対談　事業再生ADRとM&A—活用と融合に向けて（特集　事業再生ADRとM&A）（MARR No,188、P10-19）
会社更生手続を見守る視点について（NBL Square）（NBLNo,932、P6-8）
会社更生手続と事業再構築制約論（特集　今どきの倒産法務事情—2010年のトレンド）（金融法務事情No,1902、P50-53）
事業再生ADRの現状と今後の課題（特集　ADRの拡充・活性化の軌跡と展望）（法律のひろばNo,63(9)、P26-31）
| 平成23年 | 『新しい時代の民事司法』（共著　商事法務）
『企業倒産・事業再生の上手な対処法〔全訂2版〕』（編著、民事法研究会）
『最新 実務解説一問一答 民事再生法』（共著　青林書院）
『私的整理計画策定の実務』（共著　商事法務）
| 平成24年 | 『倒産法改正展望』（共著　商事法務）
金融債権者から働きかける法的整理の実務（編著　銀行法務21 No.749、経済法令研究会）
第三セクター・地方公社の最終処理と地方公共団体・金融機関の諸問題（特集　第三セクター・地方公社の現状と三セク債を用いた再生事例）（共著　事業再生と債権管理No,137、P22-28）
『ゴルフ場の事業再生』（共著　商事法務）
| 平成25年 | デリバティブ取引により生じた損失に係る債権と事業再生ADR手続上の取扱い（金融法務事情No,1965、P75-81）

松嶋英機弁護士古稀記念論文集
時代をリードする再生論

2013年4月30日　初版第1刷発行

編　者	伊　藤　　　眞
	門　口　正　人
	園　尾　隆　司
	山　本　和　彦

発 行 者　藤　本　眞　三

発 行 所　㈱商　事　法　務
〒103-0025 東京都中央区日本橋茅場町3-9-10
TEL 03-5614-5643・FAX 03-3664-8844〔営業部〕
TEL 03-5614-5649〔書籍出版部〕
http://www.shojihomu.co.jp/

落丁・乱丁本はお取り替えいたします。　印刷／そうめいコミュニケーションプリンティング
ⓒ2013 Makoto Ito, et al　　　　　　　　　　　　　　　Printed in Japan

Shojihomu Co., Ltd.
ISBN978-4-7857-2079-7
＊定価はカバーに表示してあります。